朱家溍 朱传荣 选编

養心殿造辦處史料輯覽

第一辑 雍正朝

王世襄题

故宫出版社

1 雍正御笔“惟以一人治天下 岂为天下奉一人”对联

故宫博物院藏

悬挂于养心殿西暖阁

（雍正元年）正月二十二日，怡亲王交御笔为君难字一张，长三尺九寸五分，宽一尺六寸六分；惟以一人治天下 岂为天下奉一人对一幅，高五尺八寸五分，宽九寸五分。奉旨：匾对俱木格眼一块玉，不必镶边。钦此。

2 寿山石“雍正御笔之宝”

故宫博物院藏

通高15厘米　钮高6.5厘米　边长13.2厘米

（雍正元年）正月十七日懋勤殿首领太监苏培盛交寿山石夔龙纽宝一方，上书朱字雍正御笔之宝。奉旨：篆样呈览过再镌刻。钦此。于正月十九日翰林张照篆样一张、技艺人滕继祖篆样一张、南匠袁景劭篆样一张、刻字人张魁篆样一张。怡亲王呈览。奉旨：张照篆样文范，但笔画微细，照袁景劭篆书，其笔画另篆。再，滕继祖篆样上之字篆法好些，问张照之字篆法有何讲究。钦此。于正月二十二日翰林张照篆样二张、技艺人滕继祖篆样三张、南匠袁景劭篆样三张、刻字人张魁篆样三张，怡亲王呈览。奉旨：准张照古篆雍正御笔之宝，将之字下横取平，选吉时照样镌刻。钦此。于正月二十九日照翰林张照篆样镌刻得寿山石雍正御笔之宝一方，怡亲王呈进。奉旨：将此宝样好生收着。钦此。

3 寿山石“雍正尊亲之宝”

故宫博物院藏

通高9.7厘米　钮高6.25厘米　边长9.8厘米

（雍正元年）八月十七日怡亲王交太平有象寿山石图书一方。奉旨：镌雍正尊亲之宝。钦此。本日郎中保德交袁景劭、滕继祖各篆字样二张，呈怡亲王看。王谕：准袁景劭篆的三行样式，但笔画掩草，收拾好再照样镌刻。遵此。于九月十四日太平有象寿山石图书一方，镌刻雍正尊亲之宝完，怡亲王呈进。

4

4—1

4 画珐琅花卉纹寿字卤壶

故宫博物院藏

通高13厘米　口径3.1厘米　足径4.1厘米

4—1 黑漆描金山水图壶

故宫博物院藏

通高12.8厘米　腹径7.8厘米

（雍正三年）五月二十二日怡亲王谕：照洋漆鸭蛋式壶样做珐琅壶一对。遵此。于十月二十九日做得铜胎珐琅鸭蛋式壶一对。员外郎海望呈进讫。奉旨：但花纹不好些。钦此。

5

5－1

5－2

5 宜兴窑诗句盖钵

故宫博物院藏

高11厘米 口径11.5厘米 底径7.5厘米

5－1 仿宜兴钵式钧窑钵

故宫博物院藏

高13.5厘米 口径14厘米

5－2 仿宜兴钵式霁青钵

故宫博物院藏

高11.9厘米 口径13.8厘米

（雍正十一年）正月二十一日司库常保奉旨：着照宜兴钵样式交与烧造瓷器处仿样，将均窑，官窑，霁青，霁红钵各烧造些来，其均窑的要紧。钦此。于十二月二十三日年希尧家人郑天赐送来均窑磁钵十一件，官窑磁钵七件，霁青的七件。

6 黑地描金龙戏珠纹高足杯

故宫博物院藏

高9厘米　口径7厘米　足径5.9厘米

（雍正四年）三月十三日员外郎海望持出黑釉金龙洋瓷把杯一件。奉旨：将此把杯照都盛式做西洋栏杆。将把杯或十二只一盘，足子俱要下稳。盘子或作漆的，或作棕木的亦可。钦此。

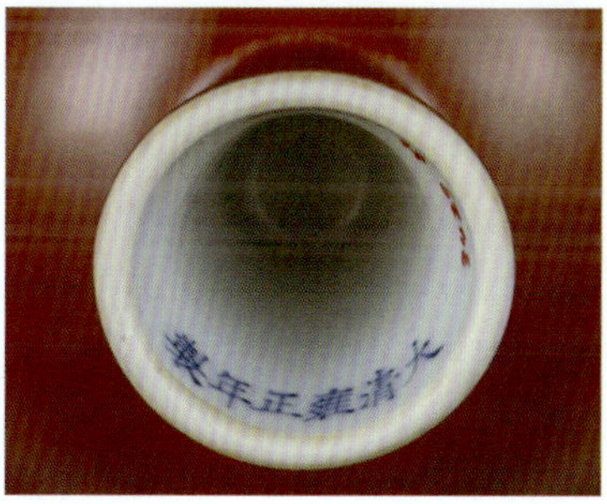

7 雍正款霁红釉高足碗

故宫博物院藏

高10.9厘米　口径15.2厘米　足径4.3厘米

（雍正十三年）七月十九日郎中苏合讷，司库常保交霁红高足茶元木样一件。传旨：着年希尧照木样烧造一百三十件送来。钦此。本日将木样交年希尧家人郑天赐持去讫。

8 画珐琅缠枝莲纹六颈瓶

故宫博物院藏

高11.6厘米　最大口径3.1厘米　足径6厘米

（雍正四年）五月十六日奉旨：着照九洲清晏陈设的磁花插款式烧做珐琅花插几件。钦此。于七月二十一日做得五管花插一件，随紫檀木座一件，郎中海望呈进讫。于八月十四日做得珐琅六管花插二件，随紫檀木座二件，裕亲王、信郡王、郎中海望呈进讫。

9 雍正款窑变釉菊瓣扁壶

故宫博物院藏

高6.2厘米　口径7厘米　足径7厘米

（雍正七年）八月初七日据圆明园来帖内称，七月三十日郎中海望持出菊花瓣式宜兴壶一件。奉旨：做木样交给年希尧，照此款式做钧窑，将霁红霁青釉烧造。钦此。

10

10–1

10 明成化斗彩花蝶纹盖罐

故宫博物院藏

高10.5厘米　口径9厘米　足径10.5厘米

10–1 仿成化斗彩花蝶纹盖罐

故宫博物院藏

高10.6厘米　口径7.4厘米　足径8.8厘米

（雍正七年）四月十三日太监刘希文交来成窑五彩瓷罐一件，无盖。传旨：着做木样呈览。钦此。于二十日做得画五彩木样一件呈览。奉旨：将此罐交年希尧添一盖，照此样烧造几件。原样花纹不甚好，可说与年希尧往细里改画。钦此。于四月二十五日将成窑五彩罐一件并木样叫年希尧家人郑旺持去。

11 珐琅彩蓝山水图碗

故宫博物院藏

高5.2厘米　口径10.9厘米　足径3.9厘米

（雍正十年）十月二十八日司库常保，首领李久明奉旨：珐琅画青山水甚好。钦此。于十二月二十八日柏唐阿邓八格、宋七格来说内大臣海望谕：邹文玉所画珐琅数次皇上夸好，应遵旨用本造办处库银赏给十两。遵此。

12 官窑青釉弦纹盘口穿带瓶

故宫博物院藏

高33.6厘米　口径9.9厘米　足径14.2厘米

12-1 仿官釉弦纹盘口穿带瓶

故宫博物院藏

高35厘米　口径9厘米　足径13.8厘米

（雍正七年）四月初二日太监刘希文交来大官窑瓶一件。传旨：做木样交年希尧，照样烧造几件。钦此。

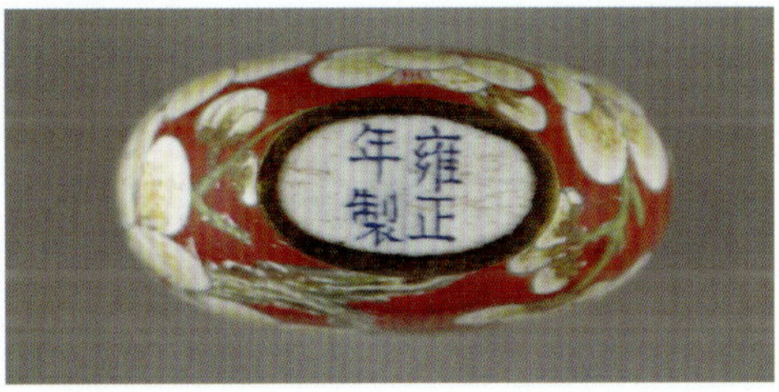

13 画珐琅梅花鼻烟壶

故宫博物院藏

通高6厘米　腹宽4厘米

（雍正三年）五月十九日总管太监张起麟交珐琅红地白梅花鼻烟壶一件。传旨：尔等照此鼻烟壶画下样来，嗣后如做鼻烟壶俱照此样烧造。钦此。于十月二十九日做珐琅鼻烟壶四个呈进。四年正月至七月又做五对。

14 雍正款黄地珐琅彩云龙纹碗

故宫博物院藏

高5厘米　口径10厘米　足径4厘米

（雍正十年）十二月二十八日烧造得娇黄地重黄色龙磁茶元一对，司库常保，首领萨木哈，李久明呈进讫。随奉旨：此颜色，画法俱不好，珐琅亦粗糙。钦此。

15 雍正款粉青釉椭圆水丞

故宫博物院藏

高3.8厘米　口径4.8厘米×3厘米　足径4.7厘米×2.9厘米

（雍正七年）四月廿七日郎中海望奉旨：尔将各样款式水盛，或腰圆形，半璧形，鸡缸形，或扁圆形酌量做木样几件，不必呈览，交年希尧，或黄釉，或霁红釉，或脱胎，或冬青釉，务要精细，每样烧几件。钦此。

16 彩漆描金云龙纹菊瓣式盘

故宫博物院藏

高3.3厘米　口径17.8厘米

（雍正十一年）十二月二十七日内务府总管年希尧家人郑天赐送来各色磁花盆十二样。司库常保，首领太监萨木哈呈览。奉旨：送往圆明园交总管太监应陈设处陈设。钦此。又送来各式菊花瓣式磁盘十二色，内每色一件。奉旨：交与烧造磁器处，照此样式，每色烧造四十件。钦此。

17 红漆彩绘花鸟纹圭式盘

故宫博物院藏

高1.8厘米　长31.4厘米　宽18.5厘米

（雍正三年）正月初八日总管张起麟交圭式红漆盘一件，说怡亲王奉谕：着照样放长五寸，做十个。底子照红漆盘内花样改画。钦此。于十二月二十九日做得十件。

18 描彩漆云龙纹双圆盘

故宫博物院藏

高1.4厘米　长22厘米　宽16厘米

（雍正二年）正月初四总管太监张起麟交海棠式茶盘一件。传旨：照此盘大小改做双圆式朱红画二龙戏珠花样茶盘几件。钦此。本日张起麟启知怡亲王。奉王谕：照此大小多画几张样子，看准时再做。遵此。

19 竹边彩漆描金八方茶盘

故宫博物院藏

高2.8厘米　口径25.6厘米

（雍正十年二月）十四日，首领萨木哈持出铜烧古秋耳炉一件 紫檀木座一件，红玻璃瓶一对，霁红瓶一件，霁青瓶一件，哥窑渣斗一件，哥窑瓶一件，珐琅碗四件，龙泉双管瓶一件，填白双圆瓶一件，菊花磁壶一件，金里螺钿碗十二件，象牙盒二件，珐琅盒一件，呆黄玻璃瓶一对，雕漆盘四件，湘妃竹边彩漆茶盘一件，痰盂二件，钢墙绣面火链包一件，口袋式荷包二件，绣缎腰形荷包二件 内盛鼻烟壶二件，各色宁绸四匹，说宫殿监督领侍陈福，副侍刘玉传，着配木箱盛装，用棉花塞垫黑毡黄布包裹，发报用。记此。

于本月十五日配做得杉木箱三件并原交铜烧古秋耳炉等项共二十一项俱盛装妥，通用棉花塞垫，黑毡黄布包裹，首领萨木哈持进交宫殿监督领侍陈福，副侍刘玉收讫。

20.彩漆描金云龙纹菊瓣式盘

故宫博物院藏

高2.2厘米　口径长22.8厘米　宽17.5厘米

（雍正八年）十二月十三日首领太监杜进朝交来菊花瓣式彩漆五龙捧寿盘一件，传：着照样做十件。记此。

22 黑漆描金花果纹包袱式盒

故宫博物院藏

高12厘米　长20.5厘米　宽10.5厘米

（雍正十年）四月十七日首领萨木哈持出洋漆包袱式盒二件，说宫殿监督领侍陈福传旨：此盒样式甚好，照样将黑红漆盒做些，画花卉漆盒亦做些。再，盒一件底上有窟窿，不必照此样做。钦此。于十一年五月初一日做得二件。

23 黑漆描金云龙纹套箱

故宫博物院藏

高49厘米 长189厘米 宽50厘米

（雍正六年）十月二十日，太监张玉柱交来蓍草二匣 计六把，每把五十根，郎中海望呈怡亲王看，奉王谕：每五十根配一楠木胎漆匣，共配做六匣。遵此。

于八年二月初三日将蓍草三百根配做得楠木胎漆匣六件，海望呈览，奉旨：此插盖匣不好，再放大些，做楠木退光漆罩盖套匣，将蓍草六把或做二层，或做三层盛装，每层用黄色，或行龙，或寸蟒妆缎裱糊，随蓍草叠凹处做锦垫铺垫，其里一层做半盖，子口上彩金龙，将蓍草出则年月用彩金书写满、汉字，外漆做楠木，漆到底，罩套匣子口不必高了，里层匣做在此匣内，如何拟写，彩画之处画样呈览，准时再做。钦此。

于十一年十一月初五日将蓍草三百根配做得紫檀木山子，洋漆洋金花箱，洋漆外套箱，司库刘三九，催总五十八，柏唐阿裴六达子送赴东陵讫。

24 黑漆描金填香靠背

故宫博物院藏

高82.5厘米　长153.5厘米

（雍正七年）十一月二十一日太监张玉柱、王常贵交来沉香天然万年福禄一座，金漆万寿鼎案一件，仿洋漆万国来朝万寿围屏一座，雕漆五龙宝座一张 锦褥全份，仿洋甜香炕椅靠背一座，仿洋漆云台香几二张，仿洋漆百步灯四架，宫定炉瓶盒三件，万福攸同甜香炕几一张，甜香炕几上陈设小香几一张，甜香画瓶一座，宫定香盘一个，俱系隋赫德进。传旨：着送往圆明园交园内总管太监收着，俟朕往圆明园去时着伊等呈览，钦此。

于本月二十二日郎中海望，员外郎满毗交栢唐阿佛保送赴圆明园档子房交管理事务头等侍卫兼郎中保德收讫。

25 画珐琅花蝶纹玻璃天球冠架

故宫博物院藏

高38.3厘米　球径14.8厘米　底径15.4厘米

（雍正六年）十月十九日首领太监萨木哈持来玻璃轩辕镜一对，随镀金宝盖，系总督孔毓珣进。传旨：着海望见面请旨。于八年八月十七日做得珐琅轩辕镜帽架二个。

26 楠木矮靠背杌子

故宫博物院藏

高67厘米　长68厘米　宽68厘米

（雍正五年）木作八月二十六日郎中海望奉上谕：或用楠木或漆做竹式杌子几张，长二尺九寸、宽二尺四寸，后面安靠背，高九寸，其宽比杌子两边各窄二三寸。钦此。于九月初五日做得楠木杌子二张，郎中海望呈进讫。

27 剔红云龙纹罗汉床

故宫博物院藏

高108厘米　长231厘米　宽125厘米

（雍正七年）十一月二十一日太监张玉柱、王常贵交来沉香天然万年福禄一座，金漆万寿鼎案一件，仿洋漆万国来朝万寿围屏一座，雕漆五龙宝座一张 锦褥全份，仿洋甜香炕椅靠背一座，仿洋漆云台香几二张，仿洋漆百步灯四架，宫定炉瓶盒三件，万福攸同甜香炕几一张，甜香炕几上陈设小香几一张，甜香画瓶一座，宫定香盘一个，俱系隋赫德进。传旨：着送往圆明园交园内总管太监收着，俟朕往圆明园去时着伊等呈览，钦此。

于本月二十二日郎中海望，员外郎满毗交栢唐阿佛保送赴圆明园档子房交管理事务头等侍卫兼郎中保德收讫。

28 午瑞图

故宫博物院藏

绢本　设色　纵140厘米　横84厘米

（雍正十年）四月廿九日西洋人郎世宁画得午瑞图绢画一张。

29

29 30 十二美人像

故宫博物院藏

绢本　设色　纵184厘米　横98厘米

（雍正十年）八月廿二日据圆明园来帖内称，司库常保持出由圆明园深柳读书堂围屏上拆下美人绢画十二张，说太监沧州传旨：着垫纸衬平配做卷杆。钦此。本日做得三尺三寸杉木卷杆十二根。

破塵居士題

31 雍正款窑变釉花盆

故宫博物院藏

高5.5厘米　口径14厘米　足径7.2厘米

（雍正十年）九月十三日司库常保、首领萨木哈奉上谕：着寄信与年希尧，将霁红、霁青、均窑、汝窑小花盆，水奁烧造些来。先做木样呈览，看准时再发去烧造。

目 录

前　　言

养心殿造办处，始创于康熙初年，据《大清会典事例》卷一一七三载："初制，养心殿设造办处，其管理大臣无定额，设监造四人，笔帖式一人。康熙二十九年增设笔帖式一人。三十年奉旨东暖阁裱作移在南裱房。满洲弓箭匠亦留在内，其余别项匠作俱移出，在慈宁宫茶饭房做造办处。三十二年，造办处设立作房。三十五年奉旨设立玻璃厂，隶于养心殿造办处，设兼管司员一人。三十六年增设监造二人。四十二年增设笔帖式一人。四十四年奏准武英殿造办处匠役人等俱移于造办处。……五十七年奏准武英殿珐琅作改归养心殿，增设监造一人。六十一年奉旨将监造等俱给伞上"云云。

中国第一历史档案馆藏有大量内务府造办处的有关档册。读过之后才能真正认识到养心殿造办处的职能和规模。造办处在编制上属于内务府，这是载在《大清会典》的，但总管内务府大臣只是二品官，而造办处有特简管理造办处大臣，这个职务经常是派一两位亲王或内廷行走的一品大员来担任，等于皇帝直接指挥。从档册中也可以看出造办处对六部和各省总督巡抚行文都用"咨文"或"知会"，说明造办处与京外第一级的衙门是平行的，也说明造办处的特殊地位。档册是清代工艺美术品和画院画家作品最集中的文字史料，其中有某些作品的作者姓名，设计者的姓名，管理人员的姓名，成做活计的品名，皇帝对于器物制作的具体要求和意见。故宫所藏清代工艺美术品有许多件可以在档册中找到作者是某人，是某年月日开始设计画样、做模型，某日完成，以及陈设地点等。某些工艺美术品何以在当时会出现很精的水平？何以会做出表现年代的特色？在档册中都可以找到说明。在工艺美术方面不仅仅是制作器物，还大量投入宫殿和苑囿室内装修的设计和施工。在工艺美术方面以外，还有验算仪器的制作和绘制舆图以及兵工制造。在兵工方面，除平时制作镶金嵌玉的御用火枪和装饰华丽的御用刀剑以外，遇到必要时也能生产大批的火器。例如雍正七年二月，一次制造火枪11300杆，铜炮千门，火箭筒10000个，足见造办处职能范围之广。

造办处各作的地点，除宫中造办处这一带厂房和画画人在启祥宫、慈宁宫作画以外，景山、圆明园尚有许多制作地点。还有些器物由造办处设计画样，或拨蜡样、或做木样交苏州、扬州、南京、浙江、江西、广东等处，由当地最优秀的匠人制作，应该说造办处的制作网是全国性的。

雍正御撰《庭训格言》一书，是记载他父亲生前教训儿子的语录，其中有一段："训曰：朕虽于谈笑小节亦必循理。先者大阿哥管养心殿营造事务时，一日同西洋人徐日昇进内，与朕闲谈中间，大阿哥与徐日昇戏曰：剃汝之须可乎？徐日昇佯佯不采，云：欲剃则剃之。彼时朕即留意，大阿哥原是悖乱之人，设曰我奏过皇父剃徐日昇之须，欲剃则竟剃矣，外国之人谓朕因戏而剃其须可乎？其时朕亦笑曰：阿哥若欲剃亦必启奏然后可剃。徐日昇一闻朕言凄然变色，双目含泪，一言不出。既逾数日后徐日昇独来见朕，涕泣而向朕曰：皇上何如斯之神也，为皇子者即剃我外国人之须有何关系，皇上尚虑及未然降此谕旨，实令臣难禁受也。厥后四十七年朕不豫时，徐日昇听信外边乱语，以为朕疾难愈，到养心殿大哭，自怨其无造化，随回至家身故。夫一言可以得人心，而一言亦可以失人心也。”

从这一段记载说明在康熙年间，管理养心殿造办处的是皇长子允禔，并有外国技术人员在内，可以设想在各作之中必有一个制作历算仪器或钟表等类的工作。从中可略窥康熙年间养心殿造办处之概况。雍正元年至十三年，有关养心殿造办处的谕旨和管理人员奏事记录，择要纂辑为《养心殿造办处史料辑览》第一辑。这一辑的内容说明了雍正朝养心殿造办处的下列诸项情况。

1. 养心殿造办处最高级的管理人员有怡亲王、庄亲王、裕亲王、信郡王。其中以怡亲王的管理最为全面、具体，其自身的审美标准也最高。下面的办事人员有：郎中保德，员外郎海望、赵元、满毗、沈喻、唐英、马尔汉。其中保德后升头等侍卫，海望升郎中。之后海望再升为内务府总管大臣，他不仅承担造办处的管理工作，而且做过很多次具体的设计工作，包括漆器、珐琅器、木器和室内装修，以及其他杂活的设计画样。虽然后来他由内务府总管大臣又升任内大臣，是武官的一品大员，但仍有时做具体的设计画样工作，雍正朝 13 年来始终如一，兢兢业业，直至乾隆朝派他到江南任总督，才结束了其造办处的工作。《清史稿》有海望传，只记载了他在总督任内的政绩，至于在内务府期间，只记载他历官员外郎、郎中、总管内务府大臣，如果不读造办处的档案，就不可能知道雍正朝有这样一位比较多面的工艺美术设计家。还有员外郎唐英也画过玉器和瓷器的画样。

2. 在我们的美术史上，工艺美术品的作者名字太少了，可以说几乎是空白。而清代的工艺美术品在传统的基础上又有一段非常繁荣的时期，在养心殿造办处担任制作的人员是当时从各地选拔推荐来的各行业的名手。从第一辑史料中得知雍正朝的人名如下：

画作：柏唐阿王玠，其子王幼学。柏唐阿班达里沙。画画人丁祐、詹熹、丁观鹏、程志道、贺永清、张为邦、张霖、吴桂、吴域、贺金昆（原为画画人，后又担任珐琅彩瓷器的作画者）、戴洪、汤振基、戴恒、余秀、焦国俞、吴璋、赵恒、戴正、戴越。参领唐岱。翰林院待诏戴临（专任写字并兼任在珐琅彩瓷器上写字）。画匠沈元。西洋人郎世宁。

玉作：玉匠刘廷贵、苏和文、陈廷芬、许国正、杨玉、施仁正、陈宜嘉、王斌、鲍有信、邹学文、程向贵、周俊、董国柱、都志通、姚宗仁、韩士良。南玉匠胡德成、袁景邵。

珐琅作：贺金昆、汤振基、戴恒、邹文玉。画珐琅人张琦、邝丽南、宋三吉、谭荣、林朝楷、周岳、吴士琦。练珐琅料人宋七格、邓八格、赵老格、马维祺。柏唐阿李六十、胡保住、徐尚英、张进忠、王二格、陈得。太监吴书、张景贵、乔玉。錾花匠胡鋐。珐琅写字人戴临。镀金人王老格。吹釉胡大有。

油漆作：彩漆匠秦景贤，柏唐阿黑达子、苏七格、六达子。漆匠吴云章、李贤、王四、柳邦显、段六。洋漆匠左世恩、佛保。彩漆匠孙盛宇、王维新、秦景岩、郑子玉。油匠戴有德。

刻字作：腾继祖（写篆字）、张魁（写篆字）、许国正（宋字）。刻字人吴自德。写篆字人方西华。

牙作，附砚作：雕竹匠封岐。牙匠朱栻、封镐。雕刻匠屠魁胜、关仲仁、杨迁、施天章（雕刻兼做盆景）。牙匠陈曙明、顾继臣、叶鼎新、李茂德、陈祖章。砚匠黄声远、王天爵、汤褚冈。拨蜡像的喇嘛玛尼格隆。

裱作：裱匠李毅、金有玉。

镶嵌作：镶嵌匠叶屿、周有德、周有忠。錾花匠李进仁、季成龙、张三。

眼镜作：柏唐阿杨国斌、冯杜寿、陈六十、屈柱。西洋人戴进贤、巴多明。

铜炉作：柏唐阿佛保。铜匠七十儿、王九。

木作：南木匠汪国贤。柏唐阿六达子。木匠卢玉。领催白士秀。细木匠余节公、余君万。木匠霍五、小梁、罗胡子、陈斋公、林大。广木匠罗元、林彩、梁义、杜志通、姚宗仁。

镟作：镟匠杜士魁。

玻璃厂：烧玻璃人丁皂保、彭鹤、王均、叶履丰。柏唐阿石美玉。

自鸣钟：领催白老格。西洋人沙如玉。柏唐阿张琼魁。

匣作：匣匠程继儒、连应龙、达子。

藤作：藤子匠梁达子。

舆图处：柏唐阿巴哈、八十、默尔参蛾、永泰、花善、五十八、富拉他、陈文涛、赫慎。主事诺赫图。

以上只是在所见雍正元年到十三年的档案内曾经提到的人名，共160余人，当然还有很多未提到的人。

3. 从第一辑的史料中可以说明在康熙年间用九种颜色的西洋珐琅料开始创烧，到雍正元年至十三年期间有了很大发展。首先是怡亲王命柏唐阿宋七格、邓八格试烧珐琅料九种，结果烧炼成功，后来又自炼烧成九种为西洋料所没有的色料。并且在人员配备上也有所增加，在原来江西画瓷器的宋三吉，广东画铜胎珐琅的张琦、邝丽南、林朝楷之外，又增加了江西来的周岳、吴士琦，以及画作的画画人汤振基、戴恒、邹文玉、谭荣、贺金昆，书家戴临等人。在此13年中无论是珐琅彩瓷器的器型、胎骨、釉色，还是画面的山水、人物、花卉等方面可称丰富多彩，达到了很高的境界。

关于漆器的制作，雍正元年至十三年所制品种有黑漆、朱漆、浑金漆、金漆、填漆、戗金漆、戗金细钩填漆、堆漆、嵌钿、嵌金银、脱胎漆、皮胎漆、葫芦胎漆、仿洋漆，又有黑漆与象牙、竹、木、玉、石、珐琅、金、银等多种材料合制的器物。尤其是黑漆描金，即仿洋漆，是重点发展的品种。另外瓷胎漆器也是一个新品种。

木器的制造有两大类。一类是自明至清始终流传制造使用的品种，另一类是自雍正年开始制作的新品种。这些新品种在造型方面多种多样，如叠落式香几、如意式炕桌、转板桌、折叠桌。床上有与之结构相连的靠背、书架、书灯、盂托等装置。还有炕屏、炕柜、炕格、炕书架、靠墙半出腿插屏镜、彩漆独挺转轴圆桌等等。在做法方面有黑退光漆面镶螺钿西番花边花梨木桌、湘妃竹边波罗漆面炕桌、乌拉石面香几等等。

在装饰方面，有玻璃桌面内衬郎世宁画花卉的紫檀桌、楠木胎漆冰裂纹绣墩、紫檀几上嵌表、紫檀床上镶掐丝珐琅、紫檀格上镶象牙花牙子等等。这些雍正年造的家具新品种有很多不是依照传统木匠活计成例的官尺寸做的，而是按照皇帝指定的尺寸做成家具后，陈设在指定的地点。

在清代各种工艺美术品中有不少无款识的精品，过去文物工作者都认为是乾隆年所造，通过第一辑史料使我们知道其中有一部分是雍正、乾隆两朝都曾经制造过的，还有一部分只是雍正年造，而不是乾隆年造。

4. 通过第一辑史料还可以纠正过去对于如意馆的误解。应该说清代宫中专门画画的机构名称曾经叫“画作”，又称“画画处”，最后称“画院处”，是属于造办处的一个单位。在“画院处”当差的人员有三类，第一类是有官衔而专职就在画院处当差的人，例如唐岱；第二类是无官衔的，通称为画画人；第三类是画匠。画院处有一部分人员在造办处内的房屋工作，但房屋不敷用，于是分散在六个地点。有一部分人员在“慈宁宫群房”，一部分人员在“启祥宫配殿”，一部分人员在“咸安宫”，一部分人员在圆明园内“芰荷香”，一部分人员在圆明园内的“春宇舒和”。到乾隆年间，又有一部分人员在圆明园内的“如意馆”。如意馆是房屋原来的名称，“如意馆”只是画院处人员使用的若干处房屋中之一处，并非为设立的一个专管画画的单位的名称。在如意馆工作的不仅有绘画人，还有些雕刻匠。

5. 这一辑的史料可以说明当时年希尧管理的江西烧造瓷器处在雍正朝烧造瓷器的品种和数量。可以说明江西烧造瓷器处和江南三处织造都是由皇帝直接指挥的，但皇帝的旨意都是通过造办处下达，并且命造办处镟木样，拨蜡样，画纸样，命下面四处遵办。造办处职能的特殊还不止此，从这一辑的史料还可以说明造办处不是单纯为皇帝制作个人欣赏的器物，还要制造很多供皇帝赏赐所用的物品。当时西北两路用兵之际，上至统兵大员，下至每个兵丁，都曾经多次得到不同等级的赏赐物品。除对个人赏赐物品的制造项目以外，还有为军需的制造任务，例如造办处“舆图作”绘制军用地图，“炮枪作”制造数以万计的枪炮等火器弹药，“锭子药作”制作大量的丸散膏丹等中医成药，都是供给西北两路的军需用品。

6. 从雍正十一年以后档案中记载“南熏殿”及圆明园“接秀山房”两处，常常在两三日内连续要碴子煤万斤而不记用途。还有档案记载要汞银若干两，亦不记用途。又有打造白金锅，重一百余两；白金盒，重百余两。在累丝作、牙作、玉作制造及其精致的道冠，在织染局做绣花法衣。这些事实连起来看，当是命一些道士炼丹。这些原始档案作为旁证材料，可以设想清世宗服丹的传说是有可能的。

本书采用编年体，每年先录管理大臣、管理官员及管理情况，以次为各作成做活计情况。至于造办处分作的情况，随着时间的推移有增有减，有分有并，并不始终如一。所作活计有的年份某一作的工作量特别大，有的年份某一作的工作量很小。在分工方面有的作所做只是器物完成过程中的一部分，例如镟作、镀金作等，这类工种不能单独完成一件器物，但也和其他作同样列名以示其存在。

为了方便读者了解雍正朝养心殿造办处的状况，特于雍正元年之首概述造办处管理官员及各作名称等。另外，限于篇幅，本书的部分内容只收录了成做活计的名称，而省略了月日、传旨人及承办者，如本年活计尚有……。在此一并说明。

朱家溍

雍正元年

雍正元年，管理造办处大臣：怡亲王、庄亲王。管理官员：郎中保德、李常，员外郎海望，司库常保，画样唐英。

记事录

正月十四日奉怡亲王谕：尔等总理造办处钱粮事，各作有柏唐阿、拨什库等稽察匠役、督催活计等事。再拨什库达亦系匠役出身，因手巧常命他们成造活计。嗣后尔等俱要各尽职分，不可疏忽，如匠役有迟来、早散、懒惰、狡猾、肆行争斗、喧哗高声、不遵礼法应该重责者，令该管人员告诉尔管理官，启我知道再行责处。不许该作柏唐阿等假借公务以忌私仇，擅自私责匠役。遵此。

正月十九日郎中保德等为牙匠吴珩患病不能当差告假回家事具折启知怡亲王。奉王谕：吴珩既称久病，难以当差，准他回家。遵此。

四月二十一日怡亲王交八色西洋金花笺纸八十张，王谕：将纸上花样照样每样画出一张，交与织造处照样织锦送来。遵此。

五月十二日郎中保德奉怡亲王谕：尔传与三处织造官，着伊等每处将水牛皮各送二十张来。遵此。于本年六月十一日，苏州织造官胡凤翚送牛皮二十张。于十月初六日杭州织造官孙文成送来牛皮二十张、江宁织造官曹頫送来牛皮二十张。

九月十八日郎中保德等奉怡亲王谕：将画油画乌林人佛延，柏唐阿全保、富拉他三、达里等四人留在造办处当差。班达里沙、八十、孙威凤、王玠、葛曙、永泰等六人归在郎世宁处学画。察什巴、傅弘、王文志等三人革退。察什巴原在画画处得的甲，将甲革退，仍在本佐领下当差。再画鸟谱金尊年、王恒、于寿白三人，着原养的织造官送回本籍。遵此。

十月十一日西洋人马国贤父及伯父、叔父相继病故，奏为恳恩给假事。奉旨：准他去。钦此。本日怡亲王奉旨：赏给马国贤暗龙白磁碗一百件，五彩龙凤磁碗四十件，五彩龙凤磁杯六十件，上用缎四匹。钦此。

十二月初七日员外郎海望奉怡亲王谕：画画人金玠告假回家，着织造孙文成家人好生送至家去，俟金玠家内事完，仍着孙文成家人好生送至京来。遵此。

珐琅作　附大器作　镀金作

雍正元年正月初九日怡亲王谕：尔等照金星五彩玻璃鼻烟壶样式烧珐琅鼻烟壶几件。遵此。于二月初四日做得铜胎玉兔秋香珐琅鼻烟壶一件，怡亲王呈进。于三月十五日做得铜胎玉兔秋香珐琅鼻烟壶一件，铜胎画红福万寿黑珐琅鼻烟壶一件，怡亲王呈进。四月十一日做得铜胎岁寒三友珐琅鼻烟壶一件，铜胎节节双喜珐琅鼻烟壶一件，怡亲王呈进。四月十八日做得金胎錾花五彩珐琅鼻烟壶一件，怡亲王呈进。四月二十九日做得铜胎黑地五彩瑶池王母珐琅鼻烟壶一件，红福百安珐琅鼻烟壶一件，莲艾中心珐琅鼻烟壶一件，怡亲王呈进。八月四日做得铜胎节节双喜珐琅鼻烟壶一件，郎中保德呈进。九月十二日做得铜胎秋英十锦珐琅鼻烟壶一件，福寿长春珐琅鼻烟壶一件，郎中保德呈进。九月二十二日做得铜胎画西番花珐琅鼻烟壶一件，莲瑞同心珐琅鼻烟壶一件，怡亲王呈进。九月二十七日做得黑地画西番花铜胎珐琅鼻烟壶一件，黄地画西番花铜胎珐琅鼻烟壶一件，怡亲王呈进。

三月十四日怡亲王交来大小腰圆形珐琅片六片，大小圆形珐琅片七片，大小长方珐琅片十四片。王谕：或配做紫檀木方匣，或做大小盒子，上俱嵌珐琅片，要做秀气着。遵此。于九月初八日做得嵌珐琅片紫檀木盒一件，怡亲王呈进讫。于十三年十月二十一日将大小珐琅片二十六件，司库常保持进，交太监毛团呈进讫。于五年十月十六日穆森持去温都里那石四片，镶鼻烟壶口用讫。

十月十一日郎中保德持出桃式银壶一件、葫芦式银壶一件。奉旨：着交造办处收拾。钦此。本日郎中保德奉怡亲王着梅洗。照样画纸样，另做葫芦式银壶一对。遵此。于本日梅洗得桃式银壶一件，郎中保德呈进。于二年八月十三日做得葫芦式银壶一对，并原样葫芦银壶一件，郎中保德呈进。

十二月十五日总管太监张起麟、茶房首领太监明自忠、李英、吕兴朝同持出交平面桌一张、宜兴壶三把、腰形紫檀木茶盘一件、小磁缸一件、青花白地磁钟［盅］二件。传旨：平面桌下中间放盛水缸一口，上添做缸盖一件、银水舀子一件。桌面上配银茶叶罐四件、银火壶一把、银凉茶壶一把、银里木盆一件、银屉子一件、银勺子一把、银匙一件、火夹一把。再安宜兴壶三把，茶圆四个二个在盘子里放着，二个屉子里收着。腰形茶盘一件配做泥鳅沿，盘内做双圆套环，双圆内都要托足，往秀气里配合。钦此。于二年十二月三十日将平面桌一张，上配做得银火壶一把、屉子一件、内随茶圆二件，上配金盖一件、银盖一件、银茶叶罐四件、银里木盆一件、银凉茶壶一件、银水舀子一件、匙子一件、勺子一件、火夹子一件、纱兜圈子二件，并原交小磁缸一口，上配紫檀木缸盖一件。改做得腰形紫檀木茶盘一件，原交青花白地磁钟［盅］二件，宜兴壶三把，总管太监张起麟呈进。

累丝作

二月初十日怡亲王交风调雨顺玉字铜镀金方灯一件，奉旨：另配座子，连灯通高八寸五分，原座子收着。钦此。于四月初八日配得台撒镀金座一个，随方灯一件，怡亲王呈进。

三月二十日怡亲王交配文都里那石鼻烟壶四件。随珐琅匙盖。王谕：酌量另配做匙盖遵此。于四月初八日鼻烟壶四件，另配做得铜镀金匙盖并原珐琅匙盖，怡亲王呈进。

四月二十一日怡亲王交洋漆春盛一分，内随白玻璃瓶二件，小磁钟三件，小漆碟一件，小漆盘一件。王谕：配做银累丝外罩，玻璃瓶不用另做，银壶一对补在玻璃瓶的空处。遵此。于九月初十日做得银累丝外罩一件、银壶一对，并原交洋漆春盛一分。怡亲王呈进讫。

二十一日怡亲王交玛瑙匙子十一件。内四件无靶，其余俱系玛瑙靶。王谕：着照先改做匙子一样俱做铜镀金靶子。遵此。于五月十一日做得玛瑙匙六把。怡亲王呈进讫。于七月初十日做得玛瑙匙四把。怡亲王呈进讫。

二十一日太监杜寿交银累丝鹅翎管筒一件。传旨收拾。钦此。于本日收拾完仍交太监杜寿讫。

二十四日怡亲王交玛瑙匙大小四十二把。内七件银靶其余俱系铜镀靶。王谕：照先做过的匙子款式一样做。遵此。于五月初六日改做铜镀金如意靶玛瑙匙八件，怡亲王呈进。五月初八日改做铜镀金如意靶玛瑙匙五件、银如意靶玛瑙匙五件，怡亲王呈进。五月十一日改做铜镀金如意靶玛瑙匙六件、银如意靶玛瑙匙一件，怡亲王呈进。六月二十二日改做铜镀金如意靶玛瑙匙六件，怡亲王呈进。七月初十日改做铜镀金如意靶玛瑙匙十一件，怡亲王呈进。

七月初四日怡亲王谕：着做金八宝二十分，银八宝三十分，金钱四十个，银钱八十个。遵此。于十二月二十九日做得金八宝二十分，银八宝三十分，金钱四十个，银钱八十个，怡亲王呈进。

十月初一日太监刘玉交竹珠七颗。传旨：内铜盒盛的重三钱一颗。重三钱五分一颗、重四钱二颗、重三钱四分一颗。此五颗做帽顶用，重一钱五分一颗、重三钱八分一颗，此二颗配托子做凉帽顶上的珠子用。钦此。于十月十二日做得金累丝托竹珠帽顶二件。怡亲王呈进讫。于十月二十日做得珐琅托竹珠帽顶一件。怡亲王呈进讫。于十一月初一日做得珐琅托竹珠帽顶一件。怡亲王呈进讫。于十一月二十三日做得金累丝托竹珠帽顶一件。怡亲王呈进讫。于十二月十五日做得金累丝托竹珠帽顶二件。怡亲王呈进讫。

十二月二十一日怡亲王交竹节式玉匙箸瓶一件。王谕：配做铜镀金代叶子，竹节式座子。遵此。于二年二月二十一日配得座子完。怡亲王呈进讫。

镶嵌作　附牙作　砚作

正月初九日怡亲王交镶嵌珊瑚葵花蜜腊兽面蓝玻璃鼻烟壶一件。王谕：此鼻烟壶收拾。照此样做各色玻璃鼻烟壶，仍用镶嵌。遵此。于正月十五日收拾完镶嵌珊瑚葵花蜜腊兽面蓝玻璃鼻烟壶一件，怡亲王呈进。二月十六日做得嵌寿比南山玳瑁面墙油篓式鼻烟壶一件，怡亲王呈进。二月十八日做得嵌万年吉庆象牙面玳瑁墙油篓式鼻烟壶一件，怡亲王呈进。二月二十日做得嵌福如东海玳瑁面墙油篓式鼻烟壶一件，怡亲王呈进。三月初四日做得嵌节节双喜油篓式鼻烟壶一件，怡亲王呈进。三月初六日做得银圈烫香钉合牌簧福寿红玻璃鼻烟壶一件，怡亲王呈进。七月二十七日做得嵌百福百安鼻烟壶一件、嵌平安双圆鼻烟壶三件、福寿红玻璃鼻烟壶一件、嵌珊瑚葵花鼻烟壶一件、嵌梅寿鼻烟壶二件、节节双喜鼻烟壶一件，怡亲王呈进。九月二十二日做得嵌莲艾鼻烟壶二件、嵌上下宴安鼻烟壶二件、嵌日月长明鼻烟壶一件、嵌双凤双圆鼻烟壶一件、嵌梅寿鼻烟壶一件、节节双喜鼻烟壶一件，怡亲王呈进。于二年二月十一日做得镶嵌双凤双圆鼻烟壶一件、节节双喜相逢鼻烟壶一件，怡亲王呈进。

正月三十日郎中保德奉怡亲王谕：着做象牙日晷开其里一件。遵此。于三月十六日做得象牙日晷开其里一件，怡亲王呈进。

二月十三日怡亲王交龙油珀葡萄式小盘一件，王谕：着唐英照样画样。遵此。于十六日照样画样完，怡亲王呈进讫。

十三日怡亲王交圭璋砚一方，王谕：仿此砚，用紫端石做大些砚几方。于二月十五日照样做得大端石砚一方并原样，怡亲王呈进讫。

三月初九日怡亲王交西洋花玻璃靶小刀二把、象牙靶小刀一把、银靶高丽木鞘小刀一把、铜靶小刀三把。王谕：铜靶小刀二把俱改做象牙靶，其余俱收拾。遵此。

四月廿九日郎中保德奉怡亲王谕：尔等用白端石做宝塔一座，先画样看，俟准样时再做。遵此。于五月十一日画得宝塔纸样一张，郎中保德呈怡亲王看，奉王谕：照样准做。遵此。于十月三十日照样做得白端石宝塔一件，怡亲王呈进讫。本日奉旨：将紫檀木洋金宝塔照样做一件，其样式照白端石塔一样做。钦此。于三年八月二十日做得紫檀木洋金宝塔一件，总管太监张起麟持进。供奉在寿皇殿。

七月初五日奏事太监贾进禄交珐琅砚盒一件。传旨：或配做绿端石砚，或配别样石砚亦可，外再配做一合牌锦匣。钦此。于七月初九日珐琅砚盒一件内配绿端石砚一方，随合牌锦匣一件，总管太监张起麟呈进。

初七日怡亲王谕：着将西山石、白端石做鸠鹅形或仿松鼠形砚做几方。遵此。于七月二十七日做得西山石鸠水丞录（绿）端石鸠砚一方，白端石鹅水丞、西山石荷叶砚一方、西山石松鼠水丞葡萄砚一方。怡亲王呈进讫。

九月初六日郎中保德奉怡亲王谕：将西山石仿佛手形或仿鸡形样砚做几方，砚上嵌紫端墨团。遵此。于九月二十五日做得西山石佛手砚一方嵌紫端墨团、西山石鸡形砚一方嵌紫端墨团，怡亲王呈进讫。于十二月十七日做得嵌天然石子水丞、紫端石佛手砚一方、嵌玛瑙天然秋叶池端石流云砚一方，郎中保德呈进。

初六日太监夏安来说首领太监苏培盛传做象牙起子十根。记此。于九月十一日做得象牙起子十根，柏唐阿伽蓝保交太监夏安讫。

十二月二十一日怡亲王交玛瑙莲花水盛一件，王谕：着配象牙座子。遵此。于二年二月二十一日玛瑙莲花水盛一件，配嵌录（绿）象牙座一件，怡亲王呈进。

廿五日总管太监张起麟交黄铜暖砚盒一件。奉旨：配做不拘何石砚一方。钦此。于十二月二十八日黄铜暖砚盒一件，内配做得录（绿）端石砚一方，总管太监张起麟呈进。

裱作　附画作

正月二十二日，怡亲王交御笔为君难匾字一张。长三尺九寸五分、宽一尺六寸六分。惟以一人治天下，岂为天下奉一人对一副，高五尺四寸五分、宽九寸五分。奉旨：匾对俱做木格眼一块玉，不必镶边。钦此。于正月二十五日做得为君难匾一面、对一付，怡亲王呈进。

四月二十日怡亲王谕：着西洋人郎石宁画桂花玉兔月光画一轴。遵此。于七月初三日西洋人郎石宁画桂花玉兔月光画一轴，怡亲王呈进讫。

五月初四日怡亲王交商喜画百兽写生真迹册页一册。王谕：嗣后凡写百兽俱照此样画。遵此。

七月十六日怡亲王交扇子四十柄。王谕：着西洋人郎石宁画。遵此。于二年六月十二日画得扇子四十柄。郎中保德呈怡亲王收。

八月初七怡亲王交淳化阁帖十册，王谕：着重表。遵此。于九月初四日淳化帖十册重表完。怡亲王呈进。

十七日太监李进玉交兰花一盆。传旨：此花内有同心兰花一朵，着怡亲王交蒋廷锡照样画。钦此。于八月二十二日原交兰花一盆仍交太监李进玉持去，于八月二十九日蒋廷锡画得同心兰花绢画一张托裱好，怡亲王呈进讫。

九月初四日怡亲王交淳化帖十册，王谕：着重表。遵此。于十一月二十九日淳化帖十册重表完。怡亲王呈进。

二十二日太监苏培盛交朱砂笺纸二张。传旨：着做大片金笺纸。钦此。二十八日郎中保德呈怡亲王看。奉王谕：着交御书处做。遵此。于十月初十日做得大片金笺纸五十张并原样朱砂笺纸二张，首领太监苏培盛持去讫。

二十六日首领太监李统忠交白本纸折片五页，角上有印灵芝、兰花。传旨：照样将黄本纸折片多做些，其角上花样做套版刷印。钦此。于十月初五日照样做得黄本纸，角上有印花折片一百二十页，并原白本纸角上有印花折片五页，俱交首领太监李统忠持去。

十二月廿八日太监刘玉持出清字匾文一张 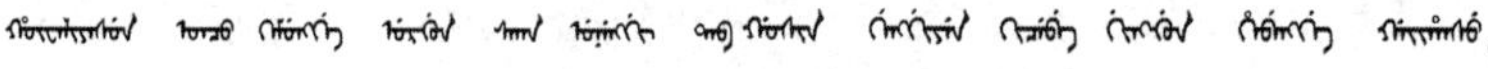。传旨：做匾一面，用磁青纸地泥金字，其边框应如何配做之处，着保德酌量配做。钦此。于二年正月做得磁青纸地泥金清字匾一面，保德持进，挂在养心殿东暖阁讫。

匣作

正月初四日奏事太监刘玉、贾进禄传旨：着做盛小刀合牌匣三十个，俱做掀盖，安象牙别子。钦此。于正月二十一日做得盛小刀合牌掀盖锦匣三十个，交奏事太监刘玉呈进。

初四日郎中保德奉怡亲王谕：做盛笔砚水盛匣各一件。遵此。于正月初五日做得盛笔匣一件，水盛匣一件。怡亲王呈进。

二十二日懋勤殿首领苏培盛、李统忠交玉银珠盒一件、水晶银珠盒一件，怡亲王谕：配做锦匣二个。遵此。于正月二十九日，银珠盒一件、水晶银珠盒一件，配做锦匣二个，总管太监张起麟交太监夏安持去。

三月初九日首领太监苏培盛交抓笔十枝，说怡亲王谕：着配做匣。遵此。于三月十九日抓笔十枝配做得合牌纸匣一件，交首领太监苏培盛持去。

三月二十四日怡亲王交文都里那石鼻烟壶四件，黄绢匣盛。王谕：将此匣另糊新绫。遵此。于本月二十六日文都里那石鼻烟壶四件，原黄绢匣俱另糊黄绫完。怡亲王呈进。

十一月二十四日首领太监苏培盛传旨：着做长二尺五寸五分，见方一寸八分合牌匣四个，糊黄绢面纸里，安骘子，外做黄布面毡衬里外套。钦此。于十二月初四日照尺寸做得糊黄绢面纸里合牌匣四个，随黄布面毡衬里外套四件。总管太监张起麟交首领太监苏培盛收。

刻字作

正月十七日懋勤殿首领太监苏培盛交寿山石夔龙纽宝一方，上书朱字雍正御笔之宝。奉旨：篆样呈览过再镌刻。钦此。于正月十九日翰林张照篆样一张、技艺人滕继祖篆样一张、南匠袁景劭篆样一张、刻字人张魁篆样一张。怡亲王呈览。奉旨：张照篆样文范，但笔画微细，照袁景劭篆书，其笔画另篆。再，滕继祖篆样上之字篆法好些，问张照之字篆法有何讲究。钦此。于正月二十二日翰林张照篆样二张、技艺人滕继祖篆样三张、南匠袁景劭篆样三张、刻字人张魁篆样三张，怡亲王呈览。奉旨：准张照古篆雍正御笔之宝，将之字下横取平，选吉时照样镌刻。钦此。于正月二十九日照翰林张照篆样镌刻得寿山石雍正御笔之宝一方，怡亲王呈进。奉旨：将此宝样好生收着。钦此。

正月二十三日怡亲王交红色寿山石双螭玦扁钮长方引首一方，红色寿山石飞熊钮图书一方，红色寿山石苍龙教子钮图书一方。奉旨：

双螭玦扁钮长方引首下边它（砣）做腰圆形，镌为君难。飞熊钮图书镌朝乾夕惕。苍龙教子钮图书镌雍正宸翰。钦此。于三月十三日红色寿山石双螭玦扁钮长方引首一方它（砣）做腰圆形完，镌为君难三字。红色寿山石飞熊钮图书一方镌朝乾夕惕四字。红色寿山石苍龙教子钮图书一方，镌雍正宸翰四字。共配做一锦匣盛装，怡亲王呈进。

二十六日怡亲王交斗钮雕锦地夔龙凤寿山石图书二方，合牌锦匣盛。奉旨：此图书样式雕刻做法俱好，嗣后若有如此图书俱照此样式做。钦此。

五月十七日怡亲王交洞石小素图书六十八方，内有青田石一方，王谕：内选四十方合配镌刻做匣盛装，将某匣内图书字样刻在本匣盖上，其余剩二十八方，俟此四十方图书镌刻完时一同交进，随又交洞石素图书三方。王谕：着入在选出应镌刻四十方图书之内镌刻。遵此。于九月初四日镌刻得雍正尊亲之宝三方、致中和三方、敬天勤民三方、雍正敕命之宝三方、雍正御笔之宝三方、雍正亲贤之宝三方、雍正御览之宝三方、兢兢业业三方、为君难四方、朝乾夕惕四方、雍正宸翰四方、敬天尊祖四方、亲贤爱民四方，以上图书共四十三方，配二锦匣盛，余剩未镌刻图书二十八方，配二锦匣盛，怡亲王呈进讫。

二十日怡亲王交各色小图书二十二方，青龙凤白地磁印色盒一件锦匣盛，王谕：镌为君难阳文引首三方、朝乾夕惕阴文图书三方、雍正宸翰阳文图书三方、兢兢业业阳文引首三方、敬天尊祖图书阳文三方、亲贤爱民阴文图书三方、御押阳文二方、封字阴文二方。遵此。于七月二十五日照字文镌刻得引首图书二十二方，锦匣盛，怡亲王呈进讫。

六月十九日郎中保德交御笔硃书大慈后母圣灵之宝位，奉旨：写篆字刻香牌配做牌龛。钦此。于七月初二日南匠袁景劭篆得孝恭仁皇后大慈皇妣圣灵之宝位篆文一张，怡亲王呈览。奉旨：准照样刻。钦此。于九月二十五日做得紫檀木边玻璃门牌龛一座，牌上刻得孝恭仁皇后大慈皇妣圣灵之宝位完，怡亲王呈进。本日奉旨：牌龛照样再做一分。钦此。于三年八月二十日做得紫檀木边玻璃门牌龛一座，牌上刻得孝恭仁皇后大慈皇妣圣灵之宝位完，总管太监张起麟持进，供奉在佛堂内讫。

七月十五日太监胡全忠来说，奏事太监刘玉传旨：将高一寸宽五分木牌做二件，上刻总督年羹尧字样，或用紫檀木，或用黄杨木做俱可。钦此。于本日照尺寸做得黄杨木牌二件刻字完交太监刘玉收讫。

八月十七日怡亲王交太平有象寿山石图书一方。奉旨：镌雍正尊亲之宝。钦此。本日郎中保德交袁景劭、滕继祖各篆字样二张，呈怡亲王看。王谕：准袁景劭篆的三行样式，但笔画掩草，收拾好再照样镌刻。遵此。于九月十四日太平有象寿山石图书一方，镌刻雍正尊亲之宝完，怡亲王呈进。

木作

正月初五日自鸣钟首领太监张朝凤差太监陈璜交茅葫芦木架五分随毡里黄布外套五分镶锡里木匣四个，外匣四个。据太监陈璜称启过怡亲王，着照样另做五分，再做五幅见方黄布㐌单五个。遵此。于三月二十一日做得新茅葫芦木架五分，随毡里黄布外套五分，五幅见方黄布㐌单五个，镶锡里木匣五个，外匣五个，据［俱］交太监陈璜持去。

初六总管太监张起麟奉怡亲王谕：着做长九寸宽六寸高七寸高丽木箱子一个。遵此。于八月十七日照尺寸做得高丽木箱子一个，怡亲王呈进。

初七总管太监张起麟，首领太监苗虎王太平传旨：着做藤靠背四个，帐架二分，不用毗卢帽，其帐子安架不安架俱要用得。钦此。于三月二十三日做得藤靠背四个，帐架二分。总管太监张起麟呈进。

初八日怡亲王交小吊屏三件，王谕：做紫檀木边。遵此。于正月十四日配做紫檀木边小吊屏三件。怡亲王呈进。

二十一画得牌龛纸样一分。怡亲王呈览。奉旨：台阶做一层，其余照样做。钦此。本日发下牌样上御书朱字一行圣祖仁皇帝大恩皇考圣灵之宝位。奉旨：先将字篆出来呈览过再刻。钦此。于正月三十日怡亲王交滕继祖篆样一张，袁景劭篆样一张呈览。奉旨：准滕继祖篆书。钦此。于四月初四日做得紫檀木边玻璃门牌龛一座。怡亲王呈进。

二十三日做得套桌样一件，怡亲王呈览。奉旨：照样准做。钦此。于三月初八日照尺寸做得紫檀木边豆瓣楠木心套桌一张，怡亲王呈进讫。

二十六日怡亲王奉旨：着做小佛龛二个。钦此。于四月初七日做得紫油喷金玻璃门佛龛二座。总管太监张起麟交太监焦进朝持去。

三十日总管太监张起麟交绿头牌四件。奉怡亲王谕：照此四样绿头牌的款式做。两面俱界十一行的绿头牌二件，两面俱界七行的绿头牌四件，两面五行的绿头牌六件，一面界一行的绿头牌二百件。遵此。于二月二十一日做得大小绿头牌二百十二件交太监程国用持去。

二月初二日车库选来傍边开门车一辆。怡亲王谕：将此车身改做三面，前面做门，车底安在车檐下边。遵此。于三月二十五日改做车一辆完仍交车库讫。

初五日怡亲王谕：着做紫檀木凹面镜架一件，高八寸，宽一尺二寸。遵此。于三月初一日做得紫檀木架凹面镜一件。怡亲王呈进。

七日怡亲王谕：着做紫檀木湾尺一根。遵此。于二月十三日做得紫檀木湾尺一根。交太监苏培盛持去讫。

十一日总管太监张起麟传旨：蒙古包内床上着做楠木靠背一分。钦此。于三月二十四日做得楠木靠背二分。总管张起麟持去讫。

十三日怡亲王谕：着做流云吊屏一件。遵此。于三月二十四日做得楠木边流云吊屏一件交总管太监张起麟持去讫。

十七日怡亲王谕：着做漆亮轿一乘。遵此。三年八月十六日做得漆亮轿一乘，怡亲王呈进。

二月二十日怡亲王交官窑花尊一件，紫檀木座。王谕：着收拾座子。遵此。于三月二十五日收拾得官窑尊紫檀木（座）一件，怡亲王呈进。

二十日怡亲王谕：着做紫檀木膳桌八张、花梨木膳桌三张。遵此。于三月十四日做得包镶银饰件紫檀木边楠木心桌二张、赤金饰件紫檀木边豆瓣楠木心桌一张、包鋄银饰件花梨木边楠木心桌二张，怡亲王呈进。三月二十三日做得包赤金饰件紫檀木边豆瓣楠木心桌三张。包鋄金饰件紫檀木边豆瓣楠木桌一张，怡亲王呈进。四月十四做得包赤金饰件紫檀木边豆瓣楠木心桌一张、鋄银饰件花梨木边楠木心桌一张，怡亲王呈进。

二十四日总管太监刘进忠传做坤宁宫用的楠木佛龛一座，闲余一分。记此。于三月二十日做得楠木佛龛一座闲余一分，叫总管太监刘进忠讫。

二月二十四日总管太监刘进忠、王以诚、张起麟传做太后坐的亮轿一乘，做榆木轿杆，或长一丈，或长九尺俱可。记此。于本日总管太监张起麟启知怡亲王。奉王谕：着做榆木金漆亮轿。遵此。于三月二十五日据总管太监刘进忠来说，此轿不必做了，特记。

三月初九日怡亲王交紫檀木腰圆盘一件，王谕：着照样做几件。于六月二十五日做得紫檀木腰圆盘四件，并原样盘一件。怡亲王呈进。

二十日怡亲王交红瓷花瓶一件，王谕：着配座子。遵此。于四月初七日红瓷花瓶一件配做得紫檀木座一件。怡亲王呈进。

四月初六日怡亲王谕：着做冰桶一件。遵此。于五月初四日做得红漆杉木冰桶一件。交讫。

初六日怡亲王谕：着做花梨木帘板七副。遵此。于四月初八日做得花梨木帘板七副，郎中保德交衣库员外郎四保持去讫。

初七日怡亲王奉旨：着做矮栏杆床一张，长七尺、宽五尺二寸、高一尺二寸，右边扶手上配做楠木夔龙式衣架一件，随帘子。左边扶手上配做楠木夔龙式帽架一件。钦此。于七月二十二照尺寸做得矮栏杆楠木床一张，上配做楠木夔龙式衣架一件、帽架一件、帘子一件，怡亲王呈进。

初十日太监杜寿传做楠木踏跺一件，高一尺五寸，宽一尺，进深一尺八寸。记讫。于四月十一日照尺寸做得楠木踏跺一件，交太监杜寿持出。

十一日太监杜寿传做楠木杌子一个，见方一尺二寸，高八寸，记讫。于四月十三日照尺寸做得楠木杌子一件，交太监杜寿持出。

十九日怡亲王谕：着做杉木刹床四张。遵此。于五月十七日做得杉木刹床四张，交总管太监张起麟持去讫。

十九日清茶房首领太监吕兴朝传旨：着做楠木春凳二个、杉木罩油春凳四个，俱长四尺三寸五分、宽一尺三寸、高一尺二寸五分。钦此。于四月二十一日照尺寸做得楠木春凳二个交太监徐进朝持去讫。

二十日画得陈设玩器书格样二件，怡亲王呈览。奉旨：照样做楠木书格每样一对，俱高四尺、面宽二尺五寸、入深一尺五寸，两旁下边俱安板子。钦此。于八月十一日照尺寸做得木书格一对。

二十三日怡亲王交紫檀木座一件，王谕：改做螭虎腿子。遵此。于六月二十二日改得螭虎腿紫檀木座一件完交首领太监程国用持去。

二十五日司房太监张进喜传旨：着做杉木踏跺一座，面阔二尺五寸，再做杉木春凳十个，不必安牙子，做直腿。钦此。于五月初四日照尺寸做得杉木踏跺一座，交太监张进喜持去讫。七月十一日做得杉木春凳十条，交太监张进喜持去讫。

二十八日总管太监张起麟传旨：着做衣服格子一件，共做三格，每格长六尺、宽三尺、高一尺二寸。每格子上安环四个，格盖高五寸，俱要子口，格子座高八寸、周围比格子大一寸。钦此。于八月初八日照尺寸做得三格衣服格子一件，每格安环四件，交首领太监苗虎持去。

二十八日太监鲁裕堂交合牌样八条，上写尺寸。传旨：着照样做木棍四十四根。钦此。于本日照合牌样尺寸做得杉木棍四十四根，交太监鲁裕堂持去。

二十九日太监杜寿传旨：养心殿东暖阁书格上用做杉木撑棍见方五六分长一尺二寸五分二根，长一尺二根，长四寸一分二根，长五寸二根，长一尺五寸八分二根，长六寸五分二根，长九寸三分二根，长九寸五分二根，长七寸八分二根，长一尺四寸二根，俱糊鱼白杭细。钦此。于五月初一日照尺寸做得杉木撑棍二十根，俱糊鱼白杭细完。交太监杜寿持去。

五月十二日四执事首领太监苗虎交旧合竹围帐架一分，顶面宽六尺四寸，进深三尺五寸五分，高五尺二分。传旨：照此旧样做一分。钦此。于五月二十八日照旧样尺寸做得合竹围帐架一分，并旧合竹围帐架一分，交太监王国兴持去。

二十八日四执事首领苗虎传旨：照打围用的合竹围帐架尺寸再做一分。钦此。于六月初三日照样做得合竹围帐架一分，高九尺五寸七分，面宽七尺四寸四分，进深五尺，簏头高七寸，交首领太监苗虎持去。

六月初六太监王安传旨：做杉木杌子一张，高二尺、长一尺四寸、宽一尺二寸。小水牌三面各宽八寸。钦此。于七月初十日做得杉木杌子一张，小水牌三面，总管太监张起麟交太监王安讫。

初十日太监焦进忠传做楠木桌一张，长五尺一寸、宽一尺六寸、高三尺一分。记此。于八月十七日照尺寸做得楠木桌一张，交太监焦进忠持去。

十五日怡亲王谕：着做鹅黄缎围二马车一乘。遵此。于七月初八日做得二马车鹅黄缎围一分，总管太监张起麟持去。

六月二十六日郎中保德传做杉木矮床一张，长七尺五寸、宽五尺五寸、高四寸。床架子用楠木做。记此。于十月二十一日照尺寸做得楠木架杉木矮床一张，郎中保德持进安讫。

七月二十三日郎中保德奉旨：着做拿鼠椴木猫十个。钦此。于八月初六日做得椴木猫十个。郎中保德持进交太监刘玉讫。

二十三日郎中保德传旨：着做杉木床一张，长七尺五寸、宽五尺五寸，连架子高六尺五寸，不要甚重，做轻着些，周围安楠木栏杆架。钦此。于十月初十日照尺寸做得楠木栏杆架，杉木床一张，郎中保德呈进讫。

二十四日首领太监郑忠、卢玉堂传：乾清宫弘德殿用楠木桌一张，长二尺七寸、宽二尺、高二尺，随黄布面白布里毡衬桌套一个，见方三尺，黄布乞单一块，四角钉布带。记此。本日张起麟启知怡亲王，奉王谕：准照样做给。遵此。于八月十三照尺寸做得楠木桌一张，随套一件，布乞单一件交首领太监郑忠持去讫。

八月初五日总管太监张起麟传，做拆卸斑竹烘笼四个。记此。于八月十七日做得拆卸斑竹烘笼四个，交总管张起麟持去讫。

初六日膳房总管太监赵进丰、崔国用交月饼圈一件，托板一件。传，此圈里口尺寸放二寸做圈一件，安耳子。再做托板二块，里面俱糊黄纸。记此。于八月初八日做得月饼圈一件，托板二块，并原交来旧月饼圈一件，托板一件，催总马尔汉交膳房总管太监崔国用讫。

初八日郎中保德传，做包镶楠木边水牌十二面。记此。于十月初八日做得包镶楠木边水牌十二面。郎中保德持去讫。

初十日郎中保德传，做格［搁］花盆杉木杌子六个。记此。于九月初二日做得杉木杌子六个，首领太监程国用持进交总管太监李永禄收。

十一日郎中保德传，做花梨木六方灯一对。记此。于十月初十日做得花梨木六方灯一对。郎中保德呈进。

十一日郎中保德传，做杉木高梯一张，长一丈八尺。记此。于八月十六日做得杉木高梯一张。郎中保德持进交太监刘玉收。

十四日郎中保德传，做紫檀木龛一座。记此。于九月十四日做得紫檀木龛一座。郎中保德交讫。

十八日员外郎沈喻传，做楠木插屏二个。记此。于十月十九日做得楠木插屏二个，交总管太监张起麟进讫。

八月十八日郎中保德传做杉木八仙桌二张。记此。于八月十九日买得八仙桌二张。保德交讫。

二十六日郎中保德传做天灯楼子二座。记此。于九月二十九日做得天灯楼子二座。郎中保德持进安讫。

九月初四日怡亲王谕：着做书架一连，高六尺九寸、宽八尺八寸五分、入深一尺书架四个，各高六尺九寸、宽五尺二寸、入深一尺。春凳二连高二尺二寸、宽一尺二寸、长一丈一尺。遵此。于十月初十日照尺寸做得春凳二连，计六个。书架一连，计三个，总管张起麟持去。十月十一日照尺寸做得书架四个，总管太监张起麟持去。

十二日太监王安传做楠木包镶书格三架，高七尺、宽三尺、入深一尺二寸。记此。于十一月二十七日做得楠木包镶书格三架，配做素缎帘，总管张起麟交太监王安持去讫。

二十日郎中保德传做松木佛柜四个。记此。于十一月二十六日做得松木佛柜四个。郎中保德交总管太监李永禄讫。

二十日郎中保德传做椴木供桌一张。记此。于十一月二十七日做得椴木供桌一张，交总管太监张起麟持去讫。

二十三日怡亲王照先做过楠木床样再做一张，外口长七尺，里口宽四尺五寸，三面安栏杆柱子，用搭钩，两边配做衣架，前面安挂幔帐杆子，要用时安上，要不用时便取得下来方好。遵此。于十一月二十七日照尺寸做得楠木床一张交总管太监张起麟持去讫。

十月初一日郎中保德奉旨：养心殿后寝宫西次间后窗下一扇，中心开一活窗，宽一尺五寸九分、高一尺五寸七分，钉合扇钩搭。窗外做三面窗罩一个，宽一尺五寸九分、高二尺五寸二分、入深六寸，两头小面安玻璃，顶后面或安板子，或做窗户。穿堂北边东西窗安玻璃二块，高一尺八寸五分、宽一尺四寸七分，亦可。宽九寸七分，亦可。钦此。于十月十三日照尺寸做得玻璃二块，郎中保德领匠役持进，将窗罩安在养心殿后寝宫西次间新开活窗上讫。于十一月初二日做得开关围屏四扇，郎中保德安在养心殿东暖阁内讫。

初四日怡亲王谕：着做小表鼓一面，配喷金素架子。遵此。于十二月二十四日做得小表鼓一面，配喷金素架子一件。怡亲王呈进。

初十日郎中保德奉旨：做一封书楠木桌一张，高一尺八寸、长三尺六寸、宽一尺九寸，桌边要出五寸。钦此。于十月初十日照尺寸做得一封书楠木桌一张，郎中保德呈进讫。

二十七日郎中保德传旨：养心殿东暖阁做开关围屏四扇。钦此。

二十七日郎中保德传旨：着做半截腿靠墙安的玻璃镜一面。钦此。于十一月二十七日做得楠木座半截腿玻璃镜一面。郎中保德呈进讫。

二十八日郎中保德传做，钦安殿备用八仙桌二张，踏跺一个，锡里大方盘一个，砖面小杌子一个，高凳一条。记此。于十二月二十五日做得八仙桌二张，踏跺一个，锡里大方盘一个，砖面小杌子一个，高凳一条。郎中保德持去交讫。

二十八日郎中保德传旨：着做一封书式小匾四面。钦此。于十月二十九日做得一封书式小匾四面。郎中保德持进讫。

十一月初九日总管太监张起麟传旨：着做斑竹筒一个，长九寸，两头安镀金铜圈，要在筒内取牢。两头镶象牙，穿长二尺五寸的绦子。钦此。于十二月十一日做得镶象牙斑竹筒一个，随黄绦子。总管太监张起麟呈进讫。

十二月二十三日总管太监张起麟传旨：着做九龙边铜镀金字位正

坤元匾一面。钦此。于二年七月初三日做得九龙边铜镀金字位正坤元匾一面。怡亲王交钦天监择得，七月十二日癸丑，宜用已时。十五日丙辰，宜用寅时申时。二十一日壬戌，宜用已时。二十四日宜用卯时，挂匾吉缮红折一件。总管太监张起麟呈览。奉旨：准七月二十四日悬挂。钦此。于二年七月二十四日卯时总管太监张起麟率领匠役持进悬挂在坤宁宫内讫。

十二月二十四日总管太监张起麟交周青绿亚夫方鼎一座，嵌玉凤顶紫檀木盖座，嵌玉花顶紫檀木盖一件。奉旨：将紫檀木盖上玉花顶子取下来，换在方鼎盖上。将方鼎盖上玉凤顶子取下来，安在紫檀木盖上。方鼎上的原木盖不可换。将座子往秀气里收拾，糊的锦去了。钦此。于二年正月十七日周绿亚夫方鼎一座，嵌玉凤顶紫檀木盖座，嵌玉花顶紫檀木盖一件，俱换做收拾完，总管太监张起麟呈进。

二十四日总管张起麟交商金银蟠螭圆鼎一件，随紫檀木座一件。奉旨：将紫檀木座肚子去了，往秀气里收拾。钦此。于二年正月十七日商金银蟠螭圆鼎一件，紫檀木座一件收拾完，张起麟呈进。

二十六日首领太监苏培盛交漆管抓笔一枝，传旨：照此笔管样式用紫檀木做笔管三枝。钦此。于十二月二十八日做得紫檀木做笔管二枝，并原样漆管笔一枝，交太监夏安持去。于二年正月二十三日做得紫檀木做笔管一枝，交首领太监苏培盛持去讫。

雕銮作　附镟作

三月十三日怡亲王交银丝木笔筒一件，王谕：着改镟直的，下边线要去了，底上起边线。遵此。于三月十八日改做得银丝木笔筒一件。怡亲王呈进。

三月十六日怡亲王交古铜色瓦炉一件，随盖子，王谕：照此样做不灰木炉二个。遵此。于九月十一日做得不灰木炉二个，并原样瓦炉一个。怡亲王呈进讫。

三月二十二日怡亲王谕：做樱［瘿］子木痰盆二件。遵此。于三月二十五日得痰盆二件，怡亲王呈进讫。

七月初四日怡亲王谕：天穹宝殿、钦安殿、中正殿、畅春园、慈宁宫、旃檀寺、高竺寺、圆明园、养心殿佛堂每一处酌量做西瓜灯一二对，送去悬挂。遵此。于七月十四日做得西瓜灯十一对，怡亲王呈进各处悬挂讫。

九月二十日沈崳传做九龙边对一对。记此。于十二月初八日做得一对，随匾交讫。

十月二十四日柏唐阿黑达资交来兰芝核八百个，说怡亲王谕：镟做数珠用。遵此。

漆作

正月二十六日怡亲王交洋漆双梅花香几一件，王谕：照此样式再放大些做香几五件，改作夔龙腿子。遵此。于二年五月初四日做得彩漆香几五个。总管太监张起麟呈进讫。

二十八日，怡亲王交填漆花盘二件，王谕：着照样做二件，俟呈览活计之时要用。遵此。于九月二十八日做得填漆花盘二件并原样填漆茶盘二件，怡亲王呈进。

二月十三日怡亲王交洋漆小圆盘一件，王谕：仿此样旋做木样，或三足或满足，中心起台，另做几个。遵此。于二月十六日将原样洋漆小圆盘一件，怡亲王呈进。于四月二十九日做得洋漆小圆盘八件，怡亲王呈进。

三月十四日怡亲王交旧填漆小圆盒一件，王谕：着照样做一件。遵此。于十月初十日照样做得填漆小圆盒一件并原样漆盒一件，怡亲王呈进。

二十四日怡亲王交嵌玉螭虎黑漆盒，盛荷叶式紫端石砚一方，奉旨：此砚甚好，另配做砚盒。钦此。于七月初十日荷叶式紫端石砚一方，另配漆盒一件，并嵌玉螭虎原漆砚盒一件，怡亲王呈进。

八月初二日弘德殿首领太监郭进玉交厂官窑缸一口，花梨木座，小钵盂缸一口，槐木座，传旨：配做彩漆架子，画样呈览再做。钦此。于九月二十八日画得厂官窑缸上座子纸样一张，小钵盂缸上座子纸样一张，怡亲王呈览，奉旨：照样准做。钦此。于十二月二十九日小钵盂缸一口，配得彩漆缸架一件，怡亲王呈进。

玉作

正月二十二日，怡亲王交六兽钮黄寿山石体元主人图书一方、双龙白玉万几余暇图书一方、檀香木敬天勤民图书一方。奉旨：白玉图书上万几余暇字磨平，将檀香木图书上敬天勤民字砣在白玉图书上，其檀香木图书不必动。再将白玉图书上万几余暇字照体元主人图书式样，另寻寿山石补做一方。钦此。于二月初四日刻得收贮螭钮寿山石万几余暇图书一方，并原交体元主人图书一方，怡亲王呈进讫。三月初一日砣做得双龙白玉敬天勤民图书一方，随象牙顶锦匣，怡亲王呈进讫。七月二十五日交原檀香木敬天勤民图书一方，首领太监苏培盛持去，入在大宝箱内讫。

二十三日怡亲王交白玉双蟠龙纽宝一方，王谕：砣做雍正御笔之宝。遵此。于四月初八日砣做得雍正御笔之宝，怡亲王呈进讫。

二十七日怡亲王交青金石一块，重五十一两六钱，王谕：做引首，先做样。遵此。于三月初四日拨得螭虎钮引首蜡样一件，怡亲王呈览，奉旨：照样做。钦此。于二年三月二十日做得青金石引首一件，呈览，奉旨：配匣子。钦此。于三月二十四日做得青金石引首一件，随合牌锦匣一件，怡亲王呈进讫。

二十七日郎中保德选得收贮大玛瑙石一块，重八十六斤，呈怡亲王看。奉王谕：交玉作磨去石皮再看。遵此。

四月二十五日怡亲王交鹅子玉一块，王谕：着画样。遵此。于二十六日画得双鸠盒样呈怡亲王看，奉王谕：准做。钦此。于七月初二日做双鸠盒一件，配珊瑚珠二个，怡亲王呈进讫。

五月二十八日郎中保德奉怡亲王谕：尔等或用玛瑙，或用别样石做鼻烟壶一件、笔架一件、香盒一件、水盛一件备用。遵此。于六月二十五日做得玛瑙鼻烟壶一件，怡亲王呈进讫。于八月十六日做得玛瑙笔架一件，怡亲王呈进讫。于十二月二十九日做得玛瑙香盒一件、水盛一件，怡亲王呈进讫。

七月初四日怡亲王谕：白玉、碧玉、珊瑚、青金石、松石、红黄白玛瑙八宝做十份。遵此。于十二月二十九日做得白玉、碧玉、珊瑚、青金、松石、红黄白玛瑙八宝做十份，怡亲王呈进讫。

十月初十日怡亲王交玛瑙空心石一块，王谕：做佛手。遵此。于雍正二年五月初四日做得佛手一件，怡亲王呈进讫。

十月二十日郎中保德交水晶花插一件，碧牙西一块，玛瑙石子三件，玉盒一件，藤盒一件内盛沙心玛瑙石一件，传旨：水晶花插改作匙箸瓶，其余应作何物做何物。钦此。本日郎中保德交海望持去玛瑙石子三件。于雍正二年三月十四日做得玛瑙石五灵芝一件，紫檀木座。郎中保德呈进讫。于雍正二年十二月二十九收拾得玉盒一件，配在四面平安灯格内。怡亲王呈进讫。于雍正三年九月初七日将藤盒一件内盛沙心玛瑙石子一件，郎中保德呈进讫。于十三年十二月十八日将水晶花插一件司库常保交太监毛团呈进讫。于十三年十二月二十七日将碧牙西一块司库常保交太监毛团呈进讫。于二年三月初四做得灵芝一件。

本年上列作品以外有收拾和改做活计约三百余件。

杂活作

正月初一日郎中保德奉怡亲王谕：将备用做下的福寿如意江山万年盆景一件豫备着，今日呈进。遵此。于正月初一日随预备得福寿如意江山万年盆景一件，系碧玉如意洋漆盒，怡亲王呈进讫。

初五日怡亲王交银线套金线带火镰包洋漆套一件。王谕：用此洋漆套配做金线带火镰包一件，其样式照此银线套金线带火镰包一样做。遵此。于正月初九日洋漆套一件配做得红羊皮面金线辫火镰包一件，并原样银线套火镰包一件，怡亲王呈进。随仍将原样银线套火镰包一件持出。王谕：照样将金线辫罩盖火镰包、玳瑁罩盖火镰包、做洋漆罩盖火镰包、特克角罩盖火镰包，每样再做几件。遵此。于正月二十八日做得金线辫罩盖火镰包一件并原样怡亲王呈进。二月初五日做得金线辫罩盖火镰包一件，怡亲王呈进。二月初十日做得金线辫罩盖火镰包一件，怡亲王呈进。二月十一日做得金线辫罩盖火镰包一件，怡亲王呈进。二月十三日做得特克角罩盖火镰包一件，怡亲王呈进。二月十八日做得金线辫罩盖火镰包一件，怡亲王呈进讫。二月十九日做得金线辫罩盖火镰包一件，怡亲王呈进讫。三月初六日做得金线辫罩盖火镰包一件，怡亲王呈进讫。四月初七日做得玳瑁罩盖火镰包一件，怡亲王呈进讫。四月二十一日做得玳瑁罩盖火镰包一件，怡亲王呈进讫。五月十一日做得退光漆罩盖火镰包一件，怡亲王呈进讫。五月二十日做得玳瑁罩盖火镰包一件，怡亲王呈进讫。八月初七日做得退光漆罩盖火镰包一件，羊角罩盖火镰包一件，怡亲王呈进讫。二年二月二十一日做得玳瑁罩盖火镰包一件，羊角罩盖火镰包一件，怡亲王呈进讫。四月十五日做得玳瑁罩盖火镰包四件，怡亲王呈进讫。五月初四日做得，玳瑁罩盖火镰包二件，怡亲王呈进讫。

初五日郎中保德奉怡亲王谕：仿西洋盒子做金盒四个、银盒四个，盒内镶犀角里子。遵此。于正月十二日做得金盒一件重一两零五分，银盒一件重六钱七分，怡亲王呈进。于正月二十五日做得金盒一件重一两三钱五分，银盒一件重八钱五分，怡亲王呈进。于二月初一日做得金盒一件重一两二钱四分，银盒一件重七分九分，怡亲王呈进。于二月初十日做得金盒一件重一两一钱，银盒一件重六钱六分，怡亲王呈进。

初五日怡亲王交粉纸署文房四页，王谕：着配做署文房几件，再将石片署文房亦做几件，俱配安铅笔。遵此。于正月十四日做得粉纸署文房一件，铅笔一件，石片署文房一件，铅笔一件。怡亲王呈进讫。正月十七日做得粉纸署文房一件，铅笔一件，石片署文房一件，铅笔一件。怡亲王呈进讫。于二月初二日做得粉纸署文房一件，铅笔一件，石片署文房一件，铅笔一件。怡亲王呈进讫。于二月初十日做得粉纸署文房一件，铅笔一件，石片署文房一件，铅笔一件。怡亲王呈进。本日怡亲王又交粉纸署文房二分，王谕：着且放着罢。遵此。于二月二十一日将粉纸署文房二分怡亲王呈进。

初九日怡亲王交金星五彩玻璃鼻烟壶二件，王谕：照此样烧玻璃的鼻烟壶几件。遵此。于二月十九日做得镀金盖象牙匙玻璃鼻烟壶四件，怡亲王呈进。于三月初四日做得镀金盖象牙匙花玻璃鼻烟壶四件，怡亲王呈进。于三月初十日做得镀金盖象牙匙花玻璃鼻烟壶六件，怡亲王呈进。于三月二十五日做得镀金盖象牙匙花玻璃鼻烟壶四件，顶圆紫青玻璃鼻烟壶二件，怡亲王呈进讫。四月初八日做得镀金盖象牙匙各色玻璃鼻烟壶十二个，怡亲王呈进讫。四月二十日做得镀金盖象牙匙各色玻璃鼻烟壶二十个，怡亲王呈进讫。五月初四日做得镀金盖象牙匙各色玻璃鼻烟壶十二个，怡亲王呈进讫。六月二十日做得镀金盖象牙匙各色玻璃鼻烟壶十六个，怡亲王呈进讫。七月初二日做得镀金盖象牙匙各色玻璃鼻烟壶十六件，并原样金星五彩玻璃鼻烟壶二件，怡亲王呈进讫。二年二月二十一日做得镀金盖象牙匙玻璃鼻烟壶十二件，怡亲王呈进讫。二月三十日做得镀金盖象牙匙玻璃鼻烟壶二十件，怡亲王呈进讫。

十四日太监刘玉、贾进禄交黄布尔哈羊皮卷包火镰包一件。传旨：照此样式用红黄羊皮做火镰包几件。钦此。于正月二十五日做得红黄羊皮火镰包二个并原样火镰包一件，怡亲王呈进。正月三十日做得红黄羊皮火镰包十个，怡亲王呈进。二月初六日做得红黄羊皮火镰包十个，怡亲王呈进。二月十三日做得红黄羊皮火镰包十个，怡亲王呈进。二月十六日做得红黄羊皮火镰包十个，怡亲王呈进。三月十四日做得红黄羊皮火镰包二十个，怡亲王呈进。四月初七日做得红黄羊皮火镰包二个，怡亲王呈进。

正月二十七日怡亲王交磁靶杯二件，王谕：此杯做下木样仍交进。遵此。于正月二十八日镟得木样完，将原交的磁靶杯二件怡亲王呈进。

二十八日怡亲王交大官窑圆碟一件，王谕：照样做出样来。遵此。于二月二十日做得样一件完，将原交的大官窑原碟一件，怡亲王呈进。

二月初三日怡亲王交西洋剑一口。奉旨：剑靶上顶铁鞘子兜底俱好，将盘铁另换配鲨鱼皮鞘。钦此。于九月十四日配做得鲨鱼皮鞘铜镀金饰件剑一口，紫油喷金架一件，怡亲王呈进。

二十四日保德交黑色蛤蜊一片，做鼻烟壶用。记此。于四月十一日做得黑色蛤蜊鼻烟壶一个，郎中保德持去讫。

二十九日郎中保德奉怡亲王将葡萄色玻璃瓶做几件，配做铜镀金云肩盖。遵此。于四月十四日做得铜镀金盖葡萄色玻璃瓶一件，怡亲王呈进讫。五月初四日做得铜镀金盖葡萄色玻璃瓶三件，怡亲王呈进讫。七月二十九日做得铜镀金盖顶圆紫青玻璃瓶二件，怡亲王呈进讫。

三月十八日怡亲王谕：着做端阳节备用戴花一百匣，福儿二十匣，娃娃二十匣。遵此。于四月二十九日做得戴花一百匣、福儿二十匣、娃娃二十匣，张起麟呈进讫。

十八日怡亲王交巴令七件，王谕：酌量做。遵此。于十二月二十九日做得铜胎烧珐琅嵌玻璃火焰珊瑚青金蜜蜡座巴令七件，怡亲王呈览，奉旨：交中正殿。钦此。本日唐英、默尔森额送至中正殿交旃檀寺掌印大喇嘛吐关呼图克吐铺排达默安寿讫。

三月二十七日怡亲王谕：用收贮的丹巴嘎铜做手镯几个。遵此。于四月十八日做得铜手镯三个，怡亲王呈进。四月二十日做得铜手镯一个，怡亲王呈进。四月二十八日做得铜手镯一个，怡亲王呈进。五月初八日做得铜手镯一个，怡亲王呈进。

四月十四日怡亲王谕：领广储司银两做紫金锭六料、蟾酥锭四十料、离宫锭一百料、盐水锭六料、大黄扇器四百个。鹅黄素缎两面写画长方香袋四十个、鹅黄素缎两面写画圆方香袋四十个、鹅黄素缎绣五毒香袋四十个、五色素缎绣五毒香袋四十个、五色绒缠福儿香袋四十个、赏用香袋四百个。遵此。于五月初一日做得紫金锭六料、蟾酥锭四十料、离宫锭一百料、盐水锭六料、大黄扇器四百个。鹅黄素缎两面写画长方香袋四十个、鹅黄素缎两面写画圆方香袋四十个、鹅黄素缎绣五毒香袋四十个、五色素缎绣五毒香袋四十个、五色绒缠福儿香袋四十个、赏用香袋四百个，怡亲王呈进讫。

十四怡亲王交收贮雕鳅角筒一件、雕牛角筒一件，王谕：俱配做家伙。遵此。于八月初八雕鳅角筒一件，牛角筒一件，内各配得替换大小夹规矩二件，墨夹铅笔二件，方圆锥二件，小刀一把，牙尺一件，银弯尺一件，小凿一件，铜起子一件，六楞针一件，钢镊子一件，日晷一件，火镜一件，圈子火燧一件，剪子一件。怡亲王呈进讫。

十九日怡亲王交丹巴嗄铜一块，王谕：磨做天然形。遵此。于四月二十八日丹巴铜一块磨做完。怡亲王呈进讫。

二十一日怡亲王交银模子一副，王谕：照此银模一样，上边添做轮螺伞盖花罐鱼肠花样，里口高四分半见圆八分的银模做几副。遵此。于五月初二日做得梨木边轮螺伞盖花罐鱼肠花样银模子四副，并原样银模子一件，怡亲王呈进。

二十五日怡亲王交银墨汁罐一件，王谕：换锁子。遵此。于四月二十八日银墨汁罐一件换锁子完，怡亲王呈进讫。

二十五日怡亲王交铅笔筒一件，王谕：配铅笔水笔，换锁子。遵此。于五月十三日配做银管水笔、银墨夹、银管铅笔，换锁完，怡亲王呈进讫。

五月初二日怡亲王交蜡珀腰圆盒一件，王谕：着一面配玻璃照容镜，一面配玻璃凹面镜。遵此。于十二月十七日蜡珀腰圆盒一件，二面配玻璃镜。怡亲王呈进。

十三日太监刘玉交紫檀木炉座一件。传旨：面上炉足窝不必动，下边座足花纹改做素的，有收拾处收拾。钦此。于六月二十二日紫檀木炉座一件收拾完，交太监刘玉持去。

二十六日太监杜寿交避暑香珠十八罗汉一盘。传旨：照此样多做些。于六月初七日交药房包衣达杨进朝做得避暑香珠六十二盘，并原样一盘怡亲王呈进。

二十七日首领太监李进玉来说，太监杜寿传旨：将素样紫金锭做二料，钦此。于六月初五日药房包衣达杨进朝做得紫金锭二料交药房太监王安福持去。

六月廿五日郎中保德奉怡亲王谕：着铸水法金龙一件。遵此。

七月二十九日郎中保德传做羊角灯三对。记此。于八月十五日做得羊角灯三对，郎中保德呈进。

二十九日怡亲王交小铜镜一面，王谕：起面子，另磨洗。遵此。于二年三月初二日小铜镜一面起面子，磨洗完，怡亲王呈进讫。

八月初三日怡亲王交玻璃圆球镜一件，王谕：着仿样做。遵此。于二年二月三十日将原交的玻璃圆球镜一件上配珐琅顶，张起麟呈进。

十三日怡亲王交鲜荔枝皮一件，王谕：配合做盆景用。遵此。此荔枝皮配合在九月初七日王交的双荔枝皮一处做盆景用。

九月初七日怡亲王交双荔枝皮一件，王谕：同前交的荔枝皮一并配做盆景。遵此。于九月十四日同八月十三日交的荔枝皮一件配做得做得紫檀木座玻璃罩盆景一件。怡亲王呈进。

初十日怡亲王交银镀金嵌温都（里）那石盒一件，王谕：照此盒的样式做几个。遵此。于二年三月十四日做得银镀金嵌温都（里）那石盒二件，总管太监张起麟呈进讫。于十三年十一月十一日将原样温都（里）那石盒一件，司库常保交太监毛团呈进讫。

十三日庄亲王交铜炉二件。奉怡亲王着人认看是四会铜做的不是四会铜做的。遵此。随交袁景劭认看，据伊回称不是四会铜做的。于九月十四日将原交铜炉二件，怡亲王呈进。

二十六日太监刘玉交堪达汉蹄子斧式罩套火镰包一件。传旨：照此火镰包样式做几件。钦此。于十一月十七日做的玳瑁罩套堪达汉底子火镰包六件，交太监刘玉讫。

十月初一日郎中保德交朱笔寿山福海、葫芦福桃、节节平安、福寿香盒、双圆福寿、万福盒、百寿盒等字样。奉旨：尔等照此字样各色配合酌量多做些活计。钦此。于十月二十九日做得黄杨木彩漆万字福寿方盒一件、黄杨木节节平安花插一件、象牙双圆福寿盒一件、黄杨木福寿长春桃盒一件、玳瑁六合同春盒一件、龙油珀面玳瑁墙福寿转盒一件、洋漆万福方盒一件、玳瑁福寿双圆转盒一件、黄杨木百寿香盒一件、黄杨木盖八仙祝寿万字方盒一件、绣火镰包二件、龙油珀火镰盒一件、白石双莲嵌紫端墨团紫石荷叶砚一方、嵌紫端墨团绿端石葫芦砚一方、嵌紫墨团紫石寿山福海砚一方、嵌绿色象牙座寿山石海螺水盛一件，怡亲王呈进讫。

初二日郎中保德奉旨：按十二个时辰的近视眼镜做十二副。再，那个时辰看得多的重做六副。钦此。于十二月初五日做得玻璃近视眼镜十八副，郎中保德呈进。随奉怡亲王谕：近视镜再做十二副。遵此。于二年二月初十日做得玻璃近视镜十二副，郎中保德呈进。

初六日总管太监张起麟交象牙骨牌十九块，太监刘玉传旨：照此样，周围微放大些，点上烧珐琅，应点金处仍点金，用好象牙做一份。钦此。于十二月二十九日做得珐琅点象牙骨牌一分并原骨牌十九块，张起麟呈进。

二十日郎中保德奉怡亲王水晶、墨晶、茶晶、玻璃眼镜，每样多做几副，俱要上好的。遵此。于二年七月初九日做得墨晶眼镜一副、水晶眼镜三副、茶晶眼镜一副、玻璃眼镜五副，保德呈进。于七月十二日做得玻璃眼镜一副，保德呈进。于三年四月十二日做得茶晶眼镜二副，怡亲王呈进讫。

十二月初五日怡亲王交朱砂一块，重十四斤八两，王谕：将皮子起下来做几锭墨看，做时不可对银朱，纯用朱砂。遵此。于十二月二十一日做得填漆银锭盘一件，盛朱墨三锭，重一两六钱，怡亲王呈进讫。二年二月初九日做得朱墨四锭，重二两三钱，朱墨十六锭，重九两六钱。怡亲王呈进讫。三月十四日做得朱墨八锭，重四两六钱，朱墨四锭，重二两三钱，怡亲王呈进讫。五月初四，做得朱墨八锭，重四两六钱，朱墨十六锭，重九两六钱，怡亲王呈进讫。三年五月初一日做得朱墨十六锭，重九两六钱，朱墨四锭，重二两三钱，怡亲王呈进讫。六月十七日做得朱墨十六锭，重九两六钱，朱墨八锭，重四两六钱，怡亲王呈进讫。下存朱砂皮渣十一斤九钱于四年十二月二十九日火毁。

十六日怡亲王交蓝方磁瓶一件，紫檀木座，王谕：配做瓶花，安玻璃罩子。遵此。于十二月二十九日蓝方磁瓶一件，配做玻璃罩五副，青平万寿长春花，怡亲王进讫。

十七日怡亲王交木灵芝一件，王谕：些须搭色上蜡刷好，配合盆景当活计呈进。遵此。于四年三月初七日将木灵芝一件配得盆景一件，员外郎海望呈进讫。

十七日怡亲王交青花白地碗二件，王谕：着认看。遵此。于二年正月初六日认看得像弘治窑的，怡亲王呈进讫。

二十一日怡亲王交白石砚山一件，王谕：两边配合物件，添做座子。遵此。于二年正月十四日配做得紫檀座子一件、玛瑙水盛一件、墨床一件，怡亲王呈进讫。

皮作

正月十四日总管太监张起麟交云竹暖轿一乘。奉王谕：此轿上换冬夏全份新帏子，仍交衣服库成造，派皮作拨什库达杨天成监看。遵此。于三月初一日衣服库成造完云竹暖轿上冬季黄毡面纺丝里帏一分，夏季石青纱心夹缀帏一分完，交总管太监张起麟持去。

十七日怡亲王交有簧报匣一件，王谕：照此匣放大些，内要容下本折，定准尺寸做一百个。遵此。于七月十二日做得报匣三十个并原交有簧报匣一个，怡亲王呈进讫。七月二十七日做得报匣十个，郎中保德呈进讫。八月初七日做得报匣三十个，怡亲王呈进讫。九月十六日做得报匣三十个，怡亲王呈进讫。

二月十六日怡亲王谕：照朝带上松石手巾束子再做一副。遵此。于三月初四日广储司司库永保用银库金做得嵌松石赤金手巾束一副。怡亲王呈进讫。

四月十二日太监杜寿传旨：做书格上帘子二架，高三尺五寸、面宽三尺三寸五分，外加腰子二寸，用铅条压着，上边钉带扣钮，下边缝筒装竹片，下口合竹，做黄杭细里，布面。钦此。于四月十三日做得黄杭细里布面书格上的帘子二架，交太监杜寿持去。

四月廿八日太监张进喜传旨：做青素缎面、鱼白绸里格帘十六个，上下穿合竹，腰间糊米色绢掩头。钦此。随定得帘子尺寸高一尺八寸六分四个，高二尺一寸五分四个，高一尺三寸八分四个，高一尺一寸四分四个，俱宽四尺二寸五分，俱系裁衣尺。于五月二十三日照尺寸做得青缎面、鱼白绸里书格帘十六个，交太监张进喜持去讫。

十月初一日郎中保德奉旨：做楠木床一张，上配做半截锦套，床上做锦坐褥，棉花要实着，不要泡了，锦选活软些的方好。钦此。于十月初十日做得半截锦套一件，锦坐褥一个，随床一张，郎中保德呈进讫。

十一月初四日怡亲王除现做的报匣二十五个外，再做七十五个，共成一百个。今做此钥匙要比先做的钥匙不同方好。遵此。于二年二月初四日做得报匣二十五个交太监韩贵持去讫。二月十一日做得报匣二十个交太监刘玉讫。二月二十一日做得报匣十个交太监刘玉讫。四月初四日做得报匣十个交太监刘玉讫。五月十六日做得报匣五个交太监刘玉讫。五月二十日做得报匣五个交太监韩贵持去讫。六月初四日做得报匣五个交太监刘玉讫。六月三十日做得报匣五个交太监韩贵持去讫。七月初十日做得报匣五个交太监胡全忠持去讫。七月十四日做得报匣五个交太监韩贵持去讫。七月十五日做得报匣五个交太监刘玉讫。

本年所做活计还有：云遮月带头软带、礼轿里帏、石青缎荷包、填漆扶手式小桌缎帏、红皮箱、雕漆桌黄帏子。

铜作

正月十六日怡亲王交黄磁盘六十个，碗八十个。王谕：此盘碗上配做铜果托果罩。遵此。于二月十四日做得贴金红铜果托果罩五分，每分四层，随黄磁盘二十个，贴金红铜果托果罩五分，每分五层，随黄磁碗二十五个，郎中保德呈进讫。三月初三日做得贴金红铜果托果罩五分，每分四层，随黄磁盘二十个，贴金红铜果托果罩五分，每分五层，随黄磁盘二十五个。郎中保德呈进讫。四月初八日做得红铜贴金果托果罩五分，每分四层，随黄磁盘二十个，红铜贴金果托果罩五分，每分六层，随黄磁碗三十个。总管太监张起麟呈进讫。

二月十三日怡亲王交哥窑小花尊一件，紫檀木座。王谕：将座子收拾，铜边掐口。遵此。于二月二十日哥窑小花尊一件镶铜口，座子俱收拾完，怡亲王呈进讫。

三月初三日怡亲王交红瓷瓶一件，王谕：着配铜座子。遵此。于四月十四日红瓷瓶一件配做得铜镀金番花座一件。怡亲王呈进讫。

二十日太监杜寿交珐琅匙箸瓶一件，说怡亲王谕：配做铜镀金匙箸。遵此。于三月二十二日珐琅瓶一件配做得铜镀金匙箸一分。怡亲王呈进讫。

二十二日怡亲王交大小玛瑙匙七件。王谕：着换靶子。遵此。于四月二十一日大小玛瑙匙五件，换做铜镀金如意靶完。怡亲王呈进讫。于十三年十一月十一日将玛瑙匙二件司库常保交太监毛团呈进。

二十二日府内取来小激筒一件。舅舅隆科多传旨：照此小激筒样做四个，养心殿用。钦此。于七月十九日照样做得小激筒四架，总管太监持进安在养心殿讫。原样小激筒一架，八月二十日柏唐阿官保送至府内交讫。

二十四日府内取来雕刻紫檀木书格一对。怡亲王谕：着配做饰件外套。遵此。于四月初五日雕刻紫檀木书格一对，配做得铜镀金饰件，黄杭细面、红杭细里外套一件，怡亲王呈进讫。

五月十三日怡亲王交御书世笃忠贞匾字一张、青天白日匾字一张、朝之隽老匾字一张。乐事天家惟孝友，乃心王事在忠勤对一副。奉旨：着照此本文钩做世笃忠贞匾一面，赏舅舅隆科多。青天白日一面，赏年羹尧。朝之隽老一面，赏马齐。乐事天家惟孝友，乃心王事在忠勤对做三副，每人各赏给一副。钦此。本日郎中保德奉怡亲王青天白日匾、朝之隽老匾，俱做龙边铜镀金字。世笃忠贞匾着做彩漆云龙边煤渣字。对三副着做彩漆云龙边金地煤渣字对一副、龙边扫金字石青地对二副。遵此。于十二月初八日做得煤渣字彩漆云龙边金地世笃忠贞匾字一面，彩漆云龙边金地煤渣字对一副，员外郎沈喻送至舅舅隆科多家挂讫。又做得九龙边铜镀金字石青地青天白日匾一面，龙边石（青）地扫金字对一副，序班沈祥送至年羹尧家挂讫。于十二月二十四日做得九龙边铜镀金字石青地朝之隽老匾一面，龙边石地扫金字对一副，唐英送至马齐家挂讫。

十三日四执事太监陆全义交盛数珠软里锡匣一件，说首领太监焦进忠传旨：将盛佛头处略放大些，照样做一个。钦此。于五月二十一日照样做得软里锡匣一件，并原样锡匣一件，仍交太监陆全义持去。

六月十四日郎中保德传做黄铜海灯碗二十四件。记此。于六月二十四日做得黄铜海灯碗二十四件，郎中保德呈进讫。

七月十一日总管太监张起麟传，做三角铜帽架十个。记此。于七月十二日做得铜帽架五件，郎中保德交太监刘禄持去。七月十三日做得铜帽架五件，张起麟交太监刘禄持去。

九月初二日郎中保德传做寿皇殿用的黄铜眼钱一分，书格上用的黄铜曲须三十六个，挂幔子用的黄铜圈子十五个。记此。于九月十三日做得铜眼钱一分，铜曲须三十六个，铜圈子十五个郎中保德持去交太监刘希文收。

初八日郎中保德传做锡夜静四个。记此。于十月十三日做得锡夜静四个，首领太监程国用持去交首领太监哈良臣收讫。

二十二日郎中保德传做备用鞓带十幅。记此。于四年七月十九日据柏唐阿官保回称传做备用铜鞓带十幅，陆续用讫。

十月初四日，怡亲王交铜盒暖砚一分，王谕：将此暖砚上层屉子内配端砚，做推屉子，砚做短些，上面水盛，再照此样做暖砚几方。遵此。于十一月初十日做得暖古暖砚一方，并圆铜盒暖砚一分改作完，怡亲王呈进讫。十月十六日做得暖古暖砚二方，怡亲王呈进讫。十一月二十五日做得暖古暖砚二方，怡亲王呈进讫。十二月初五日做得暖古暖砚四方，怡亲王呈进讫。十二月十一日做得暖古暖砚一方，怡亲王呈进讫。

十一月初十日太监焦进朝传旨：着做红铜丝果罩一分，各高七寸，宽五寸二分，长二尺五寸。钦此。于十一月二十日做得红铜丝果罩二分，张起麟交太监焦进朝收。

二十七日总管太监张起麟传旨：赏给三阿哥四阿哥五阿哥六十阿哥每人暖砚一方。钦此。于十月二十九日做得铜烧古暖砚四方，总管太监张起麟持去交三阿哥四阿哥五阿哥六十阿哥收。

十二月初五日怡亲王谕：铜烧古暖砚再做七方。遵此。于十二月十七日做得铜烧古暖砚二方，交首领太监苏培盛持去。于雍正二年十二月二十九日做得铜烧古暖砚一方，首领太监程国用持去呈怡亲王留下用讫。于雍正三年十二月二十九日做得铜烧古暖砚一方，交太监夏安持去。于雍正三年正月初五日做得铜烧古暖砚二方，交太监李统忠持去。于雍正四年正月十八日做得铜烧古暖砚一方，首领苏培盛持去。

炮枪作

九月初五日怡亲王交虎枪四十杆，王谕：内橄榄木的十七杆，衣巴丹的十五杆，俱见新收拾，再衣巴丹的八杆另换枪头。遵此。于二年正月二十四日收拾得橄榄木虎枪十七杆，衣巴丹木虎枪十五杆，并衣巴丹木虎枪八杆上枪头，另换新枪头八个，呈怡亲王看。奉王好生收着，此枪杆若是虫蛀坏了时，即启我知道，另换枪杆。遵此。

十月初八日怡亲王谕：做随侍虎枪四杆。遵此。于十一月二十九日做得随侍虎枪四杆，郎中保德呈览。奉旨：着交固山达。钦此。本日郎中保德启知怡亲王。奉王谕：暂且放着做样，俟皇上驾幸圆明园时再交与固山达们随侍。遵此。于十二月初四日虎枪四杆交固山达跟图持去。

雍正二年

记事录

正月十七日总管太监张起麟奏称，裱匠李毅住处甚远，往来当差甚不方便等语奏闻。奉旨：李毅人老实勤谨，手艺亦好，着保德谅其家口，将近便处官房查一所，或五六间，或六七间，赏他居住。钦此。

二月初五日总管太监张起麟奉怡亲王谕：着员外郎海望管理造办处事务。遵此。

三月十五日怡亲王奏，为画画人徐玫病故。奉旨：赏给徐玫银八十两。钦此。本日怡亲王谕：将造办处收存银赏徐玫八十两。再将徐玫每月所食工食银两令伊子替他当差，领用钱粮养赡家口。遵此。本日六品官阿兰泰领去银八十两赏徐玫讫。

四月初十日保德奏：为用津［金］砖事。奉旨：着怡亲王查津［金］砖该何部所管，或系何省所出，津［金］砖每块运到京都价银多少，应备用多少块，查明回奏。钦此。

八月二十一日总管太监张起麟奉旨：尔等造办处、督抚进来的南匠如何养赡。钦此。随回奏，造办处各行南匠，内有总督巡抚家养赡的，在本处与匠人安家，到京时一应所用工食衣服房子等项仍是本家养赡，因此南匠好手艺难得等语具奏。奉旨：若是送匠人来的官员仍命他养赡匠人，如何使得。只可令该官员在本处与匠人安家，至于到京所用工食衣服房子等项应如何料理之处，俟怡亲王到来时一同商量妥当，要明白回奏。钦此。

十一月十九日将雍正元年造办处一年所用钱粮材料缮折十八件，怡亲王奏闻。奉旨：朕已看过了。再所养南匠如何定夺？钦此。随回奏：今造办处现有收存银两，欲将各项所养南匠钱粮俱行停止，今用造办处所收银两养赡等语具奏。奉旨：甚是。钦此。

三十日为知会事，本年十一月十九日怡亲王奏准：各督抚并三处织造处所养各行南匠在京应给工食衣服费用房银等项，自雍正三年正月初一日起俱行停止，不必令该督抚织造处给发，嗣后用本造办处钱粮养赡。为此知会。随交江宁织造家人宋文魁，广东巡抚家人萨哈布，苏州织造家人周雄，原任中堂家人余敬观，杭州织造家人赵庄，广东总督衙门提塘官康永太。

珐琅作　附大器作　镀金作

正月初四日总管太监张起麟交洋漆提梁长方文具一件，内盛鼻烟壶二十件。传旨：此内屉子四层空格三十二处，俱配合做珐琅鼻烟壶安放。尔先做木样与怡亲王看，准时再烧造。钦此。于正月初十日镟得各式鼻烟壶木样十件，总管太监张起麟呈怡亲王看，王谕：照样准做。遵此。于二月二十四日做得各式珐琅鼻烟壶三十二件，并原交洋漆提梁长方文具一件，内盛鼻烟壶二十件，总管太监张起麟呈进讫。

二十三日总管太监张起麟传旨：烧做软珐琅嵌银母佛花一枝，花头高二寸五分。钦此。于二月二十三日做得银珐琅银母佛花一枝，总管太监张起麟呈进讫。

正月二十三日总管太监张起麟传旨：烧做珐琅连罩果碟一件，果罩底口径三寸七分，将罩子吞在碟口内。钦此。于二月二十三日做得连罩果碟一件，托屉一件，总管太监张起麟呈进讫。

二月初四日怡亲王交呆黄玻璃瓶一件。奉旨：此样甚好，嗣后烧珐琅瓶、玻璃瓶，尔等俱照此样烧造。钦此。于本月二十三日照样镟下木样存作，原交呆黄玻璃瓶一件，怡亲王呈进。

初四日怡亲王交填白脱胎磁酒杯五件，内二件有暗龙。奉旨：此杯烧珐琅。钦此。于二月二十三日烧破二件。总管太监启知怡亲王，奉王谕：其余三件尔等小心烧造。遵此。于五月十八日做得白磁画珐琅酒杯三件。怡亲王呈进。

四月初二日总管太监张起麟交银二百四十两，传旨：照先做过马蹄式壶做二十把，分量要匀。钦此。于四月十九日做得马蹄式银壶二十把，共重二百三十一两一钱，催总张自成交总管太监张起麟持去讫。

初三日怡亲王交厂官窑套杯一分，计五个俱镶银里。王谕：改镶金里，配做一匣，上要罩盖，做推簧。遵此。于本月二十五日改镶金里厂官窑套杯五件，配做匣完。怡亲王呈进。

十一月初三日怡亲王交宋瓷挂瓶一件，王谕：镶金口金足。遵此。于十一月十九日宋瓷挂瓶一件镶金口金足完，怡亲王呈进。

十二月十七日郎中保德持出七宝八宝样十三件、大银碗一件。传旨：照此样将大七宝八宝做二分，小七宝八宝做二分。其座子用银做，顶子用金做，座上安番草边，中心圆光烧珐琅番草边，面上或嵌宝石，或烧珐琅片，尔等酌量做。其番草边做金的。再将葫芦缨络做二对，吊挂夹间花朵用松石、玛瑙、珊瑚、碧玉等件做。再向银库查有小圆珍珠即用珍珠穿，若无珍珠或用玻璃珠，或用麵松珠，尔等酌量穿，其腰花样有更改之处改，上下玻璃光内字画拟画样呈览。钦此。于十二月二十日郎中保德等拟得葫芦璎珞上玻璃光内字画样一张呈览，奉旨：照样准做。钦此。于十二月三十日将原交七宝八宝十三件样，大银碗一件，交首领程国用，同催总张自成持去，交中正殿喇嘛太监德母器收讫。于三年九月二十九日做得大七宝八宝二分，小七宝八宝二分，珐琅火焰光十三供二分，葫芦璎珞二对，员外郎海望呈进，奉旨：大七宝八宝二分，珐琅火焰光十三供一分，葫芦璎珞一对，送至圆明园佛堂内供。小七宝八宝二分，珐琅火焰光十三供一分，葫芦璎珞一对，留在养心殿佛堂内供。钦此。于本日将小七宝八宝二分，珐琅火焰光十三供一分，葫芦璎珞一对，首领程国用持去，交养心殿佛堂太监焦进朝讫。本日将大七宝八宝二分，珐琅火焰光十三供一分，葫芦璎珞一对，柏唐阿邓八格送至圆明园交总管太监李德收讫。

累丝作　附撒花作

正月初四郎中李瑞交来嵌宝石地景珊瑚枝金蟠龙盆景一件金盆、嵌宝石山子珊瑚枝盆景一件银珐琅盆。说庄亲王传旨：交养心殿，应如何收拾处收拾。钦此。本日郎中保德启知怡亲王。奉王谕：着收下，俟做活计有用盆处应用。遵此。于十三年十月二十六日将宝石珊瑚枝盆景二件，司库常保，首领萨木哈交太监毛团呈进讫。

初七日庄亲王交珠丁一件，重一钱七分五厘。传旨：做帽顶用。钦此。于八月初十日做得金累丝珠丁帽顶一件，金重二钱四分，怡亲王呈进讫。

二月初九日总管太监张起麟交金凤样簪一枝，上嵌大珠六粒、尾上嵌小珠七粒、碎珠七串。金凤簪一枝尾上碎珠七串共一百十一粒，大珠七粒，金凤簪一枝尾上碎珠七串共一百十七粒，大珠七粒，金凤簪一枝尾上碎珠七串共一百十六粒，大珠七粒，金凤簪一枝尾上碎珠七串共一百十七粒，大珠七粒，金凤簪一枝尾上碎珠七串共一百十五粒，大珠七粒，五枝凤俱系银挺，内少银挺一枝，共重四钱二分。以上除金凤样簪一枝外，金凤簪五枝，金共重九两四钱五分，碎珠共计五百七十六粒，大珠共计三十五粒。金凤簪五枝，无珠，金重六两二钱五分，银挺五枝重六钱说怡亲王谕：将此金凤簪十枝俱熔化，照金凤样簪做二分，每分五枝。遵此。又交金如意样簪一枝，嵌红玻璃一块。金枣花样簪一枝，嵌白水晶一块。金福寿样簪一枝，嵌珠三粒。翠凤样簪一枝，嵌珠十三粒，烧红石三小块。金凤簪一枝，重一两六钱七分。金花一枝，重七钱八分。银花三枝，重一两二钱五分。以上除样簪四样四枝，银花三枝外，其金凤金花共重二两四钱五分。怡亲王谕：将金凤一枝、金花一枝俱熔化，照样做如意簪一对、翠凤簪三枝、枣花簪三枝、福寿簪三枝。遵此。以上二宗，金凤金花共重十八两一钱五分，大小珠子共计六百十一粒，于二月十一日总管太监张起麟持去。银花三枝，重一两二钱二分，于三月十五日总管太监张起麟交东珠四十五粒，奉怡亲王谕：着嵌在金凤十枝上用，每枝上嵌三粒。遵此。于三月二十二日做得金凤十枝，金重七两三钱，上嵌东珠三十粒，大小珍珠五百七十二粒。翠凤三枝，上嵌珠子三十九粒，金宝盖三分重一钱一分，以上金凤十枝，翠凤三枝共用过东珠三十粒，珠子大小六百十一粒，下剩东珠十五粒，原样金凤簪一枝，俱着首领程国用持去，交总管太监张起麟呈进。于三月二十四日将金如意簪一枝，金枣花簪一枝，金福寿簪一枝，翠凤簪一枝，金凤簪一枝，金花一枝交总管太监张起麟持去讫。

九月二十三日，郎中保德自圆明园持来金如意一件、金瓶一件、金盖叶一分，共重一百五十九两五钱五分，说怡亲王谕：着金瓶内配一金胆。遵此。于十月初七日配做得金胆一件，重三十八两五钱，并原交金如意一件，金瓶一件，金盖叶一分，重一百五十九两五钱五分，以上通共金重一百九十八两零五分，郎中保德呈进。

镶嵌作　附牙作　砚作

正月初九日总管太监张起麟交象牙转盒一件，说怡亲王谕：着收拾。遵此。于正月十三日收拾得象牙盒一件，总管太监张起麟呈进。

十八日怡亲王交象牙佛手一件，内盛拳马七十件。王谕：照样做一件，再照此做法将木瓜香橼柑子每样亦做一件。遵此。于三月十四日做得象牙佛手一件，柑子一件，香橼一件，木瓜一件，内盛拳马四分，每份七十件，并原交象牙佛手一件，内盛拳马七十件。怡亲王呈览，奉旨：照佛手香橼柑子木瓜拳马等件，再做二分。钦此。于五月初四日做得象牙佛手橼柑子木瓜拳马等件二分，怡亲王呈进。

十八日怡亲王交雕夔龙鳅［虬］角手巾结一件，雕宋龙鳅（虬）角手巾结一件，大红玻璃手巾结一件，王谕：照此样多做几件。遵此。于三月十四日做得雕夔龙鳅［虬］角圆手巾结二个，雕宋龙鳅［虬］角圆手巾结二个，大红玻璃手巾结六个，并原样手巾结三个，怡亲王呈进。于五月初四日做得雕夔龙鳅［虬］角手巾结二个，雕宋龙鳅［虬］角手巾结二个，怡亲王呈进。

二月初四日怡亲王交琥珀一块。奉旨：做暖手用。钦此。于四月初九日做得琥珀暖手一件，怡亲王呈进。

初四日怡亲王交腰圆形石砚一方，底面有眼。奉旨：着人细看真假。钦此。于二月初十日据南匠袁景劭认看得：此砚甚好，砚上的眼系安的。怡亲王呈进。

初四日怡亲王交长方石砚二方。奉旨：面上的花纹不好，改做。俟呈过样再做。钦此。于二月初十日据南匠顾吉臣详称：此砚改做不好的。怡亲王呈进讫。

三月二十七日首领太监王进玉交象牙灯一件，说太监宋礼传旨：着收拾。钦此。于三月二十八日收拾得象牙灯一件，交首领太监王进玉持去讫。

四月十二日怡亲王交蜜蜡鸳鸯暖手一件，二等伽楠香一块，重四斤六两，王谕：将此伽楠香照蜜蜡鸳鸯样做暖手二件，余剩伽楠香应做何物酌量用。遵此。于四月十五日做得伽楠香鸳鸯暖手二件，重六两六钱，折耗一两二钱，并原交蜜蜡鸳鸯暖手一件，并做得伽楠香扇器三件，重二两七钱。怡亲王呈进。于四月十九日做得伽楠香山子一件，重一两二钱。怡亲王呈进。于六月初四日将伽楠香三斤十两零三钱郎中保德持去，呈怡亲王收下。

五月初七日总管太监张起麟交雕刻云龙龙油珀笔筒二件，素地龙油珀笔筒二件，传旨：作材料用，嗣后做龙油珀物件再做玲透些。钦此。于三年十月二十九日将龙油珀笔筒四件，司库常保首领萨木哈交太监毛团呈进。

二十一日总管太监张起麟交瘿子木花榆拼凑桃式盒、紫端砚一方。传旨：照样做几方，原砚收拾干净仍呈进。钦此。于八月十一日做得花榆木拼凑桃式盒、紫端石砚二方，怡亲王呈进。

八月初四日总管太监张起麟交红漆圆盒绿端砚一方。传旨：照此绿端砚花样做一二方，红漆砚盒亦照此样做，盒上改写雍正年号，再将绿端砚照别的花样亦做一二方。钦此。于十二月三十日做得绿端流云砚二方，配刻字漆盒，原样砚一方，总管太监张起麟呈进。于三年五月初一日做绿端砚二方，配刻字漆盒，怡亲王呈进。

十一日郎中保德传旨：照先做过的寿山福海水盛再做一分。钦此。于九月二十八日做得象牙座寿山福海水盛一件，郎中保德呈进。

九月初三日总管太监张起麟交珊瑚镜支一件，说怡亲王谕：着收拾见新。遵此。于九月初四日收拾得交珊瑚镜支一件，总管太监张起麟呈进。

九月初四日翰林陈邦彦来说：奉怡亲王谕：抄得唐人砚赋二段，做得砚赋八首等语。总管太监张起麟呈览。奉旨：准唐人砚赋二段，其年号照御笔落款。钦此。于九月初八日翰林陈邦彦写得砚赋一张，张照写得砚赋一张，杨芳声写得砚赋一张，效力写宋字人潘其位写得砚赋一张，总管太监张起麟呈览。奉旨：选定杨芳声写的砚赋，但杨芳声写的太真些，再命他行书写来呈览览。钦此。于九月初十杨芳声写得行书砚赋二张，总管太监张起麟呈进。

裱作　附画作

正月初八日总管太监张起麟交美人绢画二张，传旨：裱轴子。钦此。于二月初四日表的美人绢画二轴，总管太监张起麟呈进。

正月初八日首领太监苏培盛交宝薮一册，上钩图书三十八方，传旨：此宝薮甚蠢，照此样另做一册，做秀气着。钦此。于二月二十九日做得宝薮一册，上钩图书三十八方，并原样宝薮一册，俱交首领太监苏培盛持去。

二月初三日怡亲王交吕廷振雪雉一轴，奉旨：着重裱。钦此。于二月二十一日裱得雪雉一轴，怡亲王呈进。

三十日怡亲王交万寿图一份共二卷，王谕：好生托裱。遵此。于十三年十二月十九日将万寿图一份，司库常保、首领萨木哈交太监毛团呈进。

三月初二日员外郎沈崳奉怡亲王谕：着郎石宁画百骏图一卷。于十三年十一月十四日将百骏图一卷，司库常保、首领萨木哈交太监毛团呈进。

四月二十四日太监夏安来说，首领太监李统忠传旨：做各样花笺纸五十张。钦此。于闰四月初六日做得各样花笺纸五十张，交太监夏安持去。

五月初五日首领太监李统忠苏培盛传旨：做黄色小笺纸一百张。钦此。于五月二十八日做得黄色小笺纸一百张，催总穆森交首领太监李统忠收。

七月十四日总管太监张起麟交御笔墨拓谕：直省督抚等官字八十八卷，传旨：着托裱，上下白线裁齐。钦此。于七月十九日将御笔墨拓谕直省督抚等官字八十八卷托裱完总管太监张起麟呈进。

十九日总管太监张起麟交御笔绢挑山二张，传旨：着托裱轴子。钦此。于八月初二日将御笔绢挑山二张裱得轴子二轴，总管太监张起麟持去。

十九日总管太监张起麟交御笔绫子匾一张，黄笺纸对一副，传旨：做木架镶锦边，对子做吊屏。钦此。于八月初二日做得木架绫子匾一面，吊屏对子一付，总管太监张起麟持去。

八月十一日郎中保德交黑地彩漆盒一件。传旨：照此花样画样呈览。钦此。于本月十四日画得黑地彩漆盒样一张，并原交黑地彩漆盒一件，郎中保德呈览。奉旨：将原盒留下，嗣后再做漆盒可照此样做。钦此。

匣作

正月初四日总管太监张起麟传旨：着做博古书格二个。钦此。于正月二十四做得合牌百事件书格样一件，怡亲王呈览。奉旨：照样准做。钦此。于十月二十八日做紫檀木博古书格二个呈进。

十二月初二日总管太监刘进忠交玻璃大碗四件，玻璃盖碗六件，青花白地龙凤盖碗十二件，青花白地龙凤盖钟十件，磁胎烧金珐琅有靶盖碗六件，传旨：着配匣。钦此。于十一月初三日将原交玻璃大碗等件俱配做合牌锦匣盛装，首领太监程国用持去，交总管太监刘进忠讫。

刻字作

四月十二日总管太监张起麟交四阿哥玉图书一方，上书勤学好问。水晶图书一方，上书存诚主敬。寿山石图章三方，一方书乐善堂，一方永言配命，一方聿修厥德。说怡亲王谕：俱照原书字篆书镌刻，配匣盛装。遵此。于八月十三日镌刻得勤学好问玉图书一方，照原书字书养镌刻得水晶图书一方，寿山石图书三方，配锦匣盛，总管张起麟呈四阿哥收。

四月十二日总管太监张起麟交五阿哥寿山石图书六方，上书中正仁义，温良恭俭，进得修业，日就月将，稽古斋，为善最乐。怡亲王谕：俱照原书字样篆书镌刻，配匣盛装。遵此。于八月十三日将寿山石图书六方俱照原字样篆书镌刻完，配匣盛装，总管太监张起麟呈五阿哥收。

十四日太监刘玉传旨：做钥匙牌子二个，一面刻将军，一面刻岳钟琪。钦此。于四月十六日做得紫檀木钥匙牌二个，一面刻将军两字，一面刻岳钟琪三字完，首领太监程国用持去交太监刘玉讫。

木作

正月初四日怡亲王谕：着做楠木悬龛一座，面宽六尺九寸，高二尺三寸，进深七寸五分。遵此。

初四日怡亲王谕：着做楠木长方盘一件，长二尺三寸，宽一尺五分，外口高一寸一分。遵此。于正月二十二日照尺寸做得楠木长方盘一件，首领太监程国用持去交总管太监王议成收。

初四日怡亲王谕：着做楠木剑架二分。遵此。于正月二十二日做得楠木剑架二分，太监马进忠持去交太监王安讫。

初九日怡亲王交铜古佛一尊，王谕：着沈嵛送与大喇嘛装藏开眉眼完再配做新样紫檀木龛。遵此。本月沈嵛遵王谕：将铜古佛一尊请至大喇嘛处装藏开眉眼完，仍请回。配做得紫檀木新样龛一座，随佛衣佛垫，于正月二十五日怡亲王呈进。

十八日怡亲王交青绿百乳钟一件，王谕：着配做木架。遵此。于二月十七日青绿百乳钟一件配做得夔龙架木样一件，怡亲王呈览，奉旨：照样用紫檀木做。钦此。于四月初三日青绿百乳钟一件，配做得夔龙架一件，怡亲王呈进。

二十四日总管太监张起麟交汉玉磬一件。传旨：着配架子，尔等先做样呈览，朕看准时再做。钦此。于二月十七日做夔龙式磬架木样一件，怡亲王呈览。奉旨：照样用紫檀木做。钦此。于四月初三交汉玉磬一件配得紫檀夔龙式架一件，怡亲王呈进。

二月初五日总管太监张起麟交铜小钟一件，随木架一架，木锤一件。传旨：着另配做木架，添做珐琅钩，尔等先做样呈览，俟准样时再做。钦此。于二月十七日做得夔龙式钟架木样一件，怡亲王呈览。奉旨：照样准做。钦此。于三月廿四日铜小钟一件上配做得紫檀木夔龙式架一件、挂钟的珐琅钩一件、锤子一件，并原交木架一件，木锤一件，怡亲王呈进。

三月十五日郎中保德奉怡亲王谕：上乘车再做二辆，内一乘要在车旁开门。遵此。于九月十一日做得上乘车二辆，催总吴花资交车库内管领清泰持去讫。

二十二日总管太监张起麟传旨：着照红氆氇褥子做杉木杌子四个，各高五寸五分，见方二尺四寸。钦此。于三月二十三日照尺寸做得杉木杌子四个，首领程国用持去交太监王安讫。

二十五日首领太监刘希文传旨：着做木猫三个，再做长八尺，宽一寸八分，厚八分木板九块，搭楠木色。钦此。于三月二十七日做得木猫三个，照尺寸做得搭楠木色木板九块，交太监张进喜持去讫。

四月初一日太监陈泰交玻璃镜一面，长四尺，宽三尺一寸，随玻璃镜边条一根，传旨：此玻璃镜做吊屏用。钦此。于五月初四日做得楠木边玻璃镜吊屏一件，总管太监张起麟呈进。

初十日郎中保德传旨：着做小轿十乘圆明园用。钦此。于三年七月二十日做得小轿十乘交催总马尔汉送至圆明园，交郎中保德收。

四月十二日太监张进喜交豆瓣楠木心花梨木矮桌一张，说太监陈泰传旨：此桌撬了压好，咧缝处粘补收拾。钦此。于四月十五日粘补收拾得楠木心花梨木矮桌一张，交太监张进喜持去。

六月初八日太监刘希文传旨：养心殿东暖阁窗户照西暖阁的窗户一样安。传与保德照样备下，俟朕往那里行走时再安。钦此。于三年五月二十二日郎中保德奏：为养心殿东暖阁安窗事。奉旨：朕已下过旨意，俟朕往那里行走时再安，尔等暂且不必安，朕往陵上去后再安。钦此。于十月二十日做得窗户四扇，郎中保德代领匠役进内安讫。

八月十二日郎中保德奉旨：着做紫檀木异兽靶碗座子九对，异兽身上安并头莲，空内开眼，安磁靶碗，其碗向总管太监处要有寿意宣磁靶碗用。钦此。于八月二十九日做得紫檀木异兽靶碗座子九对，总管太监张起麟向里边要出寿意宣磁靶碗九对，郎中保德呈进。

九月十二日郎中保德传做紫檀木盘子二个。记此。于九月十五日做得紫檀木盘子一个，交沈祥送至圆明园叫郎中保德收。于九月二十日做得紫檀木盘子一个，郎中保德呈进。

十月初一日奏事太监刘玉交紫檀木匣套六件，每件前面嵌玻璃片一片。传旨：交养心殿有用处用。钦此。于十月十四日总管太监张起麟启知怡亲王，奉王谕：玻璃片做窗户眼用，紫檀木匣套收着。遵此。

十一月初五日总管太监张起麟交花梨木竖柜一对，顶柜一对，传旨：着粘补收拾好，赏怡亲王。钦此。于十一月二十八日收拾粘补得花梨木竖柜一对，顶柜一对，催总马尔汉送至怡亲王府交收。

二十三日郎中保德奉怡亲王谕旨：着做车一辆与嵩竺［祝］寺喇嘛用，其车帷用金黄色。遵此。于十二月十二日做得金黄色缎帷车一辆，郎中保德交嵩竺［祝］寺喇嘛德们器领去。

二十五日懋勤殿首领太监苏培盛李统忠传做盛御笔竹筒十个，尺寸照先做的一样做。记此。于十一月二十六日照先做过尺寸做得竹筒十个，交首领李统忠持去。

十二月初五日郎中保德传旨：着做抽信楠木杌子二件，上下要见方一尺一寸，牙子上下俱要矮些，合尺寸，其信子本身高九寸，抽起要一尺八寸，放下只九寸。钦此。于十二月十七日照尺寸做得抽信楠木杌子二件，交太监夏安持去。

雕銮作　附镟作

正月十五日总管太监张起麟交佛前供的豆绿磁靶碗九个，说怡亲王谕：着配沉些座子。遵此。于正月十九日配做得紫檀木座九件，并原交磁靶碗九件，总管太监张起麟交佛堂太监焦进朝讫。

三月二十九日太监杨文杰来说，司房首领陈士福交山桃核六千六百六十个，千叶李核一百八十个，双桃核，双杏核二样八十个，长桃核一百七十六个，兰芝核六百个，山兰芝核一千五百个，山杏核二百个，奉旨：配念佛数珠用。钦此。于四月初九日做得兰芝核念佛数珠四盘，共用山兰芝核四百三十二个。桃核念佛数珠四盘，共用山桃核四百三十二个。四月十五日做得桃核念佛数珠二盘，共用山核桃二百十六个。兰芝念佛数珠三盘，共用山兰芝核三百二十四个。闰四月十八日做得桃核念佛数珠七盘，共用山核桃七百五十六个。兰芝念佛数珠二盘，共用山兰芝核二百十六个。七月初九日做得兰芝核念佛数珠四盘，共用山兰芝核四百三十二个，桃核念佛数珠四盘，共用山桃核四百三十二个，俱交太监张玉柱、刘玉讫。

五月二十九日郎中保德奉怡亲王谕：着将西瓜灯照例做些备用。遵此。于七月十四日做得年例备用手靶羊角灯二对，西瓜灯十四对，总管太监张起麟呈进。奉旨：留下手靶羊角灯二对、西瓜灯五对，其余西瓜灯九对，着挂在养心殿佛堂、天穹宝殿、慈宁宫中正殿、畅春园、圆明园、旃檀寺、嵩竺［祝］寺、钦安殿，每一处悬挂一对。钦此。本日总管太监张起麟，派人送去悬挂讫。天穹宝殿一对、钦安殿一对、养心殿佛堂一对，系太监马进忠送去。中正殿一对、慈宁宫一对、柏唐阿三达礼送去。旃檀寺一对，嵩竺［祝］寺一对，柏唐阿保住送去。畅春园一对、圆明园一对，柏唐阿官保住送去。

六月二十五日总管太监张起麟交查布查雅木碗一件，系学士鄂赖进。拉古里木碗一件，传旨：收拾。钦此。于九月初七日收拾得查布查雅木碗一件，拉古里木碗一件，总管太监张起麟持去交太监张玉林讫。

九月三十日奏事太监刘玉交菩提子四十八个，织造官孙文成进，传旨：交养心殿收着，再有进的配合做。钦此。于十二月十九日据太监杨文杰回称配数珠用讫。

十月十七日总管太监张起麟交龙眼菩提数珠八串，巡抚杨名时进。传旨：着旋做，选一样大的用。钦此。于十二月初九日，做得朝装严菩提数珠四盘，总管太监张起麟持去讫。于三年四月十七日做得朝装严菩提数珠四盘，怡亲王呈进。

十八日奏事太监张玉柱交龙眼菩提数珠八串，巡抚毛文铨进。传旨：交养心殿照先张起麟交的数珠一样镟做。钦此。于三年五月初九日朝装严得菩提数珠四盘，总管太监张起麟持去讫。于九月十二日朝装严得菩提数珠二盘，总管太监张起麟持去讫。于九月二十日朝装严得菩提数珠二盘，怡亲王呈进。

二十七日总管太监张起麟交拉古里木碗二件，说奏事太监刘玉传旨：着收拾。钦此。于十一月十七日收拾得拉古里木碗二件，总管太监张起麟呈进。

二十七日总管太监张起麟交拉古里木碗二件，查布查雅木碗二件，巡抚绰奇进，传旨：收拾。钦此。于十一月二十七日拉古里木碗二件，查布查雅木碗二件收拾完，总管太监张起麟呈进。

十一月十七日奏事太监刘玉交查布查雅木碗一件，系贝子康柰进传旨：此碗甚好，着好生镟出来。钦此。于十一月二十二日查布查雅木碗一件，镟完首领程国用持去交太监刘玉讫。

漆作

雍正二年正月初四日总管太监张起麟交海棠式茶盘一件。传旨：照此盘大小改做双圆式朱红漆画二龙戏珠花样茶盘几件。钦此。本日总管太监张起麟启知怡亲王。奉王谕：照此茶盘大小多画几张样子，看准时再做。遵此。于十三年十二月二十四日将海棠式洋漆盘一件，交首领萨木哈持去，交太监毛团呈进。

二月初五日总管太监张起麟交乌银腰形盘一个、黑圆漆盘一个，说怡亲王谕：乌银腰形盘收拾好交进。再照此乌银腰形盘、黑漆圆盘样式做捲胎红漆地彩漆花盘，每样做几件。遵此。于本月初十日收拾得，原交乌银腰形盘一件、黑漆圆盘一件，总管太监张起麟持去讫。于十月二十九日做得五彩托胎盘二十四件、红漆托胎小盘二十四件，怡亲王呈进。

七月十九日衣都达五格送来弓十七张，说怡亲王谕：擦油。遵此。于七月二十六日将弓十七张俱擦油完，交衣都达五格持去讫。

八月十一日郎中保德交喜相逢绿漆盒一件。传旨：照此形，盖上画寿桃二个，底子画寿桃一个，周围墙子画暗八仙。再照此形，盖上画洪福四个，周围墙子上下俱画寿字九个，画样呈览。再有画过的好样子亦画样呈览。照膳盒大小，比膳盒小些的，二样做四十副，盒上画暗八仙、九寿四福。钦此。于本月十九日画得捧盒一件，保德呈览。奉旨：照样准做。钦此。于九月二十九日做得八仙庆寿彩漆捧盒四十个，并原样捧盒一件，郎中保德呈进讫。

十一月初五日总管太监张起麟交填漆竖柜一对，随顶柜一对，黑漆堆金龙竖柜一对，随顶柜四对。传旨：粘补收拾赏怡亲王用。钦此。于十一月二十八日将堆漆柜一对，顶柜二对，螺钿柜一对，顶柜二对，黑漆金龙柜一对，顶柜四对，俱收拾。交总管太监张起麟，交催总马尔汉，柏唐阿硕子送至怡亲王府交讫。

十二月初六日太监杜寿传旨：四方长方盘多做些，盘上画各样花卉。钦此。于三年四月十四日做得长方漆盘四件，总管太监张起麟持去讫。

十七日郎中保德传旨：将养心殿的天灯杆于本月二十二日午时重油，换拉绳，创杆楼子灯。钦此。于本月二十二日将养心殿天灯杆见新油饰换拉绳创杆楼子灯，俱安换讫。

玉作

正月初四总管太监张起麟奉怡亲王交水晶钵盂水盛一件，说王谕：先旋木样，做玻璃水盛几件。遵此。于十二月三十日做得钵盂式玻璃水盛二件，并原样水晶钵盂水盛一件，交总管太监张起麟持去。

初五日总管太监张起麟交白玉太极图吊牌一件，说首领太监王安传：将此吊牌上的玉环并玉钉取下来，玉钉头往上安住，其玉环不必用。记此。于四月初三日白玉太极图吊牌一件收拾完，并吊牌上取下玉环一件，首领太监程国用持去，交首领王安收。

初八日总管太监张起麟交东珠坠子一副东珠计十二颗。奉旨：配做玉盒盛，一扣就扣上，不要活动。钦此。于四年三月十七日做得玉盒一件，内盛东珠坠子一副，安在紫檀木座洋金宝塔内中间高台上，交内管领穆森、首领太监萨木哈送至畅春园，交果亲王供奉在恩佑寺讫。

初十日总管太监张起麟交大东珠坠子四副，每副计珠子十二颗，共四号，二号内一颗有惊纹。小东珠坠子四副，每副计珠子十二颗，共四号。捡选下剩东珠十二颗，有惊纹东珠二颗。奉旨：将大小东珠坠八副俱另做坠子，大坠子上边东珠打通眼，下边东珠打象鼻眼，二副做珊瑚宝盖松石腰箍，二副做青金宝盖珊瑚腰箍。小坠子上下俱打通眼，二副做珊瑚宝盖托花松石腰箍，二副做青金宝盖珊瑚腰箍，其余东珠俟坠子做完时一同呈进。钦此。于正月十三日做得珊瑚宝盖松石腰箍大小东珠坠子四副，青金宝盖珊瑚腰箍大小东珠坠子四副，并选剩下东珠十二颗，有惊纹东珠二颗。总管太监张起麟呈进奏称：东珠坠上的钩做龙头的因一时不能得，故做得如意钩等语具奏。奉旨：此如意钩亦好，尔等再将龙头钩做八副，俟得时将此如意钩拆下，换上龙头钩。钦此。于二月初三日做得龙头钩八副完，总管太监张起麟呈进讫。

廿四日怡亲王交有水紫英石一块、紫母绿一块、白水晶一块、猫睛一块。奉旨：将紫英石劄下一块来磨好，会在紫母绿、白水晶一处，配三角环拴整绦子，其三角圈子上嵌松石、珊瑚，再猫睛一块配在紫英石上劄来一块上，亦配圈子整绦子。钦此。于二月初九日劄得紫英石二块，内有水紫英石一块，紫母绿一块，白水晶一块，合配拴绦子安螺蛳完，怡亲王呈进讫。猫睛一块，于二月初十日合配在二月初四日交出紫英石葡萄上，拴绦子安螺蛳完，怡亲王呈进讫。于十三年十二月十四日将紫英石一件，司库常保首领太监木哈交太监毛团呈进讫。

二十六日总管太监张起麟交紫英石鱼式笔架一个，内有水珠，随水晶座。怡亲王呈览。奉旨：着该管人员用心监看改做。钦此。于二月初九日紫英石鱼式笔架一件改做完，绦子安螺蛳随水晶座，怡亲王呈进讫。

二月初四怡亲王交青花白地磁瓶一件，随紫檀木架一件。奉旨：着认看。钦此。于二月初五日据南匠袁景邵认看得系宣窑瓶，怡亲王呈进讫。

十一日怡亲王交九龙荆州石瓶一件，紫檀木座，王谕：改做收拾。遵此。于三年五月初五日收拾得荆州石瓶一件，紫檀木座，怡亲王呈进。奉旨：将宋龙螭虎磨去，改做素的，其嘴、腰上花纹留着。钦此。于本年八月十一日改做得荆州石瓶一件，紫檀木座，怡亲王呈进讫。

十三日怡亲王交玛瑙壶一件，上有柳。奉旨：将壶上的花纹磨去，壶嘴里膛做弯些，壶把改做素的。钦此。于二月二十一日据南匠邹学文认看得玛瑙壶上有柳，若磨做恐其磨坏等语，怡亲王呈进讫。

十三日怡亲王交玛瑙碗二件。奉旨：此碗太厚，随形式往薄里磨做。钦此。于闰四月十八日磨做得玛瑙碗二件，首领太监程国用持去，交总管太监张起麟呈进讫。

二十日怡亲王交蓝色玛瑙石一块。王谕：着改做笔架。遵此。于三月二十四日做得紫檀木座玛瑙笔架二件，怡亲王呈进讫。

闰四月十五日总管太监张起麟奉旨：着选好白玉做带钮二分，配鹅黄马尾带。钦此。于五月十三日做得白玉青山一带带钮一件，双凤双圆带钮一件，俱配鹅黄马尾带，总管太监张起麟呈进讫。

六月初九日总管太监张起麟、奏事太监刘玉传旨：着保德将收贮的白玉一块酌量出样，随其宽窄做带钮一件，配鹅黄马尾带。钦此。于七月十五日将收贮的白玉一块，做得双圆带钮一件，配鹅黄马尾带一条，郎中保德呈进讫。

七月初一日武英殿库掌胡文达交三喜钮白玉宝一方，杏木根匣，雍正御制之宝篆文一张，说庄亲王谕：着照此篆文字样镌刻在此宝之上。此宝有应收拾之处收拾，俟怡亲王回来时启知怡亲王。遵此。于本月初四日总管太监张起麟启知怡亲王，奉王谕：俟此宝做得时不必交武英殿，本造办处呈览。遵此 。于本月初九镌刻得雍正御制之宝，三喜白玉宝一方，配做锦匣盛并原样篆文一张，怡亲王呈进。

十二月初二日广储司库使强留住持来玉鱼磬一件、碧玉连环一件、白玉带钩一件、青玉砚一方、青玉罐一件、青玉盆一件。郎中保德呈怡亲王看。奉王谕：挑选好的应用，将余剩的仍交回广储司去。遵此。于十二月十七日怡亲王选得青玉罐一件、青玉盆一件，王谕：着入在赏暹罗国物件之内，其余玉器四件交银库库使刘住元保持去讫。

杂活作

正月二十八日郎中保德奉怡亲王谕：尔等将活计预备做些，端阳节呈进。嗣后中秋节、万寿节、年节下俱预做些活计呈进。其应做何活计，尔等酌量料理。遵此。于五月初四日做得镶嵌五毒鼻烟壶一件、镶嵌福儿鼻烟壶一件。雕刻桃核花篮一件。杏木菱角、桃核荔枝笔架一件。青磁瓶莲艾一件。文都里那石盒二件。蓝玻璃瓶一件，紫檀木座。怡亲王呈进。于八月十四日做得节节双喜象牙盒一件、福寿长春象牙盒一件、镶嵌紫檀木日月常明盒一件。镶嵌玉兔秋香鼻烟壶一件、镶嵌蟾宫折桂鼻烟壶一件。通草戴花二十匣、娃娃十匣。怡亲王呈进讫。于十月二十九日做得黄色石万福来朝盒紫端石砚一方、紫色石鹦鹉献桃盒绿端石砚一方、象牙雕五鹅笔架一件、象牙雕九鹑团聚笔架一件、黄杨木如意一件、匙箸瓶一件、葡萄香碟一件、灵芝香盒一件。镶嵌四季花紫檀木笔筒一件、玳瑁罩套火镰包二件。镶嵌福如东海紫檀木圆盒一件。绣线火镰包二件。镶嵌芝仙祝寿紫檀木圆盒一件。红羊皮彩画寿意火镰包二件。镶嵌福寿三多盆景一件。眉寿青瓶一件。镶嵌紫檀木方笔筒玻璃碟四件。镶嵌紫檀木芝仙祝寿盒二件。玻璃杯八件、寿山福海水盛一件。象牙茜绿座镀金匙福寿长春盒一件、象牙茜绿座万年如意盒一件。蟠桃九熟盆景一件、长方假松石盆万国先春盆景一件、海棠式磁盆天禄万年盆景一件、海棠式假寿山石盆福寿三多盆景一件。长方形假寿山石盆怡亲王呈进讫。于十二月三十日做得彩漆圆盒一件、通草戴花八十匣，翎管花二十匣、娃娃四十匣、霁青瓶一件上配灵芝花一束、彩漆描金盆景一分，配珐琅大萝卜一件、虬角白菜匙箸瓶一份，随镀金珐琅匙箸、白端石香盒一件、紫端石砚一方、白玻璃水盛一件，随珊瑚水匙、玛瑙面紫檀木墨床一件、白玉福禄紫檀木镇纸一件、蜜腊灵芝笔架一件，随笔二枝、本摺二件、紫檀木都盛盘一件，内盛满朝如意黄石盒紫端砚一方、寿山石笔架一件、白端石鹅形水盛一件，随珊瑚匙、象牙座象牙三羊开泰镇纸一件、象牙手格一件、西山石葡萄式笔觇一件、黄杨木笔筒一件、紫檀木葡萄叶盘一件，内盛象牙、果子式鼻烟壶四件、杏木根如意一件、四面平安灯格一架，内盛库贮碧玉杯一件、白玉小圆盒一件、白玉小执壶一件、匣作收贮金银双喜瓶一件、青绿天鸡水注一件、宣铜秋耳炉一件、文藻石砚一方、玛瑙碟子一件、玛瑙面腰圆玳瑁盒一件、寿山石鹦鹉献桃陈设一件、玉八宝十分，怡亲王呈进讫。

十二月三十日员外郎海望奉旨：嗣后翎管花不必做。钦此。

皮作

四月初四太监薛贵交上字号钥匙一件，说奏事太监刘玉传旨：将报匣做五个，其簧俱要配此上字号钥匙用。钦此。于四月十五日做得上字号钥匙簧报匣五个，各随空单垫子。配做得紫檀木报牌五件，上刻大将军年羹尧字言，并原样钥匙一件，俱交太监薛贵持去讫。

初十日郎中保德奉旨：圆明园用的小轿十乘如做得，上配金银缎帏。钦此。于三年八月二十一日据郎中保德来帖内开：除原传过的小轿十乘上石青缎帏十分外，交衣服库添做鹅黄缎帏走水一分、金黄缎帏鹅黄走水一分、金黄缎帏走水二分，务必于本月二十四日以内要得。如轿判赶做不及，将旧判用黄皮包好，并石青缎轿帏轿判十分一同送来等因。记此。于本年八月二十三日衣服库做得鹅黄缎帏走水一分，金黄缎帏鹅黄走水一分、金黄缎帏走水二分，并造办处做得石青缎轿帏轿判十分，包黄皮旧轿判四分，俱交领催宋天培送至圆明园交郎中保德讫。

四月十四日太监刘玉传旨：将报匣做十个，其钥匙俟里边发出时照样做。钦此。于四月十六日太监刘玉交出报匣上钥匙一件，着照样做。记此。于闰四月初八日照样做得钥匙十把，报匣十个，空单垫子全，并原样钥匙一件，首领太监程国用持去交太监刘玉讫。

十六日总管太监张起麟交赏用带子一副，荷包、手巾、小刀、开其里、手巾束等件全分。奉旨：镶嵌开其里小刀子用得，其余荷包、手巾、手巾束、带子，俱甚糙，另换做。钦此。于四月二十日将本月十六日交的对子荷包一付嵌福寿珊瑚豆手巾束一付，春绸手巾二条，并原随开其里一件，小刀一把俱配在赏用带上，总管太监张起麟呈进讫。

十六日总管太监张起麟交对子荷包一付，嵌福寿珊瑚豆手巾束二个，春绸手巾二条，说怡亲王谕：暂且配在赏用带子上用。遵此。于四月二十日将荷包一付，春绸手巾二条，嵌福寿珊瑚豆手巾束二个，俱配在四月十六日交出赏用带子上用讫。

十七日怡亲王谕：将报匣再做一百个，其匣照官尺寸，内净长一尺一寸、宽六寸、厚二寸，匣盖上横刻吏部凭匣四字，左直刻第几号，右直刻各处省分。遵此。于十月初七日照尺寸做得吏部凭匣一百个，交吏部郎中马尔泰持去讫。

闰四月十五日总管太监张起麟交象牙钮鹅黄线带一条，奉旨：此带钮甚好，换鹅黄马尾带。钦此。于五月初四日将象牙带钮一件配得鹅黄马尾一条，总管太监张起麟呈进讫。

五月二十日总管太监张起麟传做小报匣十个。记此。于七月二十日做得小报匣，十个它单垫子全分，首领太监程国用持去，交太监刘玉讫。

七月初一日总管太监张起麟交四阿哥六十阿哥金黄软硬带六条，着此带上俱配做皮穿带手巾荷包。记此。于七月十五日将原交带上配得彩漆皮穿带六付，净面撒林皮荷包六对，白春绸手巾六付，总管太监张起麟交太监王安讫。

十月初二日衣服库领催鲁领弟送来跳扎布衣一分，内应用物件数目单一张，上开，[illegible]衣服二套，随中衣二件，袜子二双，哈达四个，衣服做白片金上身。[illegible] [illegible] [illegible] [illegible]衣服二十四套，随云肩二十四件，带二十四条，哈达四十八个。衣服做十二色，系香色二件，配绿色垂珠。大红色二件，配鹅黄色垂珠。天蓝色二件，配粉绿色垂珠。金黄色二件，配蓝色垂珠。白色二件，配杏黄色垂珠。宫绿色二件，配粉红色垂珠。真紫色二件，配白色垂珠。酱色二件，配月白色垂珠。杏黄色二件，配紫色垂珠。月白色二件，配红色垂珠。米色二件，配红色垂珠。鹅黄色二件，配鹅黄色垂珠。云肩做六色，系石青色四件，大红色四件，金黄色四件，杏黄色四件，宫绿色二件，香色二件。[illegible] [illegible]衣服十二套，随云肩十二件，带十二条，哈达二十四件。衣服做一色，系石青色。云肩做二色，系黄色六件，金黄色六件。[illegible] [illegible]衣服四套，随红色片金裙四件，中衣四件，袜四双，衣服做白片金上身。[illegible]衣服二套，随五色花裙二件，红边蓝花缎战腰二件，哈达八件。衣服做灰色地花锦上身。象牙璎珞四十挂，油色雕刻诸相木器三十四件，每件拴三色哈达各一件。油色噶布喇碗三十三件，每件拴花哈达一件，随青线穗一分。油色骷髅棒二根，每根拴三色哈达各一件。有色木棒二根，青丝线绦绳四根。本日郎中保德接得来帖一张，遂启知。怡亲王谕：

[illegible] [illegible] [illegible]此三样衣服并云肩按颜色画样交织造处照样织做，[illegible] [illegible]此二样衣服中衣袜子裙子战腰并所用的带子哈达交衣服库做，其象牙璎珞油色诸相木器噶布喇碗骷髅棒木棒丝线绦绳等件俱交本造办处造给。遵此。于十月十五日画得[illegible]衣服样一张，[illegible]衣服样一张，[illegible]衣服样三张，云肩样一张，交织造郎中胡凤翚持去。于雍正三年十二月二十八日制造郎中胡凤翚送来照发去画样做成[illegible]衣服二十四套，云肩二十四件，[illegible] [illegible]衣服十二套，云肩十二件，衣服二套衣服库做，衣服二套，衣服四套，中衣六件，袜子六双，裙子六件，战腰六件，带子三十六条，哈达八十四条。造办处做得象牙璎珞四十挂，油色木器三十四件，哈达一百十二条，噶布喇碗三十三件，骷髅棒二根，随哈达六条。木棒二根，素青丝线绦绳四根等项，缮折片一件，郎中海望呈览。奉旨：着将此布扎衣一分给旃檀寺掌印喇嘛土官胡图克图。钦此。于本日交旃檀寺喇嘛土官胡图克图讫。

十一月十九日奏事太监刘玉传做大一号报匣十件，比大一号本匣放长五分、厚五分，宽照大报匣一样，再做五件，钥匙做海棠式。记此。于十一月十二日做得大一号报匣十件，比大一号本匣放长五分厚五分报匣五件，俱随它单垫子交太监韩贵讫。

二十三日郎中保德奉怡亲王谕：番经厂内经堂等处宝座迎手靠背坐褥等项做一分。遵此。于十二月十二日做得宝座迎手靠背坐褥等项一分，郎中保德交嵩竺寺喇嘛得木器领去讫。

铜作

三月初三日总管太监张起麟传做火盆灯三件，灯罩三件，遮火三件。记此。于三月十八日做得火盆灯三件，灯罩三件，遮火三件，首领太监程国用交太监王安讫。

十五日总管太监张起麟传做火盆罩一件，口径过一尺七寸六分，高一尺五寸，边宽一寸二分，边上晚布。记此。于四月二十日照尺寸做得铜丝火盆罩一件，交太监张起麟持去讫。

四月初十日郎中保德奉怡亲王谕：圆明园佛楼内供器陈设等件着造办处做。遵此。于九月十一日做得供器陈设一分，交郎中保德持去讫。

六月二十一日奏事太监刘玉传旨：着做锡匣二件，各高二寸见方，四寸内做十字格屉。钦此。于七月初三日照尺寸做得有十字屉锡匣二件，首领太监程国用持去交太监刘玉讫。

二十五日郎中保德奉旨：做铜遮灯一对。钦此。于七月初五日做得合牌遮灯样一件，员外郎海望，总管太监张起麟呈览，奉旨：着照样做一对。钦此。于九月十四日做得铜遮灯一对，郎中保德呈进讫。

十一月十一日员外郎雅尔哈送来白刚锡一百斤，系琉球国进。说庄亲王传旨：此锡甚好，交养心殿做自斟壶。钦此。于三年正月十一日做得白刚锡自斟壶三十把，郎中保德呈进讫。

炮枪作　附弓作

雍正二年正月二十五日怡亲王选出白蜡木杆十一根，王谕：做上用虎枪用。又选出白蜡木杆六根、衣巴丹木杆七根，王谕：做赏用虎枪用，又选白蜡木杆二根，王谕：做杆子用，其余暂收着。遵此。于四年十二月二十九日火毁讫。

二月初三日郎中保德查得造办处旧收漆杆长枪十一根、竹杆长枪一杆、三楞刃子枪一杆、缠藤杆长枪一杆、螺蛳铁枪棒一杆、三楞刃子藤杆钩子三根、木杆钩三根。康熙六十一年十二月十四日四执事交出螺蛳铁枪棒一根、八楞木杆枪一根、缠紘漆杆长枪一根、核桃木杆长枪一根、漆竹竿长枪二根、云竹杆长枪一根、木杆长枪五根、包牛角杆长枪一根、金漆木杆枪一根、蛇皮杆枪一根、漆木杆枪一根、黑漆杆枪一根、木杆枪一根、棕竹票枪四根、桃丝竹枪六根、描金朱漆杆长枪一根，以上共五十一杆，启知怡亲王。奉王谕：着交武备院官员领取收贮。遵此。于本日交武备院员外郎白禧库掌保住默尔德黑达子领去讫。

三十日郎中保德查得康熙六十一年十二月十四日四执事交出橄榄木长枪五根，并武备院甲库送来橄榄木长枪一根，启知怡亲王。奉王谕：此橄榄木枪杆好，暂收着。遵此。现存库

九月初六日庄亲王交枪铁筒一件。传旨：配达子鞘。钦此。

十二月二十二日怡亲王交上用衣巴丹木虎枪四根、阿尔斑衣巴丹木虎枪杆七根、衣巴丹木长枪杆六根、核桃木长枪杆三根、落叶松交枪鞘八件、落叶松线枪鞘八件、柳木箭杆一百根、桦木箭杆一百根。王谕：将此箭杆交在箭匠房，枪杆好生收着。遵此。于本日将箭杆二百根交固山达四格持去讫。于四年十二月二十九日将衣巴丹木虎枪杆十一根、长枪杆六根、核桃木长枪杆三根、落叶松交枪鞘八件、线枪鞘八件俱火毁讫。

雍正三年

记事录

正月初五日怡亲王奉旨：着裕亲王管理造办处事务。钦此。

二月初五日造办处字与广东巡抚为知会事，正月二十七日怡亲王奏准广东巡抚年希尧，珐琅匠张琪在广每年原安家银一百二十两，今内减银二十两，仍给安家银一百两。钦此。为此知会。

九月初五日郎中保德等奉怡亲王谕：凡有交下来的活计只写交活计人名，不可写上交下字样。遵此。

十三日员外郎海望启怡亲王，八月内做磁器匠人俱送回江西，惟画磁器人宋三吉情愿在里边效力当差，我等着他在珐琅处画珐琅活计，试手艺甚好。奉王谕：尔等即着宋三吉在珐琅处行走，以后俟我得闲之时将宋三吉代来见我，为其果然手艺精工、行走勤慎，不独此处给他钱粮食用，并行文该地方官给他养家银两。谨此。再启，镶嵌匠周有德每年吃钱粮银七十八两，今已身故。今有伊弟周有忠情愿替伊兄当差效力。王谕：甚好。即着周有忠替周有德当差，若手艺好再加赏钱粮。遵此。

十五日首领太监程国用来说怡亲王谕：着郎中赵元管理圆明园造

办处事务。遵此。

二十二日为做眼镜柏唐阿杨国斌、冯杜寿、陈六十八、屈柱并玉匠刘廷贵、苏弘文等六名，总管海望、穆森的话，此六人原系天主堂随西洋人当差，现今既在造办处做活，俱入本处册内。记此。

十月二十一日郎中赵元奉怡亲王谕：着穆森管理圆明园造办处事务。遵此。

珐琅作

正月十九日郎中保德、员外郎海望交成窑五彩罐一件，黑玻璃用泥银合烧鼻烟壶一件。传旨：嗣后烧珐琅并磁器俱照五彩罐上花样画。尔仿此样亦烧做几对。再照此黑玻璃用泥银合烧鼻烟壶样式亦烧做几件。钦此。于四月十二日做得仿宣窑青花白地罐一对、五彩花白地罐一对，怡亲王呈进。于八年十月三十日照样做得珐琅、玻璃鼻烟壶四件，并原样内务府总管海望呈进。于十三年十二月十九日将原交成窑五彩罐一件，司库常保交太监毛团呈进。

十九日郎中保德、员外郎海望交空青子一件，水晶狮钮图章一方，宋东青炉一件，宋东青葵花瓶一件，宋东青夔花小号瓶一件，宋东青镶金口花尊一件，宋东青花觯一件，宋钧窑双管方尊一件，传旨：着人认看。钦此。于四月十五日据南匠袁景劭认看得水晶狮纽图章一方，系银晶的。空青子系石头的。宋东青葵花瓶二件，系好宋磁的。宋东青炉一件，系明朝仿东青做的。宋东青镶金口花尊一件、花觯一件，系舒府窑好的。宋均窑双管方尊一件，系均窑窑变，胎骨甚轻，是均窑上等好的等语。员外郎海望启知怡亲王。王将空青子一件，宋均窑方尊一件呈进。于十三年十二月九日将银晶图章一方，宋东青葵花瓶二件，宋东青炉一件，宋东青镶银口花尊一件，宋东青花卮一件，司库常保、首领萨木哈交太监毛团呈进。

正月二十日郎中保德交定窑甜瓜壶一件。奉怡亲王谕：俟我来时再说。遵此。于二十二日海望将此壶交珐琅作催总张自成持去，着仿此壶样做木样。记此。于八月十五日做得定窑甜瓜壶一对，并原样一件，员外郎海望呈进。

五月十九日总管太监张起麟交珐琅红地白梅花鼻烟壶一件。传旨：尔等照此鼻烟壶画下样来，嗣后如做鼻烟壶俱照此样烧造。钦此。于十月二十九日做得珐琅鼻烟壶四个，员外郎海望呈上留下。于四年正月初十日做得珐琅鼻烟壶一对，首领太监程国用持去交太监刘玉讫。于五月十三日做得珐琅鼻烟壶三对，首领太监程国用持去交太监刘进忠讫。

二十二日怡亲王谕：着造金胎烧珐琅自在观音菩萨一尊，铜胎烧珐琅善才、龙女二尊。遵此。于五年闰三月初八日做得金胎烧珐琅自在观音菩萨一尊，铜胎烧珐琅善才、龙女二尊。郎中海望，员外郎沈喻、唐英呈怡亲王看。奉王谕：观音菩萨面貌微觉不欢喜，身上衣褶亦染得不妥，尔等酌量改烧。善才、龙女烧铜胎的不好，另用象牙做。遵此。于乾隆元年二月初四日将金胎珐琅观音菩萨一尊随象牙善才、龙女二尊，七品官太监萨木哈交太监毛团呈进讫。

二十二日怡亲王谕：照洋漆鸭蛋式壶样做珐琅壶一对。遵此。于十月二十九日做得铜胎珐琅鸭蛋式壶一对。员外郎海望呈进讫。奉旨：但花纹不好些。钦此。

六月十九日做得把莲花盆一件，郎中保德呈览，奏称：香就用香做，花用西洋珐琅并头莲，花灯用莲花内莲蓬做灯碗，果就是莲蓬，水就是盆内水，别者莲花荷叶草都用银打做，镀金退金银二色，乐就是磬等语。奉旨：玉磬配做钟，荷叶做平着，好供果子。香山外的竹子不要乱栽，配合着栽。山内的竹子，菩萨面前要栽的影影绰绰的，露出菩萨面来就罢了。钦此。于雍正五年十二月初一日催总张自成做得银莲花一朵、荷叶一件、莲花古都一件、海巴荷叶一件，送往圆明园给郎中保德看。保德随定得着外添蒲草一把，莲蓬着烧银珐琅。记此。于五年十二月二十九日做得把莲花盆一分郎中保德呈进讫。

七月三十日懋勤殿首领太监苏培盛传旨：挂对子用珐琅环一副、黄铜环一副。于十月二十一日做得珐琅环一副黄铜环一副，交首领太监苏培盛讫。

八月初五日首领太监王守贵交珐琅蜡台一件，大盘跌坏。传：着速速补烧，配匣盛装。记此。于九月十一日补烧完珐琅烛台上跌坏大盘一件，配杉木匣一件，首领太监吴书持去交首领太监王守贵讫。

二十四日员外郎海望传旨：做红珐琅鞍子二副，揸子要紫色的，粘要代黑些香色，鞍心用红氆氇，其余照先做过十副鞍子款式做。钦此。于九月二十八日做得珐琅鞍子二副员外郎海望呈进。奉旨：着交武备院。钦此。于本日交员外郎花赛持去讫。

二十五日，员外郎海望持出金壶一把，重十七两七钱，奉旨：照样做一对。钦此。于九月二十八日照样做得金壶一对，重三十五两二钱，原样金壶一把，员外郎海望呈进。

二十八日据圆明园来帖内称，员外郎海望传旨：照先做过的珐琅圆球做三对，上面花纹周身錾夔龙烧古镀金。钦此。于二十九日照先做过珐琅圆球画得周身錾夔龙木样一件、四围夔龙木样一件，员外郎海望呈览。奉旨：每样做一对，铜胎烧古。钦此。于九月初八日做得铜胎镀金烧古周身錾夔龙圆球一对，总管太监张起麟呈进。于九月十八日做得铜胎镀金烧古錾四围夔龙圆球一对，员外郎海望呈进讫。

九月初十日员外郎海望交绿色玻璃鸡鼓鼻烟瓶一件，随乌木座。传旨：着照此款式做红玻璃，两头或烧珐琅，或錾花镀金，中间夔龙款式，尔等酌量配合。鸡鼓盖子上的鸡生动些，口子开大些，做水注用，多做几个。其匙子改作提水圆匙。原座子样不好，改月牙鼓架式座。钦此。于本日绿色玻璃鸡鼓鼻烟瓶一件，随乌木座，太监吕进朝持去交太监杜寿讫。于四年三月十三日做得红玻璃鸡鼓水注一件，珐琅鸡鼓水注一件，俱随象牙茜绿座，郎中海望呈进。于五年闰三月二十日做得珐琅鸡鼓水注一件，随象牙茜红座，郎中海望呈进。

十日员外郎海望交宋龙泉盘蜡阡一件，说太监刘希文传旨：着配下截，照先做过样做。钦此。于十一月二十日做得宋龙泉盘蜡阡一件，交太监刘希文交讫。

十一日员外郎海望传旨：着做珐琅葫芦瓶一个，高一尺上下，周身画枝梗花叶，下配紫檀木架，上插通草桃十八个。钦此。于九月二十八日做得珐琅葫芦瓶一件，随紫檀木架一件，通草桃十八个，员外郎海望呈进。

十八日据圆明园来帖内称，员外郎海望交镶嵌均窑盆景一件，上随缠金藤镀金树一棵、珠子七十三粒、宝石二十一块、红玛瑙寿星一件、珊瑚二枝、珊瑚灵芝一件、珊瑚福一个、珊瑚花头一个、蜜蜡山子一个、蜜蜡鹿一件、蜜蜡花头一件、蜜蜡桥一件，绿苗石二块、紫檀木座一件、象牙仙鹤一只。传旨：将此镶嵌地景起下来，另配云母盆，此均窑盆仍交进。钦此。于四年八月十四日配得云母盆福禄寿盆景一件郎中保德呈进。

二十九日太监刘希文交紫檀木香盒一件，高二寸四分、径一寸六分。传旨：照此样珐琅的烧几个。于十月初二日将原交的紫檀木香盒一件，首领程国用持去交太监刘希文收下。于十月二十九日做得铜胎福寿香盒一对。员外郎海望呈进讫。于雍正四年五月十三日做得铜胎福寿香盒二对，首领程国用持去交总管太监刘进忠讫。于雍正四年七月初六日做得铜胎福寿香盒一对，首领程国用持去交太监刘希文讫。

十月二十一日员外郎海望持出西洋大银花一对，一枝重四十八两五钱，各色玻璃子三十六个。一枝重四十七两五钱，各色玻璃子三十六个，原少一个。此花上吊下花头二件，花叶三件，共重一两三钱，随银累丝花瓶一对。西洋小银花一对，一枝各色玻璃子十七个，随各色玻璃子十八个，重十四两四钱，随银累丝花

瓶一对。西洋小银花一对，一枝各色玻璃子十七个，随各色玻璃子十八个，重十四两四钱，随银累丝花瓶一对。传旨：花瓶不好，尔等配合珐琅花瓶。钦此。于十一月二十七日据圆明园来帖内称：画得西洋银累丝花配珐琅大小瓶样四张，员外郎海望呈览。奉旨：准大样。小样夔龙耳款式不好，另更改着画样呈览。钦此。于十一月二十九画得大瓶样二张、小瓶样三张员外郎海望呈览。奉旨：照黄色地五彩番花样做珐琅瓶二对，大小俱照此款式花样做。钦此。于四年八月十四日银累丝西洋花一对，配做得铜胎黄地五彩番花珐琅瓶一对，随紫檀座。怡亲王呈进。于五年十二月三十日银累丝西洋花一对，配做得铜胎黄地五彩番花珐琅瓶一对，郎中海望呈进。于乾隆元年二月初三日将银累丝花瓶二对交太监毛团呈进。

二十一日员外郎海望持出胆青玛瑙石二件。传旨：着配做珐琅湾挺帽架二个。钦此。于四年五月初四日做得珐琅挺玛瑙帽架二件，郎中海望呈进。

二十二日员外郎海望传旨，照做过的珐琅戒急用忍流云牌再做一件。钦此。于十二月初五日做得珐琅戒急用忍流云吊屏一件，员外郎海望呈进。

十一月初一日据圆明园来帖内称，郎中保德交银暖锅一件，铜架火夹一分，奉旨：着照样做银暖锅四个，比此样略放大些微收小些的每样各做四个，不可用矿银打造。钦此。于十二月二十三日做得银暖锅四个，铜架四个，铁火夹一把，并原交来银暖锅一件，铜架火夹一分，郎中保德呈进。于十二月十三日做得银锅四个，铜架四个，铁火夹一把，怡亲王呈进。于四年十月初四日做得暖锅四个，铜架四个，铁火夹一把，郎中海望呈进。

十一月二十日据圆明园来帖内称，员外郎海望持出轩辕镜二个，上嵌珐琅顶。传旨：轩辕镜着配帽架用。钦此。于四年七月初五日做得玻璃轩辕镜帽架二件，郎中海望呈进。

二十日员外郎海望传旨：着做珐琅圆形暖砚二方，用好端石做。钦此。于四年十一月十五日做得铜胎烧珐琅圆形三足暖砚一方，员外郎海望呈进讫。随传：嗣后暖砚不必做罢。记此。

二十五日据圆明园来帖内称，太监王守贵传：做一眼孔雀翎二十个，珐琅翎管二十个备用记此。本日将一眼孔雀翎二十个，珐琅翎管二十个，太监吕进朝持进交太监王守贵讫。

牙作　附镶嵌作　砚作

正月初七日，怡亲王谕：着照合牌匣云龙池湖广石砚款式，或用各色石做砚几方，其款式亦不必专照此样，如有别样好款式尔等酌量改做亦可。遵此。于四月十二日做得云龙池湖广石砚一方，绿端石砚五方，配合牌锦匣，怡亲王呈进讫。于五月初一日做得云龙池琴式砚一方，随灵芝磁水盛一件，绿端石砚三方，黄端石砚三方，各随合牌锦匣，怡亲王、信郡王呈进讫。于五月初五日做得云龙池紫端石葫芦石砚一方，灵芝笔觇一件，金釉莲艾水盛一件，镀金匙。怡亲王呈进讫。

二十九日怡亲王谕：嗣后将小式活计做些。遵此。于五月初一日做得象（牙）雕葵花笔格一件、松鼠葡萄笔架一件，扇器二件、花囊八件、镶嵌各式鼻烟壶、扇器十件俱栓鹅黄穗。怡亲王、信郡王呈进讫。于初五日做得通草凤仙万寿菊盆景一盆、松树灵芝盆景一盆，俱随酱色金钱如意锦罩。象牙雕鸡式笔架一件、荷叶式臂格一件、荸荠菱角式盒一件、佛手橘子式鼻烟壶一件。嵌黄绿石夔龙面白端石宝月瓶一件，随紫檀木座，嵌黄绿石夔龙纽紫檀木压纸一件。镶嵌四时吉庆花一件。紫青玻璃瓶一件。怡亲王呈上留下。于五月十二日做得通草福寿万年绿腰圆磁盆景一件、芝兰祝寿蓝磁六角盆景一件。象牙福寿花盒二件。秋角福寿簪一枝、秋角松鹤簪一对。沉香佛手鼻烟壶一件。沉香事事吉祥如意一件。象牙芝仙祝寿花囊扇器一件、福寿花囊扇器一件。核桃三多花篮一件。镶嵌福寿长春玳瑁鼻烟壶一件、双寿玻璃鼻烟壶一件。四时长如意花一瓶。琥珀色玻璃黄杨木福缘善庆盒一件、莲艾盒一件、象牙彩画福寿盒一对、彩画长春花盒一对。通草福寿花十匣，八十枝。员外郎海望呈上留下。于八月十五日做得象牙茜色鸡冠花白端石盆景一件、茜色老来少白端石盆景一件，各随锦罩。象牙茜色华封三祝面松盆景一件。怡亲王呈上留下，于八月十六日做得象牙茜色盒二对、香囊二件、虬角莲艾簪一对、芝仙祝寿簪一对、泡速香如意一件、鼻烟壶一件、紫绿石如意盒一件、象牙彩漆盒一对、福寿长春盆景一件、紫檀木百寿盒一对、玳瑁盒一对、鼻烟壶一件。怡亲王呈上留下。于九月初九日做得象牙茜色金菊秋香盆景一件、象牙五美重阳笔架一件、嵌金莲宝相盆景一件。总管太监张起麟呈上留下。

四月十四日总管太监张起麟交玳瑁九十六斤，共计五百八十四片。象牙四根，共重一百二十九斤。系年希尧进。传旨：交造办处。钦此。

六月初四日总管太监张起麟交仿洋漆盒四件内钟式一件，鸡心玦式一件，内盛螺甸鼻烟壶十件，金盒重九钱，双鱼式一件，双鸠式一件，传旨：将盒内隔断去了，照盒形式配做，或绿端石砚或乌拉石砚，再螺甸鼻烟壶上赤金盖留着有用处用，另做象牙匙盖，或嵌红色或嵌绿色俱可。钦此。于八月十四日螺甸鼻烟壶十件配象牙匙盖完，总管太监张起麟持去讫。于十二月二十九日将原交漆盒四件，内配绿端石砚四方，怡亲王、信郡王呈进讫。

七月十九日员外郎海望传旨：做赏用黄杨木如意一件。钦此。于八月二十一日做得黄杨木如意一件，锦袱一个，买得哥窑瓶一件，员外郎海望呈进讫。

二十六日员外郎海望传旨：着做绿端石砚二方，长六七寸，要寿意款式，做紫檀木盒，盖上镶嵌。钦此。于九月二十八日做得镶嵌玻璃面紫檀木盒绿端石福禄寿砚一方、夔龙桃砚一方。员外郎海望呈进讫。

九月初七日太监杜寿交老鸛眼木双梗双叶九如意一件。传旨：此款式甚好，着海望看，留样。钦此。本日原交老鸛眼木双梗双叶九如意一件，仍交太监杜寿持去讫。于十月二十八日做得双圆如意一件，员外郎海望呈进讫。

九月十一日员外郎海望传旨：着做镶嵌插屏一件，高一尺三寸、宽一尺八寸，周围边框座子用紫檀木配做，象牙双鹌鹑，一茎二穗、一茎九穗谷子二颗，其地景花卉用象牙做，外面罩玻璃，背面糊金笺纸。钦此。于九月二十八日做得紫檀木镶嵌岁岁双安插屏一件。员外郎海望呈进讫。

十一日员外郎海望传旨：着做镶嵌插屏一件，高二尺、宽一尺八寸，周围边框座子用紫檀木做，前面做云母扁海螺一个，身嵌红蝠五个，海螺内用寿山石做山子。钦此。于九月二十八日做得镶嵌寿山福海插屏一件。员外郎海望呈进讫。

十一日员外郎海望传旨：着做镶嵌插屏一件，高二尺二寸、宽一尺八寸。周围边框座子用紫檀木做，前面做寿山石寿星等人物四个，前面罩玻璃，后面糊金笺纸，其地景款式尔等酌量配合。钦此。于九月二十八日，做得紫檀木镶嵌寿星仙人插屏一件，员外郎海望呈进讫。

十一日员外郎海望传旨：着做镶嵌插屏二件，各高一尺八寸，宽一尺三四寸。一件堆节节双喜，一件堆岁岁双安，配做象牙其款式尔等酌量配合。钦此。于十月二十一日画得岁岁双安、节节双喜堆纱插屏二件。员外郎海望呈览。奉旨：不必做堆纱的，着张振画画。钦此。于十二月二十四日做得紫檀木边画节节双喜、岁岁双安插屏二件，员外郎海望呈进讫。

十八日员外郎海望奉上谕：圆明园后殿内仙楼下做小吊屏一件，做样呈览过再做。钦此。于二十二日做得小吊屏样一件，员外郎海望呈览奉旨：小吊屏上下做二扇，各宽一尺二寸、入深一尺，面上照样画通景梅花，下扇系银锁二条。钦此。于十月十五日做得小吊屏样一件，员外郎海望呈览。奉旨：吊屏做长四尺，改宽二尺四寸，其厚薄尔等酌量配合，周围安紫檀木边，背后四角安挂丁，以备摘卸。此内层画样呈览。钦此。于十月二十一日画得吊屏样一张，员外郎海望呈览。奉旨：照样画，或米家，或用象牙，或用各样颜色镶嵌，尔等酌量配合着做。钦此。于四年正月二十二日做得镶象牙紫檀木小吊屏一件。员外郎海望呈进讫。

十八日员外郎海望奉上谕：圆明园后殿仙楼下做闲余帽架一件，

做样呈览过再做。钦此。于二十二日做得闲余帽架木样一件，员外郎海望呈览，奉旨：照样做二个。钦此。于十二月初五日，照样做得黑牛角帽架闲余帽架一件，员外郎海望呈进讫。于四年二月十四日做得黑牛角夔龙闲余帽架一件，郎中海望呈进讫。

二十二日员外郎海望奉旨：查库内若有蜜蜡做几个并蒂佛手。钦此。于十月二十九日做得蜜蜡并蒂佛手三个，员外郎海望呈进讫。

十一月初四日太监杜寿交龙油珀双管花插一件，传旨：照样做几件。钦此。于十二月十八日做得龙油珀双管花插二件，并原交龙油珀双管花插一件，怡亲王呈进讫。

裱作　附画作

二月二十二日总管太监张起麟交双圆哈蜜瓜二个，随银盘二个。传旨：着郎士宁照样画。钦此。于三月初二日画得双圆哈密瓜画一张，并原交哈密瓜二个，银盘二个，首领太监程国用持去交总管太监张起麟收讫。

二月二十六日画画处六品官阿兰太来说：本画画处恭画圣像业已画成，启过怡亲王。谕：着托表。遵此。于十二月二十八日将圣像托表完。怡亲王呈进讫。

五月十九日庄亲王传旨：着郎石宁照暹罗国所进的狗、鹿每样画一张。钦此。于十月二十九日画得鹿一张、狗一张。员外郎海望呈进讫。

八月十七日太监刘玉、张玉柱、姚进孝、陈璜交孔圣人圣像二套四册。传旨：不可着画画人画，另派人照样画一分。钦此。于四年正月十一日照样画得孔圣像一分并原交圣像二套，怡亲王呈进讫。

九月初四日据圆明园来帖内称，总管太监张起麟传旨：着将郎士宁画的老虎取来朕看。钦此。于九月初六日首领太监程国用持去老虎画一张交总管太监张起麟收讫。

十四日内阁典籍厅李宗杨持来河南省进来瑞谷十五本、陕西省进来瑞谷二十一本、先农坛进来瑞谷十六本，说大学士张廷玉传旨：着西洋人郎士宁照样画。钦此。于九月十九日将瑞谷五十二本画完，俱交内阁典籍厅李宗杨、贺继增等持去讫。

十六日圆明园来帖内称，太监杜寿交兰花绢画一张。传旨：查此画是何人画的，即将画画人的名字写在此画上，再画上有污渍处收拾干净急速送来。钦此。于九月十八日据西洋人巴多明认看得此画系西洋人郎士宁画的，遂将西洋人郎士宁名字写于画上，并将画上污渍处收拾干净，至本月十九日首领太监程国用持去，交太监杜寿收讫。

二十六日圆明园来帖内称奏事太监刘玉、张玉柱、陈璜交鲜南红萝卜一个。传旨：照此样着郎士宁画一张、蒋廷锡画一张。该配什么画好看，着他们配合着画。钦此。于十月十八日西洋人郎士宁画得鲜南红萝卜画一张，蒋廷锡画得鲜南红萝卜画一张，并原交鲜南红萝卜一个，首领太监程国用持去，交奏事太监刘玉呈进讫。

十一月初二据圆明园来帖内称，郎中保德来说：九洲清晏上仙楼的楼梯北边贴的美人画一幅。奉旨：画的款式甚好，尔仍着唐英画美人，其衣纹照先画的衣纹一样画。钦此。于四年正月十二日画得美人绢画一张，郎中保德呈进讫。

初二日据圆明园来帖内称，郎中保德交来画一轴，奉旨：着做插屏一座，心宽八尺一寸、高四尺三寸。其插屏正面写魏徵谏太宗十思疏，后面表高其佩的画。字着武英殿待诏戴临写，用金笺纸，石青字。十思疏着蒋廷锡、戴临查出，尔先做插屏小样呈览。钦此。于十一月初十日做得十思疏插屏小样一件，员外郎海望呈览。奉旨：准做。钦此。于十二月初五日做得紫檀木边，正面贴金笺纸，钩石青字，魏徵谏太宗十思疏后面贴写高其佩山水画高六尺七寸，宽八尺九寸大插屏一座，员外郎海望呈进讫。

二十一日据圆明园来帖内称，太监常玉传旨：四宜堂格扇用月白色纸糊饰。钦此。于十一月二十五日郎中保德代领人将四宜堂隔扇用月白色纸饰完讫。

十二月初七日员外郎海望交驴肝马肺均窑缸一件。传旨：着郎世宁照样画，比缸略放高些，两头收小些。钦此。于本月二十八日照样画得缸一件，并原缸，员外郎海望呈进讫。

十四日员外郎海望传：画得蓬莱洲板壁样四张，员外郎海望呈览。奉旨：前面安积锦对子小书格、水牌并挂络香袋等件，其背面集锦。钦此。于四年十月二十九日做得紫檀木小书格、水牌、挂络香袋等件，郎中海望持进安讫。

匣作

九月十六日郎中保德着拨什库白士秀说，造办处库内有残碎玻璃，可以做得窗户眼，送些来。记此。于本月十七日柏唐阿寿山送去碎玻璃二十块，交郎中保德收。于本月二十三日郎中保德净用碎玻璃十三块，下存碎玻璃七块，拨什库白士秀交库讫。

三十日总管太监张起麟交玉壶一件、成窑盘二件，传旨：着配匣子钦此。于九月三十日将成窑盘配做得铁锈锦面合牌匣一件，首领太监程国用持去交总管太监张起麟收下。本日，又将玉壶一件，配得糊锦匣一件，首领太监程国用持去，交总管太监张起麟收下。

木作

正月二十六日总管太监王以诚传做楠木小杌子一张，长一尺三寸、宽一尺二寸五分、高四寸二分。上配青高丽布褥子一个、古绒褥子一个。记此。于本月二十七日照尺寸做得楠木杌子一张，上配做古绒褥子一件，首领太监程国用持去，交太监王以诚讫。

七月十六日员外郎海望传旨：着做抽长花梨木床二张，各高一尺、长六尺、宽四尺五寸，中心安藤屉。用锦做床刷子，高九寸。钦此。于十九日做得抽长床小木样一件。员外郎海望呈览。奉旨：腿子上做顶头螺蛳。钦此。于八月初八日海望又奏：为抽长床上刷子应用何样做等语？奉旨：床刷子做锦的，床面做毡的好。其做床刷应用锦，尔将造办处库内锦拿几样来，俟朕选过再做。钦此。于初九日选得造办处库内锦七疋，缎库内锦五疋，员外郎海望呈览。奉旨：准深蓝地小菱花锦做床套用。钦此。于八月二十四日做得藤屉抽长花梨木床二张随锦刷子二分，员外郎海望奏闻，奉旨：送往圆明园安放。钦此。于八月二十五日，抽长花梨木床二张，随锦刷子二分，柏唐阿苏尔迈送去交郎中保德收讫。

七月十六日员外郎海望奉上谕：圆明园后殿板墙上朕欲安一戳灯样，二面安玻璃，中间格档。尔画几张呈览。钦此。于七月十九日画得戳灯样一张，员外郎海望呈览。奉旨：不必做灯，二面安玻璃，中间衬红。钦此。于八月二十日做得糊连四纸杉木板墙上戳灯一分，安玻璃二块，各长一尺七寸五分、宽一尺五寸五分，中间衬红杭细合牌档板一块。员外郎海望带催总常保赴圆明园安讫。

八月初八日郎中海望奉旨：尔照先传做的花梨木藤屉床尺寸一样，做柏木床二张，其刷子、抽长腿子俱照样做。再做花梨木格子一对，高二尺七寸、宽一尺三寸、长四尺，中层安小抽屉，下层要配安大抽屉，外面挂缎帘子，抽屉俱安西洋锁，画样呈览过再做。钦此。于八月初九日员外郎海望画得花梨书格样四张呈览。奉旨：尔照此六个抽屉的画样做花梨木书格四个，其余三张每样做一个，共做七个。钦此。于八月二十四日做得长四尺、宽一尺三寸、高二尺七寸，六个抽屉花梨木书格四架。员外郎海望呈上留下。于九月初七日做得长四尺、宽一尺三寸、高二尺七寸，七个抽屉花梨木书格一架。八个抽屉花梨木书格一架。五个抽屉花梨木书格一架。总管太监张起麟呈上留下。于四年三月二十一日做得抽长柏木床二张、菱花锦套二件，随红白毡。员外郎海望呈上留下。

初十日员外郎海望奉旨：将盛东西的匣子或一尺上下，或宽八九寸、高六七寸，尔等酌量配合做硬木的几对。匣内安格断屉子，匣上合扇或镀金，或鋄银，安西洋锁。钦此。于八月二十四日做得花梨木糊合牌屉、黄绫匣一对，员外郎海望呈进讫。于八月二十五日做得花梨木糊合牌屉黄绫匣一对，员外郎海望呈进讫。于九月初四日做得花梨木糊合牌屉，黄绫匣一对，员外郎海望呈进讫。

八月初十日员外郎海望奉旨：将四方书格或见方一尺八寸以下，一尺二寸以上，高六尺以下，一尺五寸以上，尔将硬木的做几对，上安栏杆。钦此。于九月初九日做得紫檀木安栏杆四方小书格一对，总管太监张起麟呈进讫。于十月十九日做得紫檀木安栏杆四方小书格一对，总管太监张起麟呈进讫。

二十五日员外郎海望奉旨：着做花梨木雕寿字饭桌十八张。钦此。于本月二十六日做得百寿桌样一张，员外郎海望呈览。奉旨：照样准做。钦此。于九月二十八日做得花梨木百寿饭桌十八张，员外郎海望呈进讫。

二十八日据圆明园来帖内称，总管太监张起麟传旨：着做宽四尺三寸、高六尺硬木靠墙半出腿玻璃镜一面。再有架子玻璃镜挂屏，或造办处库内，或广储司库内多选几分。钦此。于二十九日郎中保德又传旨：尔等将靠墙陈设半出腿玻璃镜，并墙上挂的玻璃镜可选库贮大些的玻璃多做几面。钦此。于九月十五日总管张起麟说太监刘希文、杜寿传旨：做的半出腿玻璃插屏并玻璃吊屏怎么样了，再将所有的大小玻璃插屏俱查来。钦此。于九月十七日做得楠木半出腿玻璃插屏一座。又查得造办处库贮楠木边横玻璃镜吊屏一件，高二尺九寸、宽三尺七寸。玻璃边玻璃吊屏一件，高二尺八寸、宽一尺八寸。花梨木边玻璃插屏一座，高二尺七分、宽一尺九寸五分。紫檀木边玻璃插屏二座，各高一尺五寸、宽九寸五分。首领太监程国用持去交太监刘希文、杜寿收讫。

九月初四日员外郎海望传旨：养心殿后殿暗楼下着做有抽屉楠木闲余板一分。钦此。于十月初五做得有抽屉楠木闲余板一分，员外郎海望持进安讫。

初五日据圆明园来帖内称，首领太监程国用来说，总管太监刘进忠、张起麟，太监杜寿交官窑缸一口，尚有惊纹四道。传旨：配架子，做法照先做过的养心殿绿龙缸架样做，嗣后凡有交出来的缸，或做花梨木、紫檀木、楠木架，或漆架，着海望酌量配做。钦此。于十月十六日官窑缸一口上配得花梨木架一件，竹缸盖一件，首领太监程国用持去交总管太监张起麟收讫。

十一日太监王进玉交汝窑宋磁洗三件，紫檀木座二件。传旨：此座子二件款式俱蠢，往细处收拾，其一件无座的配紫檀木座。钦此。于十月十三日收拾得紫檀木座二件，并配得紫檀木座一件，汝窑宋磁洗三件，首领程国用持去交太监杜寿讫。

十一日太监王进玉交楠木抽长杌一件。传旨：照样做三个。俟做得时将二个送到圆明园，其一个交进内养心殿。钦此。本日将原交楠木杌子一件，仍交太监王进玉持去讫。于十月初十日做得抽长杌子一个，太监吕进朝持去交首领太监哈元臣讫。做得抽长杌子二个，催总汗送至圆明园交首领太监程国用持进交讫。

十八日员外郎海望传旨：圆明园后殿内仙楼下做双圆玻璃窗一件，做样呈览过再做。钦此。于二十二日做得合牌样一件，员外郎海望呈览。奉旨：双圆玻璃做径二尺二寸，边做硬木的。前面一扇画节节双喜，后面一扇安玻璃，玻璃后面板墙亦画节节双喜。钦此。于十月二十七日画得双圆玻璃窗合牌样一件，员外郎海望呈览，奉旨：照样准做，俱安玻璃。钦此。于十月二十一日画得双圆窗内画样二张，员外郎海望呈览，奉旨：将尺寸传与蒋廷锡画花卉二张，其点景石头令伊着会画石头之人画。钦此。于四年正月二十五日做得楠木边双圆玻璃窗一件，员外郎海望呈览，奉旨：准安。钦此。本日将楠木边双圆玻璃窗一件，员外郎海望安在圆明园后殿仙楼下讫。

九月十八日员外郎海望奉上谕：圆明园后殿仙楼下做硬木书格一件，先做样呈览过再做。钦此。于二十九日画得书格画样一张，员外郎海望呈览，奉旨：俟量准尺寸时再做。钦此。又于十月十一日画得书格画样一张，高六尺五寸，宽五尺三寸，入深五尺三寸，员外郎海望呈览，奉旨：照样做花梨木书格。钦此。于三年十二月十二日做得花梨木波浪有栏杆书格一件，员外郎海望呈进讫。

十八日员外郎海望奉旨：圆明园南所后殿门仙楼下做床一张、抽长套筒仪器一件、琴桌一张。钦此。于十月二十一日做得合牌小床样一件，内藏套床二张、抽屉二个。抽长套筒仪器轴托板样一件、合牌琴桌小样一件，员外郎海望呈览。奉旨：合牌小床样放大样，边腿用花梨木做，牙子用紫檀木做，提角板用柏木做，琴桌用紫檀木做。抽长套筒仪器轴托板样下座放小些，筒子座子俱烧珐琅。抽长挺子并托板俱用紫檀木做。钦此。于十一月初七日又做得合牌有靠背套床样一件，高一尺四寸八分、长七尺、宽四尺五寸。员外郎海望呈览。奉旨：照样做一张床，边上另安靠背。钦此。于四年二月初四日做得珐琅仪器扶手一件，海望呈进。奉旨：照样做二分，下座不必做珐琅，做铜的，比珐琅的略收小些，上面板子不必用紫檀木的，花草做漆的。钦此。于三月二十一日做得花梨包镶有抽屉床一张、紫檀木琴桌一张，海望呈进讫。四月初九日做得珐琅仪器扶手一分，海望呈进讫。五月十六日做得退光漆板紫檀木座扶手一件，海望呈进讫。五月二十六日做得退光漆板烧古铜座扶手一件，海望呈进讫。七月十九日做得退光漆板烧古铜座抽长扶手二件，海望呈进讫。八月初二日做得紫檀木托珐琅仪器扶手一件，海望呈进讫。

二十二日郎中赵元奉怡亲王谕：托床做硬木的甚沉，今或做彩漆，或做油漆，照样料估做法几时可得，议妥回我知道。遵此。于二十六日郎中赵元回称，南木匠汪国兴等说：托床宜用榆木、杉木、楠木做法等因启知怡亲王。奉王谕：好。尽力将油漆的并彩漆各做二张。遵此。于十月二十二日画得油色托床样三张，员外郎海望呈怡亲王看，奉怡亲王谕：黄油地暗，三色夔龙照样做一件。其余二张不必做油的，尔用木包镶的，做高丽木栏杆宝座。遵此。于十二月初六日员外郎海望奉旨：将未做完花梨木包（镶）有推杆托床上叠落处照矮处取平，前帮上的面板做窄些，宝座平帮安扶手，靠背不必做高了。钦此。于十二月十四日做得花梨木包镶樟木高丽木宝座托床一张。员外郎海望呈进讫。于十二月十六日做得杉木油漆托床二张，柏唐阿六达子送至圆明园交郎中保德收讫。

十月十五日交洋漆小柜一件，内有洋漆小盒二件，盘子一件。奉旨：下边配紫檀木托泥。四角安紫檀木柱，壁上安顶板，嵌在吊屏傍板壁上，用原有饰件。合扇不好，另做。再做水牌一面，水牌的两面周围画彩漆，中心油粉油，上安转轴提环，挂在板壁上以备当书格用，尺寸按书格横头做。钦此。于十二月十九日做得紫檀木托泥洋漆小柜一件，黄铜转轴粉油水牌一面，员外郎海望呈进讫。

十八日据圆明园来帖内称：总管太监张起麟着太监胡进孝、程福交玻璃插屏一座，连边框通高六尺四寸，宽四尺五寸七分。黄杭细棉套一件，旧锦套一件，传着粘补见新，其竹节式合牌仍然安着，再玻璃有破损惊裂处俱做竹节式合牌遮挡。钦此。于本年十二月初二日粘补得玻璃插屏一座，随套二件，交太监胡进孝持去交总管张起麟讫。

十一月二十二日员外郎海望奉旨：花梨木床夔龙栏杆上做圆盘帽架、抽筒痰盂托。钦此。于十二月初六日奉旨：花梨木床夔龙栏杆上做铜掐铜梃紫檀木痰盂托二件，梃子再放长些。钦此。于十一月二十七日做得紫檀木圆盘帽架一件，员外郎海望呈进讫。于十二月初五日做得铜梃掐紫檀木痰盂托一件，员外郎海望呈进讫。于四年二月初八日做得铜梃铜掐紫檀木痰盂托二件，员外郎海望呈进讫。

十二月初六日员外郎海望传旨：将紫檀木转板矮书桌再做一张，转板出长些。钦此。桌高一尺、长三尺、宽二尺。于四年三月初七日做得转板桌一张，海望呈进讫。

十二月十八日据圆明园来帖内称：员外郎海望传旨：着做小挂格柜子一件，高一尺二寸、宽一尺、入深三寸，外安柜门，内安抽屉，俱要西洋锁。钦此。于四年正月十一日照尺寸做得西洋锁小挂格柜子一件，员外郎海望呈进讫。

雕銮作　附镟作

八月二十五员外郎海望奉旨：着做戳灯二对，通高二尺二寸，下座铸异兽，上面做方灯，灯扇四面画百穀。钦此。于二十六日画得戳灯样二张，员外郎海望呈览，奉旨：照样做二对。钦此。于九月二十八日照尺寸做得铜异兽座画百穀四方寿意戳灯二对，随“福寿康宁”四字红蜡四支，海望呈上留下。

玉作

正月十九日郎中保德、员外郎海望交玛瑙葵花橐（囊）一件，玛瑙海棠橐（囊）一件，白玉八仙长圆笔洗一件有透眼，墨晶甜瓜壶一把，玛瑙水注一把，玛瑙灵芝靶杯一件，玛瑙三仙寿杯一件，花玛瑙天鹿杯一件，白玉寿字圆盒一件，汉玉拱璧一件，玛瑙碗二件，花玛瑙石子一件，传旨：应收拾的收拾，有更改处即改做。钦此。于四月十二日改做收拾得玛瑙海棠橐（囊）一件，白玉八仙长圆洗一件，墨晶甜瓜壶一把，玛瑙水注一件，玛瑙灵芝靶杯一件，玛瑙三仙寿杯一件，怡亲王呈进。于五月初五日改做得玛瑙葵花橐（囊）一件，玛瑙碗二件，怡亲王呈进。于八月十五日改做得汉玉拱璧一件，怡亲王呈进。于十月二十九日收拾得花玛瑙天鹿杯一件，配玛瑙底珊瑚匙，怡亲王呈进。于十月二十九日改做得花玛瑙石花瓶一件，配紫檀木座，怡亲王呈进。于四年二月三十日收拾得白玉圆盒一件，员外郎海望呈进。

正月二十五日总管太监张起麟交碧玉双螭虎镶嵌花一件，传旨：将此螭虎改做花添叶。钦此。于八月十一日将碧玉镶嵌花上螭虎改做完，怡亲王呈进。

七月十五日懋勤殿首领太监苏培盛交九螭白玉宝一方，见方一寸九分，高二寸三分，坐龙白玉宝一方，见方一寸七分，厚三分七厘，坐龙高九分。传旨：着刻雍正御笔之宝，先篆样呈览，坐龙白玉宝配做锦匣，九螭白玉宝仍用旧匣盛或另糊锦面，顶上安象牙牌子。钦此。于本月二十日篆得玉筋篆样一张、钟鼎篆样二张交首领太监苏培盛持去呈览，奉旨：此二方宝俱照玉筋篆文镌刻。钦此。于八月十四日镌刻雍正御笔之宝九螭白玉宝一方，并原旧匣另糊锦面，顶上安象牙牌子，交首领太监苏培盛持去呈进。于八月二十三日做得镌刻雍正御笔之宝坐龙白玉宝一方，并糊得锦面红绫里匣，安象牙牌子，交太监李统忠持去讫。

八月十八日总管太监张起麟着四执事太监白进玉来说，奉怡亲王谕：着给四阿哥、五阿哥每位做数珠一盘。遵此。于八月二十二日将元年三月内做下备用赏用蜜蜡数珠一盘，上珊瑚佛头四个，青金塔一个，紫英石背云一件，碧牙西坠角三个，紫英石坠角一个，假松石记念三十个，镀金宝盖圈掐一分；金珀数珠一盘，珊瑚佛头四个，青金塔一个，碧牙西坠角三个，紫英石背云一个，紫英石坠角一个，假松石记念三十个，镀金宝盖圈掐一分。总管太监张起麟呈进。

二十六日总管太监张起麟传旨：着做朝装数珠二盘。钦此。于九月十一日将二年十月十八日交出龙眼菩提数珠二盘，配朝装严交总管太监张起麟持去。

二十九日员外郎海望传旨：着做碧玉带一副。钦此。于九月二十八日做得夔龙捧寿碧玉带一副，珊瑚珠，象牙开其里一件，小刀一把，硬带一条，碧玉手巾束一付，白春绸手巾一付，珊瑚豆缉珠寿字缎荷包一对，员外郎海望呈进讫。

九月初四日据圆明园来帖内称，总管太监张起麟来说，怡亲王谕：着将造办处收贮珊瑚珠做挂钮五个，交衣服库。遵此。于九月初四日赶做得珊瑚钮子五个，总管太监张起麟交广储司衣服库，员外郎四保持去讫。

初十日员外郎海望传旨：单带头配合双抱月牙做几副，或嵌珊瑚面，或白玉，衬红挺带织软些，离带头塔（搭）扣处不要长，只用二三寸，不用穗。钦此。于十月二十九日做得单带头一件，鹅黄无穗鞓带一条，员外郎海望呈进。于十二月二十九日做得白玉单带头一件，鹅黄无穗鞓带一条，怡亲王呈进。于四年十月二十九日做得珊瑚单带头一件，鹅黄无穗鞓带一条，郎中海望呈进。

十月初六日首领太监程国用奉怡亲王谕：说与海望，将玉玛瑙腰式鼻烟壶做些。遵此。于本日首领太监程国用有奉怡亲王谕：鼻烟壶暂不必做罢，俟得上好玉玛瑙时再做。遵此。

十一月初五日太监杜寿交汉玉二件，传旨：着认看。钦此。据玉匠陈廷秀认看得一件系汉玉鹭发簪、一件系小刀靶子。于十一月初六日怡亲王呈进。

初五日太监杜寿交淡绿玛瑙鹦鹉食桃玦一件。传旨：着认看鹦鹉眼睛。钦此。据玉匠陈廷秀认看得系安的，于本月初六日怡亲王呈进。

初六日首领太监程国用持来雨过天晴刻花套杯一套，计十二个。雨过天晴素套杯一套，计十二个。说太监杜寿传旨：着查问。钦此。随查得雨过天晴刻花套杯系广东匠人程向贵做的，于康熙四十八年正月初八日丁皂保呈进的。雨过天晴素套杯系家里学手匠人周俊做的，于雍正二年十月二十八日丁皂保呈进的。海望回过，怡亲王谕：做杯匠人今在何处？随问丁皂保，据丁皂保说，广东匠人程向贵、周俊二人于康熙五十四年四月交巡抚送去讫。于本日首领太监程国用将雨过天晴杯二套仍持去交太监杜寿讫。

初七日员外郎海望交白玉碟一件、白玉双喜杯一件、青玉双喜杯一件。传旨：杯碟收拾，照此碟子尺寸烧珐琅碟子一对。钦此。于十二月二十九日收拾得白玉碟一件，照尺寸烧得珐琅碟二件，怡亲王呈进。于四年正月二十二日收拾得杯二件，员外郎海望呈进讫。

二十日据圆明园来帖内称，员外郎海望持出碧玉双圆玦一件。传旨：照样或做碧玉，或做白玉一件。其上面的回纹不好，尔等酌量改做。中间缝子不严，往严里做。钦此。于四年十月初七日做得碧玉双圆玦一件，并原样一件，海望呈进。

二十日据圆明园来帖内称，员外郎海望持出蜜蜡东方朔一件，随蜜蜡螭虎座一件。传旨：或用珊瑚根，或用青金绿苗石配做座子。钦此。于四年七月初五日做得绿苗石座并原交蜜蜡东方朔一件，座一件，送至圆明园，员外郎海望呈进。

二十日据圆明园来帖内称，员外郎海望持出双桃式止血石笔架一件，传旨：照此款式或用珊瑚或用止血石或用玉做几个。钦此。于本日将原交双桃式止血石笔架一件，首领太监程国用持去交太监杜寿讫。于四年五月初一日做得碧玉双桃式笔架一件，海望呈进。于八年十四日做得白玉笔架一件，怡亲王呈进。

十一月初二日据圆明园来帖内称，首领太监程国用来说，太监杜寿交黄玛瑙一件，传旨：着人认看。钦此。于本日玉匠黄国柱认看得是土玛瑙，交首领太监程国用持去交太监杜寿讫。

二十七日首领太监程国用持出水晶钩西洋人物桃式牌一件，有破处，说太监杜寿传旨：着照此样或圆的或桃式各样做些。钦此。于四年三月二十日照样做得玻璃牌二件，原样一件，员外郎海望呈进讫。

十二月二十八日太监张进喜交葡萄色八角玻璃鼻烟壶一件，随镀金盖，说太监王安传旨：照样各色烧些来。钦此。于四年二月初九日做得葡萄色玻璃鼻烟壶十件，并原样一件，首领程国用交太监杜寿讫。于四年三月三十日做得葡萄色玻璃鼻烟壶六件，员外郎海望呈进讫。于四年二月初十日做得套蓝螭虎鼻烟瓶一对，首领程国用交太监刘玉收讫。于四年三月十三日做得红玻璃鼻烟壶十件，员外郎海望呈进讫。于四年三月二十一日做得雨过天晴玻璃鼻烟壶十件，员外郎海望呈进讫。于四月十六日做得大红玻璃鼻烟壶十件，雨过天晴玻璃鼻烟壶十件员外郎海望进讫。于十二月二十九日做得黄玻璃鼻烟壶十件，员外郎海望呈进讫。

杂活作

正月初四日总管太监张起麟交白蜡三块，共重三斤四两，说怡亲王谕：着收着做活计用。遵此。于五月初五日做得盆景二件，上蜡果子用白蜡一斤八两。怡亲王呈进。于五月十二日做得盆景二件，上蜡果子用白蜡一斤十二两。员外郎海望呈进。

二月二十九日员外郎海望奉怡亲王谕：嗣后将各样小式活计多做些。遵此。于五月初一日做得署文房四分，各随铜管铅笔一枝，珊瑚盖珠荷叶二件，黑石二片，怡亲王呈进，奉旨：嗣后署文房不必太细做，再凡做的活计好的刻字，不好的就不必刻字。钦此。于八月十五日做得手靶圆羊角灯一对，长形羊角灯一件，署文房六分各随铜管铅笔一枝，珊瑚盖珠荷叶二件，黑石二片，怡亲王呈进。

四月十二日总管太监张起麟交茶晶眼镜一副、玻璃眼镜一副。传旨：此茶晶眼镜光做的甚好，以后做眼镜时俱照此光的远近再做。玻璃眼镜亦好，着另换整圈梁，其梁上中间雕一寿字。钦此。于四月二十八日换得玳瑁整梁圈中间雕寿字玻璃眼镜一副，并原交茶晶眼镜一副，总管太监张起麟呈进。

二十九日员外郎海望奉怡亲王谕：将独挺帽架做几件。遵此。于六月初二日做得象牙五义伞花梨木腿铜箍抢风帽架一分。羊角五义伞牛角腿帽架一份。象牙四乂伞三支腿黄铜箍抢风帽架一分。黄铜五乂伞五支腿铜箍抢风帽架一分，怡亲王呈进。奉旨：抢风帽架只许里边做，不可传与外人知道。如有照此样改换做出，倘被拿获，朕必稽查缘由，从重治罪。钦此。于七月初二日做得金瓜帽架一件，水牛角象牙鸳鸯帽架一件，湘妃竹转簧帽架一件，竹式进簧帽架一件，象牙螺蛳帽架一件，湘妃竹重筒帽架一件，杏木根如意式帽架一件。员外郎海望呈进，奉旨：好。再将金瓜式帽架再做二件，杏木根如意式帽架做二件，其余每样亦做一二件。钦此。于八月初八日做得金瓜帽架一件，水牛角象牙鸳鸯帽架一件，湘妃竹转簧帽架一件，竹式进簧帽架一件，象牙螺蛳帽架一件，湘妃竹重筒帽架一件，杏木根如意式帽架一件。员外郎海望呈进。

五月二十九日员外郎海望奉怡亲王谕：着将通草戴花娃娃做些以备中秋节用。遵此。于八月十五日做得通草戴花四十匣、娃娃二十匣，怡亲王呈进讫。

七月初四日总管太监刘进忠交荔枝一对。传旨：此荔枝照先配做在盆景内。钦此。于本月十八日配做得青花白地磁盆荔枝盆景，糊锦纱罩一件，首领太监程国用持去交总管太监刘进忠讫。

二十九日郎中保德交香、花、灯、图、果、茶、食、宝、珠、衣画样十张，传做：香，此香山圆明园送来，此座子用松都绿做，架子用班竹做。花，此玉瓶一件，是保德从内持出来的，此瓶内花或做羊角或做银母，座子用紫檀木做。灯，此灯圆明园送来的，珐琅掐丝灯一件，原有破处，此灯着烧添做假红蜡，做银母镀金八宝火焰。图，此图或着玻璃厂照样烧，或寻找一件用架子，用紫檀木做。果，此果照画样做柘榴瓶烧，喷金烧古，该镀金处镀金，果仿荔枝，枝叶俱要好看结实，架子用黄杨木做。茶，此桌子圆明园送来，此盘着寻找真洋漆盘用。食，此碟子或石的或漆的寻找一件用。宝，此桌子圆明园送来的，此宗或玉盆或洋漆盆，盆内安真珊瑚树，做银镀金八宝。珠，此宗着配洋漆海棠式盘着寻一件用。衣，此衣桌子圆明园送来，八月十八日保德传：着画龙。再香、花、灯、图、果的尺寸俱照香山的尺寸做。记此。于十月十三日照画样做得香山一件，随松都绿座；玉瓶一件，随银母花一束，紫檀木瓶座；珐琅灯一件，随假红蜡铜镀金火焰；石榴荔枝盆景一件；白端石盛食盘一件；珊瑚树银镀金八宝八件；数珠一串，随洋漆海棠式盘一件；黄缎龙衣一件，洋漆盘一件。柏唐阿三达里持去送至圆明园交郎中保德讫。

七月三十日总管太监张起麟奉怡亲王谕：着将戴花娃娃做些备重阳节用。遵此。于九月初九日做得通草戴花二十匣、娃娃二十匣，总管太监张起麟进。

九月初四日员外郎海望传旨：着做玻璃吊灯一盏。钦此。于四年正月十一日做得玻璃吊灯一盏，员外郎海望呈览。奉旨：持往圆明园安挂。钦此。

初四日员外郎海望传旨：着做熏冠帽架一副。钦此。于九月二十八日做得铜胎黄地珐琅夔龙五彩花熏冠炉一件、烧古炉胎一件。员外郎海望呈进。

二十二日员外郎海望奉旨：着做银锁吊盘痰盂托一件。钦此。于十月二十一日做得玳瑁喜相逢蝴蝶银锁盘折叠钢条痰盒托一件。员外郎海望呈进。

二十八日员外郎海望传旨：做墙壁砚托板二分，板上各配紫端石砚一方、水盛一件。挂笔竹式铜筒一件，筒内插笔二枝。穿山甲痒痒挠一件。钦此。于十月十一日做得铁鋄金边紫檀木砚托板一件，紫端石流云砚一方，柿黄玻璃水盛一件，镀金水匙，鞔春皮穿山甲痒痒挠一件。象牙茜色挂笔筒一件，内盛笔二枝，员外郎海望呈进。十二月初五日做得鋄金边紫檀木砚板一件，紫端石砚一方，红玻璃水盛一件，镀金水匙，鞔春皮穿山甲痒痒挠一件，象牙茜色挂笔筒一件，笔二枝，员外郎海望呈进。于十三年十一月初九日做得象牙挂笔筒一枝，司库常保交太监毛团呈进。

十一月初四日太监杜寿交莲花瓣座佛一尊。传旨：着认看。钦此。于本日怡亲王认看得系墨的，随呈进。

皮作

正月初三日总管太监张起麟传旨：照弘德殿坐褥样子做坐褥几个，用黄、红、金黄三色锦做，其宽比旧坐褥两头放长四寸。尔等先画锦样呈览，俟朕看准时再织做。钦此。于正月十一日画得锦样一张，张起麟呈览。奉旨：准做。钦此。于正月二十三日总管太监张起麟面交广储司司库德本坐褥画样一张，传：照样织鹅黄、金黄、红三色锦，每色织十块，各长四尺三寸、宽三尺八寸。记此。

十月十一日据圆明园来帖内称，太监刘希文传旨：九洲清晏碧纱橱上添做花猩猩毡面、红猩猩毡里、黄缎沿边帘子三架，上钉大黄铜镀金钮子三十个，背后钉宽五分黄绦子六根，上下用合竹包镶。钦此。于十月十七日做得花猩猩毡面、红猩猩毡里、黄缎沿边帘子三架，首领程国用持去交太监刘希文讫。

十一月二十日员外郎海望交银镀金累丝宝盖黄缎幡一对，每个上嵌珠子十六个、红宝石十个、青金石珠二个、松石珠二个、扣珠吊挂六挂、银镀金坠角十个、珊瑚宝盖顶一件、松石托一件、银镀金牖钩一件上嵌珠子一件。传旨：着照样做一对。钦此。于十二月二十五日照样做得银镀金累丝宝盖黄缎幡一对，并原样幡一对，员外郎海望呈进。

十二月初六日据圆明园来帖内称，太监郑国用来说，首领太监荣望传做二层黑毛毡，见方二尺五寸一块。记此。于本日照尺寸做得黑毛毡一块，交太监郑国用持去讫。

三十日总管太监张起麟传旨：图莫特贝子哈穆哈巴斯胡郎图进的白鹌鹑一只，着做口袋一件。钦此。于十二月二十五日做得盛鹌鹑黄缎口袋一件，首领太监程国用持去交总管太监张起麟收讫。

铜作

七月十六日员外郎海望奉上谕：尔仿自鸣钟内轮子做法，照朕指示做转盘遮灯几件，先画样呈览，俟朕看准时再做。于七月十九日做得转盘遮灯合牌样一件、纸样三张，员外郎海望呈览。奉旨：尔等酌量配合做一对。钦此。于九月二十九日做得黄铜烧古转盘遮灯一件，员外郎海望呈进。奉旨：下配铜盘一件，送至圆明园。钦此。于十一月初三日配得铜盘黄铜烧古转盘遮灯一件。送至圆明园交郎中保德讫。于四年七月十三日做得黄铜烧古镀金转盘遮灯一件。员外郎海望呈进讫。

八月二十六日员外郎海望传旨：着做天然竹节如意一件，长一尺二三寸，通身十二节，竹叶配合安放。先做木样呈览，俟看准时再做。钦此。于八月二十九日做得如意木样二件，员外郎海望呈览。奉旨：每样做铜烧古如意一件。钦此。于十月十一日做得黄铜镀金双灵芝头烧古竹节靶如意一件，员外郎海望呈上留下。本日又奉旨：尔再做时通体俱烧古，不必镀金。钦此。于四年正月十五日做得烧古节节如意一件，员外郎海望呈上留下。

八月二十六日员外郎海望传旨：做一茎四枝头如意一件，如意头上用春夏秋冬四字，长一尺二寸，先做木样呈览，俟看准时再做。钦此。于八月二十九日做得一茎四枝头上刻春夏秋冬四字如意木样一件，海望呈览，奉旨：如意头上做四季花，不用做字，尔照样再做铜烧古如意一件。钦此。于五年十一月初四日做得一茎四枝头如意一件，海望呈进讫。

二十八日据圆明园来帖内称，员外郎海望奉旨：着照做过的珐琅蜡台样做烧古蜡台几对，其黑漆灯档后面做两开的。钦此。于十一月二十七日做得黄铜抽长烧古花梨木挺蜡台一对、金花退光漆边画花卉灯档一件，员外郎海望呈进讫。于四年四月二十八日做得黄铜抽长烧古花梨木挺蜡台一对，金花退光漆边画花卉灯档二件，员外郎海望呈进讫。

九月初十日员外郎海望交宣铜狮耳古墩炉一件。传旨：此炉款式甚好，着照样多做几个烧古。钦此。于十二月二十九日照样做得烧古铜炉二件，并原交下铜炉一件，员外郎海望呈上留下，随奉旨：错了，可照此炉款式烧珐琅。钦此。于四年二月十三日做得铜胎珐琅五彩番花狮耳炉一件，紫檀木座。员外郎海望呈进讫。

十一日员外郎海望传旨：做铜盒一对，口径六七寸，高二寸上下，一个面上錾双龙捧寿，一个面上錾双凤。钦此。于九月二十八日做得龙凤寿字铜盒一对，员外郎海望呈进讫。

十八日据圆明园来帖内称，总管太监张起麟传：做玻璃吊屏上夔龙镀金铜钩头钉子，高五分半、宽六分、厚一分半，挺子长二寸五分、宽三分、厚二分二个，高八分、宽八分、厚二分四个。记此。于九月二十三日做得黄铜镀金钩头钉六个，首领太监程国用持去交总管太监张起麟收讫。

二十九日太监刘希文交紫檀木香盒一件，高二寸四分、径一寸六分。传旨：照此样铜烧古的做几个。钦此。于十月初二日将原交紫檀木香盒一件，首领太监程国用持去交太监刘希文收讫。于十月二十九做得红铜烧古福寿香盒二个，员外郎海望呈进讫。于四年五月十三日做得铜烧古福寿香盒二个，程国用持去交总管太监刘进忠讫。

十一月二十日员外郎海望传旨：做铜烛台十八对，比珐琅蜡台做矮些，中间不必安紫檀木挺，做抽长双喜相逢遮灯。钦此。于四年正月十三日做得抽长喜相逢遮灯铜烧古蜡台十对，随灯档十对，交总管太监张起麟收。于四年二月二十九日做得喜相逢遮灯铜烧古蜡台八对，随灯档八对，员外郎海望呈进。

十二月十九日员外郎海望传旨：尔将铜帐幔钩做一对。钦此。于十二月二十四日做得铜帐幔钩一对，员外郎海望呈进。

十二月二十六日太监杜寿交古铜骀虞一件。传旨：照样做一件。钦此。于四年二月十五日做得古铜骀虞一件，随铜匙一件，员外郎海望呈进讫。

十二月二十六日太监杜寿交黑漆古汉铜镜一面。传旨：认看是透光镜不是？钦此。本日据袁景劭认看得系透光镜，首领太监程国用持去，交太监杜涛讫。

二十七日首领太监程国用持出古铜镜一面。说太监杜涛传旨：着洗出来认看是透光镜不是？钦此。于二十八日洗得古铜镜一面，据袁景劭认看得是透光镜，首领太监成果用持去交太监杜涛讫。

炮枪作　附弓作

七月初二日员外郎海望奉怡亲王谕：畅春园用，做白蜡木杆长枪五百杆，橄榄木杆长枪五百杆。遵此。于八月十一日做得白蜡木长枪五百杆，橄榄木杆长枪五百杆，交教习云陛持去讫。

二十五日员外郎海望奉王谕：现做的五百杆橄榄木长枪，着瞒撒林皮枪帽。遵此。于八月二十日将做得橄榄木长枪五百杆瞒撒林皮帽完交教习云陛持去讫。

九月初一日据圆明园来帖内称，总管太监刘进忠交小刀一把，着收拾。记此。于本日随收拾得小刀一把，仍交总管太监刘进忠持去讫。

初四日员外郎海望传旨：钺斧多做几把。钦此。于九月初十日画得宋龙颜钺斧样一张、夔龙颜钺斧样一张，员外郎海望呈览。奉旨：着照样每样做几把。钦此。于四年三月初七日做得两头有珐琅钺斧二把，员外郎海望呈进讫。于四年三月初七日做得两头珐琅钺斧二把，员外郎海望呈进讫。于四年三月二十一日又做得两头有珐琅钺斧二把，员外郎海望呈进讫。

初四日据圆明园来帖内称，总管太监张起麟交刀子样二把，剪子样一把，着照样每样做一个，其刀子配合做柳木鞘子。记此。于九月初八日做得柳木黄杨皮鞘刀子二把，剪子一把，并原交的木样三件，首领太监程国用持去，交总管太监张起麟收。

自鸣钟

九月十一日员外郎海望奉上谕：圆明园后殿内仙楼板墙上安表一件，板墙上做一个火盆，不必用架子，改配座子，使表轮子藏内，其表上针透下楼板，楼板下画一表盘，表轮子声音不要甚响。钦此。于二十二日员外郎海望奏称：查得自鸣钟处收贮有径一尺八寸双针表一件，若安在板墙上尺寸相对等语，奏闻。奉旨：俟朕进宫之日将表呈览。钦此。于二十九日将自鸣钟处收贮双针表一件，员外郎海望呈览，奉旨：准安。钦此。于九月三十日将自鸣钟处收贮双针表一件并做得黄铜火盆一件，随紫檀木座一件，员外郎海望带领催白老格持去圆明园后殿内安讫。

十一月二十九日员外郎海望奉旨：着做灯表一件，尔先画样呈览过再做。于十二月十四日画得灯表样一张，员外郎海望呈览，奉旨：照样做。钦此。于四年七月初九日做得灯表一分，员外郎海望呈进，奉旨：照样再做二分。钦此。于雍正四年十一月二十四日做得灯表一分，员外郎海望呈进，安在养心殿东暖阁内讫。于雍正五年正月十三日做得灯表一分，员外郎海望呈进讫。

漆作

正月初八日总管太监张起麟交菱花式红漆盘一件。奉怡亲王谕：着照样做二十件，周围墙子做矮些，盘内画九龙，里外底子俱漆红漆。遵此。于十二月二十八日做得菱花式红漆盘六件，并原样红漆盘一件，首领太监程国用持去交清茶房太监李英收讫。十二月二十九日做得菱花式红漆盘十四件，怡亲王、裕亲王、信郡王呈进讫。

初八日总管太监张起麟交圭式红漆盘一件，奉怡亲王谕：着照样放长五分，做十个。底子照红漆盘内花样改画。遵此。于十二月二十九日做得圭式红漆盘十件，并原样盘一件，首领太监程国用持去交清茶房太监李英收讫。

六月十一日为做宝座屏风行取紫檀木事，怡亲王奏闻。奉旨：不必用紫檀木，做漆的。钦此。于八月二十六日做得退光漆五屏风宝座一张、地平一分。柏唐阿六达子送至圆明园，交郎中保德安在正大光明殿内讫。

十月初一日太监程国用来说，太监杜寿传旨：将寿意小器皿漆活计做些。钦此。于十月二十九日做得红彩漆画寿意花卉托碟四十六件。员外郎海望呈进讫。十二月二十九日做得彩漆八方晏安托碟十二件，日月长明托碟十六件，双凤双圆托碟十六件，怡亲王、裕亲王、信郡王呈进讫。

雍正四年

记事录

正月初二日郎中保德、员外郎海望奉怡亲王谕：着员外郎沈崳管理造办处事务。遵此。

二月二十二日做得方洋漆彩金罩盖盒二对、素退光漆罩盖盒三个。员外郎海望呈进。奉旨：洋漆方盒做得甚好，着赏彩漆匠秦景贤银十两。钦此。

三月十六日六品官阿兰泰奉旨：着给画画人丁裕、詹熹、丁观鹏、程志道、贺永清每月每人钱粮银八两，公费银三两。钦此。于四月十九日阿兰泰来说奉怡亲王谕：着将新画画人所食钱粮按月照数发给。

四月初三日，首领太监程国用、李久明来说总管太监刘进忠等传旨：圆明园副总管太监郑忠今已革退，因他手巧，着交在养心殿造办处，同太监萨木哈一处行走当差。钦此。

二十一日圆明园来帖内称，内管领穆森奉怡亲王谕：将造办处库内收贮我的银子赏给画画人张为邦银三十两。遵此。

二十二日据圆明园来帖内称内管领穆森、郎中赵元奉怡亲王谕：

将丁皂保烧造玻璃器皿一年所用银两数目若干，再所烧的物件并下剩的物件有无，逐一查明，启我知道，另派人员监造。遵此。于二十九日查得玻璃厂一年所用钱粮并做成器皿、未做成器皿、做器皿家伙折二件，郎中海望、内管领穆森启怡亲王。奉王谕：玻璃厂事务暂且着海望管理，俟烧器皿时着穆森去管理。遵此。

四月二十三日据圆明园来帖内称，员外郎海望奉旨：着照官窑缸的尺寸画样呈览过，交江西烧造磁器处烧造。钦此。

二十九日员外郎海望奉怡亲王谕：嗣后烧玻璃所用材料俱着王慎德置办。遵此。

五月十二日据圆明园来帖内称，员外郎海望奉旨：着查银库内玻璃并造办处所有的玻璃大小尺寸，将数目查明写一奏折呈览。钦此。于六月初十日查玻璃大小七十二块，随数目奏折一件员外郎海望呈进讫。

六月二十八日据圆明园来帖内称，内管领穆森奉怡亲王谕：着将景山内造炮枪处的红炉并诸样家伙等件，限两日内俱各挪在白虎殿。遵此。于本日随交司库马尔汉讫。

七月初八日据圆明园来帖内称，郎中海望、内管领穆森启称：养心殿造办处匠役作房不足应用，欲知会营造司转交房库入官房内有可折（拆）的木料移取十数间来，盖在白虎殿院内。其采买物料动支造办处钱粮，所用三项石灰亦行营造司取用等语启怡亲王。奉王谕：准行。遵此。

初十日六品官阿兰泰来说怡亲王谕：慈宁宫新来画画人张霖、吴桂、吴棫、陈敏、彭鹤、王均、叶履丰等七名，着暂且行走试看。每人每月暂给饭食银三两。遵此。

八月初八日郎中海望持出龙泉釉磁胆瓶一件。奉旨：照此瓶镟木样交给年希尧烧造。钦此。于八月初十日龙泉釉磁胆瓶一件，首领太监程国用持去交太监刘希文讫。于八月二十四日镟得龙泉釉磁胆瓶木样一件，交年希尧家人郑旺持去讫。

初八日郎中海望持出宜兴挂釉罐一件。奉旨：镟木样，将两头收细，交年希尧烧造。再着年希尧烧圆球瓶，径八九寸，上开口径二三寸，肚内安插花管，高二三寸、径三四寸，做一木样亦交年希尧烧造。钦此。于八月初十日将原交来宜兴挂釉罐一件，首领太监程国用持去交太监刘希文讫。于八月二十四日照尺寸镟得宜兴挂釉罐木样一件，圆球瓶合牌样一件，交年希尧家人郑旺持去讫。

十九日据圆明园来帖内称，郎中海望奉旨：此时烧的珐琅活计粗糙，花纹亦甚俗。嗣后尔等务必精细成造。钦此。

九月二十二日，郎中海望持出高足宣窑碗一件，口上破坏。奉旨：交与年希尧照样烧些，其碗内款落大清雍正年制。钦此。于本月二十五日将原样高足宣窑碗一件，写帖交年希尧家人郑天锡讫。

九月二十五日郎中海望持出青花白地大磁瓶一件。奉旨：此瓶款式甚好，花纹平常，着认看是何名色？照此样收小镟木样，其花纹有改处更改呈览，准时交年希尧烧造磁器。钦此。本日袁景劭认看得系仿汉铜冯官万禄瓶，花样是新的，郎中海望交太监刘希文收讫。于本月二十六日照样镟得青花白地磁瓶木样一件交年希尧家人郑旺持去讫。

十一月初五日议叙候选按察使司副使道李秉宜恭进银二万两，说怡亲王谕：着收在造办处用。遵此。

初五日管理造办处钱粮事务光禄寺正卿兼理稽察内务府监察御史事官达奉怡亲王谕：本造办处所用买办材料银两并造枪所用银两共用有二万余两，今员外郎王慎德俱进了，尔等可将此项银两抵销。遵此。

十一月初五日海望传旨：着做厂（敞）口窄底有托花盆木样一件呈览，准时烧磁的。钦此。于十一月十一日做得木花盆样一件，上口径五寸九分、下口径五寸一分、高连足一寸一分五厘、厚一分五厘。又花盆木样一件，口面长六寸一分、宽四寸四分、厚三分、高连足三寸七分五厘。郎中海望呈览。奉旨：着交年希尧，或霁红、霁青烧造几件。再别样的釉子尔等酌量，亦着他烧造几件。钦此。于十二月十四日将花盆木样二件交年希尧家人郑旺持去讫。

十二月十三日郎中海望持出红磁白里暗花茶圆二件。奉旨：此茶圆系江西烧造磁器处进来的，釉水颜色俱好，但落款胎骨还糙。尔将此茶圆发往江西烧造磁器处，传旨给年希尧：此二件茶圆若补落得款即落款，若不能补落得款便罢。此茶圆二件内淡红色的更好，烧造时着他仿淡红色的烧造。茶圆其底不必烧红色，仍要白底。落款不独此茶圆，他先带去的样内好款式的盘碟俱烧造些，胎骨俱要精细。再，朕闻磁器胎骨过三年以后烧造更好，将此原故亦传给年希尧知道。钦此。于十二月十四日将红磁白釉暗花茶圆二件并知会说帖一张，交年希尧家人郑旺持去讫。

珐琅作　附大器作

正月初四日唐英奉怡亲王谕：着再做巴令七个，尔先做合牌样我看，俟看准时再做。遵此。于本月十三日做得合牌样一个。唐英呈怡亲王看。王谕：准做，但其中大小花朵不要银珐琅，内白色的用银母砗渠，黄色的或蜜蜡、或象牙泡黄，青色的或用青金石、或青玻璃作，绿色的用孔雀石做，紫色的用紫英石做，红色的或珊瑚、或用鱼枕骨、或象牙茜红，其火焰照样做。周围边栏做直墙子钩细花纹，中心镶嵌五彩玻璃，配做铜烧古钩花圆盘一件。架子用紫檀木做，其紫檀木板上镶嵌绿叶用金珀衬绿或象牙泡绿配合着做。其人物仙女象马等件仍用象牙做，其七宝八宝与各样零碎物体或累丝或台撒儿等配合。谨此。于十二月二十六日做得镶嵌巴令一分，珐琅巴令一分，员外郎海望呈进。奉旨：着摆在佛堂内。钦此。随交太监焦进朝供在佛堂内讫。

初七日员外郎海望持出景泰掐丝珐琅马挂小瓶，随黄杨木座。奉旨：照此瓶大小款式烧造珐琅瓶几件。夔龙不好，改做。钦此。于六年五月初四日做得珐琅瓶一件，海望呈进讫。于十三年十月二十一日将原样景泰掐丝珐琅马挂瓶一件，司库常保首领太监萨木哈持进交太监毛团呈进讫。

十一日员外郎海望持出青绿商金铜小筒一件，奉旨：着配珐琅匙箸，下配座子。钦此。于三月十二日配匙箸完，怡亲王呈进讫。

十二日太监杜寿交来有盖金杯一分。传旨：着认看是金的是铜的。钦此。于正月二十四日据谭宗德认看得此杯系八成金，盖子系六成金，首领太监程国用持去交太监杜寿收讫。

二月十五日太监焦进朝交来白玉钟一件，随白玉托一件，传旨：着配做镀金细铜丝罩一件。银珐琅叶银母供花一枝。钦此。于四月初五日，白玉钟一件，托一件，配得镀金铜丝罩一件，银珐琅叶银母供花一枝，交太监焦进朝持去讫。

四月十六日奉旨：着照九洲清晏陈设的磁花插款式烧做珐琅花插几件。钦此。于七月二十一日做得五管花插一件，随紫檀木座一件，郎中海望呈进讫。于八月十四日做得珐琅六管花插二件，随紫檀木座二件，裕亲王、信郡王、郎中海望呈进讫。

六月十一日据圆明圆来帖内称，员外郎海望持来双喜耳磁瓶一件。奉旨：此瓶釉水虽好，称不得上好，尔传与年希尧再烧造时比此颜色釉水要做精细着，款式亦更改些。再造办处亦照此颜色釉水合配着看。钦此。于六月二十五日将原交磁瓶一件，海望交进，随写帖交年希尧家人郑旺持去讫。

八月十九日据圆明圆来帖内称，海望持出有锁青玉壶一件。奉旨：着照此壶样式烧珐琅壶一对，再比此壶样收小些，做金壶一对。此壶靶甚大，微收小些。盖子做安簧的，锁子不必用。钦此。于五年十月二十九日做得珐琅壶一对，并原样有锁青玉壶一件，怡亲王呈进讫。于本日将原样有锁青玉壶一件仍持出。于七年十二月二十九日做得金壶一对，怡亲王呈进讫。于十三年十月十九日将原样有锁青玉壶一件，司库常保、首领萨木哈持进交太监毛团呈进讫。

二十六日郎中海望奉旨：先前做过的三足珐琅马蹄炉与通身的花样对的不准。今改做四足，与通身的花样俱要对准，其花样改画些亦可。钦此。于五年十二月二十八日做得珐琅马蹄炉二件，怡亲王呈进讫。

九月二十五日海望海望持出珐琅盘一件。奉旨：此盘外面淡红色地深红色花样画的好看，嗣后造珐琅器皿照此盘套画，颜色不拘深浅红蓝黄绿烧造几件。钦此。于十三年十月二十一日将珐琅盘一件，司库常保，首领太监萨木哈持进交太监毛团呈进讫。

二十五日郎中海望持出描金花玻璃小壶一件。奉旨：此壶款式甚好，或银的或金的照样做几件。钦此。于十三年十月十九日将描金花玻璃小壶二件，司库常保、首领太监萨木哈持进交太监毛团呈进讫。

十月初二日郎中海望奉旨：寿皇殿现供的珐琅香炉花瓶的尺寸样，连香几做一分。钦此。于十二月二十六做得珐琅供器一分，郎中海望奏闻。太监常玉传旨：着将供器一分于二十八日供在恩佑寺内。钦此。于本月二十八日催总张自成持去珐琅供器一分供讫。

十月二十日郎中海望持出宜兴壶大小六把。奉旨：此款式甚好，照此款式打造银壶几把、珐琅壶几把。其柿形壶的靶子做圆些，嘴子做长些。钦此。于五年十二月二十日照宜兴壶款式做得大螺蛳式银壶一对，重十六两六钱六分。小螺蛳式银壶一对，重九两九钱六分。柿子式银壶一对，重十八两四钱四分。高桩银壶一对，重十五两一钱。平楞银壶一对，重十四两四钱。瓶式银壶一对，重十八两六钱。并原交宜兴壶六把，郎中海望呈进讫。

二十九日郎中海望奉怡亲王谕：着将珐琅炉瓶香盒或软珐垠或硬珐琅做几分以备赏用。于五年五月初四日做得珐琅乳炉一件，香盒一件，匙箸瓶一件，珐琅桃式炉一件，柘（石）榴式香盒一件，葫芦式匙箸瓶一件，郎中海望呈进讫。

十二月十二日掌仪司送来礼部来文一件，随木香炉样一件。咨称议政王大臣议准奏明。奉旨：昭陵、福陵供珐琅香炉二座，交养心殿造办处诚造，俟造成时着内务府派官二员送至关东，着本处该管大臣官员等同看安供等语。于五年八月十四日做得昭陵、福陵掐丝珐琅香炉二座，郎中海望呈启怡亲王看，奉王谕：照此炉样将画珐琅香炉再做二座。遵此。于十二月十二日做得画珐琅香炉二座，掐丝珐琅香炉二座，员外郎沈嵛、唐英持去呈内务府总管永福、李延禧、尚志顺看过，随派得员外郎隆昇主事佛保送往昭陵、福陵去讫。于六年二月十六日员外郎隆昇来说，昭陵、福陵二处留下掐丝珐琅香炉二座，俱已安供，其画珐琅香炉二座，未用，相应交回等语，于三月十三日郎中海望启怡亲王奉王谕：知道了。钦此。

裱作　附画作、刻字作

正月十五日郎中保德、员外郎海望持出西洋夹纸深远画片六张。奉旨：四宜堂后穿堂内安隔断，隔断上面着郎石宁照样画人物画片，其马匹不必画。钦此。于六月初二日照样画得人物画片一分，海望呈览。奉旨：此样画得好，但后边几层太高，难走，层次亦太近。再着郎石宁按三间屋内的远近照小样另画一分，将此一分后一间收拾出来以便做玩意用。钦此。于八月十七日画得深远画片六张并原样画片六张，海望持进贴在四宜堂穿堂内讫。

正月二十六日据圆明园来帖内称，太监杜寿交来美人画一张。传旨：美人头大了，另改画，其下颏、肩膀俱要衬合着画。钦此。于三月初十日改画得美人画一张，领催白世秀持去交郎中保德讫。

二月初四日太监杜寿交来清明上河图一卷，随锦袱，传旨：着托裱。钦此。于十三年十一月十八日将清明上河图一卷，司库常保、首领太监萨木哈持进，交太监毛团呈进讫。

三月初一日首领太监李统忠交来宋时刘松年行旅图一轴。传旨：着重裱。钦此。于六月初八日重裱得行旅图一轴仍交首领太监李统忠持去讫。于本日李统忠仍交出刘松年行旅图一轴传：着重新收拾。记此。于十三年十一月二十一日将行旅图一轴司库常保持进，交太监毛团呈进讫。

四月初五日据圆明园来帖内称，首领太监程国用持来宋米南宫云山图一卷，说奏事太监刘玉传旨：将破处收拾，不必重裱。钦此。于四月初七日收拾得云山图一件，首领太监程国用持去交太监刘玉收讫。

五月十五日据圆明园来帖内称，太监杜寿传旨：着画菊花横披画一张，宽一丈零四寸、高四尺二寸二分。花卉着吴璋画，石头着陈善画。钦此。于七月二十一日照尺寸画得菊花横披画一张，首领太监程国用持去交太监杜寿收讫。

六月初二日据圆明园来帖内称，太监杜寿交来各样磁器二十一件随紫檀木盘二件、玉器一件。传旨：着照样画样。钦此。于六月初四日将磁器二十一件、玉器一件，紫檀木盘二件，俱各画样完，首领太监杜寿收讫。

十三日据圆明园来帖内称，太监雅图交来白磁靶杯一件。传旨：着照白磁杯并青地金龙把杯画一样子，交给年希尧照样烧造。钦此。于七月十九日画得白磁把杯样一张，交年希尧家人郑旺持去讫。本日将原交白磁把杯一件，郎中海望呈进讫。

二十五日据圆明园来帖内称，郎中保德、海望传：田字房内画花卉翎毛斗方十二张。记此。于六月二十五日西洋人郎士宁画得备用斗方十二张。内管领穆森启怡亲王看，本日王呈览。奉旨：照此斗方再添画几张。本日怡亲王谕：再添画斗方四张配做册页。遵此。于十月初七日添画得花卉翎毛画册页一页。怡亲王呈进讫。

木作

正月初十日太监杜寿传旨：圆明园安围屏灯平台处，东西长炕中间着做床一张，高九寸、长六尺，其宽的尺寸除炕沿九寸以里为宽。钦此。于三月二十六日做得楠木床一张。员外郎沈嵛交太监杜寿持去讫。

二十三日太监刘玉、张玉柱、陈璜、姚进孝交来蛇木大小十二根，锡匣盛，蛇木大小八根，锡匣盛。传旨：交养心殿造办处收着。钦此。随交司库傅参收库讫。现存库。

二十六日据圆明园来帖内称，太监杜寿传旨：着做一封书楠木床十八张，各长三尺七寸、宽二尺二寸、高九寸。钦此。于四月十一日照尺寸做得楠木一封书床十八张。首领太监程国用持去交太监杜寿收讫。

二月十五日首领太监哈元臣来说，太监王安传旨：着做楠木桌一张，长二尺二寸一分、宽一尺四寸五分、高五寸。再比楠木桌放高六分，用紫檀木做一张。钦此。于七月十六日照尺寸做得楠木桌一张，紫檀木桌一张，首领太监程国用持去交太监哈元臣讫。

二月十七日太监杜寿传旨：着做楠木一封书桌一张，宽二尺二寸、高一尺四寸八分、长三尺六寸。再照此尺寸做花梨木桌一张。于五月二十日照尺寸做得楠木一封书桌一张，花梨木一封书桌一张，首领太监程国用持去交太监杜寿收讫。

二月二十三日首领太监李统忠传旨：着做楠木折叠小桌一张，长二尺、宽一尺三寸、高一尺。钦此。于三月十七日照尺寸做得楠木折叠小桌一张，柏唐阿苏尔迈交太监夏安持去讫。

三月初一日首领太监哈元臣来说，太监杜寿传旨：养心殿西围房着做装古董三层杉木格子十二个，随布帘。钦此。于六月十三日做得杉木五层格子十二个，俱随布帘，柏唐阿苏尔迈交首领太监哈元臣持去讫。

初七日员外郎海望持出紫檀木转板桌一张。奉旨：转板往长里改做，其裂缝处线补。钦此。于本日收拾得紫檀木转板桌一张，员外郎海望呈进讫。

十三日员外郎海望持出拱花白洋磁靶杯一件、黑釉金龙洋磁靶杯一件。奉旨：将此靶杯照都盛盘式做西洋栏杆，将靶杯或十二只一盘，或十八只一盘，足子俱要下稳，盘子或做漆的，或做棕木的亦可。钦此。于五月初七日做得高丽木栏杆、紫檀木都盛盘二件并磁靶杯二件，员外郎海望呈进讫。

二十二日员外郎海望奉旨：着做包镶花梨木床一张，高一尺一寸、宽四尺五寸、长七尺。钦此。于六月十八日做得合牌小床样一件，郎中海望呈览。奉旨：着照样做，但两横头各安抽屉二个。钦此。于七月十四日做得包镶花梨木床一张，郎中海望呈进讫。

四月初八日据圆明园来帖内称，太监程国用持来红豆木十块，蔡挺进说太监杜寿传旨：着交养心殿造办处收着。钦此。于六月十六日做得紫檀木牙红豆木案一张，郎中海望呈进讫。于七月十四日做得红豆木案一张，郎中海望呈进讫。

二十三日据圆明园来帖内称，员外郎海望奉旨：着将蔡挺进的红豆木做案二张，画样呈览再做。钦此。于五月十六日做得合牌小案样一件，员外郎海望呈览奉旨：照样准做。钦此。于六月十六日做得长七尺五寸、宽一尺五寸六分、高二尺七寸三分紫檀木牙红豆木案一张呈进。奉旨：再照样做一件。钦此。

于七月十四日做得长六尺、宽一尺五分、高二尺八寸红豆木案一张。郎中海望呈进讫。

五月初七日据圆明园来帖内称，员外郎海望奉旨：四宜堂东次间着照先做过靠床围屏做四扇，二面俱糊纱，前面或玉色或月白色，后面或香色或淡红色，此四扇围屏系夏天用的。钦此。于五月二十四日做得围屏四扇，首领太监程国用持去交太监杜寿讫。

十二日据圆明园来帖内称，太监王安传旨：着做船上用的矮宝座一张。钦此。于本日做得合牌样一件呈览。奉旨：扶手不必做花的，做素圆撑，靠背做宽些，穿藤子。钦此。于六月初三日做得高丽木矮宝座一张，随葛布坐褥一个、藤屉靠背一件。郎中海望呈进讫。

六月初三日据圆明园来帖内称，首领太监荣望传旨：着照船上高丽木宝座尺寸款式做花梨木宝座一张、红豆木宝座一张。钦此。于六月二十四日做得紫檀木边框花梨木宝座一张，随葛布坐褥一个，藤屉靠背一件，郎中海望呈进讫。于七月十四日做得红豆木宝座一张，随葛布坐褥、藤屉靠背一件，郎中海望呈进讫。

六月十一日据圆明园来帖内称，做得紫檀木衣杆架一件海望做得呈进。奉旨：此衣杆架子太高，另添鼓墩做衣架用。再照此衣杆架上二层尺寸做紫檀木衣杆架。钦此。于六月十五日做得照二层高紫檀木衣杆架一件，郎中海望呈进讫。于七月二十八日做得照二层紫檀木衣杆架一件，郎中海望呈进讫。

六月十一日据圆明园来帖内称，船上首领太监容望传旨：着做蚊帐架一件。钦此。于六月十三日做得合竹蚊帐架一件，首领太监程国用持去交太监荣望收讫。

十五日据圆明园来帖内称，员外郎海望奉旨：照先做过转板书桌样，用红豆木做一张。钦此。于七月二十五日做得红豆木桌一张，郎中海望呈进讫。

十五日据圆明园来帖内称，员外郎海望奉旨：比转板书桌再长些、三拼桌面书桌做一张。再，叠落长条书桌做一张，先画样呈览过再做。钦此。于本月十八日画得有抽屉条桌样一张，无抽屉条桌样一张，郎中海望呈览奉旨：照有抽屉条桌样用楠木做一张，无抽屉条桌样亦用楠木做一张。钦此。于七月二十五日做得有抽屉楠木条桌一张、无抽屉楠木条桌一张。怡亲王呈进讫。

十五日海望奉旨：着做夔龙式湾［弯］腿二层面矮书桌一张，先做样呈览过再做。钦此。于本月十八日画得中层安屉板矮书桌样一张，海望呈览，奉旨：照样准做。钦此。于七月二十五日做得楠木矮书桌一张，怡亲王呈进讫。

二十日据圆明园来帖内称，怡亲王交香四块，共重十九两八钱，王谕：着认看。遵此。于六月二十一日据袁景邵认看得系花铲沉香。记此，交库。于乾隆元年正月初六日将沉香一块，司库常保、首领萨木哈交太监毛团呈进讫。下欠沉香三块现存库。

六月二十七日据圆明园来帖内称，郎中海望奉旨：瀑布处正殿内着做笔管栏杆床一张，上安靠背、帽架、衣杆、痰盂托、瓶托、书灯、闲余书架，再照此床不必安栏杆做小刿床一张，周围牙板俱照大床一样，或用紫檀木做，或用红豆木做，尔等酌量。钦此。于六月十一日做得痰盂托一件，郎中海望呈进讫。于七月初二日做得闲余板一分，海望呈进讫。于七月二十三日做得紫檀木平托一分，海望呈进讫。于七月二十八日做得紫檀木平托一分，闲余帽架一件，衣杆架一件，海望呈进讫。于八月初二日做得床二张，郎中海望呈进讫。

七月初五日据圆明园来帖内称，郎中海望奉旨：着照先做过镶象牙底盖紫檀木挂笔筒再做二件。钦此。于七月二十五日做得紫檀木挂笔筒一件，郎中海望呈进讫。于五年二月二十一日做得紫檀木挂笔筒一件，郎中海望呈进讫。

八月十六日据圆明园来帖内称，郎中海望持出杉木罩油图塞尔根桌一张。奉旨：着照此款式，面用紫檀木，其边与下身俱用杉木。做红漆彩金龙膳桌二张、酒膳桌二张。于十二月二十日做得紫檀木面红漆彩金龙膳桌二张，酒膳桌二张，并原样一张，郎中海望呈进讫。

二十三日据圆明园来帖内称，郎中海望奉旨：着照如意馆内陈设的一封书炕桌样式尺寸，做高丽木边紫檀木心炕桌几张，再比此尺寸收小些炕桌亦做几张。钦此。于五年四月二十九日做得高丽木边紫檀木心一封书式炕桌大小四张，怡亲王呈进讫。

二十四日据圆明园来帖内称，太监张玉柱传旨：照先做过的紫檀木手巾杆帽架再做二分。钦此。于五年三月十三日做得紫檀木手巾杆帽架二分，郎中海望呈进讫。

九月初五日总管太监刘进忠，王以诚传旨：着照书琴样式做斜式小琴二张。钦此。于十月二十三日做得紫檀木斜式小琴二张，怡亲王呈进讫。

九月十七日郎中海望奉旨：着做径圆九寸，入深五六寸紫檀木圆光寿字书格一件，后面安圆玻璃镜一面，下座子照四境平安座子做，后面玻璃镜亦照四境平安镜一样做，其寿字应用何物镶嵌处，尔等酌量配合。钦此。于九月二十八日做得紫檀木圆光象牙镶玳瑁寿字安玻璃镜书格一件，郎中海望呈进讫。

二十三日郎中海望奉旨：着照如意馆内陈设高丽木边紫檀木心长方一封书炕桌长二尺五寸，宽一尺五寸三分，高一尺做几张，比此桌尺寸收小些亦做几张。钦此。于五年四月二十八日做得高丽木边紫檀木心长方一封书炕桌大小四张，怡亲王呈进讫。

十月初三日太监程国用面奉上谕：尔与海望一同商量着做圆形三足香几一件，随套，比现用香几做秀气矮些，以备出外用。于十一月初四日做得圆形三足香几一件随黄布棉套，首领太监程国用持去，交太监王守贵收讫。

初四日首领太监程国用来说，太监王守贵传，做楠木折叠腿桌一张，长三尺，宽一尺三寸，高二尺五寸。记此。于十一月初五日照尺寸做得楠木折叠腿桌一张，首领太监程国用持去交太监王守贵收讫。

十月十九日首领太监程国用持来汉铜瓶一件，随紫檀木座，说太监王太平传旨：交给海望认看好歹，座子着收拾。钦此。于十二月二十五日据南匠袁景邵认看得，此铜瓶系好的等语，遂将座子收拾完，首领太监程国用持去交太监王太平收讫。

三十日太监刘玉传旨：照怡亲王进的活腿四方香几做二件，或漆的或木的，做秀气着。钦此。于五年五月初四日做得紫檀香几一件，信郡王、郎中海望呈进讫。于五年九月二十八日紫檀香几一件，信郡王、郎中海望呈进讫。

雕銮作

三月初一日副总管太监苏培盛传，圆明园南所前殿着做紫檀木九龙边铜镀金字圆明园匾一面。记此。于六年二月二十七日做得紫檀木雕九龙边钩泥金云铜镀金匾一面，郎中海望奏称，将此匾于本月十八日系上好之日挂在前殿上等语奏闻，奉旨：准挂。钦此。于二月十八日做得紫檀木雕九龙边铜镀金字圆明园匾一面，员外郎海望持去悬挂讫。

十月二十日太监刘希文交木碗大小十件。传旨：着交给海望认看好歹，收拾分等次。钦此。于本日据郎中海望认看得系拉古里木碗六件、查布查雅木碗二件、赍杂木碗二件。记此。于七年七月初九日收拾得木碗十件，郎中海望呈进。

二十日郎中海望持出鸳鸯木碗十件、木碟大小十六件。奉旨：着擦抹收拾。钦此。于十二月十二日收拾得鸳鸯木碗十件，大小木碟十六件，郎中海望呈进，奉旨：交给太监王守贵。钦此。本日郎中海望随交太监王守贵收讫。

十二月初十日太监刘玉、张玉柱交来查布查雅木碗一件，系台吉波罗奈进；查布查雅木碗一件，系闵敦诺们汉进；查布查雅木碗一件，系员外郎德尔格里进；拉古里木碗一件，系台吉查尔柰进。传旨：着收拾。钦此。于六年七月初九日收拾得查布查雅木碗三件，拉古里木碗一件，怡亲王呈进讫。

十二日，郎中海望持出拉古里木碗二十件，查布查雅木碗二件，贲杂木碗二件，六道木根小木碗一件，奉旨：着将圆明园，乾清宫各处所有木碗俱各送至造办处，尔等各分等次呈进，内中或有五台木根之类的碗挑出，不必送进。再怡亲王早进过小木碗二件，此木比查布查雅木碗还好，碗内若有此样的碗，尔等若不能认得，可着怡亲王认看，看出时另记。钦此。现存活计库。

十二月十三日乾清宫大殿首领太监王辅臣，太监苏忠送来六道木碗大小十七件、拉古里木盖碗二件、拉古里木碗大小二十八件、拉古里木罐一件、拉古里木碗十件、杏木碗一件、花榆木碗二件、满花大木碗一件、满花小木碗三件，说奉旨：交造办处等语，郎中海望启怡亲王，奉王谕：着收在库内以备选用。遵此。于本日交司库福森收讫。于七年七月初九日，将六道木碗十五件，六道木茶圆二件，拉古里茶盂一件，拉古里盖碗一件，拉古里木碗三十件，拉古里木碗八件，擦测牙木碗一件，郎中海望呈怡亲王看，奉王谕：收拾妥当送进。遵此。现存活计库。

漆作

三月二十二日太监杜寿传旨：着做黑退光漆桌一张，高二尺五寸九分、宽二尺七寸、长四尺八寸五分，配锦套。钦此。于十二月二十日照尺寸做得黑退光漆桌一张，随锦套，怡亲王呈进讫。

九月十七日郎中海望奉旨：着做径圆七八寸，通高一尺四五寸，做九层退光漆香盒几对。钦此。于十二月三十日做得九层漆香盒一对，郎中海望呈进讫。

二十五日郎中海望持出彩漆象牙开其里一件。奉旨：此象牙开其里彩漆甚好，尔等做的象牙活计内有可以彩漆的俱彩漆。钦此。于五年二月十一日彩漆象牙开其里一件，郎中海望呈进讫。

十月十八日郎中海望持出出等的琴三张、有等次的琴十八张。传，出等的琴着配做红漆套箱，有等次的琴着配做黑退光漆套箱。记此。于五年三月初六日画得琴套纸样四张，郎中海望呈览，奉旨：准先呈览过的，着改去。寿字的琴桌纸样一张，将改寿字的中心不必画花样，琴若何名就将琴名绣在上边，俱要紫色地，交与织造处织宋锦二十一张，俱要一样。钦此。据漆作柏唐阿六达子来说，做漆套箱琴二十一张，现存库，于乾隆六年六月二十三日司库白世秀将出等的琴三张配得红漆匣三件，有等次的琴十八张各配得黑退光漆匣各随锦囊俱刻得款持进交太监高玉呈进讫。

二十日郎中海望持出磁胎雕漆碗一件。奉旨：此碗做法甚好，尔等选有好款式的碗照此样做退光彩漆，不必做雕漆。钦此。本日碗交司库硕塞收讫。于五年三月初六日做得退光漆碗六件，随原样磁胎雕漆碗一件呈进讫。

十一月初二日太监刘玉、张玉柱交来桃式攒碟盒十二个，系织造那尔泰进。传旨：此盒外形好，但盒内桃碟颜色俱不好，交给海望，应有收拾处酌量收拾。钦此。于五年九月二十八日收拾得桃式攒碟盒十二个，郎中海望交清茶房太监李英收讫。

玉作

二月初四日员外郎海望持出青玉靶碗五件，绿色石大小九块，绿色石长圆笔洗一件，传旨，着将绿色石边子上用不着处剳一片来呈览，再其笔洗酌量收拾。钦此。于十三年十一月初四日将绿色石长圆笔洗选一件，交太监毛团呈进讫。绿色石大小九块存库。奉旨：着学手匠人做。钦此。于十三年十一月初一日将玉靶碗五件交太监毛团呈进讫。

初四日员外郎海望持出青玉盒一件。奉旨：着将花纹收拾，若花纹收拾不来即砣素的。钦此。于十三年十一月初一日改做玉碗一件交太监毛团呈进讫。

三月初九日首领太监赵进忠持来玉图章一方，说太监杜寿传：着认看上面字文。记此。于本日据袁景邵认看得系军曲侯印字文，玉是汉玉，首领太监程国用持去交太监杜寿收讫。

四月初二日员外郎海望持出水晶球一件。奉旨：拴提系处不平，著收拾，另换提系，安穗，配象牙五彩流云牙座一件。钦此。于八月十一日配做得五彩流云象牙座一件，并原交水晶球一件，裕亲王、信郡王呈进讫。

八月初八日郎中海望奉旨：尔照先做过的各色玻璃刻花牌样式再做十二扇，上刻十二月花卉，共配做一架。钦此。于本日交管理玻璃厂事物内管领穆森讫。

初九日郎中海望持出有款玛瑙碗二十件、有款玛瑙杯十四件、无款玛瑙碗二十件、无款玛瑙杯一件、无款玛瑙盘四件、无款玛瑙洗一件，以上共六十件。奉旨：内有葵式红花大玛瑙碗一件，边上有破处，问玉匠若去得将边口去些。此内造办处做过无款的即刻款，不是造办处做的，有可收拾的即收拾。再浅碗、盘、碟可配架座，即按各样款式配做架子座子。钦此。于十三年十月二十八日将玛瑙碗改做洗五件，玛瑙杯十三件，司库常保、首领萨木哈交太监毛团呈进讫。于十三年十一月初一日将玛瑙荷叶笔洗一件，司库常保、首领萨木哈交太监毛团呈进讫。于十三年十一月初五日将玛瑙碗九件、杯十五件，司库常保、首领萨木哈交太监毛团呈进讫。于十三年十一月初七日将玛瑙碗十三件，司库常保、首领萨木哈交太监毛团呈进讫。于十三年十一月二十二日将玛瑙盘大小三件，司库常保、首领萨木哈交太监毛团呈进讫。于十三年十二月十六日将玛瑙盘一件，司库常保、首领萨木哈交太监毛团呈进讫。

九月初二日郎中海望奉旨：着各色玻璃盛油小罐做些，高二三寸，口径要容得下指，盖子或用铜镀金、或用龙油珀做平顶，翻放要站得稳，其盖子入口一截镶暖木。钦此。此笔交玻璃厂柏唐阿石美玉抄去烧造讫。

二十五日太监张玉柱交来套红玻璃罐一件。传旨：着玻璃厂照样做几件，其原罐上花纹不好，做时更改花纹。钦此。本日将原交玻璃罐本人仍持去讫。其罐子口径一寸一分、底径二寸五分、高二寸五分交领催保住讫。

十月二十日郎中海望持出汉玉八角双桃笔洗一件，随紫檀木座。奉旨：外面的线路不好，着问玉匠若砣得去可砣去。钦此。于五年二月初八日收拾得汉玉八角双桃笔洗一件，随紫檀木座，郎中海望呈进讫。

二十五日郎中海望持出石白全带一分。奉旨：着学手玉匠收拾，做赏用，不必配做带子。钦此。于十三年十一月初一日将石白全带一副，交太监毛团呈进讫。

杂活作

正月初七日员外郎海望持出宣铜炉一件，随珊瑚顶。奉旨：着认看。钦此。于本月十一日据南匠袁景邵认看得系明朝万历年松江制造等语，员外郎海望呈进讫。

正月十一日太监杜寿交来敖其里一件，传旨：着认看。钦此。于本日据南匠袁景邵认看得是铜的等语，海望呈览，奉旨：再认看是何铜？钦此。本日认看得是丹巴噶铜，海望呈进讫。

二月二十九日员外郎海望奉旨画得高七尺大座灯样一张呈览。奉旨：灯架或用紫檀木做，或用黄杨木做，尔等酌量。款式做吊挂香袋，灯上画片着画画蛮子画。钦此。于十月二十九日做得紫檀木画片六角大座灯一对，上随香袋十二挂、琉璃珊瑚珠缨络香袋六十个，郎中海望呈进讫。

三月初七海望持出沉香一块，重七斤。奉旨：着认看或是伽楠香或是沉速香，认看分明，亦收在造办处库内。钦此。于本日据牙匠叶鼎新认看得不是伽楠香，是沉速香。记此。

十三日海望持出古色纸边黑石署文房石一片。奉旨：此边宽些，着换窄边，用漆做。再比此小些的亦做几片，随石笔，其笔头要与写字的笔头一样，笔管用竹子的。钦此。于四月二十三日做得鸂鶒木边黑石片二片，漆边黑石片一片，云竹管石笔六枝，并原样石片一片，员外郎海望呈进讫。

十五日据圆明园来帖内称，首领太监程国用持来西洋射光灯一件，说太监杜寿传旨：着认看。钦此。于三月十六日西洋人巴多明等认看得系仿西洋做的射光灯，其上下钩片是搁镊子用的，交太监杜寿持去讫。

铜器皿二十七件，着认看。据西洋人费隐林济格认看得内有呼僮钟一件、射光灯一件、油灯一件是西洋的，其余不是。

五月初一日据圆明园来帖内称，海望持出雕竹香筒一件。奉旨：着将此香筒改做衣杆架上挂笔筒用。再将先做过的墙砚托，着亦安在衣杆帽架上用。再着做珐琅水丞一件，上安提绳，亦安在帽架上用。钦此。于六月初一日改做得挂笔筒一件，并照样做得笔筒一件，海望呈进。

初七日郎中海望奉旨：着做寿意宫灯一对，画样呈览。钦此。于初八日画得福禄寿灯样一张，夔龙式挑杆宫灯样一张，郎中海望呈览，奉旨：每样做二对。钦此。于九月二十八日做福禄寿六方灯一对，夔龙式挑杆宫灯一对，郎中海望呈进讫。于十月二十九日做得福禄寿六方灯一对，夔龙式挑杆宫灯一对，郎中海望呈进讫。

初七日郎中海望奉旨：着做有镜支寿意玻璃镜一面，再做紫檀木有砚托笔筒手巾杆帽架一件，黑退光漆无砚托笔筒手巾杆帽架做一件，此二件做得时送往内养心殿陈设，再将送往圆明园去的抽长扶手小桌取一张，陈设在养心殿。钦此。于九月初七日做得紫檀木镜支寿意玻璃镜一面，紫檀木有砚托笔筒手巾杆帽架一件，黑退光漆无砚托笔筒手巾杆帽架一件，郎中海望呈进讫。

初八日郎中海望持出五彩玻璃点杖鼓小罐一件，随五彩漆架，奉旨：五彩漆架上配鸡毛掸帚，五彩玻璃球配做烟袋跎跶（疙瘩）配珐琅烟袋绣缎荷包烟袋筒一分。钦此。于九月二十九日将五彩漆架上配鸡毛掸帚一把，五彩玻璃球上配珐琅烟袋绣缎荷包烟袋筒一分，郎中海望呈进讫。于十三年十月二十七日将洋漆玻璃五彩小罐一件，交太监毛团呈进讫。

二十六日郎中海望持出洋漆书格一件，奉旨：着安痰盂托。钦此。于九月初八日做得黄猩猩毡面红羊皮边木胎痰盂一件，并洋漆书格一件，郎中海望呈进讫。

九月十五日郎中海望奉旨：着做寿意书桌一张，上配寿意墨床、砚、笔架、臂搁、书灯、笔洗、笔筒、水丞等八件。钦此。于九月二十八日做得紫檀木嵌金珀寿字夔龙书桌一张，上配寿字书灯一件、象牙茜绿秋叶福禄寿臂搁一件、花甲再周砚盒一方、花玛瑙灵芝笔架一件、白玉双桃水盛一件、福禄寿墨床一件、碧玉蟠桃天喜笔洗一件、碧玉蟠桃笔筒一件。郎中海望呈进讫。

十七日郎中海望传旨：着做寿意痒痒挠一件，帽架一件。钦此。于本月二十九日做得花羊角靶嵌金珀寿字如意痒痒挠一件、福寿帽架一件，郎中海望呈进讫。

十月二十六日郎中海望传旨：先做的黑漆彩金帽架肯挂帽带，不好。尔等另用玳瑁或象牙或竹子做几件。钦此。于十一月初七日做得玳瑁帽架一件，郎中海望呈进，奉旨：再照此样做一件，将葵花式托枨改做十八根直枨，口圈要开的开，以备放花熏冠用。钦此。于十二月十六日做得玳瑁帽架一件，郎中海望呈进讫。

十一月初一日郎中海望持出西洋花卉翎毛一张、西洋花卉草虫一张。传旨：扇面形式不好，改做腰圆形式，周围镶边，前面照玻璃，其玻璃要摘的起来，做吊屏用。钦此。于五年二月二十一日改做得腰圆形铜镀金环镶玳瑁边玻璃吊屏二件，郎中海望呈进讫。

皮作

九月初二日郎中海望持出缉碎珠绣石青缎靠背一件、绣黄缎坐褥一件。奉旨：着照样做石青缎靠背一件，其中心或用金线缎或用红缎做。回纹锦不好，另改做绣石青绒寿字。周围灯笼做九个，其墙子上不必做灯笼，做西番草。再做红缎座褥一个，其花样仍绣藕色莲花。中间流云不好，另改做八吉祥西番草，边子上水不必动。再做紫缎迎手一件，周围做灯笼九个，上下做寿字二个，款式不要俗了。钦此。于九月二十六日做得绣石青缎靠背一件，红缎坐褥一件，紫缎迎手一件，并原样缉珠绣石青缎靠背一件，黄缎坐褥一件，郎中海望呈进讫。

初四日画得鞓带纸样四张，总管太监张起麟呈览。奉旨：此四张鞓带样皆不如意，俱交给海望。着他做二副带子，只要好。若不如意，朕不依。钦此。本日郎中海望奉旨：鞓带用金黄色带头，尔等酌量配合往好里做，带上配开其里罩套火镰包、有套眼镜、好花样的小荷包。其小荷包，尔等画样交与张起麟里边做。钦此。于初八日画得二龙捧寿珊瑚面嵌珠子边带样一张、松石心五福捧寿珊瑚边带样一张，海望呈览，奉旨：每样做一副。今有珠子八十粒拿去嵌带子用，如不足向银库挑扁形珠子添用。钦此。于九月二十七日做得二龙捧寿珊瑚面嵌珠鞓带一副，松石心珊瑚边五福捧寿鞓带一副，上配缉珠寿字荷包春紬手巾等全分。郎中海望呈进讫。

十月二十五日奏事太监刘玉张玉柱交来花猩猩毡长二丈五尺、宽二丈零五寸一块。传旨：着交给海望请旨。钦此。于本月二十六日郎中海望请旨。奉旨：俟朕往圆明园去再请旨。于五年三月二十一日郎中海望请旨。奉旨：知道了。钦此。现存库。

铜作

三月十三日员外郎海望持出洋漆罐一件，随铜匙一件。奉旨：照此款式，靶再放大些，可以容得下指，或做铜的，或做珐琅的，以便盛墨汁用，匙子背后上安一钩子，亦不要匙子甚下去，亦不要匙子露出来，要悬在罐口挂着，以备舀墨用，尔等酌量配做。钦此。于七月十二日做得铜烧古墨罐一件，随匙子并原样，郎中海望呈进讫。于七月十九日做得铜烧古墨罐一件，随匙子郎中海望呈进讫。

八月初七日郎中海望奉旨：着做双福双寿铜如意一件。钦此。于本月初八日郎中海望画得如意样一件呈览。奉旨：着照样做一对。钦此。于九月二十六日做得福寿铜如意一对，郎中海望呈进讫。

初八日郎中海望持出铜双螭耳罐一件。奉旨：照此罐款式做宣铜的二件、银的二件，螭耳改做夔龙式。钦此。于十二月初三日做得银罐二件，郎中海望呈进讫。

九月初二日郎中海望持出古铜瓶一件。奉旨：照此款式镟做木样，交给年希尧烧造霁青霁红花瓶。俟镟样时底足收小些、上身腰箍不匀处镟匀。钦此。于本月初六日镟得铜瓶木样一件，交年希尧家人郑天锡持去讫。随将原交古铜瓶，首领太监程国用持去交太监杜寿讫。

十月初五日郎中海望奉怡亲王谕：武备院伞上人佛保奏准，着在养心殿造办处行走，烧炉试看。遵此。于十月三十日柏唐阿佛保做得寿山鼎炉连座一件、合欢绥带炉连座一件、旧铜炉连座三件，郎中海望呈进讫。于十二月三十日做得钵盂炉连座一件、金斑鳅耳炉连座一件、小乳炉连座一件、三元吉庆炉连座一件、平安如意炉连座一件、金斑小乳炉连座一件、文带炉连座一件、洒金斑大乳炉连座一件、黑乳炉连座一件、小乳炉一件。怡亲王呈进讫。

牙作　附砚作、镶嵌作

五月二十四日员外郎海望奉旨：着做挂笔筒一件，高五寸五分、径过三寸，底盖俱安象牙雕冰裂纹，周围安紫檀木柱。钦此。于七月二十三日做得雕象牙底盖紫檀木挂笔筒一件，随铜镀金挂钉，郎中海望呈进讫。

六月十九日据圆明园来帖内称，太监杜寿传旨：着照先做过的紫檀木镶嵌象牙八仙长方八角盘再做二个。钦此。于八月十四日做得紫檀木镶嵌八仙盘二个，郎中海望呈进讫。

八月初七日郎中海望持出葫芦片嵌玻璃罩通草莲花盆景一件。奉旨：照此罩做退光漆嵌象牙填巴尔萨木香有寿意花纹罩四件。配做象牙岁岁双安盆景一件、九安团聚盆景一件、莲艾鸳鸯盆景一件、松鹤长春盆景一件。于十月二十九日做得象牙岁岁双安盆景一件，九安团聚盆景一件，莲艾鸳鸯盆景一件，松鹤长春盆景一件，退光漆嵌象牙填巴尔萨木香寿意花纹罩一件，并原交玻璃罩通草莲花盆景一件，郎中海望呈进讫。

十八日据圆明园来帖内称，郎中海望奉旨：着做如意盒一件，面用玻璃，墙子或合牌糊锦或做彩漆其盒盖玻璃内做象牙鹌鹑九个、谷穗一枝，家雀一个，要落在谷穗上。钦此。于九月二十九日做得合家久安如意盒一件，郎中海望呈进讫。

二十八日太监王守贵交来寿意珊瑚盆景一件，传旨：着配纱罩子，收拾见新，有活动处着安稳。钦此。于本月三十珊瑚盆景一件配做纱罩子，郎中海望呈进讫。

十一月二十三日汤山伊尔希达四十六交来象牙夔龙式盒一对，花梨木匣盛，镶嵌玻璃中心漆桌一张，内盛通草果子八十一个，说太监刘进忠传旨：着收拾。钦此。本日将盒子、漆桌交司库□子收贮，通草果子交花儿匠佛保收讫。于五年闰三月二十日将象牙盒一对，郎中海望呈进讫。于十三年十二月二十三日将镶嵌玻璃中心漆桌一张，司库常保，首领萨木哈交太监毛团呈进讫。

十二月二十六日日太监刘玉传旨：朕着做的赏敖其里贝子珐琅轮杵，给达赖喇嘛的珐琅轮杵，曾赏给过未有，尔等细细查明。再佛前供器烧造得珐琅的做几件。钦此。于次日郎中海望持出镶嵌巴令一分，奉旨：着将镶嵌巴令安在圆明园佛堂，再照此样做一分赐怡亲王。钦此。于本月二十七日将镶嵌巴令一分，催总马尔汉送去圆明园安在佛堂内讫。于五年九月二十八日做得镶嵌巴令一分，催总吴花子持去交王府首领太监李天福收讫。

自鸣钟

七月初九日据圆明园来帖内称，做得灯光表一件，海望呈进。奉旨：着照样再做二分。钦此。于七月二十日做得灯光表二件，首领赵进忠呈进讫。

八月二十日据圆明园来帖内称，太监刘玉交来五彩人形珐琅套金盒珐琅表盘双针表一件、嵌玻璃金套拱花五彩人形珐琅盒金表盘双针表一件、五彩人形珐琅盒金表盘双针表一件、银套银盒银表盘双针表一件、银套银盒嵌玻璃珐琅人形银表盘双针表一件、珐琅人形银套盒表盘双针表一件、嵌玻璃镀金套五彩人形珐琅盒镀金表盘双针表一件、镶嵌银花玳瑁套银盒银表盘昼夜分明表一件、金盒珐琅表盘单针表一件、银盒银表盘双针表一件无套。传旨：着西洋人认看收拾。钦此。于十月十三日将表十件收拾好，首领刘进忠呈进讫。

九月二十日首领太监赵进忠持来镀金盒表盘双针镀金套人形珐琅问钟一件有伤处、镀金盒表盘双针镀金套五彩人形珐琅底问钟一件、银盒表盘双针银套五彩人形珐琅底问钟一件、镀金盒珐琅表盘金钉子儿皮套时钟醒钟一件、银盒表盘双针金银针玳瑁套时钟问钟一件、银盒表盘双针五彩人形珐琅盖花表一件、镀金撒花盒镀金表盘蓝玻璃盖花表一件、镀金撒花套五彩珐琅人形盒珐琅表盘双针表一件、银套盒表盘珐琅转盘铜针表一件、金套盒表盘双针表一件、金盒金表玻璃银花双针表一件、金套盒表盘双针表一件、银套盒五彩人形珐琅底银盒表盘双针表一件、金钉玳瑁套玻璃五彩人形珐琅盒表盘单铜针表一件、五彩人形珐琅套银盒表盘双针表一件、银套盒表盘双针表一件、银套盒表盘玻璃盖花双针表一件、银套盒表盘单针表一件、银盒珐琅表盘单针表一件。说太监刘希文传旨：着认看等次，收拾。钦此。于十一月初五日将以上钟表收拾好，首领赵进忠呈进讫。

十月二十五日太监王守贵交来西洋木架风琴时钟一件，传旨：着收拾钦此。于十一月初五日将西洋木架风琴时钟一件，首领太监赵进忠呈进讫。

十二月十五日奏事太监刘玉、张玉柱交玻璃架时钟乐钟一件，玻璃有坏处，少跎跶（疙瘩）二个，钥匙一件，镶嵌玳瑁架珐琅字时钟一件。传旨：着认看好歹。钦此。于十二月十八日将玻璃架时钟乐钟一件，镶嵌玳瑁架珐琅字时钟一件收拾好，首领赵进忠持去呈进讫。

炮枪作　附盔作

九月二十七日怡亲王将甲库内收贮的蓝面累丝甲一副并锁子甲上黑漆皮盔一顶呈览。奉上谕：此甲裙长短宽窄俱好，但美勒图甲褂略长些，做时俱略收短些。甲袖甚窄，放宽些。亦甚重，再轻些才好。盔的尺寸甚好，外面黑漆色不好，酌量改做。围脖亦短，放长些。钦此。于二十七日郎中海望奉怡亲王谕：现造的盔甲、裙子照试看过蓝缎面累丝甲一样做，美勒土甲褂各收短五分，甲叶要轻些。尔查造办处有做下的皮盔，若厚，再去薄些，若无皮盔或用合牌胎外用薄铁叶。围脖放长二寸，甲袖放宽些。遵此。郎中海望将黄缎绣金龙累丝甲镶黄绒边样一块呈怡亲王看。奉王谕：好。即照此样做，绒边不必缉线，甲褂比蓝甲面收短五分。再做薄铜叶镀金盔一顶。遵此。于六年十一月二十四日做得黄缎面绣金龙累丝盔甲一付、天鹅绒面锭金钉盔甲一付、原样蓝缎面绣金龙盔甲一付。着首领太监李进忠穿米色面羊皮里衬甲袍呈怡亲王看。奉王谕：盔上壮帽顶三义羽簧用时将单楞朝前，盔上的腰线右边的高，围脖绦子锭短了，着收拾。再衬盔帽厚薄五样做五顶，梅勒兔后一根绦子锭短了，再放长些。甲袖后绦子锭的亦与蓝面甲尺寸不同，着另收拾。甲上他不库不好看，改拐子。右边明袖头累丝龙跳起，着另锭。其黄油桌大黄素着彩画夔龙。天鹅绒面甲袖亦着改做。再主事石德不好，尔等另派官员监看收拾。遵此。本日郎中海望随派得员外郎马尔汉、催总刘三九等监看收拾。记此。于二十九日怡亲王为呈览盔甲事奏闻。奉旨：着海望伺候呈览。钦此。于三十日郎中海望将做得黄缎面绣金龙金累丝甲一付、天鹅绒面锭金钉累丝甲一付，带领武备院穿甲人他尔巴等三人伺候穿甲等语告诉奏事太监张玉柱转奏。奉旨：穿甲人不必伺候，着海望、陈福、张玉柱、刘玉、郑忠持进试看。钦此。海望、陈福、张玉柱、刘玉、郑忠随持黄缎面绣金龙金累丝甲一付、天鹅绒面锭金钉累丝甲一付捧进恭呈皇上亲身试穿天鹅绒甲一付，上谕：天鹅绒甲好，再穿时将袖连在梅勒兔上。钦此。

十月初七日郎中海望奉旨：照现今做的轻盔样式再做一顶。若盔上镶珠子不好看，可镶宝石。其应用宝石，尔等降旨与内务府总管知道，库内有收存的宝石选用。钦此。于二十日做得铜丝壮帽顶一件，为安珠宝石奏请，上交红宝石一块，着安在金累丝盔上。奉旨：着向四执事太监要皇上冠上有竹珠，取一颗安在铜累丝盔上。钦此。于二十一日四执事首领张太平交来嵌竹珠金胎黑珐琅托一件，珠重三钱八分、托重二钱五分，交八狗持去讫。于十一月十四日做得铜镀金累丝镶嵌猫睛珠石天鹅绒黄缎面脑包轻盔一顶，赤金累丝镶嵌猫睛珠石天鹅绒黄缎面脑包盔二顶，赤金累丝镶嵌礓子珠石未锭脑包盔一顶。郎中海望持进养心殿呈览。奉旨：好。将金累丝镶嵌礶子未锭脑包盔一顶赐怡亲王。钦此。于六年十一月三十日郎中海望将金累丝嵌礶字宝石盔一顶，着主事石德送至怡亲王府交总管太监张瑞收讫。

十一月二十三日领催闻二黑持来桦皮鞘小刀一把，说太监刘玉传旨：将此刀刃改做朝外，嗣后做小刀子俱做刃子朝外，外面做刀子匠亦传给他做朝外的刃子。此一把刀子急做送来。刀刃朝外我先下过旨意，若达子刀子刀尖子湾［弯］，做朝里才是，直刀做朝外的刃子。钦此。于二十三日领催闻二黑来说太监刘玉、张玉柱传旨：照今日交的刀子样再做二把。钦此。于二十四日领催白士秀来说太监刘玉、张玉柱交桦皮鞘小刀一把，传旨：换靶子，刀刃口改做朝外。钦此。于十一月二十七日改做得刀子刃子朝外桦皮鞘小刀二把，首领程国用持去交太监刘希文讫。于十二月初七日照样做得桦皮鞘小刀二把，交太监刘玉讫。

雍正五年

记事录

正月二十三日据圆明园来帖内称，栢唐阿黑达子来说怡亲王谕：着告诉内务府总管，若有主事缺出，将养心殿司库依拉契列名引见。遵此。

二月十四日郎中海望、员外郎沈嵛交，嗣后如有交出着收贮之物，并应做材料用的物件及金银首饰毁销备用等项，俱系本库应办事件，活计房不必转交，令本库司库领去使用。记此。

三月初十日为画画栢唐阿王玠病故，今王玠之子王幼学欲替伊父效力当差等因，郎中海望启知怡亲王。奉王谕：将王玠差事并所住官房俱着伊子王幼学顶替。遵此。

闰三月初三日据圆明园来帖内称，郎中海望奉上谕：朕从前着做过的活计等项，尔等都该存留式样，若不存留样式，恐其日后再做便不得其原样。朕看从前造办处所造的活计好的虽少，还是内庭恭造式样。近来虽甚巧妙，大有外造之气。尔等再做时不要失其内庭恭造之式。钦此。

八月三十日据圆明园来帖内称，八月二十二日郎中海望为造办处无写篆字人启称怡亲王，今有写宋字人徐国正会写篆字，人亦老实，欲给徐国正工食食用，令其在造办处效力行走等语。奉王谕：尔等酌量料理。遵此。本日郎中海望、员外郎沈嵛同议得每月给徐国正工食银五两。记此。

十一月二十五日郎中海望启称怡亲王，奏得南方玉匠陈廷秀、许国正、杨玉病故，施仁正已回南去，今造办处做玉器南匠甚少。现有玉匠陈宜嘉、王斌、鲍有信等三名，今欲召募伊等顶替陈廷秀等四人在造办处当差，所食工食亦照南匠例给等语。奉王谕：准伊等在造办处当差。

二十七日郎中海望、员外郎沈嵛为画珐琅人并南匠告假回南一事写得汉字启折一件，内开，画珐琅人张琦告假六个月，为省亲搬取家眷来京事，系广东巡抚杨文乾养赡。画珐琅人邝丽南告假六个月，为省亲完婚事，系广东总督孔毓珣养赡。雕竹匠封岐告假四个月，为省亲完婚事，系苏州织造高斌养赡。镟匠杜士魁告假四个月，为葬父事，系苏州织造高斌养赡。裱匠叶玓告假四个月，为省亲事，系杭州织造孙文成养赡。牙匠朱栻告假四个月，为葬母事，系杭州织造孙文成养赡。等因启呈怡亲王看。奉王谕：准其告假。尔等将此六人籍贯地方，系何人养赡之处开写明白，送到我府内交给太监张瑞。遵此。本日郎中海望又启称：封岐伊情愿着伊弟封镐代伊当差，看其手艺还好，欲将封岐月分钱粮暂给封镐食用，俟封岐回来时再着封岐当差等语。奉王谕：准其代替。遵此。

十二月二十七日太监周世辅交来大制钱一百串，说总管太监陈福、苏培盛传旨：着赏画画人。钦此。于本日将此大制钱一百串交慈宁宫管事六品官阿兰太持去，分散赏画画人等讫。

库档

五月二十二日据圆明园来帖内称，本月十九日太监张玉柱交来紫檀木边镶玻璃心柜一对，玻璃心长一尺八寸六分、宽一尺五寸三分，共十六块。紫檀木架玻璃镜一件，玻璃心长二尺二寸八分、宽一尺五寸五分。传旨：将柜上玻璃拆下收在造办处，不可零用，若有一处全用此玻璃处再用。其紫檀木边亦不可拆动，将拆下的玻璃空处或用板或用纱糊，仍然补上以备使用。再玻璃镜架子做法不好，将玻璃拆下有用处用，其架子亦做材料用。钦此。

七月初十日据圆明园来帖内称，清茶房总管太监李英传旨：将造办处收贮好些的千里眼送些来，陈设在万字房对瀑布处，莲花馆对西瀑布处一号房抱厦处，蓬莱洲、流杯亭处，将千里眼挂在柱子上。钦此。

十二月二十六日太监王太平交来戳灯四对系年希尧进。挂灯十六对，传旨：戳灯四对着陈设在万字房，其挂灯十六对交园内总管太监有可挂处挂。钦此。于六年正月初四日将戳灯四对、挂灯十六对，栢唐阿苏尔迈送至圆明园交总管太监陈九卿讫。

玉作

三月二十七日，据圆明园来帖内称，太监张玉柱交来圆形东珠四颗、扁形东珠一颗。传旨：圆形东珠四颗着打眼，扁形东珠一颗该当做何用处，尔等酌量配合。钦此。于三月二十八日将圆形东珠四颗打眼完，首领太监李久明持去，交太监张玉柱收讫。于闰三月初三日将扁形东珠欲安在水丞盖上用等语，郎中海望奏请。奉旨：或用玛瑙，或用别样石做一盒子，将此东珠嵌在盖上，其石色或黑或红方能显露珠色。钦此。于闰三月二十一日做得嵌东珠黑色五福石盒一件，郎中海望呈进，奉旨：带进京去呈进。钦此。于四月初一日将嵌东珠黑色五福石盒一件，郎中海望呈进讫。

闰三月十六日据圆明园来帖内称，怡亲王奉旨：工程处泼石灰的人眼睛若不遮护，惟恐有伤，尔等将玻璃鼓泡眼罩做些赏赐。钦此。本日员外郎沈喻传旨：着做眼罩十二付。记此。于本月十八日做得鼓泡玻璃眼罩四付，平面玻璃眼罩八付，郎中海望呈进。奉旨：赏给工程处。钦此。于本日郎中海望着催总吴花子将眼罩十二付持去，交工程处总监督保德收讫。

四月十五日玻璃厂烧得呆黄玻璃数珠一盘，随红玻璃佛头，浅蓝玻璃记念，塔。郎中海望呈怡亲王看。奉王谕：将此数珠上佛头换红玛瑙的，其记念换假松石的，配上用装严。赶万寿节呈进。遵此。于十月二十五日将呆黄玻璃数珠一盘，上另配得红玛瑙佛头、假松石记念、玻璃塔、背云、坠角，郎中海望启怡亲王看。奉王谕：此数珠上着另换青金佛头、珊瑚塔、碧牙西（碧玺）背云。遵此。于十月二十九日将呆黄玻璃数珠一盘，上又另换得青金佛头四个、珊瑚塔一个、月白玻璃记念三十个、碧牙西（碧玺）背云一件、坠角四件、红玻璃夹间豆银镀金累丝宝盖圈掐子一分、鹅黄辫子儿，怡亲王、信郡王代领，郎中海望呈。进讫。

六月十九日太监刘希文传旨：将造办处收贮黄蜡石选一块来朕看。钦此。于本日送得黄蜡石一块，太监刘希文呈览，传旨：将砚盒、香盒、香碟酌量做几件。钦此。于八月初八日做得黄蜡石盒绿端石双喜池砚一方、黄蜡石双桃式盒一件，郎中海望呈进讫。于八月十四日做得黄蜡石荷叶式笔砚一件，郎中海望呈进讫。于十月初六日做得黄蜡石双圆盒一件，郎中海望呈进讫。于十一月十一日做得黄蜡石庆云捧日盒一件，郎中海望呈进讫。

七月二十七日据圆明园来帖内称，郎中海望传：万字房窗户上用玻璃一块。记此。于本月二十八日劄得长一尺二寸六分、宽一尺二寸九分玻璃一块，催总胡常保持进。安讫。

八月二十五日据圆明园来帖内称，郎中海望画得万字房对瀑布屋内玻璃窗样一张呈览。奉旨：中心玻璃准用银库上查来玻璃一块，两边的玻璃不必。将柜上拆下来的玻璃拆开零用，此样玻璃易得，尔另选用。钦此。于八月二十六日照尺寸向银库查来玻璃一块。于九月二十三日催总胡常保持进长四尺四寸、宽三尺二寸五分玻璃一块，安在万字房对瀑布仙楼窗户上讫。

二十七日据圆明园来帖内称，郎中海望持出碧玉娃娃扇器一件。奉旨：扇器不好，着改做别样。以上着改做的玛瑙玉器等件，尔着好手玉匠指点学手玉匠做。钦此。于十二月二十三日将碧玉扇器收拾好装在漆盒内，郎中海望呈进讫。

九月十八日据圆明园来帖内称，本月十二日郎中海望持出白玉双鱼瓶一件，随铜烧古莲花海水座，奉旨：着配黑漆架子，将此鱼口内安一横棍，其棍上拴锁，将海水铜座上配一灵璧石山子，画样呈览。钦此。于九月二十六日郎中海望持出文多里纳石色玛瑙顶子一件，径七分。奉旨：朕先交尔持去的白玉双鱼花插，照手巾杆帽架样做黑漆的，将此顶子安架上，尔另画样呈览。钦此。于十月十六日画得白玉双鱼花插样一张，郎中海望呈览，奉旨：准做。钦此。于十二月三十日白玉双鱼花插一件，配做得黑漆夔龙架上安文多里石色玛瑙顶子一件，随灵璧石山铜座。郎中海望呈进讫。

二十五日据圆明园来帖内称，九月二十二日郎中海望持出玉小钟四个。奉旨：着学手玉匠往薄里收拾。钦此。于十二月三十日收拾得玉小钟四件，郎中海望呈进讫。

二十六日据圆明园来帖内称，九月二十三日郎中海望持出牛油石撇口盘一件。奉旨：将撇沿外面的鼓肚取平，砣汉文式夔龙，其里口做平，上口做方。再，盘下配一紫檀木架，安四腿，中层安屉板一层。钦此。于十二月三十日牛油石撇口盘一件配做得紫檀木圆腿双层架一件，郎

中海望呈进讫

九月二十八日郎中海望奉旨：着将蜜蜡色玻璃水盛做几件，上面镶嵌珊瑚螭虎。照珐琅瓶上螭虎款式做，其螭虎或做双喜、四喜、或做九蝠俱可。钦此。于十二月初五日做得呆黄玻璃嵌珊瑚螭虎水盛一件，郎中海望呈进。奉旨：颜色不好，收拾。钦此。于六年二月十二日收什得嵌珊瑚螭虎呆黄玻璃水盛一件，郎中海望、员外郎沈嵛交太监王太平收讫。

十月初六日郎中海望持出呆黄玻璃胆瓶一件、甘黄玉长方笔洗一件。奉旨：着照此样收小些，用蜜蜡色玻璃烧造。上边做珊瑚螭虎，用漆镶嵌。不独此样，或水盛、砚盒，或胆瓶、烟壶烧造些，上边或镶嵌珊瑚螭虎，或镶嵌珊瑚蝠儿俱可。再照先交出的犀角圆碟样式亦用蜜蜡色玻璃烧造，其上边镶嵌珊瑚螭虎。钦此。于十二月初五日做得蜜蜡色玻璃镶嵌珊瑚螭虎胆瓶一件，水盛一件，郎中海望呈进。奉旨：水盛颜色不好，其胆瓶上嵌的珊瑚螭虎亦不好，另收拾。钦此。于十二月二日将呆黄玻璃胆瓶一件，着玻璃厂栢唐阿石美玉持去讫。于十三年十一月初二日将甘黄玉长方笔洗一件，交太监毛团呈进讫。

牙作　附砚作

正月二十三日启称怡亲王，今年万寿节呈进活计内欲做万年九英一件、文房九宝一件、嘉禾九瑞一件等语。奉王谕：准做。遵此。此三项活计未用官钱粮，系怡亲王恭进的。于十月二十九日做得万年九英盆景一件，系杉木胎。退光漆画洋金吉祥花盆一件，象牙茜色松树一棵，老来少二颗，万寿菊花二颗，竹子四颗，葫芦九个，蜡珀苓［灵］芝五个，寿山石苓［灵］芝四个，白宣石地景。做得文房九宝一件，系绿端石。桃献无疆寿、花开不记春盒紫端石砚一方。象牙茜色笔筒一件，内随笔九支。象牙三星盒一件，象牙茜色苓［灵］芝一件。蜜蜡螭虎压纸一件。寿山石天鹿笔架一件，随象牙座。雕虬角夔龙臂格一件。白玉教玉圈笔洗一件。墨床一件，随碧玉座。碧玉水盛一件，随珊瑚匙象牙座。象牙抽长书灯一件，上配铜镀金阡盘，接油信子，红皮白蜡，象牙茜色梃嵌金珀寿字，紫檀木座。做得嘉禾九瑞盆景一件，杉木胎。退光漆画洋金花海棠盆，红铜梗叶彩画瑞稻九颗，象牙雕做稻穗，宣石山子地景。怡亲王、信郡王带领，郎中海望呈进讫。

二月二十四日首领太监李统忠传做乌拉石葫芦式砚二方。记此。于三月十四日做得绿端石葫芦式砚二方，交太监赵朝凤持去讫。

二十六日太监张玉柱交来象牙枚马十二件樱桃一件、石榴一件、栗子穰一件、核桃一件、榛子一件、茄子一件、扁豆一件、荸荠一件、桃一件、金橘一件、莲子一件、杨梅一件。传旨：樱桃、胡桃、榛子俱小了，石榴嘴不好，栗子穰、茄子俱不像，扁豆颜色不好。今再添做香瓜、栗子、枣儿、团圆果、苹果、橘子，共凑成十八样，俱照杨梅大小做。钦此。于四月初十日做象牙枚马七十八件，并交来原样十二件，郎中海望呈进讫。

三月初五日太监王太平传，做象牙露子石榴式盒二对。记此。于闰三月二十日做得象牙露子石榴式盒一对，郎中海望呈进讫。于五月初四日做得象牙露子石榴式盒一对，郎中海望呈进讫。

闰三月初三日据圆明园来帖内称，郎中海望奉旨：前日赏果郡王的砚一方，其砚盒漆水花纹大有像石一样。尔到果郡王府暂且取来留样，再着学手艺匠照样做几方，以备赏用。其漆水花纹俱好，不独做砚盒，即做别样匣子、盒子亦照此漆水花纹做。钦此。本日员外郎沈嵛传：先做八方。记此。于初五日郎中海望着柏唐阿富拉他至果郡王花园，将漆盒砚台一方持来，随看准画样完。于初五日郎中海望仍着栢唐阿富拉他将漆盒砚一方持去，送至果郡王花园交太监田忠义收讫。于十二月三十日做得漆盒二件，内盛绿端石砚二方，郎中海望呈进讫。于六年三月初四日做得漆盒端石砚三方，交总管张起麟持去讫。于六年七月十三日做得漆盒端石砚三方，怡亲王呈进讫。

七月二十七日首领太监李久明、萨木哈持来嵌玻璃紫石夔龙盒一件，内盛绿端石砚一方。铜烧古双圆盒一件，内盛紫端石暖砚一方。说太监张玉柱、王常贵传旨：着照嵌玻璃紫石夔龙盒样再做一件，其盒内砚随便做。再，铜烧古双圆盒紫端石暖砚一方，并嵌玻璃紫端石夔龙盒绿端石砚一方，俱配做外套匣一个，俟发报时用。钦此。于本日配做得杉木外套匣一个，黑毡里黄布外套儿，将原交来嵌玻璃紫石盒绿端砚一方，铜烧古双圆盒紫端石暖砚一方，用棉花塞垫好，交太监胡全忠持去讫。于十二月三十日做得嵌玻璃面紫石盒绿端石砚一方，郎中海望呈进讫。

八月十一日据圆明园来帖内称，本月初十日郎中海望持出雕漆小圆盒一件。奉旨：照样做圆盒一件。钦此。于六年五月初四日做得雕朱漆小圆盒一件，怡亲王呈进讫。

二十三日据圆明园来帖内称，郎中海望画得如意纸样一张，着照样做象牙茜色双福双寿如意一件。记此。于九月二十八日做得象牙茜色双福寿如意一件，郎中海望呈进讫。

九月初六日据圆明园来帖内称，郎中海望持出西山石竹节式盒一件，内盛绿端石砚一方。奉旨：此砚做法甚好，系尔造办处先年做的，尔将此砚持给砚匠看，以后照此砚做。钦此。于六年八月十四日做得西山石竹节式盒，内盛关东石芝仙祝寿池砚一方，并原交做样砚一方，郎中保德、海望呈进讫。

二十六日据圆明园来帖内称，本月初十日郎中海望持出黑白玛瑙盒西山石砚一方。奉旨：做法文雅，甚好。照此砚再做一方，略放大些。钦此。于本年十二月二十八日将出黑白玛瑙盒西山石砚一方，郎中海望呈进讫。

十月二十二日郎中海望、员外郎沈嵛传做紫端石墨海一件。记此。于十一月十一日做得径五寸八分、厚一寸二分紫端石墨海一件，交太监赵朝凤持去讫。

十二月初二日郎中海望传做寿山石年年有余压纸四件，余长压纸四件。记此。于本月二十三日做得寿山石年年有余压纸四件，余长压纸四件，郎中海望呈进讫。

镶嵌作

正月二十三日郎中海望启称怡亲王，今年万寿呈进活计内欲做青平九有一件等语。奉王谕：准做。遵此。此项活计未用官钱粮，系怡亲王恭进的。于十月二十九日做得珐琅九管青地番花瓶一件，中管插九苓［灵］芝一件，周围八管插群仙祝寿通草花八枝，随紫檀木架，怡亲王、信郡王带领郎中海望呈进讫。

五月二十四日领催潘义明持来万事如意香几画样一张，说郎中海望传做镶嵌紫檀木万事如意香几一件。记此。于九月二十八日做得镶嵌紫檀木万事如意香几一件，上随黄杨木笔筒一件、笔三枝、黄杨木如意一件、碧玉小磬一件、树棕琴扫一件、寿山石图书一方、象牙茜红色盒一件、白端石盆象牙茜色祝寿长春盆景一件、珐琅花插一件、通草苓［灵］芝一件、珐琅水盛一件、铜镀金匙一件、拱花皮面玻璃镜一件。郎中海望呈进讫。

十月十四日郎中海望传做象牙镶嵌开其里一件。记此。于十月二十九日做得象牙镶嵌万福万寿开其里一件，拴在珊瑚福寿全带上，郎中海望呈进讫。

十二月初八日郎中海望、员外郎沈崳传做备用福寿长春瓶花一件。记此。于十二月三十日做得福寿长春瓶花一件，上配得象牙茜色佛手四个、桃四个、长春花三朵、青玻璃瓶、紫檀木座，郎中海望呈进讫。

烧造玻璃厂

正月十六日奏事太监刘玉、王常贵传旨：先赏蒙古王等曾用过乾清宫清茶房金珀色玻璃杯十八件、刻花白玻璃杯十四件、刻花蓝玻璃杯二十五件。着交烧造玻璃处照样补做。钦此。于本日清茶房首领太监李英交来作样玻璃杯五件，遂交玻璃厂领催保寿持去讫。于本年十二月二十六日补做得金珀色刻花玻璃杯十二件、刻花蓝玻璃杯十件、刻花白玻璃杯十件、随杉木匣盛装，郎中海望、员外郎沈嵛交首领太监徐进朝持去讫。于六年十二月十九日补做得金珀色刻花玻璃杯四件、刻花白玻璃杯四件、刻花蓝玻璃杯十五件，并原交来做样玻璃杯五件，随杉木匣盛装，副领催韩国土交首领太监徐进朝持去讫。

十一月二十三日江西烧磁器处年希尧送来豆绿磁天球尊一件，郎中海望呈进。奉旨：着照此样将玻璃的烧造几件。钦此。

铸炉作

正月二十三日为郎中海望启称怡亲王，今年万寿呈进活计内欲做禹贡九鼎九件等语。奉王谕：准做。遵此。此项活计未用官钱粮，系怡亲王恭进的。于十月二十九日做得嵌玉顶紫檀木盖烧铜古鼎四件，随紫檀木座。烧古铜盖顶五件，随紫檀木座，怡亲王、信郡王、郎中海望呈进讫。

三月二十七日栢唐阿佛保来说，二月初四日画得炉样三十张，郎中海望呈怡亲王看。奉王谕：准做。遵此。于五月初四日照样做得铜烧古炉四个，随铜座，信郡王、郎中海望呈进讫。于八月十四日照样做得铜烧古炉十个，随花梨木座六个，锦座四个，郎中海望呈进讫。于九月二十八日做得铜烧古炉一个，随铜座。郎中海望呈进讫。于十月二十九日照样做得铜烧古炉十五个，随锦座，怡亲王、信郡王、郎中海望呈进讫。

八月十六日佛堂太监焦进朝传旨：着照先做过的四足珐琅马蹄炉款式大小，做宣铜炉十个。钦此。于十二月三十日做得铜烧古四足马蹄炉十个，随花梨木座垫红猩猩毡，郎中海望呈进讫。

十二月三十日郎中海望奉旨：大式样铜炉甚沉重，尔再做时将炉样式改小些，可照佛堂内供的一统罇铜炉式样做。钦此。本日郎中海望传做铜烧古炉三十个。记此。于六年正月十九日做得一统罇式铜烧古炉五个，太监吕进朝持去，交太监焦进朝讫。于五月初四日做得一统罇式铜烧古炉四件，郎中海望呈进讫。于六月初九日做得一统罇式铜烧古炉二个，太监王自禄持去，交太监王守贵讫。于十二月二十八日做得铜烧古炉九件，郎中海望呈进讫。于七年五月初四日做得一统罇式铜烧古炉二个，郎中海望呈进讫。于七年八月十一日做得铜烧古炉四件，太监范国用持去，交太监张玉柱讫。于七年十二月二十八日做得铜烧古炉四件，郎中海望呈进讫。

裱作　附刻字作

四月初三日副总管太监苏培盛将造办处收贮的鸟谱册页一本呈览。奉上问，共有几本。随奏称，共有十二本。上谕：着将此册页交出，着慈宁宫画画人内平常手艺人，照样画一分，其册页上字着翰林戴瀚写，不要草字，写行书字。钦此。于十三年十一月十四日将鸟谱四册，司库常保、首领萨木哈，交太监毛团呈进讫。于十三年十一月十五日将鸟谱四册，司库常保、首领萨木哈，交太监毛团呈进讫。于十三年十一月十七日将鸟谱四册，司库常保、首领萨木哈，交太监毛团呈进讫。

五月十六日郎中海望奉旨：尔传与苏培盛，将朕拟得隔窗云雾生衣上，卷幔山泉入镜中对一副，贴在莲花馆东间房内透纱横楣窗东门口西取中、南北面各一联。钦此。于本月初三日首领太监李统忠交来隔窗云雾生衣上，卷幔山泉入镜中对一副，传：着托裱。记此。于本月初七日将对一副托表完，郎中海望带领表匠李毅持进，贴讫。

五月十八日首领太监李统忠交御笔爱莲说字一张，微风送晚凉妙香静远，斜月映清碧仙露空明对一副，系莲花馆床罩上的，着托裱。记此。于本月二十日表得爱莲说一张微风送晚凉妙香静远，斜月映清碧仙露空明对一副，交首领太监李统忠持去讫。

七月初十日圆明园来帖内称，太监张玉柱传旨：九洲清晏后抱厦内东西两边牌插板做的粗糙，另镶楠木边。再，集的锦亦不齐，傍边空处甚多，若将书格挪开不能好看。今着满集锦，其东边牌插背后将造办处有巡抚杨文乾呈进、包象牙席的西洋金笺纸糊在东牌插上，纸的花纹要对缝。着海望酌量另将造办处收贮的西洋金笺纸亦照样对缝，将西边牌插板背后糊上。钦此。于本月二十五日序班沈祥、领催马小二等赴九洲清晏内，将东西牌插镶楠木边，满集锦，背后用金笺纸糊饰完讫。

八月二十二日副总管太监苏培盛交来御笔崇恩寺匾文一张、弘阐法印匾文一张、碑文一张。传：着填钩。记此。于九月十二日将碑文一张、匾额文二张，俱钩填墨完。刻字人佛保交副总管苏培盛收讫。

三十日据圆明园来帖内称，八月二十七日首领太监李统忠交来寿山石无字图章大小五十七方，随合牌锦匣三个。传：着照养心殿、圆明园、四宜堂、为君难、正大光明、九州清晏、朝乾夕惕、雍正宸翰字样，或引首，或图章刻几方。其余尔等将闲文字样配合大小亦刻几方。钦此。于六年三月十一日将寿山石图章五十七方，篆字人徐国政持赴圆明园，回称此图书俱是小的，与览过篆的图章大些的尺寸不相合等语。郎中海望将此情向总管太监苏培盛说明，据苏培盛说，此图书既与览过篆的图书大些的尺寸不相合，或用寿山石，或用莱石，将大些的图章另做几方亦可。记此。于七年四月十五日将寿山石图章九方交太监王太平讫。于十三年十月二十七日将寿山石图章四十八方，司库常保交太监毛团呈进讫。

九月十六日副总管苏培盛交来景陵圣法神功碑文八张、汉字底文一张。传旨：此字画略单些，俟落石时放憨些。将矾纸双钩填墨钩八张。再随落石时用的油条字亦钩八张。钦此。于六年二月初六日刻字人吴自德钩得汉字景陵圣德神功碑文一卷，交总管太监苏培盛持进呈览，奉旨：落石时笔画再放粗些。钦此。于六年五月初三日刻字人吴自德钩得清字景陵圣德神功碑文一张，外用绿端石镌刻清字样二行，印得墨刻清字一张，员外郎唐英、司库达善呈怡亲王看过。怡亲王随进内奏称：碑文清字样已得，但字之头尾腰身，刻字人虽尽心竭力镌刻，再不能合皇上指示至于一样尽善尽美等语。奏闻。奉旨：你既看过，朕亦不必看，即着刻字人用心钩罢。钦此。于七年三月十七日郎中海望为景陵圣德神功满汉碑文事启怡亲王。奉王谕：此系内阁料理之事，应当交给内阁料理。遵此。本日将清字文一卷、双钩油条一卷、汉字本文四卷、双钩油条四卷、清字碑额本文一张、双钩油条一张、汉字碑额本文一张、双钩油条一张、汉字副本一张，员外郎满毗交内阁侍读学时穆和林、王以选典籍厅厅官沙济兰请去讫。

二十一日据圆明园来帖内称，首领太监李统忠持来御笔，人主者以天下之目等字斗方十张，物被仁风荣上苑，水含圣泽沛天泉对一副，说总管苏培盛传旨：刻在万字房三屏风上填漆。钦此。于十二月二十三日纸样上篆得万字房三屏风上用的物被仁风荣上苑，水含圣泽沛天泉对一副、为君难引首四方、雍正宸翰四方、朝乾夕惕四方、致中和四方、敬天勤民四方、万方安和四方、乐天和二方、勤政亲贤二方、四方宁静二方，又篆得致中和一方、敬天勤民一方、万方安和一方、乐天和一方、勤政亲贤一方、四方宁静一方，郎中海望呈览，奉旨：水字还不好，刻时放宽些，再屏风上所用的宝，另交与总管太监苏培盛拟来呈览。钦此。于六年二月十三日照副总管太监苏培盛拟来引首图章字眼，篆得喜起引首一方、勤政殿引首一方、诚求引首一方、四宜堂引首一方、养心殿引首一方、时中引首一方、崇寔政引首一方、懋勤殿引首一方、诚和引首一方、勤政亲贤图章一方、协和图章一方、正大光明图章一方、和四时图章一方、静观图章一方、万物一体图章一方、建中于民图章一方、天清地宁图章一方、嘉乐图章一方、九州清晏图章一方、万方安和图章一方、四方宁静图章一方、宝贤图章一方、精一执中图章一方、主善为师图章一方、松柏室图章一方、万国咸宁图章一方、用中图章一方、诚和万民图章一方，以上共图书样二十八方，郎中海望呈览，奉旨：着照样刻在屏风上，俟完时再镌刻图书。钦此。于六年六月十七日照呈览过引首图章样二十八方、对一付，上刻字言款式刻在万字房三屏风上，俱填漆完讫。于六年六月十八日据圆明园来帖内称，传将镌刻完的图书二十八方，着照漆屏风上的图书款式用在御笔人主者以天下之目等字斗方十张上，其图书内顶上有可收拾处收拾齐，配做糊锦匣盛装备用。记此。于六年六月二十七日将御笔人主者以天下之目斗方上用喜起引首一方，勤政亲贤、协和图章二方；人君履至尊之位斗方上用四宜堂引首一方，静观、万物一体图章二方；二仪之内斗方上用养心殿引首一方，天清地宁、嘉乐图章二方；大矣哉斗方上用懋勤殿引首一方，精一执中、主善为师图章二方；人君正心以正朝廷斗方上用勤政殿引首一方，正大光明、诚和万民图章二方；上天垂象斗方上用时中引首一方，九州清晏、万方安和图章二方；道德有序斗方上用崇寔政引首一方，宝贤、四方宁静图章二方；太和熙熙斗方上用松柏室图章一方；天子居天位斗方上用诚求引首一方，和四时、建中子民图章二方；唐尧之帝斗方上用诚和引首一方，万国咸宁、用中图章二方，俱托裱在鱼白画绢，并原交镌刻的引首图章二十八方，配做得合牌锦匣盛装，员外郎唐英持赴圆明园交太监胡应瑞持去讫。

画作

正月初六日太监王太平传旨：西洋人郎士宁画过的者尔得小狗虽好，但尾上毛甚短，其身亦小些，再着郎士宁照样画一张。钦此。于二月二十日西洋人郎士宁画得者尔得小狗画一张，郎中海望呈进讫。

二月十九日总理武备院事务公夸代、伊尔登来说，本月十五日在柳河屯处奏事太监刘玉、张玉柱传旨：铺地龙毡与人脚踏，不宜。将现有龙毡另有用处且用，嗣后不必做毡。俟进京时尔等传与海望画花毡样呈览，朕看准照样成造。钦此。于本月二十一日画得花卉毡样四张，郎中海望呈览。奉旨：此花毡样俱好，但花纹太细了，恐其难染。尔将此样收着，或做坐褥、或做毡子时用。再照龙形大小改画花卉毡样呈览。钦此。于本月二十七日照龙形改画得番花毡样三张，郎中海望呈览。奉旨：选得二张照样准做，俱做红地黄花，每样先做一块呈览过再做。钦此。于本日将呈准花毡样二张交武备院司库官宝格领去承造讫。于闰三月二十五日郎中海望染得红花黄花毡二块呈览。奉旨：此毡花样好，尔交与该管处换毡之时照此二样染做。钦此。于本月二十六日将准样毡两块交武备院员外郎宝格持去讫。

闰三月二十七日据圆明园来帖内称，本月二十六日司房太监陈玉来说，总管太监陈九卿传旨：着传郎士宁到圆明园来，将此牡丹照样画下。钦此。于四月二十五日郎士宁画得牡丹画一张，郎中海望呈进讫。

四月二十三日郎中海望传画万字房圆光门内壁子一座。记此。于四月二十八日画得圆光门内壁子一座，郎中海望持去贴在万字房内讫。

二十三日据圆明园来帖内称，郎中海望画得万字房内通景画壁样一张呈览。奉旨：照样准画。钦此。于五月十二日画得通景壁画一张，郎中海望持进贴在万字房内讫。

五月初十日郎中海望传画万字房内仙楼画二张。记此。于七月初一日画得仙楼画二张，交表匠李毅持去，贴在万字房内讫。

十三日郎中海望传画莲花馆围屏四扇各长五尺六寸八分、宽一尺八寸七分。记此。于六月初八日画得莲花馆内围屏山水画四张，郎中海望带领副领催金有玉贴在围屏上讫。

五月十六日据圆明园来帖内称，五月十五日郎中海望奉上谕：莲花馆对西瀑布处三间屋门大玻璃镜两边做对联一副，每联做硬木圆光五个，径过七寸，内糊漏地纱染五色，其周围画花卉，中心篆字处用实地纱。钦此。本日郎中海望又将翰林院拟得莲花馆玻璃窗上透纱匾额字样一张呈览。奉旨：此字样俱用不得，尔等将净尘心三字二面写石青篆字，两面俱用此字，用淡红色漏地纱，其篆字处亦用实地纱。钦此。于本月二十一日据圆明园来帖内称，郎中海望奉上谕：莲花馆对西瀑布处三间屋内大玻璃镜两边的小圆光五言对子不用篆字，画山水画十幅，内将青绿山水亦画几幅。钦此。于本月二十一日据圆明园来帖内称，本月二十日郎中海望奉上谕：

莲花馆对西瀑布处三间屋内大玻璃镜两边硬木圆光五言对不必画山水，画石榴花、梅花、桃花、玉兰花等画十幅，内不必画莲花、牡丹、翎毛。钦此。于六月初四日据圆明园来帖内称，本月初一日郎中海望奉上谕：莲花馆对西瀑布处三间屋内两边硬木圆光何必用白纱画，着用紫色、红色、黄色、绿色、松花色或香色画绢，另画花卉一副，其颜色要酌量配合，画不可重色。钦此。于六月二十日做得紫檀木边糊淡红纱石青字净尘心匾一面，紫檀木圆光内糊五色地花卉画对联一副，郎中海望持进，安在莲花馆讫。于六月二十七日据圆明园来帖内称，本月二十六日总管太监李英传旨：莲花馆对西瀑布处三间屋内硬木圆光对内香色圆光不好，着换大红色，安在第四言上，将第四言紫色圆光移在第五言上，周围镶鱼白画绢，净尘心二面换银红纱。钦此。于七月初六日做得二面画玉兰花大红色圆光二个，并将长四尺四寸、宽九寸五分鱼白匣绢四块，长二尺四寸六分、宽一尺二寸五分银红绢二块，郎中海望带领李毅持进糊讫。于七月初六日又据圆明园来帖内称，郎中海望传做莲花馆对西瀑布处三间屋内沉香色画绢圆光对一副。记此。于七月初七日做得沉香色画绢长四尺六寸、宽一尺圆光对一副，交副领催金有玉持去贴在莲花馆对西瀑布处三间屋内讫。

二十五日据圆明园来帖内称，郎中海望传：万字房内通景画壁后吊屏上着画花卉一张。记此。于六月初七日画得通景画壁后吊屏上着画花卉画一张长三尺八寸、宽二尺五寸，郎中海望带领副领催金有玉贴讫。

六月初五日据圆明园来帖内称，本月初一日郎中海望奉旨：万字房内起窗门上着画如意吉庆画。钦此。于六月二十九日画得山水画一张、花卉画一张、松竹梅画一张、仙丹眉寿画一张。郎中海望代副领催马小二贴讫。

初六日栢唐阿班达里沙来说郎中海望传：万字房内通景画壁书格后面画画二张，东西两边挡窗壁子上画画二张，仙楼后壁书格处画画一张。记此。于七月初一日画得通景画壁书格后面画画二张，挡窗壁子画二张，万字房仙楼画一张，交裱匠李毅持去贴讫。

二十日据圆明园来帖内称，郎中海望传：万字房西一路起窗板前靠北床半出腿玻璃镜插屏后壁上画美人画一张。记此。于七月一日画得美人画一张，交表匠李毅持去贴讫。

二十四日据圆明园来帖内称，郎中海望将园内收贮的黑漆竹节式书格六架陈设在万字房内，东西两边各三架。奉旨：此书格不甚配合，尔将东西陈设书格处安书式壁子一槽，每槽分做书格四架，其两边二架开门，画片二面，俱照田字房内书格上的假书画。钦此。于七月十六日画得书格画十六副，郎中海望带领李毅贴讫。

七月二十七日郎中海望传：画九洲清晏后殿排插上集锦斗方十二张。记此。于本月二十九日画得山水人物花草等集锦斗方十二张，郎中海望交表匠李毅、刘玉贴讫。

匣作

六月初一日据圆明园来帖内称，五月三十日郎中海望奉旨：莲花馆一号房内两傍书格上甚空大，陈设古董惟恐沉重。尔等配做假书式匣子，其高矮随书格隔断形式。匣内或用阿格里、或用通草做花卉玩器，或用马尾织做盛香花篮器皿。钦此。于六月十一日做得马尾花蓝一件，郎中海望呈进讫。于七月初一日做得树棕花篮一件，郎中海望呈进讫。于七年三月十七日做得阿格里胎假玛瑙天鹿一件，纸胎假均窑磁石榴罇一件，泡速香臂格一件，泡速香如意一件，泡速香笔架一件，绿胎假青金绿苗石笔架一件，黄杨木梧桐式香碟一件，阿格里胎假英石砚山一件，马尾花蓝二件，马尾碟二件，马尾盒十二件，树棕花篮一件，合牌胎假磁莲花瓣式盘四件，合牌胎假磁菊花瓣式盘四件，玻璃衬画片象牙盒二件、象牙彩漆福寿盒四件，象牙彩漆扎斗二件，玳瑁罩盖盒四件，玻璃衬画片紫檀木盒二件，紫檀木双层盒二件，紫檀木盒四件，嵌桂花香面乌木扇式盒二件，乌木彩漆扇式盒二件，黄杨彩漆甜瓜式盒，黄杨木竹节式彩漆盒四件，黄杨木葫芦式盒二件，紫檀木菊花叶式盘二件，紫檀木葡萄叶式盘二件，通草果子二十件，通草花十束，通草花盆景八件，糊各色锦匣一百二十件，石青绢匣二十四件，托胎黑漆彩色圆形盘四件，托胎紫漆彩色双盖盘四件，托胎红漆彩色梅花瓣式盘四件，郎中海望代领催白士秀等持进，安设在莲花馆书格内讫。

六月初三日郎中海望传，做万字房仙楼下小书格走槽上着安合牌面、两边钉铜条、铜合扇，糊锦面绢里。记此。于本月初八日做得合牌面钉铜条合扇糊锦面绢里饰件一分，领催白士秀持去，安在小书格走槽上讫。

珐琅作 附大器作

二月初八日理藩院尚书特古忒交来清字单一件，内开给达赖喇嘛、班产厄尔得尼珐琅轮杵各一件、花瓶各一对，那尔堂庙内供的七宝八宝银满达一分。记此。于本日郎中海望奏：为赏给达赖喇嘛、班产厄尔得尼珐琅轮杵各一件、花瓶各一对、有盖白玻璃碗各一对，再那尔堂庙内佛前用七宝八宝银满达一分，七宝八宝满达等件俱容易得，惟有珐琅花一时难得等语奏闻。奉旨：珐琅轮杵有尔等先交进来的二分持出，赏给其珐琅花瓶二对，将府内掐丝珐琅花瓶取二对来赏给，俟赏给后即补做二对还给府内。再七宝八宝银满达等件，系他们外边议定赏给尔等，与他们商议明白做给。钦此。于三月初七日据理藩院尚书特古忒传，达赖喇嘛先曾得过珐琅轮杵一分，今不必给发外，其余物件照旧一样，赏给二人。记此。于三月初七日为赏达赖喇嘛、班产厄尔得尼，将内佛堂持来珐琅轮杵一分，府内取来的掐丝珐琅花瓶二对，随紫檀木座，做得有盖白玻璃碗二对，并那尔堂庙内佛前用银满达一分，重四十二两五钱，金顶银七宝八宝一分，金顶重六两九钱五分，银座重六十五两三钱，以上活计俱配匣盛装完，郎中海望交理藩院尚书特古忒、副都统马拉、内阁李士森、额主事哈尔哈图、笔帖式查思海等领去讫。于六年正月三十日照府内持来掐丝珐琅花瓶样补做得掐丝珐琅花瓶二对随紫檀木座，催总张自成持去，交府内太监车进朝收讫。

九月十三日据圆明园来帖内称：本月十二日郎中海望画得福禄连绵铜盒纸样一张、合和双圆福寿余长铜盒纸样一张呈览。奉旨：准做。钦此。郎中海望传做福禄连绵铜盒一付，合和双圆福寿余长铜盒一付。记此。于九月二十八日做得铜烧古镀金禄寿连绵盒二件，合和双圆福寿余长铜盒二件，郎中海望呈进讫。

二十五日据圆明园来帖内称，九月二十二日郎中海望持出西洋掐丝绿珐琅盒一个，奉旨：着仿做。钦此。于十一月十一日做得绿地白珠金胎珐琅片二片并原样盒一件，郎中海望呈览。奉旨：将原样盒留下，其珐琅片配做盒二个。再，此样珐琅若烧得炉鼎更好。钦此。于十二月二十三日将金胎珐琅片二片配做得镀金腰圆盒二件，郎中海望呈进讫。于雍正七年二月初三日仿做得金胎绿色掐丝珐琅盒一件，郎中海望呈进讫。于雍正七年五月初四日做得金胎绿色掐丝珐琅豆一件，郎中海望呈进讫。

二十八日郎中海望持出掐丝珐琅瓶一件是景太（泰）年制，奉旨：瓶上螭虎款式好，尔等照样烧造珐琅瓶，其螭虎亦照样做。钦此。于六年五月初四日照景泰掐丝珐琅瓶做得珐琅瓶一件，并原交来珐琅瓶一件，郎中海望呈进讫。

十二月二十二日郎中海望传做雨过天晴玻璃画泥金番花包袱式花插一件。记此。于六年十月二十八日做得雨过天晴玻璃画泥金番花包袱式花插一件，随山河万代瓶花一束，郎中海望呈进讫。

自鸣钟

三月初七日首领太监程国用来说，太监刘希文传旨：着将自鸣钟处收贮本处所造的自鸣钟查二三个来，明日黑早送进来，不要西洋的。钦此。于本月初九日查得自鸣钟库内收贮御制凤眼木架刻时间钟一座，首领太监赵进忠呈进讫。

六月二十五日据圆明园来帖内称，首领太监赵进忠来说总管太监李英传旨：怡亲王进的自鸣钟并敖尔思进的自鸣钟安在万字房。钦此。于七月初三日将钟二架，首领太监赵进忠持进安讫。

七月二十二日太监张玉柱传旨：洋漆格子钟打的快，着问太监赵进忠，此样钟可收拾得么？钦此。于本日据太监赵进忠说：风旗若重些就打的慢等语。太监张玉柱回奏。奉旨：宫内若有打的快的等钟，俟朕驾往圆明园之后俱着收拾，再将圆明园各处所有打的快的钟亦慢里收拾。钦此。

九月二十六日据圆明园来帖内称，九月初十日郎中海望奉旨：陈设鼓样并挺子座子照戳灯一样做，将鼓墙厚些的鼓做二面，上安粘翎毛的鸡一支，内安风琴。再将扁形的鼓做二面，上或安缨络式样或配合何样的，尔等酌量。再比此鼓小些的鼓亦做二面。俟画样呈览准时再做。钦此。于十月初六日画得高架陈设鼓样二张、扁形安缨络陈设鼓样一张，郎中海望呈览。奉旨：鼓上鸡肚内安的风琴虽好，但鸡肚内地方窄小，恐不能吹整套曲子，若有响声亦可。再此鼓内若安得风琴，顶上就不必安鸡，或安一夔龙式顶才好。其扁形安缨络陈设鼓样准做。钦此。于七年正月十六日做得陈设瓶式自鸣钟鼓一件，郎中海望呈进讫。

十月十四日太监王太平交来乐钟一件、大日晷一件，系福建巡抚常赉进。奉旨：着收拾，俟明年随往圆明园陈设。钦此。于本日将乐钟一件，大日晷一件，交首领太监赵进忠持去讫。

十二月二十七日郎中海望传旨：着照先做过的转板吊屏样钟再做一件。于六年十月二十八日做得转板吊屏一件，郎中海望呈进讫。

舆图处

四月十五日据圆明园来帖内称，四月十四日郎中海望画得舆图二张呈进。奉旨：舆图上的汉字写小了，着另写。舆图改做折叠棋盘式。钦此。于本月二十七日另做得折叠棋盘式图一张，郎中海望呈进讫。

九月二十日据圆明园来帖内称，十七日郎中海望钦奉上谕：将单十五省的舆图画一分，府分内单画江河水路，不用画山，边外地方亦不用画。其字比前进的图上的字再写粗壮些。用薄夹纸叠做四折。再画十五省的舆图一张，府分内亦不用画山，单画江河水路，其边外山河俱要画出，照旧写满汉字。查散克住处不用添上。钦此。于十月初一日遵旨画得舆图二分，郎中海望成进讫。

十一月初三日郎中海望传：着将铜板全省舆图再刷印二分备用。记此。于本月二十日刷印得舆图二分，郎中海望看过，着收贮备用。记此。交巴哈持去讫。

十一月初十日栢唐阿纳黑图来说，怡亲王着做折叠式全省舆图一分。其匠役所用材料等项俱向造办处取用。遵此。于十二月二十七日做得折叠全省舆图一分，怡亲王呈进讫。

炮枪作　附弓作

正月十一日郎中海望奉怡亲王谕：着做赏用锦缎面盔甲二十副。遵此。（据造盔主事石德交送武备院甲库讫）于闰三月十八日做得鋄金兽面盔（一）顶梁子无情遮眉，鋄金夔龙盔一顶，铜镀金兽面盔一顶梁子无情遮眉，铜镀金夔龙盔一顶，启怡亲王看。随谕：着照样做镀金兽面梵字盔四顶，夔龙兽面盔六顶，镀金盔顶梁子无情遮眉盔十顶。遵此。于雍正六年十二月初二日怡亲王谕：着将新做锁纹锦面盔甲拿一副来要用。遵此。于本月员外郎沈嵛将做成镀金钉蓝素锁纹锦面镀金管子梁子无情遮眉鋄金台錾兽面垂珠梵字盔甲一副，呈怡亲王看，随传旨：着赏理郡王。钦此。于本日将盔甲一副，随蓝纺丝空单二块，细布空单二块，三线布棉垫子六个，赏用石青缎盔衬帽一顶，蓝纺丝盔套一件，员外郎沈嵛带领催八狗，赏理郡王讫。于雍正六年十二月初七日郎中海望奉怡亲王谕：着照赏理郡王盔甲样，再补做一副。遵此。于七年三月初六日，郎中海望奉怡亲王谕：将做下备用回纹锦面盔甲拿一付来，赏顺承郡王。遵此。于本月初七日首领太监李久明持去回纹锦面甲一付，镀金垂珠兽面梵字盔甲一顶，随蓝纺丝挖单二块，金黄纺丝挖单二块，交总管太监陈福赏顺承郡王讫。于乾隆四年十月二十日司库刘山久、七品首领萨木哈、催总白世秀将武备院收贮甲十三副，月白锦面甲十四副，造办处成造石青缎面甲三十七副，交八品官高玉呈览。奉旨：留下武备院收贮甲二副，月白锦面甲九副，造办处成造石青缎面甲十四副，其余持出着交武备院甲库收贮。俟大阅之期，只有用石青缎面甲四副，月白锦面甲五副，随侍备用。钦此。赏怡亲王锦面甲一副，公衲亲锦面甲一副，赏回纹锦面甲九副，人员花名计开：常明、海望、来保、书令阿、张谦、永兴、阿里滚、汪查儿、阿岱，其余甲仍交武备院员外郎僧保住收库讫。

二十一日郎中海望奉怡亲王谕：我府内有威远将军铁炮一位，尔要来将尺寸做法记明，照样做十位。再查废炮内有此样炮无有？富宁安说过有子母炮架样子，尔向他问明何样做法？与造办处所做炮架样子同否？尔做一炮架样并炮样，俟我回来时看。遵此。于三月二十四日据圆明园来帖内称，做得轻子母炮木样一件，照本库收贮大子母炮木样一件，郎中海望呈怡亲王看，奉王谕：着每样先做一件，俟看准时再多做，其轻些的子母炮靶子太直了，酌量改做。于七月初二日据圆明园来帖内称，本月初一日首领太监李久明、萨木哈持来炮架样子一件系大将军富宁安呈样的。奉怡亲王谕：此样甚好，着照样做，其圈舆挺子比此样再要纯厚，楞子亦要浑实些。遵此。于七月初八日据圆明园来帖内称，郎中海望将新造子母炮三位，内一位通长五尺三寸，重四十八斤，铅子重四两，吃药二两；一位长五尺三寸，重三十六斤，铅子重二两五钱，吃药一两三钱；一位长五尺五寸，重三十五斤，铅子重二两五钱，吃药一两三钱，并试放远近。所用钱粮数目折一件启怡亲王。奉王谕：着将重三十五斤的子母炮一位，身镀金龙收在库内做样。再照重三十六斤的子母炮做二十位，身亦镀金龙。再照重四十八斤的子母炮做十位，炮身镀金龙。尔等先将小炮镀金龙处画样，看准再镀。朝天镫子大了，做时收小些，再将驼炮的鞍子做下备用，亦做一样看准时再做。遵此。于六年正月十九日怡亲王府内太监齐斌带来领西宁百总朱国样持来铁子母炮一位、交枪一件，总督岳钟琪进，奉怡亲王谕：着将此炮枪斤两数目称准，再将京内所造的大小子母炮的斤两亦秤准，明日早至福圆门伺候。遵此。于本日随秤得交来炮身连靶重四十斤，炮上铁遮火一件，连炮宰子一个，重六斤，通共重五十斤。又秤得交枪身铁重五斤，枪鞘重二斤，共重七斤。于二十日郎中海望代领西宁百总朱国杰将秤准炮枪持赴福圆门启怡亲王。奉王谕：将岳钟琪进的子母炮一位，交枪一件，着员外郎唐英代领催总苏合、领催孙福等，并京内新造大些子母炮一位，再新造交枪，俱带至圆明园造办处来，明日会同百总朱国杰持赴芦沟桥去比试放。遵此。于本月二十一日员外郎唐英代领苏合、孙福将京内造的药膛炮一位，第一号子母炮一位，第二号子母炮一位，一号药膛枪一杆，二号药膛枪一杆，又将百总朱国杰送来的子母炮一位、交枪一杆，同百总朱国杰至芦沟桥试放完讫。于二十二日将试放炮枪等次远近数目折片一件，郎中海望、员外郎唐英启怡亲王看，奉王谕：将试放枪炮折子留下，俟得空时再看。尔等将岳钟琪进的炮枪着百总朱国杰送往我的花园里去。遵此。随将炮一位、枪一杆，百总朱国杰送往花园里去讫。本日太监李成同百总朱国杰将炮一位、枪一杆仍持回，奉怡亲王谕：着交造办处造炮枪处收贮，将炮枪的尺寸并随炮枪的物件开写明白入档。遵此。本日随员外郎马尔汉持去讫。于二月初一日郎中海望、员外郎唐英等将试放新造药膛子母炮一位、大子母炮十位、小子母炮二十位，将试放靶子图样三十张，启怡亲王看，奉王谕：将此药膛炮一位，尔等精细画样，酌量配合镶嵌宝石，留为镇库随侍之用，其余大小子母炮三十位内挑选，头等的鋄金龙金字安号数字样，次等鋄银龙银字样安号数字样。遵此。于三月初三日画得镀金龙嵌珊瑚青金松石药膛炮木样一件，镀金龙金字安号数子母炮木样一件，镀银龙银字样安号数子母炮木样一件，员外郎唐英代领催孙福启怡亲王看，随启称挑选得头等大子母炮六位、小子母炮十位，共十六位，镀金龙金字。次等大子母炮四位、小子母炮十位，共十四位，镀银龙银字，以上炮共三十一位，俱照木样三件上画的龙字样镀金银，奉王谕：好。照样准镀。遵此。再为做大小子母炮三十位的架子、鞍子，照岳钟琪、傅宁安进的榆木炮架样二件，驼鞍一件，启怡亲王看，奉王谕：此二个架子不好，照岳钟琪送来子母炮、架子鞍子样，用檀木做。遵此。于七年四月十七日造得镶嵌宝石镀金子母炮一位，司库硕色呈怡亲王看，奉王谕：此炮上所用的零碎等件，俱着该管人员预备妥当。遵此。于九年三月十一日栢唐阿六达子镀得金龙子母炮十六位，银龙子母炮十四位，并镶嵌宝石子母炮一位，员外郎马尔汉讫。

正月二十二日据圆明园来帖内称，西安府千总官王勋臣送来凉州行营铁炮一位，通高一尺七寸二分，身径过三寸二分，中腰身径过三寸二分，上口径过四寸八分，上箍厚七分，底足径过四寸四分，底箍七分，底厚一寸九分，中腰宽一寸三分，膛口径二寸二分，重五十五斤。行营铁炮一位，通高一尺七寸九分，上身径过三寸二分，上口径过四寸五分，上箍厚六分，底足径四寸四分，底箍六分，底厚三寸五分，中箍宽一寸三分，膛口径过二寸，中腰三寸一分，重五十五斤，每位炮下碎子二十个，盖子一个，用药一斤，下大子一个，用药十二两。郎中海望奉怡亲王谕：着照样镟木样。遵此。于本月二十三日郎中海望奉怡亲王谕：凉州送来行营铁炮，尔等做时略做轻些。遵此。郎中海望随启称，此炮皮薄，若再轻些，惟恐不能保重，今欲将炮堂做径一寸八分等语。奉王谕：准做。遵此。于本日将原送来行营铁炮镟完木样，仍交千总官王勋臣持去讫。

二十四日兵部来文内称，为吉林乌拉做鸟枪六百杆、白都纳做鸟枪二百杆、宁乌他做鸟枪二百杆。又一件。司库伊兰亲持去来文交首领太监李玉福启怡亲王。奉王谕：此鸟枪等我回来时再回。遵此。于三月初五日郎中海望、员外郎沈崳启称，乌拉用鸟枪六百杆，宁乌他白都纳二处，每处用鸟枪二百杆，共造鸟枪一千杆等语启知。奉怡亲王谕：将阿尔班鸟枪再造一千杆。此时吉林乌拉等处前来领取鸟枪可暂将尔等先造给八旗二千杆之内选一千杆发给三处，俟此一千杆鸟枪造完时陆续散给八旗。其余的鸟枪可收着。再，造完短鸟枪一千杆内已经散给前锋兵六百八十六杆，今现存三百十四杆，可将短鸟枪补造一百八十六杆，凑满五百之数收着备用。遵此。于九年二月初九日兵部主事巴尔布领去吉林乌拉鸟枪六百杆、宁乌他二百杆、白都纳二百杆。员外郎马尔汗、司库苏合发给。

三月初三日首领太监李久明来说奏事太监张玉柱传旨：赏四川提

督黄挺贵用腰刀一把。钦此。本日将镀金束子儿皮鞘大凹面腰刀一把交太监李久明持去，交太监张玉柱讫。

十六日郎中海望查得旧有仿神化交枪三杆，内一件现随侍，赏年羹尧一杆，复收回，现收拾。红签上欲添造二杆。花铁交枪十杆，现收拾、红签上欲添做二杆、花铁交枪三杆，系照赵昌枪样打造的、蒙古花铁交枪二杆、花铁线枪十五杆，内五杆现收拾，红签上欲添做十杆、素铁线枪十五杆，红签上欲添做十五杆、素铁粗线枪十杆，缮折一件，启怡亲王。奉王谕：着照红签书名添做。遵此。本日将枪折并枪仍交炮枪处马尔汉持去讫。于闰三月二十七日据圆明园来帖内称，本月二十六日栢唐阿黑达子来说，怡亲王谕：有选下给阿哥门［们］备用小花铁线枪拿来我看。遵此。于闰三月二十七日将炮枪处预备黄杨木鞘花铁线枪四杆、桦木鞘花铁线枪六杆，郎中海望呈怡亲王看，随选得桦木鞘线枪四杆，谕：着给阿哥门［们］用，其余黄杨木鞘线枪四杆、桦木鞘线枪二杆预备，皇上要轻些的枪，将此枪呈用，尔等将阿哥门［们］用的素铁交枪做三四杆，子儿不过三钱以下，轻重酌量，用叶子铁打造，再照黄杨木鞘花铁线枪造十杆以备给阿哥们用。遵此。于五月初九日员外郎马尔汉奉怡亲王谕：素铁线枪十五杆，着配鞘子。遵此。于六月二十五日栢唐阿赵六十来说，郎中海望传，着将花铁交枪十杆、花铁线枪五杆，补配桦木鞘子。记此。四年十一月二十九日火毁讫。于八月初七日栢唐阿赵六十来说，员外郎沈崳传，着将花铁交枪六杆，花铁线枪十杆，照样另换绦子皮子以备随侍用。记此。于七年三月初六日郎中海望奉怡亲王谕：着将上好交枪拿一杆，来赏顺承郡王用。遵此。于本月初七日首领太监李久明持去交总管太监陈福赏顺承郡王讫。

闰三月初十日主事实德来说怡亲王谕：圆明园勤政殿隔扇上着做铁鹅项丁口坎等件三槽。遵此。于本月二十三日做得铁鹅项丁口坎等件三槽，主事实德持去安讫。

十二月初一日怡亲王奏称：为造鸟枪、子母炮等事，今通料估得八旗铁匠并外雇铁匠成造，一年可得鸟枪一万杆、子母炮一百位等语具奏。奉旨：照数准做，再给乌拉地方做鸟枪二千杆。钦此。于本月初五日为造子母炮一百位，每位长五尺二寸二分，每位随子儿五个，长七寸；长三尺鸟枪一万二千杆料估折一件、派官员人监造折一件，郎中海望启怡亲王看。奉王谕：子母炮准做，其鸟枪改做长二尺七寸。司库三音保同催总马尔泰、柏唐阿永泰一处监造。员外郎马尔汗同柏唐阿默尔森额、领催福六一处监造。员外郎唐英同催总苏合、领催孙福并子母炮一处监造。每月每处得鸟枪四百杆，十个月共得一万二千杆。遵此。于六年正月初八日郎中海望将造子母炮一百位、鸟枪一万二千杆，共用物料银九千二百二十七两八钱八分八厘二毛，共工银一万六千五百九十三两一钱九分六厘，通共银二万五千八百二十一两八分四厘二毛。物料银三次发给，工价银每月十日发给一次，总折一件启怡亲王看。王谕：随画押准行，将此折交库上收贮，着按此折上次序照数发给。遵此。

十五日怡亲王交铁三块，着每块截一段，折打试看回我知道。遵此。于本日随交员外郎马尔汗铁三块，重十四斤十两，每样铁截得一块，打成铁条一根。郎中海望启怡亲王看。奉王谕：拣选好的向户部行取来造炮枪用。遵此。

十六日催总刘三九持来箭头木样一件，说郎中海望传，着照样做箭头二十个。记此。于十二月二十七日照样做得箭头二十个，刘三九持去呈怡亲王讫。

杂活作　附眼镜作　锭子药作

正月二十三日郎中海望称：怡亲王今年万寿呈进活计内欲做天保九如九件等语。奉王谕：准做。遵此。此项活计未用官钱粮，系怡亲王恭进的。于本月二十九日做得黄杨木如意一件，上嵌如山金子二个；鸡翅木如意一件，上嵌如阜金字二个；乌木如意一件，上嵌如岗金字二个；紫檀木如意一件，上嵌如南山金字三个；象牙茜绿色如意一件，上嵌红玛瑙圆日字，又嵌如日金字二个；花梨木如意一件，上嵌白玉月牙一个，如月金字两个；沉香如意一件，上嵌如松金字二个；栢木包木如意一件，上嵌如栢金字二个；白檀香如意一件，上嵌如川金字二个；怡亲王、信郡王带领郎中海望呈进讫。

二月初四日太监刘希文、王太平传旨：着将寿意活计做些，俟三月初二日赐果郡王。钦此。本日郎中海望传，做寿意铜镀金书灯一件，寿意署文房一件，福寿齐眉瓶花一件，镶嵌福寿双喜鼻烟壶一对，福寿三多瓶花一件，五福同寿盒一对，节节双喜如意一件，眉寿笔筒一件，象牙松鹤臂格一件，喜祝长春盆景一件，寿意珐琅炉瓶一分，寿意珐琅鼻烟壶一对，寿比南山盆景一件，福禄寿端石砚一方，寿山石天鹿笔架一件，寿意墨床一件，紫檀木边玻璃插屏镜一件，寿意水盛一件，双圆福寿火镰包二件。记此。于本月二十七日做得福寿齐眉花一束，霁红瓶，紫檀木座；寿比南山盆景一件，假寿山盆；镶嵌福寿双喜鼻烟壶一对；福寿三多瓶花一件，珐琅瓶，紫檀木座；铜烧古五福同寿盒一对，内盛宫香饼七百二十个；黄杨木节节双喜如意一件；雕象牙眉寿笔筒一件，随镶玳瑁口笔十枝；象牙松鹤臂格一件；喜祝长春盆景一件；镶金珀紫檀木盒福禄寿端砚一方；寿山石天鹿笔架一件，象牙座；寿意珐琅炉瓶香盒一分；寿意珐琅桃式鼻烟壶一对；桃式玛瑙水盛一件，象牙座，镀金匙；嵌玉环紫檀木墨床一件；紫檀木玻璃插屏一座；寿意铜镀金喜相逢书灯一件；寿意署文房一件；珊瑚珠双圆福寿火镰包二件，随松石珠；郎中海望呈进讫。

二月二十一日海望持出紫檀木挂笔筒一件。奉旨：俟朕到圆明园时安在一室春和屋内。钦此。于三月二十一日将紫檀木挂笔筒一件，郎中海望呈进讫。

二十一日郎中海望传旨：朕看得尔造办处所进活计俱是朕交下着做的活计，现今造办处匠役有几百名，何必旷闲，尔等寻些活计与他们做。再，表作亦寻些活计与他们做，不可旷闲。钦此。于三月初十日画得节节如意笔筒样一张、改做双喜，节节双喜笔筒样一张，福禄寿笔架样一张，双和双喜花插样一张，榴开百子花囊样一张，山河万代瓶花样一张，花甲连连香碟样一张，日增月盛事事久长砚样一张、随水盛花插，九苓献瑞盆景样一张，嵌五福鼻烟壶样一张，嵌五毒鼻烟壶样一张，九如意香盒样一张、改吉庆如意，天中五瑞盆景样一张，福寿三多插屏一件，包袱式盒样一张，珐琅桃式炉瓶盒样一张，紫檀木香几样一张，呈怡亲王看，奉王谕：尔等酌量做。遵此。于五月初四日做得镶玳瑁象牙紫檀木香几一件，上随象牙荷花一束，系珐琅瓶，紫檀木座。象牙托碟一件，内盛象牙茜色石榴一个。珐琅碟一件，内盛象牙茜色桃四个。白端石盆菖蒲艾叶盆景一件。铜烧古炉一件；象牙香盒一件；匙箸瓶一件；铜匙箸一分。九苓献瑞盆景一件，假松石盆。象牙嵌松石玳瑁五蝠鼻烟壶二件，鹤顶红顶子；象牙嵌金珀玳瑁五毒鼻烟壶二件，鹤顶红顶子；花甲连连象牙荷叶式碟一件；天中五瑞盆景一件，白石盆。珐琅桃式炉一件，随石榴香盒一件，葫芦式匙箸瓶一件，铜镀金匙箸一分。绣福寿双圆火镰包一件，随松石珠。怡亲王、信郡王呈进讫。于八月十四日做得黄杨木嵌福寿三多玻璃插屏笔筒一件，黄玻璃柿形盒，紫端石日增月盛事事如意砚一方，随黄玻璃柿形水盛一件。石榴形珐琅花插一件，通草花一束，双和双喜象牙花插一件，节节双喜象牙笔筒一件，榴开百子象牙花囊一件，怡亲王、信郡王呈进讫。于九月二十八日做得紫檀木嵌吉庆如意香盒一件，节节双喜象牙笔筒一件，内盛松柏长春，手卷一卷，笔九枝，怡亲王、信郡王呈进讫。于十月二十九日做得各色彩漆锦样包袱盒九件，福禄寿象牙笔架一件，怡亲王、信郡王呈进讫。于六年十月二十八日做得山河万代瓶花一瓶，郎中海望呈进讫。

三月二十九日据圆明园来帖内称，本月二十八日太监韩贵来说，太监常玉传旨：四宜堂屋内笔管栏杆床上着安有掐子笔筒二件，照手巾杆帽架上的挂笔筒样，或用竹做或用木做俱可。钦此。于闰三月初三日做得雕刻竹挂笔筒二件，随镀银掐子二个、铁掐子二个。郎中海望持进四宜堂屋内，安在笔管栏杆床上。

六月十四日据圆明园来帖内称，本月十一日郎中海望奉旨：万字房西一路第二间门外板墙上安呼童钟一件。对戏台屋内安耳顺风一件、帽架一件、水牌一件、香袋一件。钦此。于七月初一日做得呼童钟一件，铜胎烧古中间接竹子耳顺风一件，象牙雕刻二龙捧寿帽架一件，粉油面水牌一件，象牙墙烫香鹅黄缎绣二龙捧寿面香袋一件，郎中海望代领催总刘三九、领催白老格等持赴万字房内安讫。于八月十二日据圆明园来帖内称，本月十一日郎中海望奉旨：万字房内安的耳顺风的嘴子不好，着另用犀角做花插式嘴子以备两用，此花插内插珊瑚一枝，其下座雕水。钦此。于八月十五日郎中海望奉上谕：万字房对西瀑布屋内挡耳顺风的帽架若替换时无处可放，尔将窗户健［间］柱另錾一眼，以备插帽架用，若挪过帽架时将此眼或做一香袋，或用玉片遮挡。钦此。于八月二十五日耳顺风上改做得犀角嘴子一件，内插珊瑚一枝，并香袋遮眼一件，领催白士秀持进安讫。

九月十三日据圆明园来帖内称，本月十三日郎中海望画得生平福寿笙纸样一张、清平事事长如意，百福连连迎早春挂屏纸样一张，呈览。奉旨：准做。钦此。于九月二十八日做昇平福寿黄杨木笙一件、挂屏一件，郎中海望呈进讫。

十六日据圆明园来帖内称，初十日海望持出玻璃片衬金花腰圆形鼻烟盒二件。奉旨：着匠役等看，或做小盒墙子或做玻璃笔架时，照此玻璃内衬垫样做。钦此。于六年三月十一日做得玻璃衬垫鼻烟盒二件，并原样盒二件，怡亲王呈进讫。

十月三十日郎中海望奉怡亲王谕：着赏写篆字人方西华用六十岁茶晶眼镜一副。遵此。于本日随将做成玳瑁圈六十岁茶晶眼镜一付，随黑珠皮盒，领催李三交篆字人方西华持去讫。

十一月初五日郎中海望、员外郎沈嵛传做绣黄宫绸罩盖火镰包六个、绣红宫绸火镰包四个、红羊皮罩盖火镰包十个。记此。于十二月三十日做得绣黄红宫绸罩盖火镰包十件，红羊皮罩盖火镰包十件，各随珊瑚盖珠，郎中海望呈进讫。

花儿作

正月十七日郎中海望、员外郎沈嵛同传做年例端阳节通草戴花一百匣，绒符十匣，翠符十匣，合锦戴花二十匣，娃娃二十匣。记此。于四月二十七日做得通草戴花一百匣，绒符十匣，翠符十匣，合锦花二十匣，娃娃二十匣，首领太监李久明、萨木哈持去交太监刘希文讫。

六月二十七日据圆明园来帖内称，郎中海望奉旨：万字房西南角屋内陈设的竹节式书格四架甚苗细，若摆古董惟恐沉重，尔等用通草做些盆景，俱安玻璃罩。钦此。

九月十二日郎中海望传做寿意盆景一件，寿意瓶花一件，香圆佛手一盘。记此。于十三日据圆明园来帖内称，本日十二日画得福寿双圆盆景纸样一张，郎中海望呈览。奉旨：准做。钦此。本日郎中海望定得福寿双圆盆景，桃福用通草做，内点宣石，花盆用石膏做绿松石铁线。记此。于二十日据圆明园来帖内称，付去葫芦花瓶一件。此瓶因寿意活计内少瓶花一样，令特向太监刘希文要出葫芦式花瓶一件，随画得架子样一张，或做乌木架或做紫檀木架，瓶内花或做通草佛手吉祥花卉。记此。于本月二十八日做得福寿双喜盆景一件，随假松石盆，糊锦罩；嵩龄祝寿瓶花一束，随葫芦式花瓶、紫檀木架、香圆佛手各九个，随青花白地磁盘楠木架，郎中海望呈进讫。

累丝作

八月十八日圆明园来帖内称，太监刘希文传旨：着将寿意顶花金簪做四对，画样呈览。钦此。于本月二十四日画得簪样八件，郎中海望呈览。奉旨：着照双圆福寿簪样、喜寿连连簪样、双凤双圆簪样、合欢双瑞簪样，每样做一对。钦此。于九月初六日做得双圆双凤金簪一对，上用珠子二十粒，重三钱六分。

合欢双瑞金簪一对，上用珠子十六粒，重二钱二分；红宝石四块，重一钱五分。喜寿连连金簪一对，上用珠子十二粒，重二分；上用珠子四粒，重六分；宝石二块，重四分。双圆福寿金簪一对，上用珠子十粒，重一钱五分；宝石二块，重五分。以上金簪四对共用二月二十二日太监刘希文、王太平交出的珠石内珠子五十粒，重七钱七分，宝石八块，重二钱四分，随糊锦匣盛。郎中海望呈进讫。

九月十八日据圆明园来帖内称，郎中海望持出银珐琅镀金七宝一件、八宝一件、瓶宝一件、轮一件。奉旨：着照样收小放高四寸，再做金累丝的一分。其瓶宝上座子并瓶，或用青金或用松石配合做。七宝上人物用珊瑚做，上面如有镶嵌珠宝点翠之处尔等酌量。其托盘做珐琅的，盘内水或用银，或用象牙做俱可，各随红玻璃顶白玻璃罩。八宝七宝上边的云只要一朵。再，此供四件若将金轮供在中间，余三件难以分配，尔等问果郡王并喇嘛们，供器内若有别样供器可以添配得的再配一件，将金轮居中方好。尔等商议妥时画样呈览。钦此。于九月十六日画得轮样一张，六宝样一张，七宝样一张，八宝样一张，瓶宝样一张呈览，奉旨：准做。钦此。于十二月二十六日做得金累丝点翠轮一件，上嵌珠子十六粒、半圆珊瑚垫子十个、松石垫子四个。金累丝点翠瓶宝一件，上嵌珊瑚瓶四个，松石瓶一个，砗磲瓶一个，铜胎珐琅果一个，玻璃镜一件，青金座一件。金累丝点翠六宝一件，上嵌砗磲螺丝一件，珊瑚衣一件，青金石经一卷，铜胎珐琅桃四个，松石琵琶一件，玻璃镜一件，青金瓶座一件。金累丝点翠七宝一件，上嵌珊瑚人三个，砗磲象一个，象牙茜绿马一个，珐琅三宝珠一个，累丝轮一件，象牙茜绿座一件。金累丝点翠八宝一件，上嵌碧玉盖一件，玛瑙鱼一件，青金罐一件，珊瑚花一件，砗磲螺狮一件，松石肠一件，蜜蜡伞一件，白玉轮一件，象牙茜绿座一件。各随镀金珐琅托碟、红玻璃顶、白玻璃罩，并原交做样银珐琅四供四件，郎中海望呈进。奉旨：俟朕往圆明园去时送呈圆明园，供在万字房，其原样亦送至圆明园，供在九州清晏佛堂内。钦此。于六年正月初三日，将原样四供一分，郎中海望交栢唐阿马维祺送呈圆明园，交乌和里达、董芳显收讫。于六年七月二十五日将新做的五供一分，郎中海望交催总胡常保送呈圆明园交太监焦进朝收讫。

皮作

五月十一日据圆明园来帖内称，太监李久明持出五彩金龙边缎笺对一副、匾十件，绫笺对十副、匾十件。说副总管太监苏培盛传旨：此匾对酌量改做，或佛楼、或庙里供的欢门幡，或做石青缎子、或做别样颜色字，做一两副请旨。钦此。五彩金龙边缎笺对十副、匾十面，绫笺对十副、匾十面，现存库。

六月十五日郎中海望奉旨：万字房内屏风宝座地平上面铺毯子，尔等画样呈览。钦此。本月二十二日画得宝座地平上毯子样一张，郎中海望呈览。奉旨：不必做毯子，满做花毡，其余照样准做。钦此。于本日即交武备院库使苦尔诺讫。

十六日郎中海望奉旨：莲花馆西瀑布处三间屋内床上的坐褥小了，另做一个；南北床可床入身要比床窄六七寸。再，一号房西门内书格罩上的幔子摘去，挂在别处用。另做一锦刷子，不必太长了，要八九寸长方好，或用酱色，或用文雅花样。钦此。于本年五月二十日做得小座褥一件，酱色锦刷子一件，郎中海望持进安讫。

七月初一日据圆明园来帖内称，郎中海望持出万字房陈设自鸣钟黄纺丝里面旧锦套一件。传：着照样做新套一件。记此。于本月初四日做得黄纺丝新锦套一件，并原样旧套一件，交首领太监赵进忠持去讫。

初三日据圆明园来帖内称，太监张玉柱传旨：着做赏用全分鞓带一副，赏正红旗都统苏丹用。钦此。于七月初十日做得玛瑙面铜镀金板鞓带一付，随石青鞓带一条，象牙开七里一件、青缎荷包一对、铜镀金束二个、白春绸手巾二条，栢唐阿巴兰太持去，交奏事太监冯国昌讫。

八月十二日据圆明园来帖内称，太监刘希文传旨：万字房东暖阁内挡后窗着做花猩猩毡幔子一架，其毡向总管太监要，里或用布，或用纺丝俱可。钦此。随量得幔宽八尺一寸、高七尺九寸。本日总管太监李德哈元臣持出花猩猩毡一块共二丈四尺，于本月十六日照尺寸做得花猩猩毡幔子一架，共用过一丈六尺，催总胡常保持去安讫下剩。花猩猩毡八尺仍交总管太监李德持去讫。

八月二十五日太监刘希文传旨：万字房通景画壁前着画西洋吉祥草毯子样呈览。钦此。于十月初一日画得万字房东一路屋内通景画壁前吉祥草花样毯子样二张，郎中海望呈览。奉旨：周围的万字锦边不好，着另画碎花，其地上的颜色不必染黄。再，圆明园殿上的毯子花样不好，尔等亦画样，俟岳钟琪来时将此二样交岳钟琪织造。钦此。于十一月初七日画得万字房东一路屋内通景画壁前吉祥草碎花边样一张，长一丈三尺六寸八分、宽一丈三尺五分。圆明园殿上吉祥草碎花边样一张，长一丈三尺六寸、宽一丈三尺九分，上贴黄签。郎中海望交奏本太监张玉柱转奏。随传旨：着交岳钟琪，每样织造一块，不必染黄边。钦此。于本日将画的纸样二张用黄杭挖单包好，郎中海望交岳钟琪持去讫。于六年五月初五日郎中海望口奏：今川陕总督岳钟琪差官送到花毯二块，请旨铺设等语奏闻。奉旨：拣择吉日铺设。钦此。于五月二十五日郎中海望将做得花毯二块沿锦边完，铺在圆明园殿上并万字房内讫。

九月初六日太监刘希文传旨：莲花馆八号房东间内挂的大吊屏玻璃镜，并九号房东间内挂的大吊屏玻璃镜，着照九洲清晏、洞天日月多佳景屋内挂的玻璃镜上锦帘做二件。钦此。于九月十二日做得锦帘二件，领催闻二黑持进安讫。

十四日据圆明园来帖内称，郎中海望画得九福捧寿全带纸样一张呈览。奉旨：准做。其九福上添小寿字。钦此。于本月二十八日做得九蝠捧寿全带一付，随铜镀金带板四块，每块上嵌松石九福珊瑚寿字一个，铜镀金束嵌珊瑚面春绸手巾二条，缉扣珠寿字金黄辫石青缎荷包一对，镶嵌寿意开七里一件，珊瑚盖珠镶嵌火镰包一件，金黄带一条，合牌胎黄寿字锦圆盒盛，郎中海望呈进讫。

十月初五日太监刘希文传旨：着做东暖阁花猩猩毡帘一架，安桃红绫里。钦此。于本月初八日做得红花黄地猩猩毡面桃红绫里帘子一架，随铁螺钉三个，催总刘三九、领催闻二黑同持进安讫。

初五日郎中海望传做备用上用全带一副，钮带一条。记此。于十月二十九日做得上用全带一付，系鹅黄格漏纽带一条，上随铜镀金带板四块，嵌珊瑚福寿面四块，共嵌珍珠七十二粒。铜镀金手巾束一对，嵌珊瑚福寿面。春绸手巾二条。珊瑚豆鹅黄辫绣五彩流云穿珍珠万万寿石青缎荷包一对。镶嵌万福万寿象牙开其里一件。珊瑚盖珠钮带一条，系鹅黄格漏纽带一条，上随铜镀金带头一块，上镶嵌珊瑚五福捧寿黄玻璃面。郎中海望呈进讫。

铜作

正月二十三日郎中海望启称，怡亲王今年万寿呈进活计内欲做圆明九照一件等语，奉王谕：准做。遵此。此项活计未用官钱粮，系怡亲王恭进的。于十月二十九日做得合牌胎退光漆地彩画洋金流云蝠葫芦形圆明九照一件，上随铜圆镜九个、珐琅顶镀金宝盖白斗珠珊瑚扣珠缨络六挂，每挂上铜镀金吊牌一个、青金石云一个、蜜蜡寿字一个、蜜蜡夔龙吊牌一个、珊瑚葫芦九个，俱系鹅黄穗、嵌金珀夔龙十二条，紫檀木座一件，怡亲王、信郡王带领海望呈进讫。

六月十三日郎中海望传做万字房天棚上铜滑车子儿二十四个，各宽一寸二分。记此。于六月十五日照尺寸做得铜滑车子儿二十四个，主事实德持赴圆明园安在万字房天棚上讫。

八月初八日太监王常贵、张玉柱传旨：着照长春方丈屋内陈设的双圆铜暖砚再做一方。钦此。于九月二十八日做得铜镀金烧古双圆铜暖砚一方，内盛紫端石砚一方，郎中海望呈进讫。

十七日太监刘希文传旨：万字房前十字亭顶上着安铜风试风旗。

钦此。于六年二月十八日做得铜风试风旗一件，领催文二黑、周二持进安讫。

八月二十七日据圆明园来帖内称，太监刘希文传旨：着做激筒二个，安在万字房。钦此。于六年二月十八日做得激筒二个，催总吴花子持赴。

錽作

五月二十七日郎中海望传，做圆明园正大光明殿内屏风上用錽银西洋钩子六个。记此。于本月二十九日做得錽银西洋钩子六个，催总吴花子持去安在屏风上讫。

六月初八日据圆明园来帖内称，郎中海望传做万字房假书格门上用錽银合扇八块，各长二寸、宽一寸二分。再做盘线簧用钢丝六尺、铜丝六尺。记此。于本月十一日照尺寸做得錽银合扇八块，铜钢丝各六尺，副领催赵雅国持去，安在万字房假书格门上讫。

十二月二十八日郎中海望传做赏用大药烘药葫芦十分。记此。于六年十月十二日买办得大药烘药葫芦十分，员外郎马尔汉交打虎围侍卫哈达等领去讫。

木作

正月十五日散秩大臣佛伦传旨：筵宴上用的图塞尔根桌子两头太长些，抬桌子人难以行走，着交养心殿造办处另做一张，比旧桌做短些，外用黄缎套。钦此。于正月十八日做得花梨木图塞尔根桌一张，长三尺六寸、宽二尺四寸三分、高一尺八寸、水线八分，催总马尔汗交内管领海成持去讫。

二十三日据圆明园来帖内称，太监荣旺传旨：着照呈进过的硬木托床样再做二张，赐怡亲王。不必用硬木做。钦此。于十一月二十六日做得杉木胎香色彩漆油面画三色夔龙托床二张。郎中海望启称怡亲王，奉王谕：着送至交辉园去。遵此。本日柏唐阿苏七格送至交辉园交乌和里达张保住收讫。

二十九日六品官阿兰太为画亲耕图等画传做杉木正子五十二副、高凳十二条、手卷正子四个。记此。于三月十一日照尺寸做得杉木正子五十二付，高凳十二条，手卷正子四个，催总马尔汉交六品官阿兰太收讫。

三月二十六日据圆明园来帖内称，太监刘希文传旨：着照九洲清晏后殿内洋漆洲床样收短一尺、放宽二寸，用楠木做一张。钦此。于本月二十七日做得长三尺九寸四分、宽二尺六分、高一尺五寸七分楠木床一张，郎中海望交太监刘希文收讫。

二十九日首领太监程国用交来紫檀木半出腿玻璃插屏一件、锦帘一件，说太监刘希文传旨：将此插屏交给海望，送往圆明园。再照此插屏做一件，若无此尺寸玻璃，做小些亦可。钦此。于本日将原交来紫檀木半出腿玻璃插屏一件，随锦帘一件，交栢唐阿迈图送至圆明园交太监王玉、马国用收讫。于十一月初四日做得紫檀木案式半出腿玻璃插屏一件，随寿字锦帘一件，郎中海望交首领太监程国用收讫。

闰三月十一日总管太监刘进忠传旨：着画坤宁宫东暖殿内装修样。钦此。于本月十四日郎中海望画得装修样二张，交副总管苏培盛呈览。奉旨：准用落地罩，将高炕拆去，满打地炕，炕上安床。落地罩做二面，一面糊纸，一面糊纱。横楣窗做宽些，窗下着安石青刷子，或用缎或用官纱。钦此。于四月二十六日做得杉木柏木边楠木心落地罩一座、杉木桌四张、杉木炉罩二件、杉木杌子一件。员外郎沈嵛带木匠卢玉等持赴装修完。所取用纱缎俱是广储司库上材料讫。

闰三月十二日据圆明园来帖内称，本月初七日郎中海望奉旨：莲花馆对西瀑布处三间屋内着另换装修，画样呈览。钦此。于四月初八日画得装修样一张，郎中海望呈览。奉旨：准做，其装修内有玻璃方窗一个、横楣窗二个，俱要二面贴画。钦此。于四月十三日做得二面贴画杉木胎玻璃方窗一个，横楣窗二个，俱随鋄银梃钩，郎中海望代领催常保持进莲花馆安讫。于四月十四日郎中海望奉旨：莲花馆对西瀑布处三间屋内二面贴画的玻璃窗、横楣窗俱做蠢了，着另改做。其横楣窗玻璃窗上用白漏地纱，二面上画花卉翎毛画二张。钦此。于四月二十三日将玻璃窗横眉窗俱另改做完，并画得二面透花卉翎毛画二张，郎中海望持进安在莲花馆讫。于五月二十二日总管太监李英传旨莲花馆对面西瀑布处三间房内玻璃窗上二面花卉拆去，另画山水画二张贴上。钦此。于六月初三日画得山水画二张，郎中海望持进贴讫。

四月二十八日郎中海望、员外郎沈嵛传，做盛赏西洋国王磁器缎子等件用杉木箱四十个、楠木箱一个。记此。于二十九日据圆明园来帖内称，郎中海望为赏西洋国王并使臣物件配做箱子，何样装饰等语启怡亲王，奉王谕：做杉木箱，外油黄油锭镀银饰件，银长锁匙，务要精致。遵此。于六月初一日做得黄油面镀银饰件杉木箱四十个，楠木箱一个，内装物件开后。米家山水官扇一把，绣花官扇一把，透绣百古官扇一把，透绣云龙官扇一把，白磁暗花套杯十件，绿磁暗龙套杯十件，红磁蓝花套杯十件，五彩套杯十件，洋漆大盘二件，洋漆小盘六件，洋漆香几一对，洋漆香架二件，洋漆盖碗八件，红洋漆高足碗四件，香色漆大皮盘八件，红漆二号皮盘十二件，红漆皮碗十件，普儿茶二十团，高丽纸一百张，洒金五色字绢五十张，画绢五十张，茶糕五匣，松糕五匣，哈密瓜干一匣，香瓜干一匣，武夷茶十罐，六安茶十罐，荔枝酒六瓶，五彩小磁碗八件，蓝花盖碗四件，花盖碗四件，五彩小磁碗十二件，提梁磁壶二件，磁酒台二件，磁酒壶二件，红磁盖碗四件，霁红磁盘十二件，五彩葵花磁盘八件，外红内白磁碗八件，五彩小磁盘四件，扇式磁挂瓶二件，外青内白磁盘八件，五彩红地磁碗十二件，洋漆匣内盛墨二十匣，洋漆矮桌二张，香袋四匣，洋漆书格一对，填漆扇匣一对，洋漆匣一对，洋漆大柜一对，大百露纸一百张，楠木箱内盛妆缎五匹，线缎八匹，百花妆缎六匹，新花样缎六匹，人参四十斤，洋漆扇面小柜一对，红彩金漆边绣纱香袋吊挂灯一对，黑彩金漆边绣香袋吊挂灯一对，连五香袋四挂二匣，透绣官扇五把，绣香袋二匣，香饼二匣，官扇四把一匣。

赏使臣物件，霁红磁盘四件，五彩磁盘十二件，磁壶三把，荔枝酒二瓶，墨六匣，青花白地磁碗八件，六安茶四罐，武夷茶四罐，普儿茶八团，哈密瓜干香瓜干茶糕松糕四匣，洋漆柿子盒一对，洋漆盖碗二对，红漆皮盘二对，香色漆二号皮盘六件，各色扇二匣，洋漆捡妆一对，大白露纸十张，五色笺纸二十张，高丽纸二十张，洒金五色字绢十张，画绢十张，线缎三匹，百花妆缎二匹，新花样缎二匹。以上物件郎中海望着催总常保、栢唐阿五十八送去交御史常保住讫。

六月初七日副总管苏培盛传旨：着照四宜堂内陈设填漆桌的尺寸样式，各色做几张。钦此。本日郎中海望、沈喻传做楠木桌一张。记此。于十二月初五日序班沈祥送来桌样一张，上开：长三尺三寸三分、宽二尺三寸七分、高二尺五寸七分。记此。九年正月二十八日做得楠木桌一张交太监赵朝凤持去讫。

七月初二日据圆明园来帖内称，本月初一日郎中海望奉旨：着将万字房陈设的大乐钟上配紫檀木座。钦此。于八月初一日做得紫檀木座一件，郎中海望持去安在万字房大乐钟上讫。

初三日首领太监王进玉、王自玉同传：养心殿内排子上另换新席并油饰板墙。钦此。于本月二十日员外郎沈喻同催总常保带领役匠等，将排子上旧帘拆去，另换得新帘并板墙俱油色见新讫。

初六日据圆明园来帖内称，副总管苏培盛交来御笔万方安和匾文一张、临泉亭匾文一张。传旨：着将万方安和匾文用三青做，临泉亭匾文用大青做，其地章［仗］油冰裂纹。钦此。于八月初九日做得万方安和匾一面，临泉亭匾一面，其原来匾字本文两张，催总吴花子持去安挂万字房讫。

七月初八日据圆明园来帖内称，郎中海望传做莲花馆内花梨木包镶边框吊屏窗一扇，通三尺一寸一分、宽一尺七寸、厚二寸二分，随黄铜镀金吊环二个、吊钉二个、托钉四个。记此。于八月初一日做得花梨木包镶边框吊屏窗一扇，随铜镀金吊环二个、吊钉二个、托钉四件，郎中海望持去安在莲花馆内讫。

十二日据圆明园来帖内称，本月初十日清茶房总管李英传旨：万字房东暖阁内碧纱橱下着做长二尺八寸六分、宽一尺三寸、高一尺四寸三分、厚一寸四分、腿子一寸二分，一封书式小床一张。或用花梨做，或用紫檀木做。钦此。于八月初一日做得花梨木一封书式小床一张，郎中海望持去安在万字房内讫。

二十一日郎中海望奉旨：养心殿东暖阁陈设的镶银母花梨边框插屏式钟一件，上嵌银母花纹甚好。尔照黑漆面抽长扶手香几的尺寸配合做花梨木桌一张，其面上安玻璃，着郎石宁画画一张衬在玻璃内，周围边上照插屏式钟上花样用银母镶嵌。钦此。于十月二十九日做得玻璃面内衬花篮花卉画镶嵌银母紫檀木桌一张，怡亲王带领郎中海望呈进讫。

二十一日郎中海望奉旨：着照先做过的紫檀木夔龙栏杆都盛盘做几件，亦照养心殿东暖阁陈设的镶嵌银母花梨木边插屏式钟上花用银母镶嵌。钦此。于六年八月十四日做得镶嵌银母面番花紫檀木都盛盘二件，郎中海望呈进讫。

八月二十四日，郎中海望奉上谕：着搁炉小香几做几件。其香几面子见方六七寸、高二三寸、下安四腿、腿心挖空。从香几面透眼，一边插匙，一边插箸，中间安炉。钦此。于八月二十七日搁炉楠木香几一件呈览，奉旨：香几腿子再往里挪些，安抽屉不必长方，做见方的。钦此。于九月初三日照尺寸做得楠木香几一件，随老鹳翎色匙箸一分，郎中海望呈进讫。随奉旨：照此样略放高些，或漆或紫檀木酌量做，一边安炉刷，一边安镊子。钦此。于十一月十一日做得紫檀木小方香几一件，随象牙靶琴扫一件，炕老鹳翎钢镊子一把，铜镀金匙箸进讫。于十二月三十日做得楠木胎黑漆透眼香几二件，随铜镀金匙箸二分，象牙琴扫二件，炕老鹳翎镊子二件，郎中海望呈进讫。

二十六日据圆明园来帖内称，本月二十四日郎中海望奉上谕：尔等将乌拉石面香几做几件，用硬木，做圆腿。其该安撑子并如何尺寸，尔等酌量配合钦此。于十二月三十日做得乌拉石面紫檀木圆腿香几二件，郎中海望呈进讫。

二十六日郎中海望奉上谕：或用楠木或漆做竹式杌子几张，长二尺九寸、宽二尺四寸，后面安靠背，高九寸，其宽比杌子两边各窄二三寸。钦此。于九月初五日做得楠木杌子二张，郎中海望呈进讫。

二十九日据圆明园来帖内称，太监刘希文传旨：万字房西一路对戏台屋内靠碧纱橱陈设的花梨木案面有不全处，着粘补收拾。两头搁案香几不好，着似碧纱橱群板牙子花纹为高，画样呈览，俟朕进园之后再做。换下来的旧香几收拾好另用。钦此。随量得牙子花纹至地高二尺零五分，于十一月初三日照尺寸做得花梨木格案香几二件，领催白士秀持进，万字房安讫。其花梨案并原格案旧香几俱收拾完，仍交太监刘希文讫。

九月初二日据圆明园来帖内称，本月初一日太监刘希文传旨：着照万字房内用的楠木图塞尔根桌样再做一张，安在莲花馆。钦此。于九月十八日做得楠木图塞尔根桌一张，郎中海望持进安在莲花馆讫。

九月十三日据圆明园来帖内称，郎中海望画得八仙祝寿炕屏九扇纸样一张呈览。奉旨：准做。钦此。于九月二十八日做得八仙祝寿炕屏一架，随花梨木小案二张，郎中海望呈进讫。

二十六日据圆明园来帖内称，九月初八日郎中海望奉旨：尔照勤政殿西耳房内陈设双层洋漆书格样，上层入深做窄些，门子花样照万字房陈设的洋漆书格门子上的花样做。中层平台板再放深些，栏杆柱头做象牙的，两边柱头上安旗杆二杆挂珠帆。下层腿子不好，照汤泉取来的香几腿子做。抽屉里做红漆背板，里面或做金漆、或做红漆，背板里上下二层，安台子，做样呈览后先用紫檀木做一件。钦此。于六年二月十三日做得书格式佛龛木样一件，郎中海望呈览。于六年二月十三日做得书格式佛龛木样一件，郎中海望呈览，奉旨：尔将中层平台做一活屉板，若用时将板抽出，若不用仍推的进，梃钩安在抽屉旁，从下往上若不用仍旧推的进去，不要显露。再挂幡的旗杆上头细了，做时上下俱要停匀做。夔龙式铜挂钩珠子幡，照画样用斗珠做幡的吊挂，八宝用珊瑚青金等件做。钦此。于六年二月十九日太监王太平传旨：朕先传做的有抽屉漆佛龛暂且慢做，先做一有抽屉紫檀木龛，赶月内要得。钦此。

于六年三月初一日做得紫檀木书格式佛龛一件。通高二尺六寸九分，面宽二尺零二分，入深一尺三寸八分。下层座子高七寸，中层有抽屉，束腰高一寸五分半。中层空高八寸七分，上层空七寸九分。栏杆高一寸三分半，栏杆柱子高三寸五分，上有活抽屉三个，嵌金珀寿字三个，假抽屉四个，嵌金珀寿字四个。束腰内铜镀金饰件九件，上嵌青金珠十二件，松石珠六件，珊瑚珠九件，象牙瓶子栏杆三十九件，茜黄色象牙柱柱顶八件，铜镀金套顶八件，内安紫檀木须弥座一件，面宽八寸三分，高二寸一分，入深四寸九分，雕八达马描金束腰内铜镀金角叶十二件，上嵌青金珠十二个，松石珠四个，珊瑚珠八个。格扇上糊黄纱，嵌象牙雕夔龙茜绿绦环板十块，内安镀银梃钩二根，上安紫檀木铜錾夔龙镀金钩幡杆二根，上挂银累丝镀金宝盖，嵌珠十二粒，挂络十二挂，系青金、玉、玛瑙、珊瑚、松石、蜜蜡等八宝四十八件。铜镀金如意一件，穿白斗珠珊瑚扣珠幡二首，随银镀金响铃十件。郎中海望呈览。奉旨：着送往万字房陈设。钦此。郎中海望随送往万字房安讫。于九月二十六日做得黑退光漆画泥金夔龙番花书格式佛龛一座，抽屉三个，随镀金圆寿字吊牌三个，上安镀金栏杆顶八件，凿半蹈地梭花乂角七件，随珊瑚垫子十五个，青金垫子四个，松石垫子八个，鋄银梃钩二根，紫檀木旗杆二根，镀金凤头顶二个，银累丝点翠宝盖上嵌珠子十二个，穿珊瑚扣珠白扣珠幡二首，随镀金如意砗磲青金松石珊瑚碧玉白玉玛瑙等八宝吊挂十二挂，镀金风铃十二个，内安退光漆须弥座一件，画泥金花内供托纱佛一尊，手上配做得珊瑚珠子十八罗汉数珠一盘。于九月二十七日，郎中海望呈进讫。

于十二月二十八日，做得黑退光漆画泥金夔龙番花书格式佛龛一座，抽屉三个，上随镀金圆寿字吊牌三个，上安镀金栏杆顶八个，凿半蹈地梭花乂角七件，随珊瑚垫子十五个，青金垫子四个，松石垫子八个，镀银梃钩二根，紫檀木旗杆二根，镀金凤头顶二个，银累丝点翠宝盖嵌珠子十二颗，穿珊瑚扣珠白扣珠幡二首，随镀金如意砗磲青金松石珊瑚碧玉白玉蜜蜡玛瑙等八宝吊挂十二挂，镀金风铃十二个，内安退光漆泥金须弥座，郎中海望呈进。奉旨：书格式佛龛送赴圆明园去题奏。钦此。本日交催总马尔汉，柏唐阿六达子送赴圆明园交太监焦进朝讫。本日仍持出交圆明园库存。

十月初一日郎中海望奉旨：着照九洲清晏陈设的洋漆方香几大小高矮做圆腿香几，托板下安算盘珠式四足。或做硬木面，下面安小牙子；或做漆面，下边用铁拉扯，不必安牙子。钦此。本日首领太监程国用持出九洲清晏陈设的洋漆方香几一件，交催总马尔汉收做样。于十二月三十日做得楠木圆腿香几二件，并原交做样方香几一件，郎中海望呈进讫。

初六日，首领太监李统忠交来御笔枕流漱石四字匾文一张，传，着配做匾一面，安在万字房西暖阁处。记此。于六年正月十一日配做得紫檀木边枕流漱石匾一面，催总马尔汉持去交首领太监李统忠收讫。

十月初六日，首领太监李统忠交来御笔洞明堂匾文一张，传，着配做匾一面安在勤政殿西五间檐内。记此。于六年七月十九日做得长五尺七寸，宽二尺三寸花梨木边黄柏木心煤炸字背面油朱油洞明堂匾一面。于本月二十四日郎中海望带领领催闻二黑持进圆明园内勤政殿挂讫。于二十六日副总管太监苏培盛传旨：洞明堂匾甚宽，亦长，着交收拾。钦此。于八月初八日将洞明堂字匾往小里改做得长四尺五寸，宽二尺，郎中海望交领催闻二黑持进同园内总管太监哈元臣安挂讫。

十四日太监张玉柱交来山水花纹大理石有柳，高一尺四寸、宽一尺六寸八分一块。传旨：着镶桌子用。钦此。于六年五月初四日做得紫檀木边腿山水花纹大理石面桌一张，郎中海望呈进讫。

十四日太监张玉柱，王常贵交来八哥花纹大理石一块高一尺，宽一尺一寸三分，山水花纹大理石一块高一尺三寸二分，宽一尺六分，传旨：着镶紫檀木插屏用。钦此。于十二月三十日做得八哥花纹大理石插屏一件，紫檀木边座山水花纹大理石插屏一件，紫檀木边座，郎中海望呈进讫。

二十八日太监张玉柱交来小船样一件，上贴黄签，上写：长一丈五尺九寸、宽六尺、高二尺一寸，右船式俱以寸代尺。小跨车样一件，上贴黄签，上写：车圆条长九尺、宽二尺四寸，车厢长四尺二寸、高一尺，前遮牌高二尺二寸、宽三尺四寸，以皮为之，车轮高三尺六寸，扶手木长四尺六寸，右车式俱以寸代尺。传：着与怡亲王商议。于本日海望启怡亲王看。奉王谕：放大各做一件。遵此。于十一月初九做得大船一支、跨车一件。郎中海望呈怡亲王看。奉王谕：船着小水试看。跨车前遮当牌略矮些，做时再放高些，遮当牛皮做双层，中间使漆灰，车网子用桦木做。再照此车式拆卸得开的做一辆，安子母炮一位，中辖轮若高将炮亦起高些，遮当牌下安一吊当。遵此。于十一月十五日工部虞衡司郎中双德送来遮掩小车二辆。奉怡亲王谕：留下一辆做样，仍令持回。遵此。次日郎中海望交郎中双德持去讫。于十一月十五日做得拆卸小车样一件，郎中海望呈怡亲王，奉王谕：照此样做大车一辆呈样。遵此。于十二月初一日照岳钟琪送来安炮车样做得大车一辆，照造办处拆卸安炮枪车样做得大车一辆，并小样二件呈怡亲王。将小样二件同郎中海望呈览。奉上问：尔等做的车比岳钟琪的车重多少？随奏称：我们做的车比岳钟琪的车重二十斤等语奏闻。奉旨：照造办处小车样做大车一辆，俟做完时将车样并岳钟琪送来原车样俱交岳钟琪，着伊等酌量。钦此。于十二月初五日做得拆卸大车一辆，计九件，每件各用黑毡包裹，再小车样二件，用木匣二个盛装，俱用黑毡包裹。本日奉怡亲王谕：着司库达善、催总吴花子送去交与兵部。遵此。本日随交司库达善、催总吴花子持去交兵部侍郎杨汝谷、员外郎常明收讫。

十一月初一日，郎中海望奉上谕：养心殿后殿东二间屋内装修，俟朕或往汤泉，或往圆明园去后改做冬令装修，北面窗户与东面墙上俱安站板，其门头匾或安在何处，尔等酌量安。东间床照西间床样式用楠木做。钦此。于六年七月十四日郎中海望奉上谕：养心殿收拾完否，随奏称，本月十九日系吉日，意欲收拾东暖阁，亦欲糊表等语奏闻，奉旨：准做。钦此。于本月十九日吉时郎中海望带催总刘三九，领催马学尔等收拾完讫。于本月二十九日，郎中海望奉旨：养心殿后殿装修完否。钦此。随奏称，俱已告成，惟有床未安，今选得八月初一日安设，再地炕上意欲铺毡等语俱奏，奉旨：准铺。钦此。于八月初一日，员外郎沈崳，唐英带领催总刘三九，柏唐阿五十八等进内安床。铺地炕用长一丈八尺，宽一丈三尺三寸五分白春毛毡一块，铺床用长一丈三尺三寸五分，宽四尺八寸白秋毛毡一块，铺门槛用长三尺五寸，宽三尺三寸白春毛毡一块，换出白毡四块，五十八交武备院司库杨讨格持去讫。

二十六日郎中保德画得圆明园内城中庙宇九龙匾额尺寸样二张，奏称：庙宇匾额字样四张欲交懋勤殿苏培盛请旨伺候，再御笔九龙边匾欲交造办处成造等语具奏。奉旨：城门上石匾字样俟朕亲拟，其余准奏。钦此。于六年七月初四日据圆明园来帖内称，总管太监苏培盛着裱匠李毅送玄庙宫御笔寿国寿民匾文一张，仁慈殿匾文一张，普福宫匾文一张。记此。于六年七月十一日做得雕刻扫金边石青地铜镀金寿国寿民匾一面，仁慈殿匾一面，普福宫匾一面，交栢唐阿六达子送至圆明园交郎中保德收讫。

十二月二十一日，太监刘希文、王太平交来紫檀木边黄杨木心雕刻万寿山水人物花卉图屏一副计十六扇，紫檀木墩十五个，紫檀木边黄杨木心有抽屉插屏式书格二架系怡亲王进，传旨：着送往圆明园交与总管太监，将牡丹台屋内现陈设的围屏收去，将此围屏陈设上。其原陈设的宝座不必动，插屏式书格二架陈设在四宜堂至诚不息屋内宝座西边，要相对东西现陈设的书格。钦此。于本日将紫檀木雕刻万寿山水人物花卉围屏一副，插屏式书格二架，交柏唐阿苏尔迈送至圆明园交园内总管太监李德，哈元臣收讫。

雕銮作

正月二十三日郎中海望启称：怡亲王今年万寿呈进活计内欲做蟠桃九熟一件等语。奉王谕：准做。遵此。此项活计未用官钱粮，系怡亲王恭进的。于十月二十九日做得合牌彩金漆大桃式盒一件，内盛画彩漆桃式盒九个，各盛福寿字藏香饼并白檀、沉香、泡速、紫降、云香等。怡亲王、信郡王、郎中海望呈进讫。

八月初一日郎中海望、员外郎沈嵛传做备用年例香斗二十分，每分斗重五斤，斗内香面重六斤、白檀重八两，紫降香八两。记此。于九月初一日做得沉香斗一分，交钦安殿首领太监李兴泰持去讫。于九月十三日做得香斗一分，交首领太监李兴泰持去讫。于九月二十八日做得香斗一分，交首领太监李兴泰持去讫。于十月二十三日做得香斗一分，交首领太监李兴泰持去讫。于十月二十九日做得香斗一分，交首领太监李兴泰持去讫。于十一月二十三日做得香斗一分，交首领太监李兴泰持去讫。于十一月二十八日做得香斗一分，交首领太监李兴泰持去讫。于十二月十三日做得香斗一分，交首领太监李兴泰持去讫。于十二月二十九日做得香斗一分，交首领太监李兴泰持去讫。于雍正六年正月十四日做得香斗一分，交首领太监李兴泰持去讫。于正月二十九日做得香斗一分，交首领太监李兴泰持去讫。于二月十三日做得香斗一分，交首领太监李兴泰持去讫。于二月二十八日做得香斗一分，交首领太监李兴泰持去讫。于三月初三日做得香斗一分，交首领太监李兴泰持去讫。于三月十三日做得香斗一分，交首领太监李兴泰持去讫。于三月二十九日做得香斗一分，交首领太监李兴泰持去讫。于四月十三日做得香斗一分，交首领太监李兴泰持去讫。于四月二十八日做得香斗一分，交首领太监李兴泰持去讫。于五月初一日做得香斗一分，交首领太监李兴泰持去讫。

九月十三日据圆明园来帖内称，本月十二日郎中海望画得升平福寿开纸样一张呈览。奉旨：准做。钦此。于本月二十九日做得黄杨木雕刻升平福寿开一件，随紫檀木架，内盛福寿香饼一千四百个。郎中海望呈进讫。

镟作

四月初五日郎中海望传做镟西洋花象牙盒二对。记此。于五月初四日镟得象牙菊花式盒一对，郎中海望呈进讫。于六年五月初四日镟得象牙竹式盒一件，西洋异兽盒一件，郎中海望呈进讫。

七月十七日药房首领太监王杰传做，湘妃竹药筒四件。记此。于本月二十一日做得镶象牙顶湘妃竹药筒四个，员外郎沈嵛交太监王杰持去讫。

油漆作

二月十一日据銮仪卫咨称：礼轿上金漆磨坏处着收拾。记此。于本月十五日员外郎沈嵛派得柏唐阿苏七格带领匠人赴銮仪卫衙门将礼轿上坏等处俱收拾完讫。

二月十一日据圆明园来帖内称，郎中海望奉旨：将彩漆小木船、莲花瓣葫芦式托碟做几件，流杯亭用。钦此。于三月二十八日做得彩漆小木船一件，大莲花瓣一件，葫芦式托碟二件，桃式小托碟一件，郎中海望呈览。奉旨：葫芦式托碟、桃式托碟共有几件，随奏称：大葫芦式托碟现有十二个、小葫芦式托碟现有八件，织造乌林达那尔泰进来桃式托碟七十二件。奉旨：将此三样俱交清茶房太监，若用时着伺候。其小船大莲花瓣俱不好。莲花小托碟好，再照样做些。钦此。本日郎中海望传做彩漆托碟四十件。记此。于三月二十八日将大葫芦式托碟十二件，小葫芦式托碟八件，桃式托碟七十二件，郎中海望交太监李英持去讫。于闰三月二十日做得彩漆莲花托碟十二件，郎中海望交首领太监李德收讫。于四月初九日做得彩漆莲花托碟十件，郎中海望交首领太监李德收讫。于九月初六日做得彩漆菊花托碟六件，郎中海望交首领太监李德收讫。

三月二十八日据圆明园来帖内称，本月二十一日郎中海望将黑退光漆画洋金金钱花磁碗一对、紫退光漆喜相逢洋金蝴蝶磁碗一对呈览。奉旨：此碗款式不好，碗里釉水亦不好。着传给江西烧磁器处，将无釉好款式的碗烧造些来以便漆做。钦此。于闰三月初二日照黑退光漆画洋金金钱花磁碗一对，紫退光漆喜相逢洋金蝴蝶磁碗一对，镟木样完写帖交江西烧造磁器处内务府总管年希尧家人郑旺讫。于八月三十日据圆明园来帖内称，八月二十九日奏事太监张玉柱交来无釉磁碗八十件。传旨：此碗系年希尧烧造的，着交给海望。钦此。于本日将无釉磁碗交八十件，交柏唐阿苏七格持去漆做讫。于九月初一日将原交漆磁碗二对，郎中海望呈进讫。

闰三月十二日据圆明园来帖内称，郎中海望奉上谕：万字房内着做漆屏风宝座地平一分。尔先画样呈览。钦此。于五月二十三日据圆明园来帖内称，本月二十二日画得屏风宝座地平样一分，郎中海望呈览，奉旨：屏风宝座照样准做。钦此。于六年六月十二日做得漆屏风宝座一分，郎中海望持进安讫。

四月初八日太监刘希文交来嵌珐琅人物腰圆片小洋漆盒一件。传旨：留样，着照此样用黑漆、红漆每样做几件。钦此。于本日郎中海望同太监刘希文量得小盒长一寸七分、宽一寸四分半、高九分、子口高一分，完遂将原交做样盒一件，仍交太监刘希文持去讫。于初九日员外郎沈嵛传做黑红漆盒各四对。记此。于十月二十九日照尺寸做得镶珐琅片黑退光漆画洋金腰圆盒二对，郎中海望呈进讫。于十二月二十九日照尺寸做得镶珐琅片黑退光漆画洋金腰圆盒四对，郎中海望呈进讫。于六年十二月二十八日照尺寸做得镶珐琅片黑退光漆画洋金腰圆盒二对，随香饼，郎中海望呈进讫。于七年正月十一日做得镶珐琅片漆盒大小四个，首领太监萨木哈交太监刘希文讫。

六月初一日据圆明园来帖内称，五月三十日郎中海望奉上谕：田字房内书格上的画片假书层层不能到顶，或接出些来，或将空处截去，尔等酌量收拾。钦此。于六月二十三日郎中海望奏称，欲将假书下安竹节式托架垫起，则上即不能露缝等语奏闻。奉旨：准做。钦此。于六年正月十四日做得竹节式画金竹叶黑漆托架三十二个，领催白士秀持去安讫。

初七日副总管太监苏培盛传旨：着照四宜堂内陈设填漆桌的尺寸样式，各色做几张。钦此。本日郎中海望员外郎沈嵛传做漆桌一张。记此。于十二月初五日序班沈祥送来桌样一张，上开长三尺三寸三分、宽二尺三寸七分、高二尺五寸七分。记此。于六年五月初二日做得软楞黑退光漆桌一张，副总管太监苏培盛持去呈览，奉旨：照样再做二张。钦此。于八年八月初七日做得软楞黑退光漆桌二张，太监马进忠、王进孝持去交副总管苏培盛讫。

初七日据圆明园来帖内称，副总管太监苏培盛传旨：懋勤殿有常写字用的黑漆桌，照其尺寸做法做二张。钦此。于六年五月十四日副总管太监苏培盛传旨：着照懋勤殿圆腿黑漆桌做两张。钦此。于六年十一月十九日做得黑退光漆面朱漆里圆腿桌四张，栢唐阿六达子交太监王璋持去讫。

七月十八日据圆明园来帖内称，郎中海望奉上谕：尔等造办处有朕先交的象牙席，照此席尺寸做一黑漆床。钦此。于七年五月十九日郎中海望奉旨：勤政殿后大方亭中间着配做床一张。钦此。郎中海望随奏称：造办处有做下随象牙席黑漆床一张，与此尺寸相仿等语奏闻。奏旨：准安。钦此。于五月二十一日将黑漆床一张、象牙席一领、黄布套一个、白毡一块，郎中海望陈设在勤政殿后大方亭中间讫。

九月十八日据圆明园来帖内称，郎中海望奉旨：尔照楠木竹式小床样，后面靠背不必做花挡子，照笔管栏杆式样用漆的做几张。万字房、莲花馆二处各安一张。钦此。于六年正月二十六日做得楠木胎红漆小床二张，催总胡常保安在万字房一张、莲花馆一张讫。

十五日太监李英传旨：万字房用漆痰盂六件。钦此。本月二十五日做得呈进讫。

杂录

十月十七日太监刘希文、王太平交来黑退光漆宝座一份，随黄缎绣龙靠背、黄缎绣花卉坐褥迎手、漆脚搭等件，系高斌进。传旨：着送往圆明园交总管太监，俟朕到圆明园览过指在何处再陈设。钦此。

雍正六年

杂录

正月初四日，郎中海望将造办处栢唐阿匠艺人内因抱养过继革退为民，柏唐阿观音保，牙匠李懋德，铁匠王老儿，小刀匠徐达子，花儿匠五达子，油匠戴有德，铜匠七十儿、王九，錾匠季成龙、吴登云、嘎胡里，磨匠信住，锉匠王四儿、哈儿扣、魏花子，匣子匠达子，錾花匠张三，甲匠六狗儿，拧枪膛匠狄七儿，钩枪炮匠李进仁，磨枪炮匠吕山，皮匠刘五，弹子匠定柱，珐琅匠石六等共二十四人花名开写折子。启称：此革退匠艺内有牙匠李懋德在造办处当差年久，人亦老实，现今在活计房催察各作所做活计，抄录档案一年有余，人甚殷勤。再花儿匠五达子、油匠戴有德、錾匠季成龙、甲匠李狗儿等手艺甚好、人亦殷勤等语启怡亲王。奉王谕：将李懋德及应留匠役外，再挑选出几名，或如何招募伊等之处并伊等原食钱粮数目，查明拟定应给银两数目，用造办处银招亦可。遵此。于初九日将应招募匠役：牙匠李懋德，油匠戴有德，錾匠季成龙，匣匠达子，甲匠六狗儿，铁匠王老儿，小刀匠徐达子，铜匠七十儿、王九，磨匠信住，锉匠王四儿，錾花匠张三，花儿匠五达子，以上招募匠艺十三名，写得启折一件。郎中海望，员外郎沈嵛、唐英启称：

今拟定伊等每月所食钱粮银一两，再月米折银一两，每月每人给银二两，用造办处银两发给等语启怡亲王。奉王谕：准行。遵此。

正月初四日，郎中海望等为西华门外造鸟枪处看守钱粮，欲行都虞司派章京一员、披甲人六名等语启怡亲王。奉王谕：准行。本日清宁遂行文都虞司讫。

初四日郎中海望等为造炮枪处用旗下铁匠，今欲将铁匠数目日期开明行文与八旗等语启怡亲王。奉王谕：准行。遵此。本日笔帖式行文八旗讫。

初四日郎中海望等为造炮枪处所用铁料欲行文营造司转行户部等语启怡亲王。奉王谕：不必着营造司转行，尔造办处具领文向户部取用。遵此。本日笔帖式清宁遂写领文交造炮枪处领催孙福持送户部讫。

初四日郎中海望奉怡亲王谕：炮车上所用的牛皮，尔造办处做文书一角将数目开明，行文与牛群乌合里达。再，炮车上所用的绵子尔造办处亦做文书一角，将斤秤开写，行文与织造处。遵此。本日笔帖式永宁行文该处讫。

十一日催总张自成来说，为南方大器匠梅士学眼痛，据眼科吏目大夫陈继鋐看，称大器匠梅士学眼原系肝肾不足、翳蒙残疾之症，肝虚肾亏、瞳光昏暗，难以收功，多药无益等语。奉郎中海望、员外郎沈嵛谕：着给假两个月养眼，其所食工食银两每月给银三两抚养，俟假满之日若仍不愈，再将伊所食银两启明怡亲王革退。记此。

十六日郎中海望启称，为造办处成造活计行取钱粮等事关系甚重，奴才若往圆明园去时，京内造办处惟有沈嵛一人画押办事，祈再派官一员帮着沈嵛画押办事等语。奉怡亲王谕：着员外郎唐英画押办事。遵此。

二月二十二日吏部咨称为知会事，雍正六年二月十七日大学士张廷玉传旨：吏部凭匣嗣后有更换添补者着内务府制造，不必交养心殿造办处办理。钦此。相应知会等语。记此。

二十二日柏唐阿宋七格等奉怡亲王谕：着试烧炼珐琅料。遵此。于本日员外郎沈喻、唐英说：此系怡亲王着试烧珐琅料，所用钱粮物料另记一档，以待试炼完时再行启明入档。本日遂交柏唐阿宋七格讫。

三月十九日据圆明园来帖内称，郎中海望奉怡亲王谕：着传催总刘三九、领催白老格带好手艺铜匠各带小式家伙，珐琅处太监张廷贵、画珐琅人谭荣、好手艺家内大器匠一名，带铜叶珐琅材料赴圆明园来。遵此。

二十日据圆明园来帖内称，郎中海望奉怡亲王谕：着南匠方西华不必在京当差，可令伊来圆明园造办处当差。遵此。

四月十八日据圆明园来帖内称，首领太监李久明持来太乙紫金锭二十包，每包十个。说怡亲王传旨：着赏造办处官员匠役人等有病者服用。钦此。于本日员外郎沈喻等遂分赏散给造办处行走官员匠役等讫。

五月初四日据圆明园来帖内称，本月初三日郎中海望奉怡亲王谕：造办处库内有我先交的黑端石，若做砚时尔等做砚试用。遵此。于本日遂交砚作，领催傅有知悉嗣后做砚向本库领用王交的黑蓝端石试做。记此。

初四日据圆明园来帖内称，怡亲王、郎中海望呈进活计。内奉旨：莲艾砚做的甚不好，做文雅素静即好，何必眼上刻花？再书格花纹亦不好，象牙花囊甚俗，珐琅葫芦式马挂瓶花纹、群仙祝寿花篮春盛亦俗气。今看珐琅海棠式盒，再小孔雀翎不好，另做。其仿景泰珐琅瓶花纹亦不好。钦此。于本日郎中奉怡亲王谕：先有皇上交出来着做样的砚台，并先做过的砚样及旧存好砚样，俱令该作人员带领匠役呈看。遵此。于本日据圆明园来帖内称，本月初四日郎中海望奉怡亲王谕：有早呈进的活计内，有奉上谕夸过好的留下的样子，或交出着做的活计内存下的样细细查明送来。遵此。

七月十一日郎中海望，员外郎沈崳、唐英等同议得，各作所用买办材料，每月派官一员、栢唐阿一名，掌值月小圆戳子一个，作符小长方戳子一个。再本库管发钱粮处，亦给库查价符小长方戳子一个。凡各作买办之物除总查活计房用过题头相符戳子外，其尺寸斤秤价值，着值月官员栢唐阿按定准价值档案查算明白，将应买物料价值等字上用值月小圆戳一个，其知帖后写值月人员用价符小长方戳子一个，再将知帖送给库上，着司库人员按库价查对相符后，将查对司库名子开写，用库查价符小长方戳子。嗣后各记查对之事自有专属，日后倘有错误亦不致互相推诿，尔等按此次序查对办理以便画押，各作所需买办庶不致出舛错遗误之弊等语。本日司库傅参、满毗来说：库查价符戳子我等公同查用，其名子不必写上，若日后查出错误之处我等情愿公同承认。记此。

十一日员外郎唐英启称怡亲王，为郎士宁徒弟林朝楷身有痨病已递过呈子，数次求回广东调养，俟病好时再来京当差。今病渐至沉重，不能行走当差等语。奉王谕：着他回去罢。遵此。

十二日据圆明园来帖内称，本月初十日怡亲王交西洋珐琅料，月白色、白色、黄色、绿色、深亮绿色、浅蓝色、松黄色、浅亮绿色、黑色，以上共九样。旧有西洋珐琅料月白色、白色、黄色、绿色、深亮蓝色、浅蓝色、松黄色、深亮绿色、黑色，以上共九样。新炼珐琅料月白色、白色、黄色、浅绿色、亮青色、蓝色、松绿色、亮绿色、黑色，以上共九样。新增珐琅料软白色、秋香色、淡松黄绿色、藕荷色、浅绿色、酱色、深葡萄色、青铜色、松黄色，以上共九样。郎中海望奉怡亲王谕：将此料收在造办处做样，俟烧玻璃时照此样着宋七格到玻璃厂每样烧三百斤用。再烧珐琅片时背后俱落记号。闻得西洋人说：烧珐琅调色用多尔那们油，尔着人到武英殿露房去查，如有，俟画上用小珐琅片时即用此油。造办处收贮的料内月白色、松花色有多少数目？尔等查明回我知道，给年希尧烧造磁器用。遵此。于七月十四日查得武英殿露房旧存收贮多尔那们油十六斤十两二钱；西洋国来使麦德罗进的多尔那们油四半瓶，连瓶净重十二斤四两；从蒋家房抄来的多尔们那油一瓶，连瓶净重一斤四两，共三十斤二两二钱。于七月十七日写折启知怡亲王。奉王谕：着拿一小瓶来试看。遵此。

八月二十日据圆明园来帖内称，八月十九日郎中海望启称：珐琅处画珐琅人林朝楷因身病告假回广，前六月内已经回明。奉王谕：准其回广在案。今又据呈称：林朝楷来时原系广东总督送来之人，蒙皇上赏赐伊本地安家银两，今若不知会总督，惟恐林朝楷在广难以居住，故此求转启王爷知会总督将林朝楷在广所食安家银两停止，俟林朝楷病好来内庭效力时再行知会等语。奉怡亲王谕：不必行文知会，尔等将总督家人传来，说我的话，带信与总督知道：今造办处画珐琅人林朝楷系有用之人，因身病告假回广养病，将伊送回广东。到广之日将伊本地所食安家银两暂行停止，俟伊病好，照旧着人将伊送上京，来时将伊所食安家银两再行发给。遵此。本日遂交画珐琅人林朝楷传广东总督家人讫。

八月二十日据圆明园来帖内称，郎中海望启称：造办处做自鸣钟广东匠役张琼魁因送伊叔父灵柩告假回广东。奉怡亲王谕：此人手艺如何？郎中海望回称此人手艺平常。王谕：若手艺平常着伊回广不必来京，亦说与总督家人将伊送回广东，将所食本地安家银两不必发给。遵此。本日遂交南匠张琼魁传广东总督家人讫。

九月初二日首领太监吴书来说，奉王谕：今配烧珐琅用的红料，将玻璃厂柏唐阿着吴书挑选二名学配红料。遵此。

十一月十一日郎中海望为圆明园工程处监督保德交来户部解运紫檀木数目册一件，启怡亲王。奉王谕：着人去看。遵此。于本月十五日郎中海望将圆明园工程处送来户部咨行紫檀木册一本启怡亲王。奉王谕：此系工程处奉旨之事，本造办处又未经奏闻，如何私自留用。尔将此册仍交工程处，着保德酌量。遵此。于本日将紫檀木册一本，交领催白士秀持去交监督保德讫。

二十六日六品官阿兰泰说：为慈宁宫画画人等散懒滑惰情事启怡亲王。奉王谕：着沈喻照唐英例每日稽查伊等，如有不来者，即启我知道。遵此。

库档

三月十一日员外郎沈嵛、唐英称：雍正五年三月二十七日据武英殿送来摆锡玻璃镜的锡片共一百三十五块，长六尺八寸、宽三尺六寸的七十五块；长五尺五寸、宽三尺五寸的六十块。现今本造办处库房尚未修完，欲将此两项锡片仍暂存武英殿库内等语。奉怡亲王谕：准行。遵此。

十月二十八日郎中海望持出各色玻璃鼻烟壶四十一个，系玻璃厂呈进一百个之内的。奉旨：此鼻烟款式甚俗，不好。可惜材料。尔持出放在无用处。钦此。

玉作

二月初七日郎中海望持出白玉鱼磬一件，随象牙茜红架。奉旨：着安在莲花馆书格上。钦此。于九月初三日郎中海望将玉磬一件随象牙茜红架，持进安在莲花馆一号房内书格上讫。

十九日郎中海望奉旨：万字房观妙音屋内有玻璃处窗户眼太窄小，照西一间窗户眼改做。此窗户眼若对高床还低，尔另想做法，起高些。钦此。

三月三十日太监王太平传旨：尔传与海望，照雕刻宋龙珊瑚桃式盒样式将戏朝带板做几副。若造办处做不来，俟目下有人往广东去，可说与广东去的人，着伊照样做来。钦此。于四月十七日据圆明园来帖内称，本月十六日郎中海望画得珊瑚带样二张，呈览。奉旨：不必做夔龙，俱照珊瑚桃上宋龙做。其男带再放宽些，女带再收窄些，另画样呈览。钦此。本日郎中海望随定得男带放宽一分五厘，女带收窄一分五厘。记此。于四月二十日画得带样二张，郎中海望呈进讫。

六月初七日据圆明园来帖内称，五月初五日郎中海望持出白玉竹节靶挑香匙一件。奉旨：此竹节花纹甚俗，着砣磨收拾，其匙头收窄些。钦此。于八月初三日收拾得白玉挑香匙一件，郎中海望呈进讫。

八月二十八日催总刘三九持来葡萄色玻璃瓶画样一张，梧桐叶式笔觇画样一张，墨床画样一张，绿玻璃水盛画样一张，说郎中海望传：着画样配做备用。记此。于九月二十七日做得碧玉梧桐叶笔觇一件，紫檀木座、象牙茜绿盖、白玉面嵌金珀鱼珊瑚肠墨床一件，桃花石座珊瑚匙绿玻璃水盛一件，配在都盛盘内，郎中海望呈进讫。于九月二十七日做得葡萄色玻璃瓶一件，盛在都盛盘内，郎中海望呈进讫。

九月初六日据圆明园来帖内称，本月初四日郎中海望持出白玉心猿意马一件，随紫檀木座。奉旨：将上边的猴砣去，改做笔架用。钦此。于十二月二十八日做得双桃笔架一件，郎中海望呈进讫。

累丝作

八月十九日据圆明园来帖内称，八月十八日为怡亲王福金寿日所用寿意活计等件，太监刘希文、王太平等闻，奉旨：准着照年例预备。钦此。是日郎中海望、太监刘希文、王太平同定得做金簪九枝配圆盒，盒中心一枝簪上嵌珠石。记此。于九月初四日做得八仙祝寿簪一枝，蟾宫折桂簪一枝，事事如意簪一枝，双福双圆簪一枝，连连双喜簪一枝，荣贵高秋簪一枝，福寿久长簪一枝，年年吉庆簪一枝，节节双喜簪一枝，以上镶嵌金累丝簪共九枝，随小寿字锦盒一个，郎中海望着首领太监李久明持进，交太监刘希文讫。

珐琅作

二月十七日郎中海望奉旨：照先做过珐琅画九寿字托碟样再烧造二分，将腰圆形的亦烧造二分。尔等近来烧造珐琅器皿花样粗俗，材料亦不好，再烧造珐琅时务要精心细致，其花样着贺金昆画。钦此。于五月初四日做得画珐琅九寿字圆托碟一对，随酒圆一对。画珐琅九寿字腰圆盘一对，随酒圆一对。郎中海望呈进讫。

六月二十九日据圆明园来帖内称，本月二十八日郎中海望持出黄磁茶圆一件。传旨：此茶圆釉水颜色甚好，但款式不好，尔造办处有朕交出去的无釉水磁茶钟茶圆等件，内有好款式的可照此釉水颜色烧造珐琅的几件。钦此。于八月初十日照样烧得珐琅酒圆二件并原样一件，怡亲王呈进讫。于九月十七日烧得珐琅酒圆四件，郎中海望呈进讫。

七月二十四日据圆明园来帖内称，栢唐阿邓八格来说怡亲王谕：将造办处收贮的里外素白釉或茶圆，或酒圆，选薄些的拿四五件来。遵此。于二十五日将珐琅处收贮填白暗寿字茶圆五十一件内选得六件、填白暗花酒圆四十一件内选得六件，栢唐阿赵老格持赴怡亲王花园，交栢唐阿宋七格收讫。

八月十九日据圆明园来帖内称，为怡亲王福金寿日所用寿意活计等件，太监刘希文、王太平等奏闻，奉旨：准着照年例预备。钦此。本日郎中海望、太监刘希文、王太平同定得珐琅簪九枝配圆盒，中心一枝簪上嵌珠石。记此。于七年五月十二日将本年六月二十日传做备用嵌珠石金胎珐琅簪九枝，随锦盒一个，郎中海望交太监范国用持去交太监刘希文收讫。

二十日据圆明园来帖内称，八月十八日郎中海望画得太平如意庆长春瓶花样一张，随桃式挂瓶样一张呈览。奉旨：尔等酌量造办。钦此。于九月二十七日做得珐琅桃式挂瓶一件，随象牙茜色长春花一束，象牙杆铜镀金宝盖红马尾蝇刷一件，象牙靶镀金饰件，玛瑙太平车一件，黄杨木如意一件，郎中海望呈进讫。

十月初二日柏唐阿刘五格来说，郎中海望传旨：着照五年正月二十八日传做的黑地五彩流云珐琅春盛再做一件。记此。于十二月二十九日做得珐琅五彩春盛一件，怡亲王呈进讫。

初六日催总张自成来说：九月十一日郎中海望交八仙庆寿壶木样一件，传：着照样做金壶一对。记此。于九月二十七日做得八仙庆寿金壶一对，随小字锦匣，郎中海望呈进讫。

十二月十九日太监张玉柱、王常贵交来银砂重十两四钱一块、重六两四钱一块，铅底重十四两五钱一块。传旨：着烧炼试看。钦此。现存圆明园库。

二十一日内管领穆森交来，各色玻璃鼻烟壶三十个，郎中海望传，着配做铜镀金盖象牙匙。记此。于本月二十七日将各色玻璃鼻烟壶三十个，配得镀金盖象牙匙，交玻璃厂领催梁保住领去讫。

二十六日栢唐阿宋七格来说，十一月十七日郎中海望、员外郎沈崳传做备用金胎珐琅鼻烟壶二件。记此。于十二月二十八日做得金胎珐琅时时报喜岁岁双安鼻烟壶一对，郎中海望呈进讫。

牙作 附砚作

二月初三日为正月三十日员外郎沈嵛、唐英传做备用象牙茜色竹节式盒一对，葫芦式盒一对，绿色石福寿砚一方。记此。于本月十二日做得福寿双喜绿端石砚一方，交太监刘希文讫。于本月二十八日做得象牙茜色事事如意竹节式盒一对，双福双寿葫芦式盒一对，郎中海望呈进讫。

初七日郎中海望持出拼珊瑚雕宋龙桃式盒一件，随金里孔雀石座。奉旨：此座不好，尔另配做象牙茜绿刻雕桃枝叶架，下面配做退光漆香几，其香几起二层台。将此珊瑚桃式盒并象牙架子安在香几上面，再做黑退光漆玻璃罩罩上。此桃式盒有二件，尔将架子香几玻璃罩做二分。其孔雀石座应配何物？尔等酌量配做。再照此雕宋龙式样或水盛或小盒子亦做几件。钦此。于八月初八日配做得象牙茜色雕桃枝叶架二件，黑退光堆漆画西番花嵌玻璃罩二件，楠木香几座二件，并交出珊瑚桃式盒一件，郎中海望呈进讫。本日郎中海望又持出金里孔雀石座一件，奉旨：并先交出去的孔雀石座一件，应配做何物，尔酌量配做钦此。

初七日太监王太平传旨：先进过的寿山石苓芝座绿玻璃水盛，其做法甚好，着照样再做几件。钦此。于三月初六日内管领穆森交来松录（绿）玻璃圆水盛大小三件，员外郎沈嵛唐英传着配座子。记此。于三月三十日松录（绿）玻璃圆水盛一件配得寿山石灵芝座镀金匙，郎中海望呈进讫。于八月初七日太监张玉柱传旨，先呈进过的松录（绿）玻璃圆水盛寿山石灵芝架子何不用碎珊瑚拼凑，说给海望。将碎珊瑚拼凑做几件，再将珊瑚枝拼凑露空树枝形匙箸瓶亦做几件。钦此。于九月二十七日松录（绿）玻璃圆水盛一件配得桃花洞石座珊瑚匙，郎中海望呈进讫。于九月二十二日郎中海望传，着将黄玻璃水盛上配做铜镀金匙一件。记此。于十月二十八日做得黄玻璃水盛一件，随拼珊瑚匙箸瓶一件，随象牙茜录（绿）座，镀金匙箸郎中海望呈进讫。于十二月二十八日做得拼珊瑚匙箸瓶一件，随象牙茜录（绿）座，镀金匙箸松录（绿）玻璃水盛一件，配得拼珊瑚座珊瑚匙，郎中海望呈进讫。

二月十五日郎中海望、员外郎沈崳、唐英传做备用寿山石双喜螭虎笔架一件。记此。于二月十八日做得寿山石双喜螭虎笔架一件，象牙茜绿座，郎中海望呈进讫。

二月内做福寿双喜绿端石砚一方、象牙茜色事事如意竹节式盒一双、双福寿葫芦式盒一双、象牙榴开见子盒、象牙节节双喜岁岁平安合符一件。紫檀木嵌金珀葫芦式盒，内盛绿色石砚一方。三阳开泰盆景改做岁岁双喜陈设一件，随紫檀木座，糊锦纱罩。玻璃水盛五件，配做象牙茜绿色流云座、寿山石苓芝座。

三月初七日郎中海望持出黄色石砚山一件。奉旨：此砚山做法甚文雅，尔等留样。钦此。

二十四日据圆明园来帖内称，三月十九日郎中海望面奉旨：此黑退光漆砚盒上嵌碧玉如意玦，内盛绿端石砚一方，甚文雅，尔照此样再做几方。钦此。本月二十六日员外郎沈崳、唐英同定得先做四方。记此。于七年五月初四日做得紫檀木黑漆地嵌象牙字砚赋盒，绿端石砚一方，紫檀木黑漆地嵌云母字砚赋盒，绿端石砚一方，郎中海望呈进讫。于七年十月十三日做得杉木胎黑退光漆刻砚赋填金字盒绿端石砚二方，郎中海望交太监张玉柱呈进讫。

四月十五日据圆明园来帖内称，四月十四日郎中海望奉旨：造办处库内有隆科多进的五福石，尔该做砚盒用。钦此。于八月十四日做得五福石盒、绿端石斧式砚一方，郎中海望呈进讫。

五月初四日领催闫黑子持来紫色石流云式砚一方、绿色海水砚一方。郎中海望呈览怡亲王看过。奉王谕：此砚俱不好，着另画样我看，准时再做。遵此。

五月初四日郎中海望奉旨：将挂香袋的架子高矮做几分，梃子用朕早交出去的玳瑁棍子做，下边的鼓子用寿山石做，上边挂香袋的横棍用象牙做，其高的要二尺上下，矮的要一尺三四寸。钦此。于五月十九日做得通高一尺四寸玳瑁挺雕夔龙寿山石鼓子，象牙雕夔龙茜绿横梁上嵌珊瑚珠挂香袋的架子一件，通高一尺六寸五分。虾米须挺雕夔龙，寿山石鼓子，象牙雕夔龙嵌录（绿），横梁上嵌珊瑚珠挂香袋架子一件，郎中海望呈进讫。

十一月初二日郎中海望传，做备用各样款识盒砚十四方记此。于十二月二十八日做得西山石竹节式盒绿端石砚一方，关东黄色石盒绿端石砚一方，黄色开辟石紫端石葫芦砚一方，黄蜡石长方盒录（绿）端石灵芝砚一方，西山石松椿式盒录（绿）端石砚一方，红色土玛瑙石天然盒紫石夔福池砚一方，黑花天然石子盒录（绿）端石砚一方，湖广石天然花纹盒夔龙池砚一方，寿山葫芦式盒录（绿）端石砚一方，郎中海望呈进讫。于七年四月二十四日做得黄蜡石长方盒紫端石砚一方，郎中海望呈进讫。于七年五月初四日做得紫檀木盒紫端石砚一方，鸡翅木盒紫端石砚一方上嵌白玉三件，此玉系七年四月初五日持出白玉螭虎三十九件之内的，栢木包盒录（绿）端石砚一方，二色湖广石盒绿端石砚一方，郎中海望呈进讫。

镶嵌作

二月初六日太监张玉柱交来蚌珠大小二颗，内一颗重一钱五分，一颗重三分。传旨：着配做玩意用。钦此。于二月十五日画得芝仙祝寿盆景样一张。郎中海望传：着照样做盆景一件，配海棠式珐琅盆，铺地景用竹子灵芝配此珠子做。记此。于五月初四日做得芝仙祝寿盆景一件，上配蚌钉灵芝竹叶松石叶珊瑚枝青金绿苗石山子、假松石地景、银镀金点翠草叶，郎中海望呈进。奉旨：此内灵芝用蚌钉配做，到将此蚌珠假了，尔持去将珠子取下，另用蚌钉配一灵芝。钦此。于九月二十七日将芝仙祝寿盆景一件上蚌珠取下，另配做蚌钉灵芝一件，并原交蚌珠二颗，郎中海望呈进讫。

三月十一日郎中海望、员外郎沈嵛、唐英传做备用寿同山岳盆景一件。记此。于五月初四日做得寿同山岳盆景一件，画洋金黑退光漆盆，糊锦，纱罩内安四年十月初二日交出水晶根山子一件，郎中海望呈进讫。

八月初一日据圆明园来帖内称，七月初十日怡亲王交府内烧造得金胎五彩节节双喜岁岁双安珐琅片二片，径一寸一分五厘。传旨：着做鼻烟壶用。钦此。怡亲王随定得鼻烟壶墙子用珊瑚做。遵此。于十二月二十八日做得拼珊瑚墙嵌珐琅片鼻烟壶一件，郎中海望呈进讫。

九月初十日领催潘义明自圆明园持来小插屏画样一张、福寿盆景画样一张、小盘画样一张，说郎中海望传：此系有罩都盛盘内用的，照样成做。记此。于本月二十七日做得多福多寿喜见红梅砚遮一件，插屏式，紫檀木边象牙，一面嵌珊瑚蝠灵芝、青金绿苗石山子、金珀桃，一面嵌珊瑚梅花、金珀竹叶、青金绿苗石山子。银母花玳瑁喜鹊铜镀金转轴芝仙祝寿盆景一件，紫石盆珊瑚灵芝白宣石山子蜜蜡灵芝茜色象牙灵芝竹子二棵，松儿石竹叶地景，郎中海望呈进讫。

十月二十三日郎中海望传做镶嵌象牙开其里一件。记此。于十月二十八日做得镶嵌暗八仙象牙开其里一件，随珐琅带上用，郎中海望呈进讫。

十一月二十二日郎中海望传做黄玻璃嵌珊瑚五福捧寿盒一对。记此。于本月二十八日做得嵌珊瑚五福捧寿玻璃盒二件，郎中海望呈进讫。

裱作

正月十四日首领太监王自立传，做御笔红纸吊屏三件，内高一尺六寸一分宽五寸九分厚三分半一件，高一尺六寸宽九寸八分厚四分一件，高九寸二分宽六寸一分半厚三分一件。传：着俱做楠木屉子，上糊黄绢背红纸边安钩头钉护眼。记此。于本月十八日照尺寸做得楠木胎糊红纸吊屏三件，各随铁钩头钉护眼等件，员外郎沈崳、唐英着领催马小二交首领太监程国用、王自立持去讫。

三月初七日，首领太监程国用、王进玉传，养心殿东暖阁纱屉窗八扇着另糊纱。记此。于本月十五日领催金有玉持纱进内糊饰完讫。

七月二十六日员外郎沈嵛、唐英传做月光像三分，随木架，着照旧例糊表。记此。于八月十一日做得月光像三分，俱糊表完，领催马学迩持进，交太监刘希文讫。

十月二十六日太监张玉柱、王常贵交来糊西洋纸合牌匣一件。传旨：此匣上纸的花纹看着新样，将此花纹画下，嗣后造办处或做彩漆，或织绵，或做砚盒，或做小式活计，仿此花纹做。钦此。

十一月初二日郎中海望、员外郎沈嵛传旨：为西洋人郎石宁画画屋内铺地炕，着行取见方一丈旧黑羊毛毡一块。记此。于本日栢唐阿李六十自武备院行得见方一丈旧黑羊毛毡一块，铺在郎石宁画画屋内讫。

匣作

八月十九日据圆明园来帖内称，八月十八日为怡亲王福金寿日所用寿意活计等件，太监刘希文、王太平等奏闻，奉旨：照年例预备。钦此。本日郎中海望、太监刘希文、王太平同定得做绣面镶玳瑁葵花锦合牌盒二个，内盛九样香。记此。于九月初九日做得绣面镶玳瑁葵花合牌匣二件，内盛白檀、紫降、沉香、枯枯香、云香、泡素香、福寿宫香饼三样，郎中海望着首领太监李久明持进，交太监刘希文讫。

二十日据圆明园来帖内称：八月十八日郎中海望画得寿意福寿戳灯纸样一张、松柏同根群仙祝寿戳灯纸样一张呈览。奉旨：松柏同根群仙祝寿戳灯做一对。钦此。于九月二十七日做得松柏同根群仙祝寿灯一对，郎中海望呈进讫。

二十八日催总刘三九持来双圆镜画样、诗韵画样一张，说郎中海望传：着照画样配做备用。记此。于九月二十七日做得径圆三寸九分，玳瑁面上嵌金珀蝠虬角茜绿如意草云母寿字铜镀金福儿掐子玻璃镜二面，绿西番花锦套诗韵一套，郎中海望呈进讫。

十一月初二日太监赵朝凤交来，寿山石雍正宸翰、朝乾夕惕大宝二方，寿山石为君难大引首一方，寿山石雍正宸翰、朝乾夕惕小宝二方，寿山石为君难小引首一方，白玉敬天勤民宝一方，白玉雍正御笔之宝三方，说副总管太监苏培盛传，着配做黄绢面红绢软里合牌匣一件，匣内安隔断，俱留塞垫棉花位分。记此。于本日将大小宝引首共十方锦匣，太监赵朝凤仍持去讫。于初五日做得长一尺零四分宽七寸高三寸五分黄绢面红绢软里锭铜西洋钩有隔断合牌匣一件，副领催韩国玉交太监王璋持去讫。

鋄作

正月十五日怡亲王奉旨：园内戏台上挂的羊角灯，将灯抽起点蜡不好，交与海望将灯底盘做活的。钦此。于十一月初六日做得活底灯样一件，郎中海望启怡亲王，奉王谕：尔等可传与园内总管知道，着伊等将戏台行台上挂的羊角灯并九洲清晏挂的羊角灯，内有换活底者，查明数目，交付尔等照样换底。遵此。于十二月初九日交付领催金有玉送呈圆明园工程处档子房人员转交园内总管太监查数。记此。于十一月初八日催总吴花子将戏台行台九州清晏所挂羊角灯俱换活底讫。

七月二十七日据圆明园来帖内称，太监张玉柱传做葫芦式报匣钥匙二件。记此。于本月二十九日做得葫芦式报匣钥匙二把，交太监贾弼持去讫。

铜作

正月二十五日据圆明园来帖内称，太监王太平传旨：养心殿佛堂内有供的铜胎旃檀佛一尊，此像甚好，系吗呢格隆喇嘛拨的蜡样。传与保德、海望：仍着此喇嘛照样拨蜡铸造一尊。钦此。于二月初二日催总吴花子来说，郎中海望、保德传，着照旃檀佛再拨造一尊存样。记此。于二月十三日郎中海望，员外郎沈崳、唐英传旨：着照旃檀寺内供的旃檀佛两边阿难、迦叶配合尺寸，亦拨蜡样二尊。记此。于十二月十九日郎中海望奏称：奴才造成铜胎旃檀佛一尊，铜胎阿难、迦叶二尊，俱未装藏，今或着何喇嘛装藏等语奏闻。奉旨：着土官胡图克图装藏，二十八日供在养心殿佛堂。钦此。于十二月二十八日旃檀佛一尊，阿难、迦叶二尊，俱着土官胡克胡图装藏庆赞完，郎中海望请至养心殿，安在佛堂讫。

二月十六日太监王璋交来长方暖砚四方、圆形暖砚一方、八角暖砚一方、圆墨海一件，说副总管太监苏培盛传，着见新收拾。记此。于本月二十日收拾得长方暖砚四方、圆形暖砚一方、八方暖砚一方、圆墨海一件，仍交太监王璋持去讫。

铸炉作

六月初二日据圆明园来帖内称，太监王守贵传旨：着做上香铜筒子炉二个。钦此。于六月初九日将五年十二月三十日做得一号一统罇式铜烧古炉一件、二号一统罇式铜烧古炉一件，太监王自禄持去交太监王守贵讫。

八月初四日据栢唐阿佛保来说，七月二十七日郎中海望传做铜烧古炉九个，俱随炉座。记此。于十月二十八日做得万寿鼎一件，镀金盖，紫檀座。虬耳炉二件，铜座。九元炉二件，铜座。乳炉二件，铜座。一统罇炉二件，铜座。郎中海望呈进讫。

自鸣钟

正月初五日郎中海望传做轩辕镜式日晷式帽架一件。记此。于十二月二十八日做得仿轩辕镜式铜日晷帽架一件，郎中海望呈进讫。

十三日首领太监赵进忠来说，内大臣佛伦传旨：自今以后，出入轿内右边前头着安表。钦此。于十七日首领太监赵进忠传做盛表糊锦面红绫里嵌玻璃合牌匣二件。记此。于十九日做得糊锦面红绫里嵌玻璃合牌匣一件，内盛表一件，领催白士秀交太监赵进忠持去讫。于二十四日做得糊锦面红绫里嵌玻璃合牌匣一件，内盛表一件，催总常保交太监赵进忠持去讫。

二月初七日郎中海望持出圣寿无疆表一件随栢木匣盛，系总督常赉进，奉旨：着对准收拾。钦此。于七年十月二十八日将圣寿无疆表一件配在安表镜紫檀木香几上，郎中海望呈进讫。

初七日郎中海望持出珐琅套西洋人物表一件、黑子儿皮套西洋人物表一件，俱随糊西洋纸匣盛，系永寿进，奉旨：着对准收拾。钦此。于十三年十月初四日收拾好，首领赵进忠呈进讫。

初七日郎中海望奉旨：着照先进的万国来朝吊屏样再做几件。吊屏上不必做堆纱的，着郎士宁画。画片上罩玻璃转盘。其吊屏不必照先做过的尺寸样做，但量玻璃的尺寸做小些亦可。钦此。于十二月二十八日做得紫檀木边玻璃面内衬郎士宁画片、安活轮子四套寿意吊屏一件，郎中海望呈进讫。

十六日敬事房太监张宾来说，总管太监陈福、苏培盛传：交泰殿内陈设的自鸣钟上丝绳，着照旧尺寸另换丝绳三根。记此。于三月二十日做得系绳三根，首领太监赵进忠持进换讫。

四月二十八日银库员外郎明书交来乌木架自鸣钟四架，系安图家抄来的，俱有破坏处。奉庄亲王谕：着交造办处。遵此。本日领催王吉祥等拆开认看得二架是西洋钟，虽有破坏处若收拾还用得。其余二架是广东做的，钟里面俱破坏、收拾不得等语。于五月初三日员外郎唐英据此启怡亲王看。奉王谕：收贮。遵此。于十三年十月初四日收拾好，首领赵进忠呈进讫。

六月十六日据奉宸院清字来文内开：管理畅春园事务员外郎王雅图称：园内有自行虎一件，虎身上首尾毛略脱落，再铁轮亦有锈，相应转行养心殿造办处，着该管人带领匠役并需用物料赴畅春园收拾等语。记此。于本月二十一日领催王吉祥带领匠人赴园内将自行虎一件收拾完讫。

七月十六日奉宸院来文内称，畅春园内严霜楼有自鸣钟年久破坏，相应咨行养心殿造办处，着该管人员来收拾等语。记此。于本月二十三日领催王吉祥带领匠人赴园内将自鸣钟收拾完讫。

八月十九日据圆明园来帖内称，八月十八日为怡亲王福金寿日所用寿意活计等件，太监刘希文、王太平等奏闻。奉旨：准着照年例预备。钦此。本日郎中海望、太监刘希文、王太平同定做八仙庆寿自鸣钟一件。记此。于十三年十月初四日收拾好，首领赵进忠呈进讫。

十一月十二日郎中海望、员外郎沈嵛传：着将灯表内用的杏仁油买柿子坛盛装。记此。于本日交领催白士秀买办讫。

二十日郎中海望传做瓶式自鸣鼓一件。记此。于七年正月十六日做得紫檀木嵌银母象牙花纹瓶式自鸣钟鼓一件，郎中海望呈进讫。奉旨：着照样再做二件，用四季花，春用红梅，夏用莲花，秋用菊花，冬用腊梅。钦此。现存活计房。

木作

正月十三日太监王太平传旨：照先做过的玻璃面镶嵌银母花梨木桌再做二张，其高矮，宽窄，大小尺寸俱照旧桌一样做，桌面不必镶嵌，做黑漆面的一张，红漆面的一张。钦此。于本月十四日员外郎唐英代木匠卢玉量得桌长二尺三寸七分，宽一尺零四分，通高一尺一寸，边宽九分，厚九分，腿子卷头一寸零半分，高八分，见方九分。记此。于八月初八日做得黑退光漆面镶嵌银母西番花边花梨木桌一张，郎中海望呈进。奉旨：尔照此桌样再做几张。钦此。本日，郎中海望，员外郎沈嵛，唐英定得先做二张。记此。于八月十七日做得红漆面镶嵌银母西番花边花梨木桌一张，郎中海望呈进。奉旨：镶嵌云母桌俱做黑漆面。钦此。于十二月二十八日做得黑漆面镶嵌银母西番花边花梨木桌一张，郎中海望呈进讫。于七年五月初四日，做得黑漆面镶嵌银母西番花边花梨木桌一张，郎中海望呈进讫。

二月初七日郎中海望持出菜玉莲花荷叶洗一件系马齐进，奉旨：着配做紫檀独梃座。钦此。于十三年十一月初一日菜玉莲花荷叶洗一件，司库常保，首领萨木哈持去交太监毛团呈进讫。

十三日太监王太平交来圆腿长方楠木杌子一张，传旨：着照样用楠木做黑漆的几张，红漆的几张，顶板，底板俱不用起线，俱要浑边，其底板做重些。钦此。于本日催总马尔汉量得面宽一尺零四分，进深九寸，厚四分，腿子径圆五分半，通高一尺五寸八分，底足高三分，径圆七分原样楠木长方圆腿杌子一张，郎中海望交太监吕进朝持去，太监王太平收讫。于八月初八日做得黑退光漆面楠木杌子二张，郎中海望呈进讫。于八月十四日做得红漆面楠木杌子二张，郎中海望呈进讫。

十八日郎中海望传做备用坐褥夹板香几二件。记此。于本年三月二十一日做得坐褥夹板香几二件，郎中海望呈进讫。

十九日太监王太平交来佛十一尊系果亲王进，传旨：着配做佛龛一座，着喇嘛认看是什么佛，按尊次供在一龛内，其龛照前所进无量九尊龛一样做，俟告成时写签呈进，签上写雍正五年五十万寿，果亲王进。钦此。于十二月十六日太监王太平来说，二月十九日传过，照无量九尊佛龛样做的十一尊佛龛，得时将佛配供在龛内，送往中正殿去供奉。记此。于十二月二十六日做得紫檀木佛龛一座，高二尺五寸，宽一尺六寸，入深八寸，玻璃欢门黄片金里内供佛十一尊，共妆缎垫子十一件，随原来佛衣十一件，监察御史沈嵛带领柏唐阿佛保送赴中正殿，交喇嘛罗卜藏钦丹格隆讫。

三月十六日郎中海望，员外郎沈嵛，唐英传，做紫檀木集锦书格一件面宽一尺八寸，入深九寸，高一尺四寸。记此。于七年五月初四日做得紫檀木集锦书格一件，随石榴五瑞盆景一件，象牙茜色匙箸瓶香盒一件，绿玻璃小瓶一件，珐琅水丞一件，郎中海望呈进讫。

十七日据圆明园来帖内称，本月十四日，郎中海望持出黑退光漆条桌一张，红漆桌一张，红油挂椅一张，奉旨：着照此红漆桌尺寸，黑漆桌样式做紫檀木桌一张，红豆木桌一张，红漆桌四张，照此红油椅样式做紫檀木椅四张，红漆椅八张，椅上的牙子，枨子有可更改处略更改。钦此。于八月初六日催总马尔汉来说，郎中海望传本年三月十四日奉旨：着照红漆桌尺寸，黑退光漆桌样式做得紫檀木桌一张，红豆木桌一张，尺寸小了，与红漆桌尺寸不符，暂留造办处备用，再照红漆桌尺寸补做紫檀木桌一张，红豆木桌一张。钦此。于八月十一日做得紫檀木桌一张，椅子四张，领催白士秀交万字房首领太监杨忠持去讫。于八月十三日，做得紫檀木桌一张，红豆木桌一张，领催白士秀交太监杨忠收讫。于八月二十五做得红漆桌四张，并原样红漆桌一张，黑退光漆条桌一张，红漆椅八张，领催白士秀交太监杨忠收讫。红油挂椅一件存作。于十月十二日将红油椅一张，领催白士秀交太监杨忠收讫。十月二十日领催白士秀将原样黑漆条桌一张持出，照着做样。记此。

五月十四日据圆明园来帖内称，本月初二日副总管太监苏培盛传旨：着照养心殿西暖阁陈设的彩漆桌样式，做花梨木硬楞桌几张。钦此。于本日据圆明园来帖内称副总管太监苏培盛来说，今日传做花梨木桌子且不必做，即用五年八月十三日传的花梨桌四张罢。记此。

二十二日小太监瑞格传旨：着照五月初九日呈进的紫檀木边楠木心图塞尔根桌，收窄一寸五分，长高俱照前一样再做一张。钦此。于本月二十九日做得长三尺三寸，宽一尺九寸，高一尺四寸八分，糊布里紫檀木边楠木心图塞尔根桌一张，郎中海望呈进讫。

六月初一日，小太监瑞格传旨：照五月二十九日呈进过的紫檀木边楠木心图塞尔根桌，再收窄一寸五分做一张。钦此。于六月十三日做得紫檀木边楠木心图塞尔根桌一张，郎中海望呈进讫。

初三日据圆明园来帖内称，本月初三日总管太监陈福传旨：太监们织藤子花蓝等件所用藤子材料俱向造办处取用。钦此。于本月初四日首领太监萨木哈持去各色藤蒙丝一斤七两，魁藤去皮线香滚子六斤，定香去皮魁藤滚子三斤，照数交总管太监陈福收讫。

初七日据圆明园来帖内称，五月初四日太监张玉柱交来牡丹画片十二张，各高四尺四寸五分、宽二尺三寸，系高其佩进。传旨：着做炕屏，其做法俱要精细文雅，陈设的地方尔等酌量配合。钦此。现存活计库。

七月初五日副总管太监苏培盛传旨：乾清宫东暖阁楼上着做楠木边书格六架，要安得五百二十套书，每架屉上随纱帘一件，其帘照西暖阁内书架上纱帘一样做。钦此。员外郎唐英随量得书格每架通高八尺四寸，宽五尺六寸五分，进深一尺六寸，每架书格做四屉，每屉高一尺七寸六分。记此。于七月二十日据圆明园来帖内称，太监王玉来说，付总管太监苏培盛传旨：摆书书格着用楠木做。钦此。于十一月初三日照尺寸做得楠木书格六架，俱随纱帘，郎中海望持进，安在乾清宫东暖阁楼上讫。

八月初九日郎中海望奉旨：养心殿后殿东二间门外靠落地罩着做档门围屏四扇，其高以卷着门帘上边一般高，宽照落地明连抱柱一般宽，连缝做折叠的，东边以板墙抱柱上讨牢安柱子，围屏上三（正）面画西洋书格八对。钦此。于九月二十五日做得画西洋书格围屏四扇，员外郎沈喻带领催总刘三九持进安讫。

初十日郎中海望奉旨：养心殿后殿明间靠落地明西一扇落地明亦照东面做围屏四扇，二面亦画书格。北面墙上贴的画不好，尔将原贴的书格果子画两边长条画揭去，其余画片不动，添补空处集锦。再东西屋内门扇拆去，镶楠木口，落地明两边柱头着看好日期打平。钦此。于九月二十五日做得画西洋书格围屏四扇，员外郎沈喻带领催总刘三九持进装修讫。

九月二十九日郎中海望奉旨：养心殿后殿东二间屋内西板墙对宝座处，安玻璃插屏镜一面，镜背面安一活板，若挡门将板拉出来，若不用时推进去，要藏严密。镜北边板墙上安一表盘钟，轮子俱安在外间内书格上。此屋内陈设的水缸款式不好，尔另寻一水缸换上。钦此。郎中海望随奏称，圆明园有太监刘希文交着配架子仿汝窑缸四件，架子俱已做成。奴才意欲将此缸取一件来，陈设在此处等语奏闻，奉旨：好，取一件来换上。钦此。于十月初十日做得玻璃插屏，并板墙上安表盘样一件呈览，奉旨：准做。钦此。于十月十六日将本年五月二十五日太监刘希文交出着配架子的仿汝窑四口之内缸一口，配得花梨木夔龙式架，盖，内安铜烧古熏缸炉一件，又做得楠木边座玻璃镜插屏一座，通高七尺九寸，宽四尺二寸五分，随楠木边杉木档糊假书画片挡门壁子一件，通高六尺四寸，宽四尺，花梨木边铜心表盘一件，自鸣钟一件，催总刘三九持进安讫。于十月十九日郎中海望奉旨：养心阁东二间屋内，西板墙对宝座处新安的玻璃镜插屏甚蠢，尔看闲空拆出，将西二间屋内陈设的楠木架玻璃镜亦取出，将玻璃镜拆下，另配硬木边安在东二间屋内，不必做牙子，背后安档门。画片书格北边做一折叠书格，其拆下玻璃镜木架亦甚文雅，不必改做，或着郎世宁画一美人，或着画画人画何样画贴上，有陈设处陈设。钦此。于本月二十日郎中海望带领催总吴花子，将养心殿东二间屋内新安的楠木架座玻璃镜插屏，并书格壁子拆出，又将西二间屋内楠木架座玻璃镜插屏取出。于本月二十二日郎中海望做得养心殿后殿东二间内插屏玻璃镜背后拉挡门壁子，并镜前折叠壁子上画画片书格小样一件呈览，奉旨：准做，安表盘处不用拿，书格上不要画古董，俱画书册页，其锭的合扇俱要妥当。钦此。于十二月初三日将养心殿西二间拆出楠木边玻璃镜一面改做得紫檀木边玻璃镜一面，通高六尺四寸，宽三尺六寸六分，玻璃镜前面紫檀木边贴书册页画片书格式折叠壁子一扇，背面紫檀木边贴书册页画片书格式拉挡门壁子一扇，锭铁镀金拐角叶合扇吊牌铜走槽，催总刘三九，领催闻二黑，首领太监李久明持进，同首领太监程国用安讫。

十月初九日郎中海望传做寿意花楠木面紫檀木桌一张，长二尺九寸五分、宽一尺九寸五分。记此。于十月二十八日做得寿意花楠木面紫檀木桌一张，郎中海望呈进讫。

十九日首领太监程国用来说，首领太监刘希文传旨：养心殿西暖阁抱厦下板院内着做平顶毡棚一座。钦此。本日，首领太监程国用随定得高六尺六寸，入深八尺五寸，面宽七尺，北边偏西些留门，南面安半截窗户，门上挂毡帘，窗上安有带子的毡子一块，若用挡窗时取下，若不用时放在棚顶上。记此。于十一月十五日照尺寸做得杉木隔黑毡棚一座，随蓝布帘一件，俱锭铁钩搭拴判（绊）带完，着首领太监李久明持去，交首领太监程国用安讫。

二十一日太监张玉柱交来朱砂山子一块，重十三斤。传旨：着配木座，安在养心殿后殿东二间内东边窗户台上。钦此。于十一月初十日将朱砂山子一块，配做得紫檀木座一件，太监吕进朝持去交太监张玉柱安讫。

二十八日，太监王太平传旨：养心殿西暖阁有陈设的雕刻紫檀木边腿豆瓣楠木心嵌银母如意花纹桌一张，其桌做法甚文，上有裂缝处，线补收拾，照样做一张，再将平面的亦做一张。钦此。于十一月十二日首领太监李久明持出雕刻紫檀木边腿豆瓣楠木心嵌银母花纹桌一张，催总马尔汉量得高二尺八寸二分，长四尺八寸八分，宽二尺二寸三分。记此。于十一月二十一日将此桌样紫檀木桌一张线补收拾好，郎中海望交首领太监萨木哈持进安讫。于十二月二十八日做嵌银母如意花纹楠木面紫檀木桌一张，郎中海望呈进讫。于十二月二十八日做得雕刻豆瓣楠木桌一张，郎中海望呈进讫。

漆作

正月二十七日郎中海望奉旨：着照洋漆彩金馒首式小盒样做红漆的几件、黑漆的几件。钦此。于五月初四日做得画洋金番花馒首式红漆盒四个，黑漆盒二个，郎中海望呈进讫。

二月初四日郎中海望，员外郎沈嵛、唐英传做寿意彩漆手卷式笔筒一件。记此。于九月二十九日做得寿意彩漆笔筒一件，郎中海望呈进讫。

十七日太监王太平交来天然木根山子一件，上嵌红白绿玛瑙灵芝七件、白玉寿星一尊、雕紫檀木座罩子。系曹頫进。传旨：着将此罩上的万字拆下，配做别样的花样，收拾干净送往圆明园去。记此。于本月二十八日将天然木根一件，收拾好交栢唐阿富明送至圆明园，郎中海望持进交太监王太平收讫。

五月十五日据圆明园来帖内称，本月初二日付总管太监苏培盛传旨：着照今日进的黑漆软楞桌的尺寸、照懋勤殿圆腿桌的式样，做黑退光漆桌二张。再照养心殿西暖阁陈设的彩漆桌的式样做红漆桌四张。于八年五月初六日做得红朱油漆面朱漆里圆腿桌四张，员外郎满毗交太监张忠义、刘进朝持去讫。于九年正月二十八日做得黑退光漆面朱漆里圆腿桌二张，员外郎满毗交太监赵朝凤、张良栋持去讫。本日仍交出，暂且放着。记此。于二月初六日将黑退光漆桌二张，交太监王璋持去讫。

八月二十三日据圆明园来帖内称，本月二十一日首领太监董自贵交来里有釉外无釉白磁碗大小一百二十九件，说太监刘希文、王太平传：着漆做。记此。于本日交栢唐阿六达子持去漆做讫。

十月二十五日固塞达根图交来上用弓二张，着另上油。记此。于十一月初一日做得弓二张，交厢黄旗弓匠九格持去讫。

镟作

正月十七日太监王太平交来成窑五彩小磁碟七件。传旨：将此碟七件俱盛在清茶房直墙圆漆盒内。此碟小些，合着漆盒尺寸将碟子口面放大些，先镟木样，览过再将样子交与年希尧照样烧造。钦此。本日随量得清茶房直墙圆漆盒口径八寸四分八厘。记此。于二月十三日做得直墙圆漆盒内五彩花纹小碟合牌样一件，郎中海望呈览。奉旨：不必照此花样，尔交与年希尧将京内发去的花样内拣好花样多烧造几件。钦此。于二月十六日合牌小碟样一件、盒底样一件，郎中海望，员外郎沈嵛、唐英同交年希尧家人郑旺持去讫。于七月二十一日据圆明园来帖内称，本月十七日太监张玉柱交出烧磁器处年希尧呈进的青花白地磁碟四十件，五彩磁碟四十件，传：着交给清茶房记此。本日随将青花白地磁碟四十件、五彩磁碟六十件，郎中海望交清茶房总管太监李英收讫，原交来做样五彩小磁碟七件，郎中海望交太监王太平收讫。

三月三十日郎中海望，员外郎沈嵛、唐英传做象牙腰圆盒二对。于五月初四日做得象牙腰圆盒一对，郎中海望呈进讫。于五月初七日太监杨文杰来说，怡亲王谕：着西洋镟床上做象牙盒一对。遵此。于十月二十八日做得象牙腰圆盒两对，郎中海望呈进，奉旨：此盒嗣后不必做罢。钦此。

十一月初五日太监魏九贵来说，太监王杰传做湘妃药筒二个，镶象牙盖。记此。于本月初九日做得长四寸五分五厘象牙底盖湘妃竹药筒二件，太监魏九贵持去讫。

雕銮作

三月十四日员外郎沈嵛、唐英传做年例大黄扇器三百六十个。记此。于四月二十九日做得大黄扇器三百六十个，郎中海望交太监王太平讫。

十月十一日太监张玉柱、王常贵交来武定石白色梅花瓣式盘一件、武定石酱色秋叶式盘一件、武定石黄色荷叶式盘一件、武定石黄白色玉兰花式盘五件、武定石白色梅花式盘一件、武定石黄白色桃式盘一件、武定石黄白色石榴式盘二件，传旨：武定石白色梅花瓣式盘、酱色秋叶式盘着配做好木架呈进，其余武定石盘着配做平常木座，交园内总管太监各处陈设用。钦此。于七年五月初四日配得紫檀木独梃座二件上安武定石白色梅花瓣式盘一件、酱色秋叶式盘一件，郎中海望呈进讫。于七年四月初四日配得花梨木架武定石盘五件，交总管太监陈九卿持去讫。于初六日配得漆架武定石盘五件 交总管太监陈九卿持去讫。

玻璃厂作

正月二十七日郎中海望奉旨：玻璃吊灯做几对，或圆形，或亚腰葫芦形，上安宝盖。钦此。

九月初六日据圆明园来帖内称，称本月初一日怡亲王交府内烧造白玻璃片，长九寸二分、宽七寸一分一片；长七寸、宽六寸一片。谕：此玻璃片已呈览过。奉旨：着玻璃厂用心精细烧造。钦此。于本日遂将交来白玻璃片二块，交玻璃厂栢唐阿王成斌持去讫。

十一月初八日首领太监赵进忠持来玻璃球一件，说太监刘希文传旨：着照样烧造一件。钦此。于七年六月初九日做得玻璃磨楞球二件，并原样一件，首领太监赵进忠持进安在万字房讫。

杂活作

三十日员外郎沈嵛、唐英传做赏用五十岁、六七十岁玻璃眼镜每样十副。记此。于本年五月初一日将玻璃眼镜九副，太监范国用持去交太监焦进朝讫。于七月二十日将玻璃眼镜二副交太监范国用持去交太监焦进朝讫。于本年九月二十六日将玻璃眼镜二副赏大学士蒋廷锡、张廷玉讫。于八年四月二十日将玻璃眼镜六副交太监穆泰然持去讫。于八年五月二十日将玻璃眼镜三副交太监王进孝持去讫。于八年七月十九日将玻璃眼镜二副，郎中海望持去讫。于八年十月十九日将玻璃眼镜二副，催总胡常保持去讫。于十一年八月十一日将玻璃眼镜二副，领催白士秀交太监焦进朝讫。于十一年九月二十日将玻璃眼镜二副，交太监穆太然持去讫。

二月初七日郎中海望持出白玉有锁刻人物字磬一件，随珊瑚枝架，系石里哈进。温都里那石提梁罐一件，随紫檀木座，系阿克敏进。奉旨：着将珊瑚枝上挂的磬拆下来，另配一架子。将温都里那石提梁罐挂在珊瑚枝上。其紫檀木座上用牛油石或做笔洗，或做何物尔等酌量配合做一件。钦此。于八月十四日改做得珊瑚枝一件，配挂温都里那石铜镀金提梁罐一件，随黑堆漆玻璃罩象牙茜绿色座，郎中海望呈进讫。于九月初三日改做得白玉磬一件，随紫檀木架一件，郎中海望持进安设在莲花馆一号房内四书格上讫。

初七日郎中海望持出玻璃轩辕镜二件，系杨文乾进。奉旨：着配紫檀木独梃帽架用。钦此。于五月初四日做得紫檀木梃玻璃轩辕镜帽架一对，郎中海望呈进讫。

十二日太监王太平传旨：将造办处有做成双喜双圆式样活计送进几件来。钦此。于本日将做成象牙茜色双喜双圆盒一件、嵌珊瑚螭虎黄玻璃双喜水盛一件、福禄寿双喜紫端砚一方、玻璃胎珐琅节节双喜鼻烟壶一件，郎中海望、员外郎沈嵛交太监王太平呈进讫。于本月十五日做得镶嵌节节双喜玻璃鼻烟壶二件、珐琅节节双喜鼻烟壶二件，郎中海望、员外郎沈嵛交首领太监程国用持去交太监王太平收讫。

三月十三日员外郎沈嵛、唐英传做赏用玻璃眼镜三十岁、四十岁、五十岁、六十岁、七十岁每样做五副。记此。于七年五月二十四日做得玻璃眼镜五副，交太监王璋持去讫。于八年三月十九日做得玻璃眼镜五副，交太监刘沧州讫。于九年六月十六日做得玻璃眼镜五副，交太监韩贵持去讫。于九年九月二十三日做得玻璃眼镜五副，首领李久明持去交太监焦进朝讫。于十一月四日做得玻璃眼镜五副交太监穆太然持去讫。

十九日员外郎沈嵛、唐英传做备用福寿双圆帽架一份。记此。于九月二十七日做得福寿双圆帽架一件，系紫檀木座。内盛四十岁水晶眼镜一付、红铜镀金掐丝珐琅仿圈一件、钢镊子一把、银耳挖勺一支、象牙起子一件、蜜蜡杆耳捻一件、玻璃镜一面，郎中海望呈进讫。

五月初五日据圆明园来帖内称，本月初四日郎中海望奉旨：尔造办处所进的香袋甚糙。朕有府内取来的香袋样子，尔何不照样做来呈进。钦此。于本日郎中海望持出甜瓜式香袋一件、佛手式香袋一件、葫芦式香袋一件、蓝青绫刺羊皮金五毒符香袋一件、五色绫刺羊皮香袋一件、黄缎绣莲花缉珠寿字香袋一件、黄缎长方缉珠寿字香袋二件、黄缎绣双夔花缉珠万字香袋二件、黄缎绣如意云纹缉珠寿字香袋二件、红缎桃式缉珠寿字香袋二件、红缎葫芦式缉珠如意寿字香袋一件、红缎绣纵线菊花葵花香袋一件、石青缎缉珠夔龙绣太极图香袋一件、黄缎梅花式绣五蝠捧寿香袋、黄缎绣五色夔龙香袋一件、圆形绕五色绒福香袋一件、圆形绕五色素绒福香袋一件。奉旨：着照样做些以备来年端阳节呈进，尔再照此五色颜色，另将别样好款式香袋做些，其上不必缉碎珠，俱缉缎线，此原样香袋上所缉的珠子俱拆下，或做大香袋用，或做别样活计使用，尔等酌量。钦此。于七年四月二十日照样做得各式香袋九十六个，并原样香袋二十四个，郎中海望呈进讫。于七年四月三十日照样做得各式香袋六十个，郎中海望呈进讫。于本月初五日，郎中海望奉上谕：做香袋何必用整材料。钦此。郎中海望随口奏称：做香袋所用的材料系向衣库行取零碎材料使用等语奏闻。奉旨：甚是。钦此。于本月十九日小太监桂圆交来香橼式香袋一件、牡丹花式香袋一件、荷叶式香袋各一件。传旨：着交给海望做样。钦此。

五月二十二日员外郎沈嵛、唐英传做备用假松石双圆盆四个。于本月二十三日据花儿匠郭佛保来说员外郎沈嵛说：此盆不必做了罢。记此。

八月初一日据圆明园来帖内称，七月初十日怡亲王交府内烧造得金胎棕色地五彩西番花珐琅片二片，径一寸四分。传旨：着配做盒子用。钦此。本日怡亲王谕：着做二面转盒。遵此。于十一月二十八日做得玳瑁墙镀金腿嵌珐琅片双层转盒一件，郎中海望呈进讫。

初一日据圆明园来帖内称，怡亲王交府内烧造得金胎五彩太极图珐琅片一片，径一寸四分五厘。金胎五彩牡丹花珐琅片一片，径一寸四分。金胎棕色地双猫腰圆珐琅片一片，长一寸四分、宽一寸一分。金胎蓝地双犬腰圆珐琅片一片，长一寸四分、宽一寸一分。铜胎黄地西番花腰圆珐琅片一片，长一寸五分、宽一寸一分。铜胎棕色地喜相逢腰圆珐琅片一片，长一寸五分、宽一寸一分。传旨：着配做盒子用。钦此。于十月二十八日做得象牙墙盒一件，上嵌金胎五彩太极图珐琅片。红漆画洋金花金钱菊腰圆盒一件，上嵌金胎棕色地双猫珐琅片。黑漆画洋金番花圆盒一件，上嵌金胎五彩牡丹珐琅片。黑漆画洋金番花腰圆盒一件，上嵌金胎蓝地双犬珐琅片。黑漆画洋金番花腰圆盒一件，上嵌铜胎黄地西番花珐琅腰圆片。黑漆画洋金番花腰圆盒一件，上嵌棕色地铜胎喜相逢珐琅片。郎中海望呈进讫。

十九日据圆明园来帖内称，八月十八日为怡亲王福金寿日所用寿意活计等件，太监刘希文、王太平等奏闻，奉旨：着照年例预备。钦此。本日郎中海望、太监王太平、刘希文同定得做火镰包二件。记此。于九月初四日做得红官绸火镰包一件，红缎双福双寿火镰包一件，郎中海望着首领太监李久明持去交太监刘希文收讫。

二十八日催总刘三九持来事事如意火镰包画样一张，说郎中海望传旨：着照画样配做备用。记此。于九月二十七日做得玳瑁胎嵌龙油珀外套象牙茜绿底盖红羊皮囊火镰包一件，收在都盛盘内，郎中海望呈进讫。

九月二十八日做得紫檀木匙箸瓶、铜镀金匙箸。攒竹镶金口紫檀木座笔筒、斑竹笔筒、云竹笔筒。垂恩香、盘香。

十月初五日员外郎沈嵛传做番花书灯一件。记此。于十月二十八日做得紫檀木座镀金灌铅足番花书灯一件，内安铜镀金接油信子。瓶式挺杆，一面安玻璃衬寿意花卉画片，一面安玻璃衬嵌福寿天贶，背后挂象牙茜绿墙绣黄缎面香袋一件，随黄线穗，郎中海望呈进讫。

初六日为本月初二日郎中海望、员外郎沈嵛传做备用福寿镜支帽架一件。记此。于本月二十八日做得紫檀木嵌玻璃福寿帽架一分，内盛玳瑁鞘小刀一件，象牙起子一件，钢镊子二件，玳瑁耳挖、牙签各一件，玻璃镜一面，郎中海望呈进讫。

十九日首领太监萨木哈持来玻璃轩辕镜一对，随镀金宝盘，系总督孔毓珣进。传旨：着海望见面请旨。于八年八月十七日做得珐琅轩辕镜帽架二个，首领太监萨木哈交太监刘希文讫。

花儿作

正月十二日郎中海望传做眉寿长春盆景一件。记此。于五月十四日做得眉寿长春盆景一件，太监马进忠持去交太监王太平收讫。

八月初七日内管领穆森交来雨过天晴玻璃盆一件，金珀色玻璃盆一件，郎中海望、员外郎沈嵛、唐英传旨：此盆二件配做通草盆景。记此。于八月十四日做得群仙祝寿盆景一件、雨过天晴玻璃盆纱罩；久寿长春盆景一件、金珀色玻璃盆纱罩。郎中海望呈进讫。

十二月初四日首领太监程国用交来华祝三多瓶花一束，随青花白地葫芦式磁瓶、紫檀木座；福寿长春瓶花一束，随青花白地宝月磁瓶、紫檀木座；福寿双圆瓶花一束，随豆绿八瓣磁瓶、紫檀木座；福寿如意瓶花一束，随均窑瓶、紫檀木座。说太监刘希文传，着将此瓶花座子，俱见新收拾。记此。于七年二月初七日收拾得瓶花四束、瓶四件，随座子架子，首领太监萨木哈持去交太监刘希文讫。

皮作

三月十七日据圆明园来帖内称，本月十四日郎中海望奉旨：宴桌上纳锦桌围、椅搭，花样有好的，尔等选几件或万字锦地章，照现成的桌椅尺寸，画样呈览过交苏州织造处照数织来。钦此。于六月初二日据圆明园来帖内称，五月十九日画得锦地夔龙花纳锦桌围纸样一张，高二尺五寸九分、宽三尺三寸二分、窄面宽一尺三寸。锦地夔龙花纳锦椅搭纸样一张，高五尺九寸、宽一尺五寸。郎中海望呈览。奉旨：准做。钦此。于六月初四日写帖并画样交苏州织造家人六儿领去承造。于十月十九日苏州织造李秉忠家人刘文成、六儿送来纳纱桌围六件、椅搭十二件，郎中海望收讫。于七年正月初九日郎中海望将纳纱桌围六件、椅搭十二件、画样一张仍交苏州织造家人六儿领去改做。记此。

五月初五日据圆明园来帖内称，本月初四日奏事太监张玉柱王长贵交来象牙席褥子四个，各长四尺四寸五分、宽三尺六寸五分。传旨：将席拆下托毡，沿蓝缎边，铺床用。钦此。现存活计库。

九月初六日据圆明园来帖内称，本月初一日怡亲王交府内烧造节节双喜金胎珐琅片二片、岁岁双安金胎珐琅片二片，谕：此珐琅片已呈览过。奉旨：着配做带子用。钦此。于十一月二十八日做得上用鹅黄鞓带一付，镀金带板、面嵌松石万字、中心嵌岁岁双安珐琅片二件、节节双喜珐琅片二件；春绸手巾一副，嵌珐琅片；镀金如意云束嵌暗八仙象牙开其里一件，随三月初五日传做石青缎面绣番花缉扣珠万寿珊瑚豆荷包一对，锦盒盛，郎中海望呈进讫。

十二日催总吴花子持来福寿久长带样一张，说郎中海望传：着照样做带子一副，上配火镰包，署文房，眼镜套内盛四十岁眼镜、连套鼻烟壶、开其里，俱要精细。记此。于九月二十七日做得福寿久长带一付，铜镀金带板、上嵌珊瑚福寿松石久长春绸手巾一副，嵌珊瑚面镀金束象牙开其里一件，绣福寿红缎面罩套火镰包一件，绣福寿缎面眼镜罩套一件，内盛四十岁水晶眼镜一副，红羊皮画洋金福寿署文房一件，内装黑石片二块，铜管铅笔一枝，随三月初五日传做石青缎面绣流云缉扣珠福寿珊瑚豆荷包一对，郎中海望呈进讫。

十月二十三日太监刘希文、王太平交来镶汉玉包锦宝座一分，随黄缎绣金龙坐褥一个、垫枕十一个，系李卫进。传旨：着将宝座上垫枕十一个取下，应改做何物做何物用，不可妄用。再宝座上所有穿钉眼之处照锦样用锦补上，收拾得时送至圆明园，交园内总管太监们有应陈设处陈设用。钦此。本日将宝座上垫枕十一个取下，交司库桑格收库讫。于十一月初八日收拾得镶汉玉包锦宝座一分，随黄缎绣金龙坐褥一个，黄杭细挖单一块，郎中海望、员外郎沈崳着栢唐阿三达礼，送赴圆明园交工程处交司房太监蔡玉收讫。垫枕十一个，现存活计库。

十二月初二日首领太监程国用、王自立、王进玉交来养心殿后殿正宝座随杉木床白毡面石青缎刷子床套一件。传：着交造办处收着，俟用时来取。记此。于七年三月初六日将床套一件，首领太监程国用持去讫。

初六日太监刘希文、王太平交来鼓一面、板一分、锤子一根，随纺丝挖单一块。传旨：着将此鼓配做黄布面纺丝里软套一件，其鼓上锭的钉子有脱落处补上，再将板、锤亦配做软套一件，安在鼓内。钦此。本日太监王太平说，此套做得时即交与我们，不可使外人知道。记此。于本月十一日做得黄布面黄纺丝里鼓套一件，黄纺丝里面板锤套一件，并原交来鼓板锤子挖单，俱交首领太监程国用持去讫。

舆图处

正月十七日据圆明园来帖内称，郎中海望奉旨：照先画过的全省小舆图再画二张，将省城写出。钦此。于二月初二日画得全省小舆图二张，郎中海望呈进讫。

三十日据圆明园来帖内称，本月二十九日太监赵朝凤交来南岳衡山图一册，系巡抚布兰泰进。说太监张玉柱传旨：懋勤殿与养心殿何处有图将此图收在一处。钦此。本日员外郎沈崳着交舆图处库内收存。记此。随将南岳衡山图一册，交栢唐阿周斌持去收库讫。

三月初八日奏事员外郎七达子交来扬州河图一张，系范时绎画。传旨：着收贮。钦此。于本日随交栢唐阿周斌持去讫。

五月十七日栢唐阿诺黑图来说，奉怡亲王谕：着做总图十卷。遵此。于本日交栢唐阿周斌讫。

炮枪作

二月初四日饭上人吴喜交来花羊角靶子儿皮鞘铜束单小刀一把，说膳房管领八十传：着照样做五把。记此。于三月十八日照样做得花羊角靶单小刀五把，原样小刀一把，副领催衣常阿交膳房管领八十收讫。

三月十七日主事石德来说：怡亲王先传着做贺蓝刀铁甲叶一副，今做甲叶用造炮枪处旧贮贺蓝西洋刀截做，因不足用，郎中海望传：将未做完的零碎群条肩叶等件用芜湖钢配做。记此。于本日交主事实德承办讫。

十九日据圆明园来帖内称，郎中海望奉怡亲王谕：着传与造鸟枪处的官员知悉：以后做的鸟枪俱不必安枪叉子，将斗往前挪些，其斗后上安铁叶掐箍。遵此。于本日将王谕传与监造鸟枪官员外郎马尔汗等讫。

六月二十九日据圆明园来帖内称，本月二十八日怡亲王府内太监李成交来福建大头钢大小七块、处州钢十七块。传王谕：着交郎中海望讨示下。遵此。于本日郎中海望将福建大头钢大小七块、处州钢十七块，呈怡亲王看，奉王谕：将此二样钢每样打造小刀头一件，试看。遵此。于十一月二十三日郎中海望奉怡亲王谕：造办处有我交的大头钢，尔着铁匠精细做小刀二把、大刀一把，试看。遵此。于十二月十五日做得腰刀头木样一把，呈览。奉王谕：不必照此样做，可照日本国刀样做。遵此。福建大头钢七块、处州钢七块存库。

十二月初六日怡亲王谕：将甲库收贮铜镀金锁子甲并回纹锦面甲，尔等持来我看。遵此。于本日随着甲库人员取来甲二付。郎中海望呈怡亲王看。奉王谕：照铜镀金锁子甲样做一副，内衬天鹅绒缎，添做嘎巴和托，其雁翎嘎巴和托等件俱做铁的，上钉台錾铜镀金云龙，其铜锁子务须要轻方妙，盔照回纹锦面甲上盔的大小样式做，盔上所钉番字垂珠等件照皮盔上镶嵌累丝样做。其钉番字垂珠处，将盔铁挖透，再镶嵌番字垂珠。遵此。于本日将锁子甲一付，回纹锦甲一付，仍交甲库人员持去讫。

十二月初八日乾清门头等侍卫南泰来说，奉旨：着赏给侍卫们赏用盔甲四十五副。启过怡亲王。奉王谕：着交造办处做给。遵此。花名计开于后，领侍卫内大臣公马尔赛、风生额；内大臣佛伦；内大臣侯嘎尔撒；散秩大臣伯马哈达；散秩大臣伯公纳亲；副都统岱鹤、野楚；护军统领阿传他；头等侍卫钵尔本茶、南代、阿尔哈禅、西米来、艾诸哈、忒库；二等侍卫音扎那、崇替、扶奴、阿敏道、伯喜；三等侍卫哈达那、乌都里、赛音图、保常、阿兰太、老格、图鲁尔得、阿蓝泰、占布、七十、乌达那、拉蓝泰、保住、蟒阿纳、我合、保平、格猛、双伯；四等侍卫敦住、阿三泰、察尔图里、五勒得、固赛额驸哈鲁、公达十林沁。于十五日为赏乾清门侍卫盔甲并赏用梵字垂珠鋄钉盔甲俱用买办物料估折一件，又行取兼买办物料估折一件，铜镀金夔龙垂珠鋄金钉盔甲，俱用买办物料估折一件，又行取兼买办物料估折一件，郎中海望呈怡亲王看。奉王谕：准行取兼买办料估令做赏用盔甲四十五付，内如若大人之职，照有梵字盔做给，其样盔上无情遮眉、盔顶系鋄金丝的，今做时俱做錾镀金，侍卫俱照兽面垂珠盔做给，其甲面问伊等，如用何面照伊所要做给，再先做成的赏用十顶盔内捡四顶添镀金丝梵字。遵此。于七年正月初四日郎中海望将监造盔甲人员花名单折一件启怡亲王。奉王谕：派得人好赶三四月间，先要得十副。遵此。今将监造盔甲人员花名开后：司库三音保，催总刘三久、张自成，栢唐阿花善、五十八、永泰、白老格、富拉他。于七年正月二十一日郎中海望为造赏乾清门大人侍卫等盔甲四十四副，补做赏理郡王盔甲一副，共造盔甲四十五副。每造盔甲一副，用各行匠役六百余工，盔甲四十五副共用各行匠役二万七千余工，每日需各行匠役一百余名，给限九个月方能告成。再查得武备院成造赏用盔甲时有给匠役口粮之例，今造此项盔甲欲照武备院之例，每日应用匠役一百一十名，共用买米银二百零三两二钱二分，交监造人员照定价数目支领本库银两办买给食等语启怡亲王。奉王谕：准给饭食食用。遵此。于七年四月三十日内大臣佛伦咨文内开为革退侍卫七员不赏盔甲等回在案，花名开后，头等侍卫阿尔哈禅、爱诸哈，三等侍卫图鲁尔德、拉蓝太、七十、禅图里、哈鲁。于七年六月十九日催总张自成持去盔甲一副，交大将军富尔丹赏喜米乐讫。于八年四月初十日大学士公马尔赛传旨：着照赏乾清门侍卫盔甲，赏护军参领戳本一副。钦此。于本日将做成赏用盔甲一副，催总张自成交护军统领戳本之子官达里领去讫。于九年正月十九日将盔甲一副赏三等侍卫安出库讫。于三月二十七日将盔甲一副赏状元祁大勇讫。于十年二月初五日将盔甲一副赏建勋将军达尔济讫。于十一月初六日将盔甲二副赏散秩大臣占布、副都统哈达汉讫。于乾隆四年九月十三日将盔甲一副赏城守尉辛住讫。于乾隆四年十月二十日司库刘山久、七品首领萨木哈、催总白世秀将武备院收贮甲十三副，月白锦面甲十四副，造办处成造石青缎面甲三十七副，交八品官高玉呈览，奉旨：留下武备院收贮甲二副、月白锦面甲九副、造办处成造石青缎面甲十四副，其余持出着交武备院甲库收贮，俟大阅之期只用石青缎面甲四副、月白锦面甲五副，随侍备用。钦此。其余交武备院员外郎僧保住收库讫。赏给石青缎面甲十四副人员开后：野楚、诺那尔图、虽哈那、武儿登、布尔奔乂（查）、云保、五十七、格儿苏、巴雅尔图、所令阿、那潢泰、彻必色、富尔哈、达鲁乂（查）。

雍正七年

记事录

正月初四日郎中海望奉怡亲王谕：着员外郎满毗管理造办处事务。再，赵元到时着管一作房事务效力。遵此。

二十八日柏唐阿五十八来说，怡亲王交做旗纛等件料估折一件，内开：造旗纛共用银二千三百三十二两一钱三分六毫四系（丝），并监造人员折片一件。郎中海望启怡亲王，奉王谕：尔造办处有收贮我的银两，可照料估数目动用领做，其监造人员就着伊等监造好。遵此。监造旗纛人员开后：催总刘三九、胡常保、张四，柏唐阿五十八，笔帖式清宁，领催老格。于二月初五日郎中海望为造旗纛事启称怡亲王：今照副都统岱鹤送来旗纛式样另料估得物料工价，共用银三千八百四十四两二钱一分四厘六毫九系（丝）。此料估内用云缎一百九十一匹零一丈零五寸九分六厘，作价银一千一百三十二两七钱二分四厘四毫。外边置买云缎缺少，意欲向工部库内暂用云缎一百九十一匹零一丈零五寸九分六厘，将买云缎价银交织造处照样织造补还户部等语启怡亲王。奉王谕：如此暂用系挪移之事，若不奏明难以使用，俟我奏明时再用。遵此。于十六日郎中海望奉怡亲王谕：为造旗纛取用云缎一事，我奏过。奉旨：准向户部取用。钦此。尔将取用缎匹颜色数目开明，行广储司转行户部可也。遵此。

二月十一日郎中海望奉怡亲王谕：查收鸟枪、炮位时，着首领太监李久明、萨木哈二人之内派一人同首领太监赵进忠去，再派司库一员、柏唐阿二名，一同查收。遵此。于三月初四日首领太监萨木哈、赵进忠，司库徐君佐、达善，库使五格，柏唐阿六达子等启称：查收鸟枪事自三月初一日起，至三月初三日止，查第一次收三厂鸟枪五千六百杆。第二次收鸟枪一千三百杆，系录旗营用的。第三次收三厂鸟枪四千四百杆，系火器营用的。共收三厂鸟枪一万一千三百杆，内有沈嵛监造鸟枪三千七百六十六杆、马尔汉监造鸟枪三千七百六十七杆、三音保监造鸟枪三千七百六十七杆等语启怡亲王。奉王谕：知道了，俟领枪时尔等发给。遵此。于三月初八日据圆明园来帖内称，首领太监李久明、领催千佛保来说，怡亲王谕：前日传交发鸟枪一事，有给录旗营兵鸟枪一千三百杆之语，先传错了，此枪系给八旗火器营造的，可写帖知会京中，并交首领太监萨木哈等，着将此鸟枪一千三百杆即交工部郎中泰明山领去。遵此。于三月十三日将鸟枪一千三百杆，司库达善、徐君佐，首领太监萨木哈、赵进忠，库使五格，柏唐阿六达子交工部郎中泰明山领去讫。

二十五日郎中海望为炮车三千辆上各添长七尺、宽四幅㐌单一块，约计每块用银四钱，上下㐌单三千块，约计用银一千二百余两可以足用等语启怡亲王。奉王谕：准做。随又启称：每辆车添席一领不如添油布单一块得用等语。奉王谕：先买席一千领，然后再买油布单。遵此。

三月二十日郎中海望持出白定窑磁小瓶一件。奉旨：比此瓶大些的、小些的，或官釉，或别样釉水，照此样交怡亲王，着年希尧做。钦此。于本月二十二日将定窑磁小瓶一件，郎中海望呈怡亲王收下。

二十日郎中海望持出白地青龙嘉窑碗一件。奉旨：着查里边磁器内如有此样碗，即不必多烧造。如无，将此碗交怡亲王，着年希尧照此款式烧造些来。其花样不甚好，着另改花样，碗底不必做腆心。钦此。本月二十二日将白地青龙嘉窑碗一件，郎中海望呈怡亲王收下。

二十三日郎中海望奉怡亲王谕：将三厂造坏鸟枪数目查明，回我知道。遵此。于本日郎中海望将三厂造坏鸟枪折一件启怡亲王。奉王谕：着三厂将新造鸟枪一百零五杆补给八旗。破坏鸟枪一百零五杆着三厂官员自备工本打造补还，其铁匠头目重责，余俱查处。遵此。于四月初五日三厂监造沈嵛、马尔汗、三音保等自备工料打造鸟枪一百零五杆，员外郎满毗、司库达善、首领萨木哈、库使五格交车马营夸蓝达兼护军参领达尔吉领去讫。

二十四日据圆明园来帖内称，六品官阿兰泰来说：慈宁宫画画人戴洪告假六个月回籍，已启明怡亲王。奉王谕：准给假回籍，着造办处传该管织造官家人将戴洪送去。遵此。

二十四日郎中海望启怡亲王，造办处所用楠木不足用，今闻得外边有卖的楠木柁五架，每斤作价银三分五厘，合算用银四五百余两，欲动用本处库内银两买办等语。奉王谕：准买。遵此。

二十四日据圆明园来帖内称，本月二十二日郎中海望启怡亲王：造办处收贮紫檀木俱已用完，现今上交所做活计等件并无应用材料，欲将圆明园工程处档子房收贮外省解来入官紫檀木行取十数根备用等语。奉王谕：准行取。遵此。

二十九日首领太监萨木哈传怡亲王谕：着将新造的炮位先漆做三十二位，俱随架子，预备八旗试用。遵此。于四月初五日将火漆子母炮三十二位，随套三十二份。威远炮十位，员外郎满毗、司库达尔善、首领太监萨木哈交车骑营夸蓝达兼护军参领达尔吉领去讫。

四月初二日太监刘希文交来大官窑瓶一件。传旨：做木样交年希尧照样烧造几件。钦此。于本月十四日镟得木样一件，郎中海望交年希尧家人郑旺持去讫。于本月十六日郎中海望将原样瓶一件交太监刘希文收讫。

十一日郎中海望持出葫芦式磁壶一件。奉旨：尔将此壶交年希尧照其款式仿烧造几件，其釉水如不能十分像，些须深浅亦可，将原壶上添一盖。再着烧磁器人认看，此壶是旧磁是新磁，俟磁器得时写明一并奏闻。钦此。于四月十四日将此壶交年希尧家人郑旺持去讫。

十一日郎中海望持出洋磁小圆盒一件。奉旨：着照此盒釉水烧造几件，其盒盖上的花纹不甚好，着他另改画花样。钦此。于四月十四日将磁盒一件交年希尧家人郑旺持去讫。

十一日郎中海望持出青花白地小圆罐一件。奉旨：着照样烧造几件。再，别款式小器皿每样烧造几件，配百事件用，不必多烧。钦此。于四月十四日随交年希尧家人郑旺持去讫。

十四日郎中海望持出古铜花囊一件。奉旨：着照样镟木样，将天盘口硬楞做软些，面上开三孔，做样呈览过再做。钦此。于四月二十日做得木样一件，郎中海望呈览。奉旨：此边口再放圆些，胆开大些，交年希尧各样釉水烧造几件，比此样大些的亦烧造几件。钦此。于本月二十五日将古铜花囊一件交年希尧家人郑旺持去讫。

二十七日郎中海望奉旨：尔将各样款式水盛，或腰圆形、半壁形、鸡缸形，或扁圆形酌量做木样几件，不必呈览，交年希尧，或黄釉，或霁红釉，或脱胎，或冬青釉，务要精细，每样烧几件。钦此。于五月十九日做得腰圆形水丞木样一件、半壁形水丞木样一件、鸡缸形水丞木样一件、扁圆形有缺口水丞木样一件，交年希尧家人郑旺持去讫。

三十日郎中海望持出成窑宝烧红龙白地碗一件、成窑红龙白地酒圆一件。奉旨：将此二件交年希尧照样烧造。钦此。于五月十五日将成窑原样磁碗、酒圆二件交年希尧家人郑旺持去讫。

五月十三日郎中海望奉旨：用造办处库内银赏序班张万民银一百两。钦此。于四月二十日将本库银一百两本日赏讫。

六月十七日郎中海望奉怡亲王谕：发给车骑营炮枪等件连先领过

炮找足二百位，鸟枪找足一万杆，着挑选炮枪人员选定，俟出兵人员领时照数发给。遵此。

二十二日召募漆匠戴有德为伊母多病告假回南养亲事，具呈一件禀郎中海望、员外郎满毗，准其回南养亲，将所食钱粮俱行停止。记此。

闰七月初三日郎中海望奉怡亲王谕：造车处已造成炮车三千四百辆，今领去三千辆，下存四百辆。尔再造六百辆，共成一千辆备用。遵此。于本日郎中海望随启称，此时置办木料雨水甚大，车辆难以行走，脚价亦重。若待七八月内办料，赶十月内方能造成等语启怡亲王，准十月内造成。遵此。于本月初三日将续添六百辆，除皮挡、布挡、铁瓦不造外，物料工价共用银四千八百二十一两八钱三分七厘三毫料估折一件，郎中海望带领催总张四、柏唐阿马维祺呈怡亲王看，王谕：准造。库内有李四格节省银两，那宗足用即用那宗。不必用铁瓦。遵此。

十六日郎中海望持出钧窑双管瓜棱瓶一件。奉旨：着将鳅耳乳耳三元炉木样镟做几件，并此瓶俱交年希尧，照此瓶上釉水烧造些来。钦此。于本月二十三日镟得鳅耳炉木样一件、乳炉大小木样二件、三元炉木样一件、钵盂炉木样一件，一统鐏炉木样一件，郎中海望呈览。奉旨：此木样俱不合式，再做好式样秋［鳅］耳炉、乳炉，做木样呈览。钦此。于九月初二日做得鳅耳炉木样一件、乳炉木样一件，郎中海望呈览。奉旨：乳炉口做矮些，耳子再收拾。鳅耳炉耳子亦收拾。钦此。于九月二十一日做得木样二件，交年希尧家人郑旺持去讫。

二十二日员外郎傅参来说，本月二十日据礼部文开为铸户部堂印事一件，二十一日呈怡亲王看。奉王谕：尔即监看，用矿银铸造，其铸印日期我着人选择。遵此。本日交员外郎傅参承办讫。

八月初七日据圆明园来帖内称，闰七月三十日郎中海望持出菊花瓣式宜兴壶一件。奉旨：做木样交年希尧，照此款式做钧窑，将霁红、霁青釉色烧造。钦此。于八月初五日将原样宜兴壶一件，交年希尧家人郑旺持去讫。

十月初三日怡亲王府总管太监张瑞交来年希尧处送来匠人折一件，内开，画画人汤振基、戴恒、余秀、焦国俞等四名，玉匠都志通、姚宗仁、韩士良等三名，雕刻匠屠魁胜、关仲如、杨迁等三名，漆匠吴云章、李贤等二名，匣子匠程继儒、速应龙等二名，细木匠余节公、余君万等二名，共十六名。随籍贯折一件、食用银两折一件。祖秉圭处送来匠人折一件，内开：牙匠陈祖章一名，木匠霍五、小梁、罗胡子、陈斋公、林大等五名。传怡亲王谕：着交造办处行走试看。遵此。

二十一日郎中海望为八月十四日都虞司来文，内称正白旗护军统领魏拉条奏，紫禁城内无关防图书等处着设立关防图书，以便出门考事一件启怡亲王。奉王谕：今护军统领魏拉既奏请设立关防图书，嗣后本造办处行取材料等件仍照前用红票，至于出紫禁城等事俱用图书。遵此。

二十一日太监张玉柱、王常贵交来沉香天然万年福禄一件、金漆万寿鼎案一件、仿洋漆万国来朝万寿围屏一座、雕漆五龙宝座一张锦褥全份、仿洋漆甜香炕椅靠背一座、仿洋漆云台香几二张、仿洋漆百步灯四架、宫定炉瓶盒三件、万福攸同填香炕几一张、甜香炕几上陈设小香几一张、甜香花瓶一座、宫定香盘一个俱系隋赫德进。传旨：送往圆明园，交园内总管太监收着，俟朕往圆明园去时，着伊等呈览。钦此。于本月二十二日郎中海望、员外郎满毗交柏唐阿佛保送赴圆明园档子房，交头等侍卫兼郎中保德收讫。

二十一日太监张玉柱、王常贵交来沉香天然万年吉庆瓶一件系隋赫德进。传旨：着陈设在牡丹台后殿内。钦此。于二十二日郎中海望、员外郎满毗交柏唐阿佛保送赴圆明园档子房，交管理事务头等侍卫兼郎中保德收讫。

二十二日太监张玉柱、王常贵交来万福万寿灯屏、天保九如宝座、彩灯四对、彩线灯四对系范时绎进。传旨：着送往圆明园，交园内总管太监在竹子院旧陈设宝座地平处陈设，若容得下，将旧围屏拆去。若容不下，收着，俟朕往圆明园去时请旨。钦此。于本月二十日郎中海望、员外郎满毗交柏唐阿六达子送赴圆明园，交总管太监陈九卿、王进玉收讫。

二十五日太监张玉柱、王常贵交来绣坐褥全份、刻丝坐褥全份、斑竹大号书架二对随斑竹座、斑竹中号书架二对、斑竹大号书桌一对、斑竹坐几十二张、斑竹炉罩二十个、各样漆香几十九件、波罗漆都盛盘四件、斑竹中号书桌一张系年希尧进。传旨：着送往圆明园，交园内总管太监收贮，将坐褥有陈设处陈设，其余等件俟朕往圆明园去时请旨。钦此。于二十六日郎中海望、员外郎满毗交柏唐阿巴兰泰送赴圆明园，交圆明园内总管太监陈九卿收讫。

十一月二十九日内务府总管年希尧家人郑旺送来新烧造各色磁器一百八十六件，上交做样磁器十一件。本日郎中海望持进摆在养心殿东暖阁讫。造办处库存四件。

十二月初九日郎中海望为仿做洋漆活计修造地窨事奏称，合牌样式在外边现做未完，得时呈样。此地窨奴才意欲园内选地方盖造等语具奏。奉旨：园内地方盖造似觉不便，尔酌量或在西山、或在外边选地方盖造。钦此。随又奏称：若在西山选地方盖造，路途遥远，奴才难以照看，欲在造办处相近地方盖造等语。奉旨：好。钦此。于本月二十四日做得洋漆活计地窨合牌小样一件，郎中海望呈览。奉旨：南面窗户若开大，仍还透灰，砌砖时开一小窗户。钦此。

库贮

五月初五日太监张玉柱、王常贵交来冰片油二玻璃瓶连瓶共重三十一两八钱，传旨：着烧珐琅用。钦此。于本日交库使八十三、李元收库讫。于乾隆元年正月十七日将冰片油二玻璃瓶，员外郎常保交太监毛团呈进讫。

十一月初一日怡亲王交出漆碗二件西沙国进、漆小盘二件、绵布衫子一件、绢衫子一件、米一小口袋、刀一把、漆甲身一件。奉旨：着交养心殿造办处收着。钦此。于本日交库使关福盛收库讫。

杂活作

正月二十九日据圆明园来帖内称，本月二十八日郎中海望做得西峰秀色殿内暖阁南边添横披合牌烫胎小样一件呈览。奉旨：照样准添。再，横披下里边藏一木杆，西板墙上添一月牙托板，做一有圈帐幔。用时将木杆拉出，将帐幔穿在杆上，其杆担在月牙托上。若不用时将木杆推入月牙托上。或配圆镜，或配何物，尔等酌量。钦此。于四月二十日做得鋄银圈帐幔一架、玻璃镜一件、横披一件，领催白士秀持进安讫。

二月二十三日太监刘希文、王太平交来碧玉有锁提梁卣一件，传旨：着配架子，得时安在莲花馆书格上。钦此。于十三年十月二十一日碧玉有锁提梁卣一件，配得紫檀木架，司库常保、首萨木哈交太监毛团呈进讫。

三月初七日据圆明园来帖内称，太监刘希文交来镶嵌银累丝花黑牛角筒一件。传旨：着拴绦子。钦此。于三月初八日拴得黄细绦完，郎中海望持进安在西峰秀色讫。

初九日据圆明园来帖内称，本月初六日太监王太平传做古董鼓一件随板。记此。于十月二十日做得黑漆画洋金花鼓墩陈设一件，内随铜镀金口圈鋄银钉古董鼓一面、紫檀木拴黄线穗板一付、竹子锤二件，郎中海望呈进。奉旨：此鼓做的得法。钦此。

五月初四日郎中海望持出鹿角根形石片一件。奉旨：着配盆景用。钦此。于乾隆元年二月十八日将石片一件交施天章持进摆山子用讫。

初四日郎中海望持出黄色天然立峰石一块。奉旨：或添鹿或添何物，酌量配做一陈设用。钦此。于乾隆元年二月二十八日将石片一件交施天章持进摆山子用讫。

初五日据圆明园来帖内称，四月三十日怡亲王带领郎中海望持出驼骨筒千里眼三件各有多目镜、显微镜，黑子儿皮筒千里眼一件，影子木筒千里眼二件，竹筒千里眼二件，铜镀金筒盘线簧鼻烟壶一件，乌木筒千里眼一件象牙盒盛，象牙箍影子木筒千里眼一件，黄杨木筒千里眼一件，白羊角套圈千里眼一件红羊皮套盛随藤子外套，黑羊角套圈千里眼三件红羊皮套盛随马尾外套，西洋纸筒千里眼一件红羊皮套外随黄绢囊，红羊皮鼻烟壶千里眼火镰包一件，核桃鼻烟壶盒内盛千里眼一件，象牙钩花二层盒一件随珊瑚盖珠，象牙镶铜口千里眼一件随乌木套，撒林皮罩套火镰包二件内有珊瑚盖珠一件，撒林皮折套火镰包一件，圈子火镰一件随黑牛皮罩盖珊瑚珠二个，黄缎地绣夔龙罩一件随珊瑚珠二个，磁青纸天文图二张随黄绢匣盛，鋄金梁黑撒林皮绣金线皮哈蟆一对，鋄金樑红羊皮哈蟆一对，羚羊角解锥开其里大小四件，琥珀解锥一件，花梨木筒千里眼一件，银管千里眼一件随白玉罩筒珊瑚盖珠，镶假金刚石铜镀金带钮二件，玳瑁面插簧带头一件，有螺蛳钢拿子一件，圆嘴钢钳子一件，黑子儿皮匣一件内盛锤子、钢钳子一把，两头锉一把，錾子一件，钢括刀錾子一把，花梨木筒千里眼一件，奉旨：将此千里眼等件持出去，再将类如此样物件做些，赏出兵的官员用。再，将军富尔丹、岳钟琪，副将军巴塞等三人，每人赏给紫扯手喀尔喀鞍子一副，或腰刀、裙子、小舆图等件。再有应可赏给之物，亦酌量做些赏给。再将蓝绦火镰包、小刀等件做些，交富尔丹等带去用。钦此。于本日怡亲王拟得赏将军富尔丹等三人每人紫扯手红鞍心喀尔喀鞍子一副，大凹面腰刀一把，裙子四件，皮裙一件，单裙一件，皮里皮面裙一件，夹裙一件，伊里等处舆图一份，小刀一把，火镰包一件，署文房一件，解锥一件，有套括鳔一件，有套马尾眼罩一件，千里眼一件，日晷一件，连皮蛤蟆掐簧带一副，内金黄鞓带一副。再预备赏用蓝绦火镰包一百件。外备用鹅黄绦子二十根，有套日晷二十件，有套括鳔三十件，马尾眼罩三十件二样蓝绦，小刀一百把。外备用鹅黄绦子二十根，蓝绦解锥二十件。外备用鹅黄绦子二十根，蓝绦署文房二十件。外备用鹅黄绦子六根，带腰口皮蛤蟆三十件。遵此。于五月初四日派得员外郎关花资，催总吴花子、刘三九，柏唐阿花善、富他拉办造写折一件，郎中海望启怡亲王，奉王谕：准派。遵此。于初九日据圆明园来帖内称，郎中海望传：着将黄缎绣套内配署文房一份，黑子儿皮匣内钢钳子、锉、錾子、鏨子并钢拿子、圆嘴钢钳子照样做二三份，每份分装一匣。内或有应添应减的物件，与催总刘山久商量。再火镰包、圈子火镰照样每样做二三件，皮蛤蟆亦做二三副。记此。于六月十七日据圆明园来帖内称，六月十五日郎中海望将做得赏将军活计摆在正大光明殿内呈览。奉旨：尔将此活计明早安在四宜堂朕看。将鞍子摆在抱厦下。将小式活计再做些。漆皮碗、皮盘有花样的不好。将大盘每样拿十件来。无花样七寸、五寸皮盘俱各拿几件来朕看。钦此。于六月十六日将原持出驼骨筒千里眼等物件共四十五件，柏唐阿巴哈持去交郎中海望呈进讫。于六月十六日将做得赏将军活计并鞍子，郎中海望持进安在四宜堂呈览。奉旨：准赏给。钦此。于本日将赏富尔丹等三人紫扯手红鞍心喀尔喀鞍子三副、大凹面腰刀三把、皮裙三件、单裙三件、夹裙三件、皮里皮面裙三件、伊里等处舆图三份、子儿皮鞘花羊角靶小刀三把、红羊皮彩金拱花火镰包三件、红羊皮套署文房三件、黄羊角解锥三件、红羊皮套括鳔三件、红羊皮套马尾眼罩三件、红羊皮套西洋录金花纸千里眼一件、撒林皮套录皮筒象牙皮盖千里眼一件、黑子儿皮套录皮筒牛角底盖千里眼一件、红羊皮套象牙日晷三件、连皮蛤蟆掐簧鞓带三副、鋄金樑撒林皮绣金线皮蛤蟆三副，郎中海望持去赏讫。又将赏官员兵丁等蓝绦子红羊皮彩金火镰包一百件、红羊皮彩金火镰包一百件、红羊皮套日晷二十件、红羊皮套刮鳔三十件、红羊皮套马尾罩三十件、子儿皮鞘花羊角靶小刀一百把、黄羊角解锥二十件、红羊皮彩金套署文房十件、撒林皮彩金署文房十件、红羊皮带刀皮蛤蟆十件、撒林皮带刀皮蛤蟆卜件，郎中海望交将军富尔丹等带去讫。于六月十六日将红色大皮盘十件、香色大皮盘十件、红色七寸漆皮盘二十件、香色七寸漆皮盘二十件、红色五寸漆皮盘二十件、香色五寸漆皮盘四十六件、紫色七寸漆皮盘四十件、紫色五寸漆皮盘七十八件，郎中海望持去呈进讫。于七月初一日做得红羊皮套彩金署文房六件、红羊皮带刀皮哈蟆二十件、撒林皮带刀皮哈蟆二十件、红羊皮套刮鳔二十件、红羊皮套马尾罩十件、黄羊角解锥六个、红羊皮套象牙日晷二个、撒林皮荷包二对、红羊皮彩金火镰十个、子儿皮鞘高丽木靶小刀三十把，郎中海望呈进讫。于九年正月初八日将子儿皮匣一件，内盛锤子钳子一件、錾子一件、凿子一件、有螺丝拿子一件、圆嘴钳子一件、镊子一件，员外郎满毗交太监王福隆持去赏副将军查必那讫。于九年二月初四日将子儿皮匣内盛西洋家伙安锤子、钳子等件一全份，首领萨木哈持去交太监张玉柱赏福建陆路提督石云倬讫。于九年五月二十五日将子儿皮匣安锤子钳子等件西洋家伙一全份，太监范国用持去交太监张玉柱赏将军伊里布讫。于十年九月初一日将黑皮圈子火镰包三件赏大将军顺承郡王、副将军王丹津多尔吉、额驸策凌讫。

十三日据圆明园来帖内称，郎中海望持出镶嵌衬红录玻璃面长方银盒一件。奉旨：此盒做法甚好，着仿做。钦此。于十一月初七日郎中海望传：照此玻璃衬垫做法仿做玻璃面玻璃镜底长方银盒二件。记此。于十二月初二日郎中海望、员外郎满毗传：照此玻璃衬垫做法仿做玻璃面玻璃镜底长方银盒四件。记此。于八年十月二十八日做得衬红玻璃盒三对并原样一件，内务府总管海望呈进讫。

十五日据圆明园来帖内称，郎中海望持出黄色玛瑙石子一件。奉旨：有先交出的玉人，配一陈设用。钦此。于乾隆元年二月十八日将石子一件交施天章持进摆山子用讫。

六月初九日据圆明园来帖内称，四月十九日郎中海望奉旨：九洲清晏西边陈设的紫檀木镶玻璃门西洋柜子下身座子不好，尔另用紫檀木做一西洋座子。其中间缩腰安西洋柱子，座子上水栏或安或不安，尔酌量。其柜傍倒环一边上层只有一个，或中间或下面，两边各添一倒环。再照此样做小些捡妆一二件，柜内远近玻璃不必安，或安抽屉或安何物，两边鼓面上或镶牛油石或镶何石。钦此。于六月十六日做得面长三尺二寸二分、横头宽一尺四寸八分、高一尺一寸六分紫檀木西洋座子一件，黄铜镀金倒环二件，曲须四个，眼钱八个，郎中海望带领催白士秀持进安在九洲清晏讫。于九月十四日据圆明园来帖内称，本月十一日做得仿西洋式镶牛油石紫檀木捡妆一对，内安玻璃镜二个，随紫檀木黄杨木楠木座二个，各高一尺六寸、宽一尺二寸、入深八寸，郎中海望呈进。奉旨：再做两三件，俱镶摆锡玻璃。钦此。于八年十月二十九日做得玻璃西洋捡妆一对，郎中海望呈进讫。

七月初七日据圆明园来帖内称，五月初八日郎中海望奉上谕：尔造办处绣匠甚多，若无特交做的活计，何必着匠役旷闲。尔将挑杆香袋做几份，上做八角宝盖，下配或异兽或何样座子，插紫檀木挑杆，高五六尺。其八挂香袋俱做石青地黄线穗，内四挂各绣金线福寿康宁篆字，四挂各绣金线平安如意篆字。再，挂香袋的帽架亦做几件，今岁九月内先得一对，其余明年五月间再进。钦此。郎中海望奏称：养心殿造办处只有府内来的绣匠二名，如有应做的活计俱现传织染局三旗绣匠来做，俟告成之日即便退回等语。奏闻。奉旨：家内绣匠甚多，所绣的物件甚少，先年织染局曾做过两面透绣手巾等物，近来并不织绣，由其匠役旷闲。嗣后织绣匠工之事着尔管理，将应用活计织绣些备用。凡内务府有织绣之事着该管官员告诉你知道。尔将此旨亦传与内务府总管知道。钦此。于九月初九日做得福寿康宁、平安如意篆字挑杆香袋二份，系黑退光漆，上层镶藕色绫画夔龙捧寿，下层鹅黄缎绣红蝠青寿字片八角宝盖，随珊瑚松儿白建珠穿成缨洛，石青缎绣金线福寿康宁、平安如意篆字香袋十六挂，随铜镀金夔龙点翠嵌珊瑚垫扁形宝盖、铜镀金点翠花叶等样，香色线穗假珊瑚、松石夹间珠挂洛，黑退光漆画洋金挺座随纺丝套，郎中海望呈进讫。

初七日据圆明园来帖内称，五月初八日郎中海望持出宫衣一件、裙子一件。奉旨：此宫衣护领换做绣的，如意云肩款式不好，孔雀翎亦不好，其四角当放长。袖子宽了，当去窄。中间莲花头亦大了，当收小。摆缝两边抽高，中间放下。云肩折窝去凹。浑身花样有可更改处更改。后身恭腰中间要做一段活的，裙子边要做直的。或用秋香色、紫色、葵黄色、松录色、鱼白色，每样绣做二件。画画蛮子内有董［懂］得宫衣的着他画样，有不明白之处，着问阿兰太。钦此。于闰七月三十日做得绣宫衣一件、裙子一件并原样，郎中海望呈览。奉旨：好！其余宫衣照样绣做。尔等外边有样，将此宫衣并原交样留下，不必持出。钦此。郎中海望随奏称：此宫衣俱系家内绣匠裁缝成造，奴才意欲行官饭给食等语具奏。奉旨：准奏。钦此。于十二月二十一日绣得各色官衣官裙八份，郎中海望呈进讫。

二十一日据圆明园来帖内称，本月初十日郎中海望奉旨：西峰秀色殿内镶边玻璃镜挂在西洋柜背面，或用托钉，或将柜座帮一木托，尔等酌量。钦此。于本年八月初三日郎中海望持镶边玻璃镜一面挂在西洋柜背面讫。

二十一日据圆明园来帖内称，本月十二日郎中海望奉旨：九洲清晏西边陈设的紫檀木镶玻璃门西洋柜子后面，着安玻璃镜一面。钦此。于七月二十九日做得玻璃镜一面，郎中海望持进安讫。

二十六日据圆明园来帖内称，五月初八日郎中海望持出白玉海棠花式盘子一件，奉旨：着配做黑牛角棍子托盘，下或紫檀木独梃座。钦此。于七月二十日将白玉海棠花式盘配得黑牛角棍子托盘架，象牙茜绿透空梃子紫檀木座，郎中海望呈进讫。

二十九日太监刘希文交来领袖样二份。传旨：着照样用石青缎绣做二份，再画些好样，将纱的、缎的每样绣做四份。着织造处亦每样绣做几份来，将新花样缎子改画暗三色妆缎。钦此。于十月二十四日绣得石青缎领袖二副，柏唐阿赵老格交太监马进忠持进，交太监刘希文讫。纱领袖未做。

闰七月二十一日郎中海望持出镶象牙藤筒千里眼一件。奉旨：照此千里眼整桶式样或放长些，或放粗些，外面或用香羊皮鞔套，或用西洋纸鞔套，仿西洋样式做几件。钦此。于八月初八日据圆明园来帖内称，太监张玉柱传旨：将出外用的物件送进些来赏怡亲王用。钦此。于八月初十日做得千里眼三件，子儿皮桶金黄纺丝外套，郎中海望呈进。奉旨：着交太监张玉柱赏给怡亲王。钦此。随交太监张玉柱讫。

九月初九日据圆明园来帖内称，本月初六日太监张玉柱传旨：除先赏过将军等物件样式外，着海望另想法做些出外用的物件，以便发报赏给。钦此。于十月初八日做得烘药葫芦木样一件，郎中海望着用黑牛角做烘药葫芦三件。记此。于本月十二日为赏将军等物件，催总吴花子画得拆卸火盆纸样一件、洗脸盆纸样一件，郎中海望、员外郎满毗准做。记此。于十一月三十日做得铜烧古拆卸火盆紫檀木架一件，郎中海望呈览，奉旨：配匣。再，此火盆好，系拆卸之处写一用法。钦此。于十二月初一日将拆卸火盆配做得紫檀木胎鞔黑撒林皮匣一件，随香色棉套一件，郎中海望呈进，奉旨：发报赏岳钟琪。钦此。于本日用棉花塞垫完，黄布包裹，外用黑毡黄布包好，太监吕进朝持去交太监张玉柱收讫。此拆卸火盆用时先将四面四页立起，将四角下面钩搭毕，将折叠架拉开，将火盆座入，再将夔龙片二件插入肖钉联络方整，座入火盆口内以为挡火栏杆。于十四日据圆明园来帖内称，本月十一日画得赏将军等雅器法都样一张、小插梁皮带样一张、痒痒挠套样一张、合牌折叠箭斗样一张、折叠桌样一件，内随红香牛皮包二件，笔砚文房等物，郎中海望呈览，奉旨：准做。其折叠桌不必做大了，做三张。钦此。于十二月初一日做得鞔黑牛皮折叠桌一张，长二尺一寸、宽一尺六寸、厚一寸六分，内盛古铜暖砚一方、红羊皮彩金笔筒一件、象牙笔二枝、寿山石灵芝笔架一件、镶嵌紫檀木墨床一件、川山甲痒痒挠一件、紫檀木算盘一件、鞔红皮象牙梃帽架一件、古铜书灯一件、压纸一件、拱花皮匣玻璃镜一件、千里眼一件、象牙日晷一件、绣红羊皮卷包火镰包一件、玳瑁把火镜一件、珐琅鼻烟壶一件、黄铜镀金火印一件、规矩一匣共十一件、鞔红羊皮彩金臂格一件、象牙双喜压纸一件、黑漆画洋金痰盂一件、担子式帽架一件、裁纸刀一把，郎中海望呈进。奉旨：着发报赏岳钟琪。钦此。本日将暖砚等件俱盛装，黑牛皮折叠桌内随香色布套，用棉花塞垫稳，用黄布包裹，外裹黑毡黄布，杉木夹板夹好，郎中海望交太监吕进朝持去交太监张玉柱讫。于八年三月十五日做得黑撒林皮套紫漆洗脸盆一件，鞔红皮苗金圆盒一件，内盛合牌胎鞔红羊皮苗金玻璃镜一件、黑漆盒二个、象牙木梳一件、起子一件、钢锥一件、镊子一件、牙刷一件、刮舌一件，红羊皮雅器法都一件、铜镀金插梁红羊皮带一件，郎中海望交太监张玉柱、王常贵呈览，奉旨：好。着赏大将军岳钟琪。钦此。本日，随持出用油纸包裹棉花塞垫稳木匣盛装，黑毡外套黄布宮单包裹，催总胡常保交太监胡庆寿持去讫。于十一月初三日为赏将军等物件，左世恩做得搁弓架木样一件，郎中海望、员外郎满毗看准，传：着照样办做一份。记此。于十一月二十二日为赏将军等物件，柏唐阿拉哈里做得掸子式独梃帽架一件，郎中海望、员外郎满毗看准，传：着照样做三份。记此。于十二月初八日首领太监萨木哈持出汉字帖一张，上写：赏参赞副都统苏图小刀二把、火镰包二个、马尾眼罩二个、日晷一件、红羊皮套刮鳔一件、羊角解锥一件、皮带刀铜圈一副、黑皮大碗四件、小红皮盘四件、小黄皮盘四件、紫皮盘十件，说太监张玉柱、王常贵传：照此物件预备一份。记此。于十二月初九日将备用做下的鞔红羊皮鞘花羊角靶单小刀一把、黑牛皮鞘高丽木靶单小刀一把、石青绦子红羊皮罩盖火镰包一件、黑撒林皮彩罩盖火镰包一个、红羊皮套马尾眼罩一个、象牙日晷一件、刮鳔一件、红羊皮筒马尾眼罩一件、黄羊角解锥一件、铜镀金圈带腰刀皮黑撒林皮蛤蟆一件、铜镀金圈带腰刀皮红羊皮蛤蟆一件、香色漆皮碗十件、香色漆皮盘十件、红漆皮盘二件，郎中海望、员外郎满毗交首领太监萨木哈持进交太监张玉柱、王常贵讫。于初十日首领太监萨木哈仍持出香色漆皮碗十件、香色漆皮盘二件、红漆皮盘二件，说未用交回，随将未用漆盘碗十四件交油匠二黑持去讫。于八年三月二十八日据圆明园来帖内称，太监刘希文传：着照赏总兵份例预备二份。记此。于三月三十日做得红羊皮套刮鳔一件、黑皮彩金火镰包一件、黑皮套署文房一件、马尾眼罩二件、黑羊角解锥一件、黑皮套腰圆圈子火镰包一件、黑皮彩金蛤蟆一对、黑红皮带刀圈二件、红羊皮鞘花羊角靶小刀一把、红皮套日晷一件，首领太监李久明持去交太监刘希文赏总兵胡杰讫。于十年七月二十三日将黑牛皮折叠桌一张，内盛小式物件二十四件，赏鄂尔泰讫。于十一年八月初一日将折叠桌一张，内盛小式物件二十四件，赏平郡王讫。

十月二十五日太监张玉柱交来西洋玻璃眼镜一副系西洋人戴进贤进。传旨：着照朕带的眼镜样式装修。再将盒内西洋字白纸签着西洋人认看，因写汉字。钦此。随将西洋字白纸签着西洋人郎士宁认得，系七十岁三字等语。记此。于十二月初二日随将西洋玻璃眼镜一副换得玳瑁圈银掐、子儿皮盒。首领太监李久明持进，交太监张玉柱讫。

二十五日郎中海望持出小玻璃镜一面系西洋人巴多明进。奉旨：此镜甚好，着做西洋式抽长座子，将背后支撑拆去。其糊的西洋纸不必动，安活轴。钦此。于十一月十一日将小玻璃镜一面配得西洋抽长座，郎中海望呈进讫。

二十六日太监张玉柱传旨：着做挡风眼罩一件。记此。郎中海望随定得眼罩二份。记此。于十一月初五日做得安轴子合牌墙圆玻璃挡风眼罩样一件、合牌墙透地糊纱安玻璃挡风眼罩样一件、合牌墙安玻璃挡风眼罩一件，郎中海望呈览。奉旨：每样做一件，鞔青包头，其透地不必多透。钦此。于十一月十四日做得合牌墙透地糊纱鞔青汉府包头面里安玻璃挡风眼罩一件，各安鹅黄绦子，郎中海望交太监张玉柱呈览。奉旨：着海望见面呈览。钦此。此眼罩二件本日仍交出。于本月十五日郎中海望将合牌墙鞔青汉府包头面里安玻璃挡风眼罩一件、合牌墙透地糊纱鞔青汉府包头面里安玻璃挡风眼罩一件持进呈览。奉旨：此眼罩拴的绦子细了，换粗些的，再各做一黄绢匣盛装。钦此。于十一月二十九日将做得合牌墙鞔青汉府包头面里安玻璃挡风眼罩一件、合牌墙透地糊纱鞔青汉府包头面里安玻璃挡风眼罩一件，俱另换粗些鹅黄绦子，配得黄绢面红绫里合牌匣一个盛装，郎中海望呈进，奉旨：俟朕到圆明园时送进。钦此。于八年二月二十四日做得玻璃眼罩一件、玻璃通眼罩一件，郎中海望呈进讫。

二十九日郎中海望持出香色衣一件。奉旨：着照此尺寸画龙凤衬西番花八团花样，尔向库上挑上好娇嫩藕色，呈览过绣做一件。钦此。于十一月初五日将持出香色衣一件，郎中海望呈进讫。于十一月初五日画得龙凤衬西番花八团画样一张、夔龙凤衬西番花八团画样一张，又选得缎库藕色、紫色、绿色等缎六匹。郎中海望呈览。奉旨：准龙凤团花样绣做，其团上四角番花不用。再，领袖番花稀少，添密些。此缎是何处的？郎中海望随奏称缎库选来的等语。奏闻。奉旨：缎的颜色俱糙，尔向太监刘希文要好紫色缎做。再传旨与内务府总管知，缎库收贮缎子颜色俱收糙了。钦此。于本日首领太监萨木哈持出紫色素缎一疋，说太监刘希文传，交造办处做衣用。记此。于十二月二十二日绣得五彩八团龙凤样紫缎衣一件，郎中海望呈览，奉旨：着添水。钦此。于八年二月初四日将紫缎绣衣一件添绣水底完，太监王进孝持进，交太监刘希文收讫。

十一月初十日首领太监潘凤传，养心殿陈设紫檀木大座灯二座内羊角灯六件，着做矮些。记此。于十二月二十二日白士秀带领匠役收拾完讫。

花儿作

九月十四日据圆明园来帖内称，本月十一日画得寿意福寿久长盆景样一张、松柏同茂盆景样一张，郎中海望呈览。奉旨：准做，其架子用紫檀木做。钦此。于十月二十九日做得寿意福寿久长盆景一件、松柏同茂盆景一件，郎中海望呈进讫。

十一月初三日怡亲王交翠顶花一件随纸样一张，翠垫［钿］边一件随纸样一张。郎中海望奉王谕：着将顶花叶子改西番草叶子，添喜相逢蝴蝶，其花头略矮了些，做时放高些。再将垫［钿］边流云地仗空处加小寿字，照此样造办处做一份，其原交翠顶花垫［钿］边并纸样发给年希尧。遵此。于十一月初八日将原交翠顶花、垫［钿］边二件，并纸样二张，郎中海望交内务府总管年希尧家人郑旺领去讫。

本年活计尚有，元旦、端阳、中秋、重阳等年例活计。通草戴花、娃娃、翠符、绒符。佛堂绫子供花。为玉、磁、铜等瓶配插花。

撒花作　附镀金作

三月初六日郎中海望持出金奖武牌二面重九钱六分，银奖武牌二面重一两九钱二分，奉怡亲王谕：此牌样式不好，另画样与我看，准时做重十五两的一样，重十两的一样，重五两的一样。遵此。于三月十八日将原样金奖牌二面、银奖牌二面，首领太监李久明持去交怡亲王收讫。于二十六日据圆明园来帖内称，做得红铜台錾满汉字钦赐令牌样二件，怡亲王呈览。奉旨：此牌边栏字样不甚真楷，做时务要真楷。钦此。于本日奉怡亲王谕：着交海望另除人员照此铜牌式样，用矿银三十两字样的做一百个，二十两字样的做二百个，十两字样的做三百个，五两字样的做四百个，共一千个为一份，做二份。选择吉日着监造人员用心恭造，量其牌做匣盛装。遵此。于四月二十七日做得矿银钦赐令牌一份，计一千个。黄杭细口袋盛装，随黑子儿皮面黄杭细毡里、安西洋锁锭黄铜面叶合扇倒环杉木匣一件，随锁钥匙一把，黄杭红垫子一件，黄布面杭细毡外套一件，柏唐阿花善呈怡亲王看，随持去呈进讫。于六月二十一日据圆明园来帖内称，郎中海望奉怡亲王谕：着派官一员、柏唐阿二名，将钦赐令牌明日交与大将军富尔丹。遵此。于六月二十一日做得矿银钦赐令牌一份，计一千个。随黄杭细口袋盛装，合牌倒环杉木匣一件，西洋锁铁钥匙，黄杭细垫子一件，员外郎满毗着催总张自成、柏唐阿富拉他送去交大将军公富尔丹收讫。

本年活计尚有：铜丝贴金果罩。随锭子药铜镀金五毒宝盖。玛瑙水盛配铜镀金匙。梅洗银器。

皮作

八月二十二日据圆明园来帖内称，太监王玉持来白素绸二十匹，说太监刘希文传：着染各样颜色，养心殿后殿西暖围房等处做帐子里用，其面子用春绸做，向首领太监潘凤要。记此。于八月二十八日首领太监潘凤交来桃红色紬四疋、松绿色绸四疋、月白色紬四疋、香色紬四疋，共十六疋。各长三丈五尺，宽一尺二寸。石青色绸十疋，各长二丈七尺，宽一尺五寸。传：着做养心殿后殿西正房帐子四架面子用。记此。于本月二十八日做得桃红色绸帐子一架、松录色绸帐子一架、月白色绸帐子一架、香色绸帐子一架，员外郎满毗代领柏唐阿五十八、六达子持进养心殿后殿西正房内挂讫。以上帐子四架共用五色绸七十七丈六尺，下剩石青色绸二疋，又长七尺宽一副一块、长七尺宽六寸一块。桃红绸长七尺宽三寸二条。于九月初五日员外郎满毗、柏唐阿五十八同俱交首领太监潘凤收讫。

九月二十五日首领太监潘凤传，养心殿东暖阁窗户外用的金黄布里面毡衬帘子三架上拴的绳子因日久糟坏，着另换新绳子六根。记此。于十月二十四日做得金黄色绒绳六根，柏唐阿五十八交太监俞文持去讫。

十一月十八日郎中海望奉怡亲王谕：着做藤牌手棉子甲衣样一件呈看。遵此。于本月二十六日做得棉子甲衣样一件，催总刘三九呈怡亲王看。王谕：将此样留下。遵此。

本年成做活计还有，黄布棉垫、杭细㲉单、青绦、皮条、椴木胎鞔撒林皮碗套。

木作

正月初三日郎中海望奉旨：九洲清晏西暖阁西边夹道内将楼梯拆

去，口铺板补严，下安床，照万字房东暖阁东夹道一样收拾，前面做一硬木꼬床。钦此。于本月初七日做得𤰮床一份，领催白士秀代领匠役进内安设讫。

初八日太监张玉柱、王常贵交来，铜烧古炉二件、铜烧古年年长如意压纸一件、双喜压纸一件、珐琅鼻烟壶一件、寿山石灵芝压纸一件、寿山石盒绿端砚一方、镶嵌火镰包二件、嵌珐琅片面黑漆小盒一件，传旨：着配做木匣盛装，赏总督鄂尔泰用，再做盛带套木匣一个，见方一尺四寸、高三寸八分。钦此。于本日做得杉木胎糊黄纸里面内安隔断匣盛装，用棉花垫塞好，郎中海望交太监胡全忠持去讫。于初十日照尺寸做得带套木匣一件，交太监胡全忠持去讫。

十二日员外郎满毗传做，糊黄纸杉木盘大小十二个。记此。于本月十四日做得黄纸木盘十二个，着鋄匠沈保送去讫。

二十九日据圆明园来帖内称，本月二十六日太监张玉柱、王常贵交来铜胎站像佛一尊系达赖喇嘛进，传旨：交给海望配龛，得时交与太监刘希文、王太平请旨。钦此。于十一年七月二十一日做得紫檀木龛一座并铜胎站像佛一尊，交太监刘希文呈览。奉旨：着供在中正殿。钦此。于本日催总马尔汗持去交喇嘛吹丹格笼讫。

二十九日据圆明园来帖内称，本月二十六日太监张玉柱、王常贵交来铜胎坐佛像佛一尊随佛衣，系达赖喇嘛进，铜胎雅嘛达噶佛一尊系达赖喇嘛进。传旨：着俱供在书格式佛龛内。钦此。于二月初四日铜胎坐像佛一尊、铜胎雅嘛达噶佛一尊，郎中海望供在书格式佛龛内讫。

二十九日据圆明园来帖内称，本月二十六日太监王玉持来花梨木纹釉磁桶一件，说太监刘希文传旨：着将磁桶配做木架，得时送往西峰秀色陈设。钦此。于八月十二日做得木架一件并磁桶一件，郎中海望持赴西峰秀色安讫。

三月初二日据圆明园来帖内称，本月初一日太监刘希文交来青花白地大磁供器三份。传旨：着交与海望，配做香几，其香几或用硬木做，或做漆的，尔等酌量，但永远坚固方好。再，蜡台上配蜡，花瓶内配木胎漆珊瑚。着海望到地安门外火神庙去看高矮尺寸，如何诚供之处一同道官钱玉麟、于成龙酌定。先做一份呈览过再做。钦此。八年八月十九日磁供器三份地震损坏。

初四日据圆明园来帖内称，太监刘希文传旨：含韵斋陈设的乐钟着配做木架一件。钦此。于四月十二日做得樟木搭色架子一件，郎中海望安在西峰秀色讫。

初七日据圆明园来帖内称，太监张玉柱、王常贵交来雕刻唤鹅图竹器人物一件，传旨：着刷洗干净，配四方玻璃罩、紫檀木座。钦此。于四月初三日配得紫檀木座一件、合牌糊绿色锦座四面嵌玻璃长方罩一件，并原竹器人物一件，郎中海望呈进讫。

初八日据圆明园来帖内称，太监刘希文、王太平传：着配合西峰秀色床做图塞尔根桌二张。记此。于三月十一日做得楠木图塞尔根桌二张，郎中海望带领领催白士秀持进安讫。

十九日太监刘希文、王太平交来白玉方碟一件，传旨：着配一高座，其碟底有凹处，将座子做一鼓面顶入碟底。钦此。于四月二十四日将四月初五日交出青玉扇器一件配在此碟上，紫檀木玉梃座一件，郎中海望呈进讫。

十九日太监刘希文、王太平交来汉玉招文带一件，传旨：着配做紫檀木压纸。钦此。于十三年十月二十三日将汉玉招文带一件，司库常保、首领萨木哈交太监毛团呈进讫。

十九日太监刘希文、王太平交来洋漆锡里盆一件，传旨：着配茶具，做小样呈览过再做。钦此。于八年十二月二十七日将此洋漆盆配得楠木茶具一份，交总管太监李英讫。

三十日太监陈敬士、赵廷章来说，宫殿监督领侍陈福、正侍王朝卿、副侍苏培盛、李英等传：蒙丝藤线二十两、魁藤皮蒙丝线六两、魁藤线香滚子十斤。记此。于四月十五日做得魁藤线香滚子三斤、本色蒙丝藤线四两、魁藤皮蒙丝线三两，员外郎满毗交太监赵廷璋持去讫。于四月二十一日做得本色蒙丝藤线十一两，藤子匠梁达子交首领太监萨木哈收讫。于五月初六日做得本色蒙丝藤线五两、魁藤蒙丝线三两、魁藤线香滚子七斤，藤子匠梁达子交太监陈敬士收讫。

六月初五日据圆明园来帖内称，本月初四日太监刘希文、王太平传旨：万字房佳气迎人屋内床上摆的随洋漆书格如意式洋漆彩金桌一张，着照此桌款式，用紫檀木做一张。钦此。于六月二十七日做得紫檀木如意式桌一张，高八寸九分、长三尺一寸零五厘、宽一尺一寸七分半。太监王玉、王进孝持去，交太监刘希文讫。

初九日据圆明园来帖内称，本月初六日郎中保德、海望传做：西峰秀色后铺面房匾四面。记此。川流老铺匾一面长四尺七寸，宽一尺一寸。水玉馆匾一面长三尺五寸，宽一尺六寸。留春居匾一面长三尺四寸，宽一尺四寸。远馥斋匾一面长三尺八寸七分，宽一尺四寸七分。于闰七月二十日，做得铺面房匾四面，郎中海望持进，挂在西峰秀色铺面房讫。

十七日据圆明园来帖内称，宫殿监副侍苏培盛交来御笔茂育斋匾字一张，传旨：着做木匾，挂在九洲清晏东边十五间房。钦此。于本日郎中海望将旧匾挑得响泉山房匾一面，长四尺九寸，宽一尺八寸，系阳纹青字、楠木雕刻、乳丁卧蚕大宝，着改做御笔茂育斋用。记此。于本日随改做得茂育斋匾一面。其长短、花纹未动，字改做阴纹，天二青色字。于六月二十二日催总胡常保持进，挂在九洲清晏东边十五间房讫。

二十日据圆明园来帖内称，本月十二日郎中海望安装得九洲清宴东暖阁东稍间装修等件，奉旨：炕上不必做幔子，罩内安帐子，照地罩上。照万字房挂的竹帘做，其南窗小床上铺可床的褥子。床西边做一紫檀木高桌，其长里下同床一样长，宽或一尺四五寸。再，南板墙门上挂一刷子，北板墙门上亦照万字房挂的竹帘做。钦此。于六月十六日做得长三尺六寸五分、宽一尺六寸五分、高二尺六寸紫檀木桌一张，郎中海望带领催白士秀持进，陈设在九洲清宴讫。于二十一日据圆明园来帖内称，首领太监夏安传旨：九洲清宴东暖阁稍间东山墙窗户一扇上的铁支棍不结实，着酌量收拾结实。钦此。其余的活计系工程处办理。

二十二日郎中海望、员外郎满毗传：着将西洋人郎石宁画画屋内安新窗一扇。记此。于本月二十六日做得新窗一扇，木匠邓连芳安讫。

三十日据圆明园来帖内称，五月初二日太监刘希文交出成窑白磁盘二件，传旨：着配紫檀木座子。钦此。于六月二十七日配做得紫檀木架二件，腿子高二寸五分、径七寸五分并原交出盘子二件，太监王玉、王进孝持去，交太监刘希文收讫。

七月初五日员外郎满毗传做，盛活计用糊黄纸杉木盘子二十四个。记此。于初八日做得糊黄纸杉木盘二十四个，陆续用讫。

二十五日据圆明园来帖内称，本月二十四日太监刘希文传旨：随珐琅炉楠木香几做的不正，再做一件。钦此。于闰七月初十日做得高三尺一寸、面子见方一尺八寸、托泥见方二尺楠木香几一件，随见方一寸、长二尺二寸楠木二根，交太监刘希文讫。

闰七月初七日据圆明园来帖内称，七月二十五日郎中海望奉旨：西峰秀色敞厅内着做戏台围屏。钦此。于闰七月初十日海望做得烫胎小样一件呈览。奉旨：准做，其画帘用绢画，帘里用蓝布做。钦此。于八月十二日做得画假戏台画片围屏一份，随红地黄花毡大小二块，糊粽色杭细铅鼓子八个，画斑竹绢面布里帘子一份，随黄布棉套木箱，郎中海望持进，安在西峰秀色处讫。

十三日据圆明园来帖内称，四月初八日郎中海望持出白玉羽觞一件，奉旨：着配独挺木座。钦此。于本月初七日白玉羽觞一件，将四月初五日交出白玉扇牌三十九件之内扇牌一件配上，做得紫檀木独挺座一件，郎中海望呈进讫。

八月初五日太监刘希文传旨：养心殿后殿西正房五间、并西面围房四间内，另改装修，着海望画样呈览。钦此。本日郎中海望画得后殿西正房五间内西二间添隔断板墙二槽、炕罩二座、床二张、方窗一个，西次间添地炕一铺。西面围房四间内添隔断板墙一槽、床二张。院前添拐角板墙一道、挡门影壁一座，画样一张呈览。奉旨：正房五间内炕罩照东二间用柏木、楠木做，其院墙影壁照样准做，西面围房四间将后院板棚净房拆去，屋内顺西墙打高炕四铺。钦此。本日，太监刘希文传旨：东面围房五间内南间着添有方窗板墙一槽，北四间着添床四张。钦此。于本月二十八日员外郎满毗带领柏唐阿、匠役等照样装修讫。于九月十四日据圆明园来帖内称，九月初二日郎中海望奉上谕：养心殿西围房装修的还不妥，尔另画样呈览。钦此。于九月十一日画得西围房装修样一件，郎中海望呈览，奉旨：照样准做。内应陈设桌之处将糙些琴桌陈设，应陈设茶具之处将茶具陈设，应陈设书格之处陈设书格。钦此。于九月二十三日员外郎满毗带领司库马尔汉、柏唐阿六达子、匠役等照样装修完讫。

十七日据圆明园来帖内称，本月十五日太监刘希文传旨：九洲清宴东暖阁内，着做楠木矮床一张，床面四角打眼，安竹杆帽架夹春绸帐幔。钦此。于十九日太监刘希文交绿春绸三匹做帐幔用。记此。于八月十九日做得楠木矮床一张，高八寸五分、长五尺五寸、宽二尺九寸。绿春绸帐幔一份，蓝布面青云缎里帐顶红杭细，帐里高五尺五寸、宽二尺八寸、长五尺四寸。桃丝竹帐架一份，高四尺七寸。交首领太监萨木哈持去，安在九洲清晏讫。于本月二十日将下剩春绸二匹，交太监王玉持去，交太监刘希文讫。

十月初四日郎中海望、员外郎满毗传做，备用紫檀木镶玻璃盒一件。记此。于十月二十八日做得紫檀木镶玻璃盒一件，郎中海望呈进讫。

初八日郎中海望、员外郎满毗传做，备用嵌雕刻夔龙寿字象牙片紫檀木罩盒一件。记此。于十月二十九日做得嵌雕刻夔龙寿字紫檀木罩盒一件，郎中海望呈进讫。

初九日郎中海望、员外郎满毗传做，备用安表镜紫檀木香几陈设一件。记此。于十月十八日做得安表镜紫檀木香几一件，上安六年二月初七日交出的圣寿无疆表一件，郎中海望呈进讫。

二十九日郎中海望奉旨：着做花梨木竖柜二对，中层安二层抽屉，上层安一层抽屉，中层安隔断板一层，画样呈览过再做。钦此。于十一月初五日画得花梨木竖柜样一张，郎中海望呈览，奉旨：中层抽屉落矮些，上层添一屉板，照样做三对。钦此。于十二月初九日做得花梨木竖柜三对，各高五尺九寸六分、宽三尺六寸、深一尺六寸八分，俱锭白铜饰件、白铜锁钥匙、里糊杭细。本日郎中海望奏称，花梨木竖柜三对做完，请旨交与何处等语，奉旨：做完交给刘希文呈览。钦此。于十二月初四日将做得竖柜三对并尺寸帖一件，交首领太监萨木哈持进，交太监刘希文讫。

十二月二十八日太监张玉柱、王常贵传旨：养心殿东暖阁东落地明内靠南面坎［槛］窗下，着做花梨木桌二张。钦此。于本月二十九日，照尺寸做得花梨木桌二张，郎中海望交太监张玉柱讫。

漆作

正月二十九日据圆明园来帖内称，本月二十六日太监王玉持来大官釉双喜罐一件有冰冽纹，大官釉磁大碗一件有冰冽纹，大官釉磁大盘一件有冰冽纹，说太监刘希文传旨：着将官釉磁罐、磁碗、磁盘俱配做黑漆座，得时送往四宜堂陈设。钦此。于八月初十日将大官釉双喜罐一件、大磁盘一件、大磁碗一件，俱配漆座完，郎中海望持赴四宜堂安讫。

二十九日据圆明园来帖内称，本月二十八日郎中海望奏称：六年十二月二十八日呈览过的黑退光漆画洋金花纹书格式佛龛安在何处等语。奏闻。奉旨：俟朕往圆明园去题奏。钦此。

二月初八日箭匠固山达瓦尔泰交来上用弓三张，着油饰。记此。于二月十五日油饰完，员外郎满毗交弓匠达常宁持去讫。

十二日首领太监李久明持来各式洋漆香几十四件、各式洋漆茶盘十四件，说太监王太平传：着送往圆明园，交园内总管太监陈设九洲清晏五号房内。记此。本月十三日员外郎满毗着柏唐阿巴兰泰送往圆明园，交总管太监陈九卿讫。

十六日郎中海望、员外郎满毗传做，备用托胎漆盒二十八件。记此。于五月初四日做得黑退光漆画洋金节节双喜盒五对，退光漆画洋金喜寿连连盒三对，红漆画洋金双喜联联盒、红漆画洋金莲艾盒各三对，郎中海望呈进讫。

三月十三日副领催赵老格持来福寿香盒纸样一张，说郎中海望传：着照样做杉木卷胎嵌漆盒一对、香几一张。记此。于十月二十八日做得杉木卷胎漆盒一对随香几一件，郎中海望呈进讫。

十四日据圆明园来帖内称，本月十二日首领太监郑忠交来葫芦胎花囊一件内随铜胆，传旨：将铜胆取出不必用，其里子漆做黑漆。钦此。于六月十四日漆做得葫芦胎花囊一件并铜胆，交首领太监郑忠持去讫。

十九日太监刘希文、王太平交来白玉图章二方，传旨：交与海望，将此图章上的字看明请旨。钦此。于四月初三日郎中海望将此图章二方呈览请旨，奉旨：配做楠木胎漆罩画洋金节节双喜、岁岁双安。钦此。于十三年十一月初七日将玉图章二方，司库常保、首领萨木哈交太监毛团呈进讫。

四月初二日，太监刘希文、王太平交来白玉有锁磬一件，传旨：着配黑漆架，陈设在莲花馆。钦此。于五月二十五日配得紫檀木架铜錾花镀金饰件，郎中海望陈设在莲花馆讫。

初二日据圆明园来帖内称，三月二十二日郎中海望持出洋漆万字锦绦结式盒一件。奉旨：照样或烧造黑珐琅，或做漆盒。钦此。于本日郎中海望着做漆盒四件。记此。于四月二十日将原交出洋漆万字锦绦结式盒一件，郎中海望呈进讫。于闰七月三十日做得黑洋漆金万字锦绦结式盒五件，郎中海望呈进。奉旨：此盒子甚好。大有洋漆的意思，但里子略不像些。钦此。

初二日据圆明园来帖内称，三月二十三日太监王太平传旨：九洲清晏陈设的洋漆书架甚文雅，着照样做几张。其桌面上仍嵌寿字，将托撑放大些。钦此。于本日郎中海望着做四张。记此。于八年四月二十日照样做得洋漆书桌四张，交太监王太平讫。

初四日郎中海望持出白玉送子观音一件，奉旨：此观音右边有缺处，配做时或配山石或配何物遮挡，做样呈览。钦此。于五月二十二日据圆明园来帖内称，四月十一日郎中海望将四月初四日持出白玉送子观音一尊，配做得青金夹绿苗石颜色椴木山子样一件，上有白鹦哥一个、红净瓶一个、紫竹六根并佛龛画样一张呈览，奉旨：此配合甚好，佛龛做拱漆的，四面镶玻璃。钦此。于十二月二十八日做得黑漆堆暗花玻璃罩佛龛一座，郎中海望呈进，奉旨：白玉送子观音一尊上着酌量配一高香几，前边不必宽了，只要容下香炉的位份，中间安一插安炉，左边安一净水瓶，右边安一花插。钦此。于八年二月二十四日白玉送子观音一尊，配做得黑退光漆拱花玻璃罩一件、紫檀木高香几一件、铜烧古白玉炉一件、铜座象牙茜色节节双喜花插一件、铜镀金匙箸一份、象牙茜色长春花一树、珐琅莲瓣净水瓶一件，郎中海望呈览。奉旨：净水瓶不好。另做象牙盛香状［壮］盒，或腰圆，或海棠形，高四五寸，雕夔龙烫巴尔撒木香。其白玉观音、香几、白玉炉、花插俱陈设在西峰秀色。其珐琅净水瓶持出。钦此。于二十四日将白玉菩萨一尊随罩子、香几等件，郎中海望陈设在西峰秀色讫，其珐琅净水瓶一件交库使五格收讫。于八年三月初十日做得黑漆描金海棠式四层香盒一件，郎中海望呈进讫。于八年三月十五日郎中海望持出白玉送子观音一尊，随黑退光漆玻璃罩一件、紫檀木高香几一件、铜钵盂炉一件，随铜座象牙茜绿节节花插一件、铜镀金匙箸一份、象牙茜色长春花一树、海棠式黑漆描金四层香盒一件，奉旨：着赏怡亲王。钦此。于三月十六日做得高一尺四寸、宽一尺四寸、长三尺二寸糊黄纸木箱一个，高一尺二寸、宽一尺三寸、长一尺三寸糊黄纸木箱一个盛装，郎中海望带领副领催赵牙图送至怡亲王府讫。

十七日据圆明园来帖内称，本月初二日太监刘希文、王太平交来红油杌子一个，传旨：照此样式，比此尺寸放大些，并收小些的红漆杌子共做二三十件，牙子做秀气些，宽边水栏高一二分。钦此。于二十三日据圆明园来帖内称，本月十九日做得松木杌子样一件，郎中海望持与太监刘希文、王太平看，据伊说水栏窄了，共要宽二寸、深二分方好。记此。于九月十一日做得圆木杌样一件，郎中海望呈览，奉旨：照此样做几件，比此样矮五分的做几件，高五分的做几件，牙板面随大小抽长。钦此。于八年四月十二日做得红油杌子十二张，交太监刘希文讫。于本月十三日太监刘希文交出红漆杌子十二张，着暂且放着。记此。于本月十八日将红漆杌子十二张，太监范国用持去，交太监刘希文讫。

二十二日据圆明园来帖内称，本月十四日郎中海望持出羊肝色圆漆盒一件。奉旨：着照此样颜色仿做。钦此。于十三年十一月初八日将羊肝色漆圆盒一件，交太监毛团呈进讫。

五月初七日据圆明园来帖内称，四月十一日郎中海望持出填漆圆盒一件。传旨：此盒做法甚好。着照样做二对。钦此。于初七日据圆明园来帖内称，四月二十四日做得黑退光漆画洋金金钱菊花嵌玻璃堆地景如意式盒二对，于五月初四日郎中海望呈进一对。奉旨：此盒做的甚糙，再做时精细着。钦此。于五月十四日将原交填漆圆盒一件，郎中海望呈进讫。

二十五日太监刘希文、王太平交来铜镀金包镶事件画太极图洋漆箱二件，内一件盛成窑茶圆六十二件，内一件盛成窑酒圆七十四件。传旨：着合配镶棕竹边锦匣盛。再，洋漆箱内上层要一般平，随其器皿大小集锦式安放。器皿内有成对者不必拆开，一匣内盛装。若箱内仍有余空，随其器皿做黑漆架。如何安提手处，酌量配安。钦此。于十二年五月初四日做完，司库常保、首领萨木哈呈进讫。

六月初九日据圆明园来帖内称，四月初八日郎中海望持出汉玉招文带一件。奉旨：着配做板凳式漆架。钦此。于七月初十日配得黑漆板凳式架一件，郎中海望呈进讫。

初九日据圆明园来帖内称，四月初八日郎中海望持来甘黄玉双喜玦一件，传旨：着做漆墨床用。钦此。于七月初十日配做得黑漆架座完，郎中海望呈进讫。

二十四日据圆明园来帖内称，五月初六日首领太监萨木哈持来霁红四耳卣一件耳上有釉残破处，仿官窑纸搥瓶一件，说太监刘希文、王太平传：着将四耳卣配架子，纸搥瓶配座子。记此。于八月二十四日将霁红四耳卣一件、仿官窑纸锤瓶一件，俱配漆架座完，郎中海望持进讫。

七月十九日据圆明园来帖内称，三月二十日郎中海望持出紫檀木栏杆合牌胎透花纱罩都盛盘一件内盛五彩磁碟十五件，奉旨：尔照此尺寸将红漆的做几件，其罩子要入在栏杆内，柱子要入在栏杆口上，罩内四角各安掐口腿子。罩盖面上另画夔龙式花样，不必雕刻寿字。再，花档面上彩画寿字，糊硬纱。钦此。于九月二十九日照尺寸做得红漆画洋金夔龙寿字糊硬纱都盛盘二件，郎中海望呈进讫。于乾隆元年二月初三日将原样都盛盘一件，内盛五彩磁碟十五件，七品太监交太监毛团呈进讫。

十月二十五日郎中海望持出仿花纹石漆面四方黑漆香几一件。奉旨：此香几漆面做法甚好。此后再做漆活计照此漆面花纹做。钦此。香几一件现存漆作。

十一月二十一日郎中海望、员外郎满毗传做，备用各式托胎漆盒九对。记此。此笔无领材料，未做。

镟作

三月二十八日员外郎满毗传做，备用避暑巴尔撒木香小象牙盒十件。记此。象牙盒十件现存活计库。

另外有些收拾活计。

雕銮作

二月初三日首领太监刘进朝交来大小梨木太阳糕模子四个，说总管太监赵进斗传，着照糕每个放大六分做四个。记此。于九月二十日做得太阳糕模子四个，并原样，交太监刘进忠持去讫。

四月二十五日员外郎满毗传做端阳节备用三色宫香饼二斤，降香丁八两，白檀香丁八两，沉香方丁八两。记此。于五月初四日备用得官香饼二斤，降香丁八两，白檀香丁八两，沉香方丁八两。郎中海望呈进讫。

二月初七日监察御史沈嵛、郎中海望、员外郎满毗传做，黄杨木葫芦式盒一件。记此。于五月二十五日做得黄杨木葫芦式福寿盒一件，太监范国用持去交太监刘希文讫。

本年活计尚有，唵叭香、四色宫香饼、紫绛香丁、香斗等。

镶嵌作

正月二十五日领催潘义明持来博古书格画样一张，着照样做镶嵌书格一件。记此。于十月二十九日做得紫檀木镶嵌书格一件，郎中海望呈进讫。

三十日郎中海望、员外郎满毗传做，备用多福多寿镶嵌盆景一件、福寿长春镶嵌瓶花一件。记此。于二月初八日做得镶嵌多福多寿镶嵌盆景一件随糊玻璃罩一件、镶嵌福寿长春瓶花一束随珊瑚枝一枝、珐琅合璧瓶一件随紫檀木座，郎中海望呈进讫。

二月初七日监察御史沈崳、郎中海望、员外郎满毗传做，镶嵌双喜玉福寿联长盒一件。记此。于十二月二十九日做得镶嵌双喜玉福寿联长盒一件，郎中海望呈进讫。

初七日监察御史沈崳、郎中海望、员外郎满毗传做，镶嵌紫檀木笔筒一件随笔、手卷。记此。于二月二十八日做得福寿双圆笔筒一件，随手卷一卷、笔二枝、黄杨木如意一件，郎中海望呈进讫。

初十日首领太监萨木哈持来福寿长春瓶花一件蓝玻璃瓶紫檀木座、芝仙祝寿盆景一件白石盆、寿比南山盆景一件白石盆、蟠桃九熟一件随香饼都盛盘一件，说太监王太平传：着粘补收拾。记此。于本月十八日收拾得瓶花一件、盆景二件、蟠桃九熟一件，首领太监萨木哈持去交太监王太平讫。

三月十九日太监刘希文、王太平交来镶嵌汉玉紫檀木压纸二件，传旨：着收拾。钦此。于四月十一日收拾得汉玉压纸二件，首领太监李久明持去，交太监刘希文讫。

四月初三日郎中海望持出白玻璃鼻烟壶一件上嵌西洋珐琅片。奉旨：此瓶内珐琅片如何镶嵌之处，着问先年做过的陈匠人是如何镶嵌上的，以便镶嵌上送进来。钦此。于本月二十日将鼻烟壶收拾好，郎中海望呈进讫。

初八日据圆明园来帖内称，本月初三日郎中海望持出象牙边镶嵌玳瑁夹人物片八角盒一件。传旨：此盒上象牙线纹并镶嵌做法俱好。嗣后或做盒子或做别物，照此镶嵌做法。此盒子且不必交进，俟朕有交出着配盒子物件，尔将此盒子配合盛装交进。钦此。于十三年十一月十一日将镶嵌玳瑁人物片八角盒一件，司库常保交太监毛团呈进讫。

闰七月初十日领催潘义明持来镶嵌玻璃镜样一件，说郎中海望传：着照样做一件，中秋节备用。记此。于本年八月十四日做得镶嵌玻璃镜桃式挂屏一件，首领萨木哈交太监刘希文讫。

八月十六日据圆明园来帖内称，四月初三日郎中海望持出夔龙式嵌蜜蜡鼻烟壶一件、象牙嵌玳瑁鼻烟壶一件、沉香夔龙玦式鼻烟壶一件。奉旨：此鼻烟壶样式俱好，着存下样式仍交进。钦此。于本月二十日将原交出鼻烟壶三件，郎中海望呈进讫。

十六日据圆明园来帖内称，四月初三日郎中海望持出镶嵌洋漆玳瑁墙鼻烟壶一件。奉旨：此洋漆片镶嵌做法甚好，将此镶嵌做法俱存下样式，其原样鼻烟壶仍交进。嗣后若有洋漆物件应做镶嵌者，可照此做法镶嵌。钦此。于本月二十日将原交出鼻烟壶一件，郎中海望呈进讫。

九月初五日领催潘义明持来福寿三多盆景画样一张，说郎中海望传：着照样做一件。记此。于九月二十九日做得榴开百子福寿三多盆景一件，郎中海望呈进讫。

十二日郎中海望传做，备用寿意镶嵌玻璃镜一件、寿意镶嵌紫檀木笔筒一件。记此。于本月二十九日做得寿意镶嵌玻璃镜一面，郎中海望呈进讫。于十年二月二十八日做得紫檀木边衬色玻璃笔筒一件，随手卷一件、象牙如意一件、象牙管笔二枝，司库常保交太监沧洲讫。

十月十一日郎中海望、员外郎满毗传做，备用帽架一件。记此。于本年十月二十八日做得镶嵌福寿帽架一件，郎中海望呈进讫。

累丝作

三月二十日据圆明园来帖内称，本月初十日太监刘希文、王太平传：着画汉妆头面内正凤傍凤大小挑牌等样。记此。于三月二十日画得正凤傍凤一号至五号挑牌葫芦坠子等样，持与太监刘希文看准，说：有我等交出收贮金子内挑选好金照样做二份，其镶嵌珠石我等交出。每份做累丝正凤五枝、傍凤二枝，荷叶镶嵌珠石串珠大挑牌一件，二号至五号挑牌各一对，葫芦坠子一副。记此。于四月初五日据圆明园来帖内称，三月初十日太监刘希文传做满妆头面一份，计大头簪子五枝、傍凤二枝。记此。于五月初九做得汉妆头面二份，计金累丝正凤十枝、傍凤四枝，环子二副、大小挑牌九对。满妆头面一份，计累丝大头簪五枝、傍凤二枝，上嵌得四月二十九日太监刘希文交来饭块珠一百二十八粒、小珠五十粒重一钱二分、拆下珠子一千二百七十三粒、嵌珠八十粒、扣珠四百十六粒、红宝石六十一粒重五钱五分。郎中海望交太监刘希文讫。本日太监刘希文、王太平仍交来做得金累丝满妆头面一份、汉妆头面二份，并黄纸匣内珠子重三两六钱四分，珠花上拆下珠子四百八十一粒，重六钱。传：将满汉头面三份内金凤十六枝嘴上穿挂络，并穿二号挑牌用。记此。于五月初十日将交出珠花上拆下珠子四百八十一粒，每枝凤嘴上穿挂络用珠子十五粒，共用珠子二百四十粒，红玻璃坠角十六个，并下剩珠子俱交刘希文讫。

六月初二日据圆明园来帖内称，本月初一日首领太监萨木哈持来蛮子珠单坠一副、湖珠单坠一副，说太监王守贵传旨：着交海望，将湖珠坠子照蛮子珠坠样式改做。钦此。于六月二十四日做得蛮子珠单坠一副、湖珠单坠一副，郎中海望交太监马进忠持去，交太监王守贵讫。

十月初六日据圆明园来帖内称，九月十八日郎中海望奉旨：将四宜堂盆景上珠宝取下，另配一金累丝花玻璃罩地景陈设。钦此。于九月二十四日画得紫檀木边玻璃罩金累丝嵌珠宝陈设纸样一件，郎中海望呈览。奉旨：准做。其玻璃罩做矮些，不要立着，放平着。钦此。于九月二十一日郎中海望带领司库硕塞进四宜堂，将陈设的白端石紫檀木座珊瑚枝金累丝嵌宝石珠子松竹梅盆景一件上取下：珠子一颗重八分、馒头形珠子四颗重四分五厘、扁形珠子一颗重一分、珠子三十九颗共重三钱、蚌珠一颗重五分、蚌珠二颗共重五分、合珠一粒、红宝石十块共重八钱二分、碎红宝石十九块共重二分、蓝宝石三块共重一钱、白色宝石一块重三分、黄色宝石一块重五厘、白色洋晶一块重九分、碧玉一块重一分。以上共珠子四十五颗、蚌珠三颗、合珠一颗、各色宝石三十四块、白色洋晶一块。均窑三足盆紫檀木座珊瑚枝金累丝嵌珠宝采芝献瑞盆景一件上取下：大小东珠八颗共重二钱一分、馒头形大小珠子六颗重八分、珠子十六颗重一钱一分、长形珠子二颗共重五分、蚌珠一颗重二分、合珠四颗、红宝石五块共重四钱九分、碎红宝石十四块共重六分、碧牙西一块重一钱、大小琤子六颗、蓝宝石四块重量一分、黄宝石一块、洋晶一块、无线光琤子一块共重四分。以上共东珠八颗、珠子二十四颗、蚌珠一颗、合珠四颗、各色宝石二十块、碧牙西一块琤子七块、洋晶一块。均窑三足盆紫檀木座珊瑚枝金累丝嵌珠宝海屋添筹盆景一件上取下：东珠五颗共重八分、馒首形珠子八颗共重一钱二分、珠子十二颗共重二钱九分、碎珠子二十二颗共重一钱四分、合珠蚌珠养珠共十五颗重一钱四分、红宝石十三块共重五钱二分、碎红宝石四十四块共重三钱一分、大小琤子八块、蓝宝石一块重二分、无光东珠一颗重五分、扁蚌珠一颗重四分、蚌珠一颗重四分。以上共东珠六颗、珠子四十二颗、合珠蚌珠养珠共十八颗、各色宝石六十三块、琤子八块。汝窑盆糊锦座珊瑚枝金累丝嵌珠宝瑶池献瑞盆景一件上取下：大小珠子五十九粒共重八钱二分、大小东珠五颗共重二钱、蚌珠二颗共重二分、合珠一颗、红宝石十三块共重五钱九分、碎红宝石十九块共重一钱三分、蓝宝石二块共重六分、小琤子五颗。以上共东珠五颗、珠子五十九粒、蚌珠二颗、合珠一颗、各色宝石三十四块、琤子五块。以上盆景四件内取下珠石分两，郎中海望、员外郎满毗看过。记此。于十月二十八日将此盆景取下珠石配做得镶嵌珠石金累丝花玻璃罩地景陈设一件，随锦帘，郎中海望呈进讫。

牙作　附砚作

三月初八日据圆明园来帖内称，本月初一日首领太监李久明持来定武石大小十五块系总督鄂尔泰进。传旨：交给海望，此石内有一块花样甚好，着随其本来花纹做砚盒用，其余十四块尔酌量应做何物用。钦此。于四月十一日将好花样武定石一块做得砚盒一件，内配绿端石砚一方，郎中海望呈进讫。于八年正月十一日郎中海望将武定石十四块交库讫。武定石十四块现存库。

十九日太监刘希文、王太平交来，白玉透夔龙臂格一件随紫檀木座、白玉半踏地芙蓉花臂格一件、碧玉臂格一件，传旨：白玉透夔龙臂格上的紫檀木座甚好，将此白玉半踏地芙蓉花臂格照此白玉透夔龙臂格上的紫檀木座款式，配做象牙雕刻茜绿座。其碧玉臂格亦照此紫檀木座款式配做象牙雕刻茜红座，俱做合牌匣盛装。钦此。于五月初四日玉臂格三件配做得象牙座二件，并紫檀木座一件，郎中海望呈进讫。

二十日郎中海望持出白玉船形笔洗一件。奉旨：着做象牙高座，上栽珊瑚。钦此。于本年十二月二十二日将白玉船形笔洗一件配得象牙座上栽珊瑚，郎中海望呈进讫。

二十日郎中海望持出汉玉麒麟玦一件，奉旨：配何物用，尔酌量，准奏明再做。钦此。于四月二十日将此玦配做得椴木流云座样一件，郎中海望呈览，奉旨：好，用寿山石照样做。钦此。于八月十四日配做得象牙茜紫色流云座，郎中海望呈进讫。

四月初五日郎中海望持出汉玉禹［羽］觞一件，传旨：着配象牙茜色独梃座，不必高了。钦此。于五月十五日配得象牙嵌紫檀木色座，郎中海望呈进讫。

十八日据圆明园来帖内称，三月十九日太监刘希文、王太平交来汉玉靶白玉剑一把，传旨：着配架子，四面堵头俱镶象牙，雕做夔龙。钦此。于四月十一日将汉玉靶白玉剑一把，并三月初二日交出汉玉式花插配得流云架子紫檀木底座，郎中海望呈览，奉旨：流云架子做时再矮三四分，做乌拉石的。钦此。于六月二十日做得乌拉石流云架一件，郎中海望呈进讫。

十八日据圆明园来帖内称，本月初三日郎中海望持出瓜瓞绵绵碧玉水丞一件，上有珊瑚水吸一件、碧玉水吸一件，锦座。奉旨：此座子不好，着换龙油珀座子。钦此。于十三年十一月初七日将碧玉水丞一件随水吸二件，司库常保、首领萨木哈交太监毛团讫。

十八日据圆明园来帖内称，本月初八日郎中海望持出歙石砚一方，杏木根盒随规矩、象牙起子、竹比例尺等件。奉旨：此砚盒不好，着另配做雕刻绿面紫石盒，下配绿色石有腿高座，其砚盒盖里照此砚盒里的砚赋刻上，填漆。钦此。于本年十二月二十八日将歙石砚一方另配得刻砚铭紫石盒，郎中海望呈进讫。

三十日郎中海望持出黑白锦纹花石一块。奉旨：着做砚盒用。钦此。于七月二十日做得砚盒一件，配铜镀掐紫檀木座，郎中海望呈进讫。

五月初九日据圆明园来帖内称，四月三十日郎中海望持出红色虫窝石一件。奉旨：着配盆景用。钦此。于十三年十一月初四日将红色虫窝石一件，司库常保、首领萨木哈交太监毛团讫。

初九日据圆明园来帖内称，本月初四日郎中海望持出腰圆形玛瑙石子一件，传旨：着做砚盒用，此石子若有应砣之处酌量砣做。钦此。于七月初三日将酱色腰圆形玛瑙石子做得砚盒一件，内配乌拉石砚一方，郎中海望呈进讫。

十三日据圆明园来帖内称，四月二十四日郎中海望持出有靶洋漆钵盂式盆一件。奉旨：着照样或做红漆，或做黑漆，喷金镶银里，不必做底足，做平底。其拿手靶用楠木做，靶根底做细着，镶铜放大着些。再将径三四寸大的用石做几件。钦此。郎中海望随奏称：先用寿山石或用软些的石做一件呈览，如好，再用硬石做等语。奉旨：准奏。钦此。

十三日据圆明园来帖内称，郎中海望持出白玉卧蚕纹凤头钩一件，奉旨：着做一挑杆架用。钦此。于七月初十日将白玉卧蚕纹凤头钩一件，配得象牙茜绿夔龙挑杆上铜镀金托顶安汉玉鸠一件，系四月初五日交下凤头钩，用铜镀金夔龙掐子，黑漆梃子长一尺六寸、径三分一根，下配铜镀金吞口绿玻璃座紫檀木托座，通高二尺，郎中海望呈进讫。

二十一日宫殿监督领侍陈福传旨：着将纪录牌样做几件。钦此。

于六月初一日做得雕夔龙边写红字头等纪录椴木牌样一件、雕如意头写红字二等纪录椴木牌样一件、雕卷头起边线写黑字头等纪录柏木牌样一件、雕如意头起边线写黑字二等纪录柏木牌样一件，交官殿监督领侍陈福等呈览。奉旨：雕夔龙边写红字头等纪录椴木牌样好，做时将下身边线不必雕，做素象牙的。头等纪录牌每样做些，柏木的亦做些。钦此。于本日陈福等定得象牙头等、二等纪录牌每样做五十件，柏木头等、二等纪录牌每样做五十件。记此。于六月初九日做得象牙雕夔龙头写红字头等纪录牌十件、二等纪录牌十件，柏木雕夔龙头写黑字头等纪录牌十件、二等纪录牌十件，着太监马进忠持去，交官殿监督领侍陈福讫。于六月十三日做得头等柏木纪录牌十个、头等象牙纪录牌十个，二等柏木纪录牌十个、二等象牙纪录牌十个，太监王玉持去，交官殿监督领侍陈福收讫。于七月初七日做得头等象牙纪录牌二十个、头等柏木纪录牌二十个，二等象牙纪录牌二十个、二等柏木纪录牌二十个，太监王进孝持去，交官殿监督领侍陈福讫。

六月初八日据圆明园来帖内称，四月初五日郎中海望持出汉玉吹箫引凤牌一件，奉旨：着配陈设用。钦此。于六月初七日将汉玉吹箫引凤牌一件配得象牙茜绿座，郎中海望呈进讫。

初八日据圆明园来帖内称，四月初五日郎中海望持出金珀莲花暖手一件，奉旨：做法不好，着改做。钦此。于六月初七日改做得金珀双鸠一件，配做得象牙茜绿座，郎中海望呈进讫。

初八日据圆明园来帖内称，四月初五日郎中海望持出碧玉苓［灵］芝带钩一件，奉旨：着配做物件用，再此如意似夔龙式，着留样。钦此。于五月十三日碧玉苓［灵］芝带钩一件配得象牙茜绿座呈览。奉旨：换珊瑚蝠。钦此。于六月初七日配得象牙本色座，上嵌珊瑚蝠五个，郎中海望呈进讫。

闰七月初四日太监张玉柱、王常贵传旨：着传与海望，将赏用绿端石砚做几方。钦此。于八年十月三十日做得绿端石砚二方，内务府总管海望呈进讫。

八月初五日郎中海望、员外郎满毗传做，各式砚二十方，随卷胎漆匣二十个。记此。于七年十二月二十八日做得绿端石砚四方，郎中海望呈进讫。于八年十月三十日做得各式砚十六方，随卷胎漆匣十六个，内务府总管海望呈进讫。

九月初六日据圆明园来帖内称，郎中海望传做梳子、篦子、抿子、刷牙等九件，内有应雕刻者雕刻寿意、应镶嵌者镶嵌寿意，以备怡亲王福金千秋用。记此。于本月初八日做得雕刻梳子三件、抿子三件、镶嵌寿意刷牙三件，首领太监李久明持去，交太监刘希文讫。

十一日据圆明园来帖内称，本月初六日郎中海望传做，备用寿意象牙镶紫檀木帽架二份。记此。于九月二十九日做得象牙寿意紫檀木帽架二份，郎中海望呈进讫。

十月初九日郎中海望、员外郎满毗传做，备用象牙松鹿背［臂］格一件、牛油石双喜墨床一件、牛油石双圆香碟一件、玛瑙佛手式水盛一件、玛瑙松桩花插一件、翡翠石荷叶式笔洗一件。记此。于本年十二月二十八日做得象牙松鹿背［臂］格一件、牛油石双喜墨床一件、牛油石双圆香碟一件、玛瑙佛手式水盛一件、玛瑙松桩花插一件、翡翠石荷叶式笔洗一件，郎中海望呈进讫。

初十日郎中海望、员外郎满毗传做，备用天然玛瑙石子陈设一件。记此。于十月二十八日做得玛瑙陈设一件，郎中海望呈进讫。

十三日太监张玉柱交来洋漆长方匣二件、洋漆斧式匣二件。传旨：着配做绿端石砚。钦此。于十一月二十九日将洋漆长方匣二件、洋漆斧式匣二件内各配做绿端石砚一方，郎中海望呈进讫。

十八日张玉柱、王常贵交来蜜蜡如意一柄紫檀木边嵌玻璃匣盛，黄绫垫。传旨：如意柄上万寿无疆四字俗气，着去平，照柄上地仗寿字样式刻做。匣内垫子不好，酌量配做架子。钦此。于十三年十月初二日将蜜蜡如意一件随紫檀木嵌玻璃匣，司库常保、首领萨木哈持去，交太监毛团呈进讫。

二十五日郎中海望持出双蔓连枝葫芦二个贵州巡抚张广泗进。奉旨：着酌量配做一架。钦此。于十二月十四日将双蔓连枝葫芦二个配得漆架一件，郎中海望呈进讫。

十一月初一日怡亲王持出驼矶石砚六方西沙国进。奉旨：着做砚用。钦此。于十二月二十八日做得牛油石盒驼矶石砚六方，郎中海望呈进讫。

初十日郎中海望奉旨：着将玻璃罩珊瑚架点翠叶蜜蜡葫芦小盆景做一件、玻璃罩珊瑚架葡萄盆景做一件。钦此。于十二月二十八日做得珊瑚架点翠叶蜜蜡葫芦玻璃罩小盆景一件、珊瑚枝葡萄盆景一件，郎中海望呈进讫。

十二日郎中海望、员外郎满毗传做，备用象牙万年一统笔筒一件。记此。于十二月二十九日做得象牙万年一统笔筒一件，怡亲王呈进讫。

十二月初二日郎中海望、员外郎满毗传做，备用象牙压纸二件。记此。于十二月二十九日做得象牙压纸二件，怡亲王呈进讫。

舆图处

正月十二日柏唐阿巴哈来说，正月初十日郎中海望传，着将十五省小总图再画二份备用。于本日交柏唐阿巴哈承办讫。

五月二十二日据圆明园来帖内称，本月二十一日郎中海望奉旨：尔先呈进的舆图上所有土府并未写全，着将大图查明，俱各添写。钦此。于本日郎中海望传：着柏唐阿八十将土府查明持赴圆明园以便添写。记此。随查得广西省镇安土府知府、泗城军民土府知府于雍正五年八月内奉旨改土归流。思城军民土府知府于康熙元年九月内说堂准封，付称思诚军民府系泗城州，明末加陞泗城，土府人语音不正，致有差讹，准其改正思明土府知府。四川省乌蒙土府知府，于雍正五年闰三月内改流。东川土府知府于康熙三十七年改土归流。以上二府俱旧属四川，于雍正五年四月内改归云南省。云南省镇沅土府知府于雍正五年四月内改土归流。丽江土府知府于雍正元年三月内改土归流。孟定土府知府、永宁土府知府、蒙化土府知府。记此。于七月初七日将折叠总图一份，郎中海望着柏唐阿周斌交太监郑爱贵讫。

十二月十五日大学士张廷玉、蒋廷锡，理藩院尚书忒古特传旨：着造办处自阿尔泰至依里［伊犁］等处图样画样一张，朕览。钦此。于二十二日画得自阿尔泰至依里［伊犁］等处图样画样一张，郎中海望呈览。奉旨：着添住兵处。钦此。于本日交柏唐阿巴哈承办讫。

炮枪作　附弓作

二月十六日内大臣佛伦传旨：着做喀尔喀鞍子二副，赏庄亲王一付、平郡王一付。钦此。于九月十九日员外郎满毗传做孔雀石鞦辔。记此。于四月初四日据圆明园来帖内称，四月初三日为赏庄亲王、平郡王鞍子事，郎中海望口奏称：造办处有绣鞊珐琅饰件鞍子二付、鞔金花皮毡鞍板毡鞊喀尔喀鞍子八副等语。奏闻，奉旨：每样持进一付呈览，俟朕指示赏给。钦此。于初五日据圆明园来帖内称，四月初四日郎中海望将造办处做下备用嵌珊瑚喀尔喀鞦辔鞔金皮毡鞊鞍子一付、珐琅鞦辔鞔金皮毡鞊鞍子一付，持进正大光明殿呈览。奉旨：将嵌珐琅喀尔喀鞍子换金黄扯手赏给。钦此。此鞍子二付系四年备用。于本日郎中海望将嵌珊瑚鞦辔鞍子二付交庄亲王府三等侍卫七十六领去讫、平郡王府头等侍卫那秦领去讫。

五月初二日据领催千佛保来说，郎中海望传：着照六年十二月十五日怡亲王交做日本刀样，用芜湖钢十二斤加大头钢刃子刀头打造二把试看。记此。于六月二十七日打造得刀头二个呈怡亲王留下。

二十五日领催千佛保持来钻眼鸟枪一杆，说郎中海望奉王谕：着照蒙古鞘式样用桦木配做鞘子。遵此。于六月二十五日领催千佛保来说，五月二十四日怡亲王交做配鞘钻眼耗子尾式膛素铁交枪一杆。于六月二十四日配做桦木鞘拴鹅黄带红氆氇单等套完，领催孙福、千佛保呈怡亲王看，奉王谕：尔等将此枪暂持去收着，俟我往别处去的时候带去试放。遵此。

闰七月初三日据圆明园来帖内称，郎中海望奉怡亲王谕：绊马铁绊，着做样看。遵此。于本月十四日郎中海望将派官员人等监造折一件启怡亲王，奉王谕：准做。遵此。随派监造司库苏合、催总吴花子、领催千佛保讫。于初八日据圆明园来帖内称，八月初七日郎中海望为成造绊马锁启怡亲王，据催总吴花子说，绊马锁王已看过，每条工料银不过八分几厘，今或做多少条，数得实以便打造等语启怡亲王。准领库内收贮银两办造一万条，料估再看。遵此。郎中海望定得：绊马锁每份银八分四厘四毫八丝，一万条共银八百四十四两八钱，其银分三次发给。记此。于九月二十一日做得绊马锁一万条，催总吴花子持赴军需处交讫。

初三日据圆明园来帖内称，郎中海望奉怡亲王谕：着做赏出兵人用的鞔撒林皮鞘大漆饰件腰刀一万把。遵此。于本月十四日据圆明园来帖内称，郎中海望将造腰刀物料折一件，派官员人监造折一件启怡亲王。奉王谕：准做。遵此。本日将画押料估折一件交库使德邻持去讫。监造官员开后，监造刀铁：员外郎马尔汉，司库三音保，柏唐阿默尔参莪、永太，领催福禄。监造刀鞘饰件等件：员外郎花塞，催总刘三九，柏唐阿花善、五十八、富拉他。于九年五月初六日将腰刀二千把，镶黄旗满洲骁骑参领额特保领去，赏役兵讫。于九年八月二十日将腰刀一百把，员外郎马尔汉等送去当大学士公马尔赛赏勇健兵讫。于九年十二月十一日将赏新营兵丁腰刀三百五十二把，甲兵头目倭盛额领去讫。于十年五月十一日将赏热河兵丁腰刀一千把，兵丁头目胡文达领去讫。

本年活计还有，桃皮铁鋄金通梁三道束饰件鞘。

玉作

三月初二日据圆明园来帖内称，首领太监李久明持来白玉壶一件、汉玉山式花插一件象牙茜绿座，说太监刘希文传旨：着海望见面请旨。钦此。于四月初三日将此壶一件、花插一件郎中海望持进请旨。奉上谕：将玉壶上螭虎去了，做素的。此汉玉花插其中间空处或配一剑，做一剑架，两边插管内或做一架子，尔酌量配合。钦此。于四月十一日汉玉山式花插一件配得汉玉靶白玉剑一把，流云架紫檀木座，郎中海望呈览。奉旨：流云架做时再矮三四分，用乌拉石做。钦此。于四月二十四日将玉壶改做素的，太监王进孝持去，交太监刘希文讫。于十三年十月二十三日将汉玉花插一件，司库常保交太监毛团呈进讫。

四月初三日郎中海望持出玛瑙茶圆一件。奉旨：着砣磨收拾，底下落款。钦此。于四月二十四日将玛瑙茶圆一件收拾落款完，郎中海望呈进讫。

初五日郎中海望持出汉玉仙人一件。奉旨：其玉甚旧甚好，但头顶上有眼、有缺处，着问玉匠如何补做，或旁边另配何物？得时或陈设在宝贝书格内。钦此。于十三年十月二十二日将汉玉仙人一件司库常保、首领萨木哈持进，交太监毛团呈进讫。

十一日郎中海望持出八角玻璃一块内随核桃雕刻扇器四件。传旨：着问西洋人就做多目镜用，还有别样用法？做小些使得使不得？钦此。本日据西洋人巴多明认看得做多目镜用，别样用不得等语。郎中海望回奏。奉旨：暂且收贮。钦此。

三十日郎中海望持出引首图章形红玛瑙石子一件。奉旨：着就其顶上光处做平台山子，背面或挖洞刻字。钦此。于六月初三日做得挖洞平台山子一件，郎中海望呈进讫。

三十日郎中海望持出花色腰圆形玛瑙石子一块长三寸二分宽二寸五分厚一寸二分，花色腰圆形玛瑙石子一块长二寸九分宽二寸二分厚九分，花色腰圆形玛瑙石子一块长二寸八分宽二寸五分厚八分，花色腰圆形玛瑙石子一块长二寸四分宽一寸二分厚一寸，奉旨：着将此四块或做暖手或做砚盒用。钦此。于七年八月十四日将此内石子二件改做得玛瑙磬盒一件、玛瑙双鸠盒一件，郎中海望呈进讫。于八年六月十二日做得玛瑙砚盒二个，内盛端石砚，郎中海望呈进讫。

三十日郎中海望持出各色小石子十一块。奉旨：着学手玉匠它（砣）磨光亮摆水盆用。钦此。于六月初三日光亮得玛瑙石子十一件，郎中海望呈进讫。

三十日郎中海望持出各色玛瑙石子二十四块。奉旨：着学手玉匠它（砣）磨光亮摆水盆用。钦此。于五月十九日选得十四块，郎中海望呈进讫。于六月十九日光亮得玛瑙石子十件，郎中海望呈进讫。

五月初四日郎中海望持出鸟翅形石一件。奉旨：着它（砣）磨光亮应做何物？酌量配做。钦此。于乾隆元年二月十八日石子交施天章持进摆山子用讫。

初八日郎中海望持出各色小糙石子二百二十七块。奉旨：摆水盆用。钦此。于乾隆元年二月十八日将石子二百二十七块交施天章持进摆山子用讫。

十三日据圆明园来帖内称，郎中海望持出道冠式玛瑙子一件。奉旨：着做砚山用，如花纹不能磨去，即做一笔架用。钦此。于七月十二日做得笔架一件，郎中海望呈进讫。

十三日据圆明园来帖内称，郎中海望持出汉玉卧蚕纹螭虎招文带一件，奉旨：着配做压纸用。钦此。于七月初十日配得关东石压纸一件，郎中海望呈进讫。

十三日据圆明园来帖内称，郎中海望持出汉玉竹节式招文带一件，奉旨：着配做石压纸用。钦此。于七月初三日配得乌拉石上有螭虎压纸一件，郎中海望呈进讫。

十三日据圆明园来帖内称，郎中海望持出蜜蜡夔龙花插一件、花玛瑙石子一件。奉旨：此花插做法甚文雅，将此石子照样做一件。其口上的夔龙不必做高了，尔看此石子若做得则可，若做不得回奏，朕另交出石子再做。钦此。于五月二十一日将花玛瑙石子一件，郎中海望呈进讫。于十三年十一月初四日将蜜蜡夔龙花插一件，司库常保交太监毛团呈进讫。

十五日据圆明园来帖内称，郎中海望持出黄色玛瑙石子一件、金黄色玛瑙石子一件、黄色天然玛瑙石子一件。奉旨：黄色石子做水盛用，金黄色石子做水盛盖用，天然形石子随其形做笔架用。钦此。于七月初三日将黄色玛瑙石子做得水盛一件随镀金匙，金黄色玛瑙石子做得水盛盖一件，天然玛瑙石子做得笔架一件，共配得乌拉石座一件，郎中海望呈进讫。

十五日据圆明园来帖内称，郎中海望持出天然黑色玛瑙石子一件，奉旨：随其形它（砣）磨做笔架用。钦此。于五月二十九日做得玛瑙笔架一件，郎中海望呈进讫。

十五日据圆明园来帖内称，郎中海望持出黄白玛瑙石子一件，奉旨：着配黄石座，将白石尖它（砣）磨山峰式，做笔架用。钦此。于七月初三日将黄白玛瑙石子配得绿玻璃座，郎中海望呈进讫。

十五日据圆明园来帖内称，郎中海望持出黑色立峰玛瑙石子一件、蓝色玛瑙石子一件、白色鹿犄角玛瑙石子一件、白色天然形玛瑙石子三件、黄色天然苓［灵］芝形玛瑙石子一件，奉旨：着酌量配做。钦此。于七月初一日将黑色玛瑙石子一件配得象牙茜绿座，郎中海望呈进讫。于八月十四日将白色鹿犄角玛瑙石子一件、白色天然形玛瑙石子三件，俱配象牙茜红座。蓝色玛瑙石子一件、黄色苓［灵］芝式玛瑙石子一件，俱配得玻璃座，郎中海望呈进讫。

六月二十日据圆明园来帖内称，本月十五日太监王太平传旨：西峰秀色自得轩后方亭内着做乌拉石宝座一张、桌一张，不要太重了。钦此。于七月初十日做得镶乌拉石紫檀木宝座一张、桌子一张，郎中海望持进安讫。

珐琅作

二月十九日怡亲王交有釉水磁器四百六十件系年希尧烧造。郎中海

望奉王谕：着收着。遵此。于本日将磁器四百六十件交柏唐阿宋七格讫。于七年八月十四日烧造得画珐琅瓷碗三对、画珐琅瓷碟二对、画珐琅酒圆四对，郎中海望呈进讫。于七年九月初六日烧造得画珐琅碗二对、画珐琅瓷盘一对、画珐琅瓷碟二对、画珐琅茶圆二对，郎中海望呈进讫。于七年十二月二十八日烧造得画珐琅碗四对、画珐琅盘二对、画珐琅碟二对、画珐琅瓶二对，郎中海望呈进讫。于八年四月二十九日烧造得画珐琅盘五对、画珐琅碗六对、画珐琅茶圆三对、酒圆四对，郎中海望呈进讫。于八年六月初九日烧造得画珐琅碟一对、茶圆一对、碗二对，郎中海望呈进讫。于九年四月二十九日烧造得画珐琅碗四对、盘六对、碟四对，内务府总管海望呈进讫。于九年八月十四日烧造得画珐琅碗六对、茶圆三对、酒圆三对、盘二对、碟五对，司库常保、首领萨木哈交太监刘仓州呈进讫。于九年九月初七日烧造得画珐琅碗五对、盘三对、碟四对，司库常保、首领萨木哈呈进讫。于九年十月二十八日烧造得画珐琅碗四对、茶圆二对、酒圆二对、碟四对、瓶一对、盘三对，司库常保、首领萨木哈、李久明呈进讫。于九年十二月二十八日烧造得画珐琅碗六对、盘三对、茶圆二对、酒圆二对、碟三对、瓶二对，司库常保、首领萨木哈、李久明呈进讫。于十年四月二十九日烧造得画珐琅碗五对、盘三对、碟一对、茶圆三对、酒圆五对，内大臣海望带领司库常保呈进讫。于十年五月十五日烧造得画珐琅碗十七件，首领萨木哈交太监刘仓州呈进讫。于十年五月二十九日烧造得画珐琅碗一对、碟三对，首领萨木哈交太监刘仓州呈进讫。于十年闰五月初八日烧造得画珐琅碗二对、盘二对、茶圆一对、碟一对，首领萨木哈交太监刘仓州呈进讫。于十年闰五月二十三日烧造得画珐琅碗四对、酒圆五对，首领萨木哈交太监刘仓州呈进讫。于十年六月十一日烧造得画珐琅碗一对、碟二对、茶圆一对、盘一对，首领萨木哈交太监刘仓州呈进讫。于十年七月十九日烧造得画珐琅碟二对、碗二对、盘一对、茶圆一对、酒圆一对，首领萨木哈交太监刘仓州呈进讫。于十年八月初八日烧造得画珐琅碗一对、茶圆一对、酒圆一对、碟一对，司库常保、首领萨木哈、李久明呈进讫。于十年八月十二日烧造得画珐琅碟二对、碗一对，司库常保、首领萨木哈呈进讫。于十年八月十四日烧造得画珐琅碗四对、碟一对、盘一对、茶圆二对、酒圆二对，司库常保、首领萨木哈呈进讫。于十年九月初八日烧造得画珐琅碗二对、盘一对、碟三对、茶圆二对、酒圆二对，司库常保、首领萨木哈交太监刘仓州呈进讫。于十年十月二十八日烧造得画珐琅碗八对、盘六对、茶圆一对、酒圆二对、瓶一对，司库常保、首领萨木哈呈进讫。于十年十一月二十七日烧造得画珐琅碟一对、茶圆一对、酒圆一对，司库常保、首领萨木哈呈进讫。于十年十二月二十八日烧造得画珐琅碗六对、盘四对、酒圆四对、茶圆三件，司库常保、首领萨木哈呈进讫。于十三年十月二十日烧造得画珐琅碗大小六对、盘一对、碟三对、酒圆五对，司库常保交太监毛团呈进讫。

三月十五日员外郎满毗传做，备用珐琅花瓶二对、珐琅香炉匙箸瓶盒二份。记此。于闰七月二十七日将珐琅花瓶一对、珐琅香炉匙箸瓶盒一份，郎中海望交礼部尚书三泰，赏暹罗国王讫。于十月十四日将珐琅花瓶一对、珐琅香炉匙箸瓶盒一份，员外郎傅参交礼部员外郎恩特领去讫。

十五日员外郎满毗传做，备用珐琅翎管一百个。记此。

三十日首领太监程国用来说，太监刘希文传旨：着查有早交出圣祖年制款黄色珐琅中间画寿字背壶式鼻烟壶，此鼻烟壶照样烧造的未见交进，原样亦未交进。再有圣祖年制款红色一树梅珐琅背壶式鼻烟壶，照样烧造的见过，其原样亦未交进。钦此。于四月初一日将原样珐琅鼻烟壶二件，柏唐阿宋七格持赴圆明园交刘希文讫。

四月初二日据圆明园来帖内称，三月二十日郎中海望持出洋漆万字锦绦结式盒一件。奉旨：照样或烧造黑珐琅盒，或做漆盒。钦此。于本日郎中海望传：着做珐琅盒四件。记此。于十月二十八日照样做得珐琅盒四件并原样漆盒一件，郎中海望呈进讫。

十七日据圆明园来帖内称，本月初三日郎中海望持出呆白玻璃半地瓶一件。传旨：此玻璃颜色甚好。底子不要浑楞，它［砣］平。其瓶身上画珐琅绿竹，写黑珐琅字，酌量落款章法，画样呈览过烧造。

再着玻璃厂照此瓶烧些，照此瓶颜色用别样好款式的亦烧些，上面或画绿竹，或画红花，或如何落款之处酌量配合烧造。再，圆明园观音阁有珐琅净水瓶一件，看其款式甚好，但上面珐琅流云花纹不甚好，尔照此瓶款式烧造玻璃的几件。钦此。于四月十一日将呆白玻璃半地瓶上画得绿竹并字款图章，郎中海望呈览。奉旨：竹子甚好，但竹叶略多些，先照此样烧造几件。钦此。本日交玻璃厂柏唐阿石美玉讫。于六月十二日烧造得呆白玻璃画珐琅绿竹瓶二件，并原样一件，郎中海望呈进讫。

十七日据圆明园来帖内称，本月初八日郎中海望奉旨：将三足圆形珐琅洗做几件，要直墙，三足，平底，白珐琅里黑珐琅外墙。其外墙周围画花卉。再传给年希尧亦照此样式，口径三寸至八寸的每样烧造几件，俱用白釉，里外面釉水花样任其酌量配合。尔做样呈览过再交烧造。钦此。于四月十一日做得合牌直墙三足平底圆形洗样一件，郎中海望呈览，奉旨：照样烧造。钦此。于十四日将圆形洗样一件交年希尧家人郑旺持去讫。于四月二十四日做得白玻璃笔洗一件，郎中海望呈进，奉旨：将呆白玻璃里亮玻璃外套做几件，墙子底要硬楞，不必做软楞的，腿子里边做凹些。钦此。于闰七月十四日做得绿白玻璃里外套红玻璃马蹄腿圆笔洗一件，郎中海望呈进，奉旨：照此笔洗墙子，口做硬楞，再做几件。钦此。于八年三月十二日做得呆玻璃套红三足笔洗一件，郎中海望呈进讫。

十七日据圆明园来帖内称，本月初二日太监刘希文、王太平交来金胎珐琅盒一件，传旨：着海望见面请旨。钦此。于四月十一日郎中海望将此珐琅盒持进请旨，奉旨：比此盒做一小些的，其厚薄照下面鼓肚厚薄做，要平底，烧珐琅，其合扇做三合头亦可。钦此。于十三年十月二十八日将金胎珐琅盒一件，司库常保交太监毛团呈进讫。

十七日据圆明园来帖内称，本月初八日郎中海望持出古铜小瓶一件。奉旨：此瓶样式甚好，着照此瓶做木样，烧造珐琅瓶一件，口线、腰线俱镀金。钦此。于八月十四日做得珐琅瓶一件，郎中海望呈进，奉旨：着配座子，安匙箸。钦此。于十一月初六日将珐琅瓶配座随铜镀金匙箸一份，郎中海望呈进讫。于本日将原样古铜小瓶一件，郎中海望呈进讫。

五月十三日据圆明园来帖内称，四月十六日太监刘希文、王太平交来成窑五彩磁罐一件无盖。传旨：着做木样呈览。钦此。于四月二十日做得画五彩木样一件，郎中海望呈览。奉旨：将此罐交年希尧添一盖，照此样烧造几件。原样花纹不甚好，可说与年希尧往精细里改画。钦此。于四月二十五日将成窑五彩罐一件并木样一件，交年希尧家人郑旺持去讫。

六月二十八日据圆明园来帖内称，本月二十七日太监张玉柱、王常贵交来烧珐琅牡丹玉兰花卉破白瓷瓶一件紫檀木座，传旨：将此瓶交年希尧，照样烧造几件送来，其珐琅花卉着造办处照样烧造，得时送进，仍补在原陈设处。钦此。于十月初六日年希尧家人郑旺送来白瓷瓶三十件，内有破的九件，并原样一件，交柏唐阿邓八格持去讫。于八年二月二十九日做得珐琅瓶一对，并原样一件，首领李久明持去交太监刘希文讫。

七月二十三日柏唐阿宋七格持来珐琅合卺瓶纸样一张，说郎中海望传：着照样做一件，配合瓶花。记此。于九月二十九日做得铜胎珐琅合卺瓶一件，随福寿绵长通草瓶花一束、紫檀木座，郎中海望呈进讫。

二十九日据圆明园来帖内称，本月二十五日太监张玉柱、王常贵交来银匙一把，传旨：着照此匙做一木样，其靶子不必做凹的。交鄂尔泰将翡翠石、红荆州玛瑙石做些粗坯子送来。再照此匙头将银的亦做几件，造办处有朕交的玛瑙匙靶镶做，或用紫檀木匙靶镶做，尔等酌量，不要显露钉子。钦此。本日据催总张自成来说，郎中海望传：着先做匙头五把。记此。于闰七月初七日，做得匙子木样一件，郎中海望呈览，奉旨：此靶子太直了，再做弯些。钦此。于闰七月初六日将原交出银匙一件，太监赵凤金持去讫。于十四日做得匙子木样一件，郎中海望呈览，奉旨：此匙靶头做齐的好。钦此。

于闰七月三十日，做得紫檀木靶银匙子一件、木匙子一件，郎中海望呈览，奉旨：着交奏事处，俟鄂尔泰处有人来时，将此匙子木样发去。钦此。于本日，将银匙子仍持出并木样交张玉柱讫。

闰七月初九日据圆明园来帖内称，本月初八怡亲王交年希尧送来画珐琅人周岳、吴士琦二名，吹釉炼珐琅人胡大有一名并三人籍贯小折一件。细竹画笔二百枝，土黄料三斤十二两、雪白料三斤四两、大绿一斤、白炼矾红一斤、白炼黑钩料八两随小折一件。郎中海望奉王谕：着将珐琅料收着，有用处用。其周岳等三人着在珐琅作行走。遵此。于本月初十日将年希尧送来画珐琅人三名所食工银一事，郎中海望启怡亲王，奉王谕：暂且着年希尧家养着，俟试准时再定。遵此。

九月十四日据圆明园来帖内称，本月十三日画得福寿康宁平安如意桌灯样一张。郎中海望呈览。奉旨：准做，安一提系连上。钦此。于九月二十九日照样做得铜镀金夔龙头紫檀木挑杆、铜胎珐琅青瓶、象牙茜绿座。铜烧古间镀金点色宝盖，二层穿碎珠缨络香色穗、嵌珊瑚顶铜镀金点翠荷叶染红色绫花头、铜镀金掐丝点翠嵌金刚石、蓝玻璃坠角挂络十二挂、刳片福寿康宁羊角灯一对，铜烧古间镀鸳鸯杏花托、紫檀木座，随香色纺丝外套二件，郎中海望呈进讫。

十一月初二日郎中海望、员外郎满毗传，为陆续烧造珐琅活计，着炼珐琅料三十四斤备用。记此。于本月二十一日烧炼得各色珐琅料三十四斤，陆续画活计用讫。

二十六日郎中海望、员外郎满毗传，为陆续烧造珐琅活计，着配珐琅料广白二十斤、月白二十斤、松绿五斤、大绿五斤、水黄十斤。记此。于十二月二十日炼得各色珐琅料六十斤，陆续画活计用讫。

二十九日内阁大学士张廷玉、蒋廷锡传旨：照寿皇殿供的珐琅供器，着养心殿造办处造一份，文庙诚供。钦此。于八年正月十一日为做文庙供器事，郎中海望启庄亲王，奉王谕：着交本衙门主事等将铜器交广储司，竹器交营造司成造。遵此。于本日司库张秉义将原交来登、爵、铏、簠、簋、豆合牌样六件、帛匣木样一件、匣样尺寸印档一本，送至大人衙门，交主事阿东阿收讫。于十年三月二十四日做得黄地珐琅五供一分，员外郎满毗交翰林院学士吴拜、广储司司库李之纲请去送赴文庙讫。

裱作

三月十二日太监纪寿来说，首领太监程国用、潘凤、闫文秀传，养心殿东暖阁、后殿穿堂并东西正房俱换纱屉窗搯缝。记此。于三月十九日领催马学尔换纱屉窗搯缝讫。

十六日据圆明园来帖内称，太监郭爱贵交来书二套。传旨：着改本另装订。钦此。于三月二十三日配做得黄缎套，装订完。太监马进忠持进交太监郭爱贵讫。

七月二十日据圆明园来帖内称，太监王璋交来笔一百零九枝随刻河清海晏字笔样一枝，说宫殿监副侍苏培盛传旨：着照样俱刻河清海晏四字。钦此。于闰七月初八日将笔一百零九枝，俱刻河清海晏字完，并原样笔一枝，领催马学尔交太监史山持去讫。

八月初九日据圆明园来帖内称，宫殿监副侍苏培盛传旨：赏暹罗国王匾字一张，照赏琉球国匾样，画泥金云龙。钦此。于本月十五日做得天南乐国画泥金云龙匾字一张，交副侍苏培盛讫。

本年活计还有，做黄花笺、黄绫封套。矾画绢。做红榜纸棉垫三百四十八个。盛孔雀翎黄纸套。黄素绫托纸。做花笺纸、红榜纸方。收拾扇子。木盘糊纸。花笺纸斗方。做葵黄色素绢、洒金绢。做太阳、太阴像各五十份。

画作

正月二十三日据圆明园来帖内称，本月十二日宫殿监副侍苏培盛传旨：含韵斋前卷棚下窗上横披空白纸处，着西洋人郎石宁画窗户棂画。其屋内宝座前南面横披二扇、北面横披二扇，落地罩内南面横披一扇、北面横披一扇，着唐岱画画。钦此。于二月十六日将西洋人郎石宁画得圆明园含韵斋屋内对宝座前面东西板墙上画稿三张，郎中海望呈览，奉旨：准山水画稿一张。其画着添画日影。钦此。于三月初七日据圆明园来帖内称，窗户棂画着郎石宁画水画。记此。于五月初五日唐岱画得山水画四张，郎中海望带领裱匠李官保持进含韵斋宝座前，南面贴二张，北面贴二张讫。于五月初八日，画得窗户棂西洋画三张，郎中海望带领裱匠李官保持进含韵斋横披窗上贴讫。

二十五日据慈宁宫画画人张霖等来说，元年二月十八日画画人贺金昆等奉旨：着画赐茶图一卷。钦此。于二月十二日郎中海望奉怡亲王谕：着交画画处，俟画完时令阿兰太呈进。遵此。于本日交画画人贺金昆。

七月二十一日据圆明园来帖内称，本月十五日郎中海望奉旨：九洲清晏东暖阁炕罩横披上空白处，着传与苏培盛、郑爱贵拟美莲赋呈览，着戴临写。再落地明横披上空白处，着慈宁宫画画蛮子北一面画莲花，南一面画玉堂富贵花卉。钦此。于闰七月二十四日画得莲花绢画一张并玉堂富贵绢画一张，郎中海望带领裱匠李毅持进，九洲清晏横披上贴讫。

闰七月二十四日据圆明园来帖内称，本月十九日太监刘希文传旨：西峰秀色处含韵斋殿内陈设的棕竹边漆背书格二架，上层着郎石宁画山水二副，要相仿。中层着苏培盛拟好文章，着戴临写核桃大字。下层着吴璋画花卉。钦此。于八月二十日西洋人郎石宁画得山水绢画二张，画画人吴璋画得花卉绢画二张，并内阁中书戴临写得横披绢字二张，副领催金有玉持进，含韵斋殿内书格上贴讫。

八月初七日首领太监李久明、萨木哈持来黑漆彩金边架玻璃插屏一件，说太监刘希文传旨：着将此玻璃镜心并雕花贴金边俱各拆下，有用处用。其插屏边架或配字，或配画，着海望请旨。钦此。于八年三月二十三日将拆下玻璃镜一件，郎中海望用在大平台旁边对响水小平台上做窗户用讫。

十七日据圆明园来帖内称，本月十四日郎中海望奉旨：九洲清宴东暖阁贴的玉堂富贵横披画上玉兰花、石头甚不好，尔着郎石宁画花卉，唐岱画石头，画一张换上。钦此。于九月二十七日画得玉堂富贵绢画一张，郎中海望带领表匠李毅进内贴讫。

九月二十四日郎中海望、员外郎满毗传，万寿节着唐岱、郎石宁各画画一张。记此。于十月二十九日画得寿意画二张，郎中海望呈进讫。

十月二十八日郎中海望呈进松鹿永年画一张系班达里沙画。奉旨：班达里沙画的松鹿永年画比先画的好，尔持出贴在圆明园北门新盖平台处。再传与内务府总管，查官房一所赏伊居住，每月用造办处钱粮赏给马银二两。钦此。本日将松鹿永年画一张持出，贴在圆明园北门平台处讫。于十月二十九日郎中海望将赏给官房上谕事传与庄亲王、内务府总管常明讫。于十一月初五日郎中海望奏称：为皇上逾格之恩，赏给画画护军班达里沙官房，内务府总管等议定，德胜门内德胜桥处有正黄旗官房一所，计二十四间半，赏给议定。今班达里沙跪谢圣上格外之恩等语。奏闻。奉旨：知道了。钦此。

十一月初四日郎中海望、员外郎满毗传，着唐岱、郎石宁画绢画三张。记此。于十二月二十九日画得年节绢画三张，郎中海望呈进讫。

初五日郎中海望、员外郎满毗传，着班达里沙、王幼学、戴恒、汤振基等四名各画绢画一张。记此。于十二月初四日郎中海望、员外郎满毗传，着班达里沙、王幼学各再画画一张备用。记此。于十二月二十九日画得年节画六张，郎中海望呈进讫。

十二月十五日郎中海望传，着画画人戴恒、汤振基等二名各画纸画二张备用。记此。于十二月二十九日画得年节画四张，郎中海望呈进讫。

匣作

四月十一日郎中海望持出锦面砚盒一件随端石砚一方。传旨：此砚盒款式甚好，存小样，做时用漆做，线仍糊锦。将此砚盒收拾好送进。钦此。于四月二十四日已存样，将砚盒一件收拾好，郎中海望呈进讫。

十四日郎中海望持出嵌碧玉合牌匣一件内盛自来火枪一件、象牙火药葫芦一件、烘药葫芦一件、铜钥匙一件、小铁锁四把。传旨：此匣做法文雅，尔存下样，仍将此匣送进。钦此。于十月初一日将嵌碧玉合牌匣一件内盛自来火枪等件，郎中海望呈进讫。

二十七日太监刘希文、王太平交来洋漆箱一件，汝窑器皿二十九件，三足圆笔洗一件、奉华字圆笔洗一件、无足圆笔洗一件、有足有号圆笔洗八件、丙字圆笔洗二件、无字圆笔洗二字、坤宁字圆笔洗一件、无字圆笔洗一件、有足无字圆笔洗二件、有足无字圆笔洗一件、坤宁字大圆笔洗一件、丙字圆笔洗二件、有足无字圆笔洗一件、有足无字盘式大圆笔洗三件、无冰裂纹圆笔洗一件、瓮口有足圆笔洗一件。传旨：着各配做镶棕竹边糊锦匣盛，洋漆箱内上层要一般平，随其器皿大小集锦式安放。器皿内成对者不必拆开，一匣盛装。若箱内仍有余空，随其器皿做黑漆架。如何安提手处酌量配安。钦此。于十二年五月初四日将汝窑各式笔洗二十九件配匣完，司库常保呈进讫。

五月十四日太监刘希文、王太平交来成窑五彩鹦鹉摘桃高足圆十件，成窑五彩西番莲高足圆八件，成窑五彩葡萄高足圆八件，成窑五彩宝莲高足圆六件，成窑五彩莲花荷叶高足圆八件，成窑五彩莲花高足圆四件内二件有冰裂纹惊璺，成窑青花白地八宝高足圆十二件，成窑青花白地八宝高足圆十二件。传旨：各配架、配套匣，做样呈览，准时再做。钦此。以上磁器六十八件随黑漆洋金箱一件，交库使李元、八十三收讫。于本月十五日做得成窑五彩高足酒圆合牌架样一件，郎中海望呈览。奉旨：准做。钦此。于十二年八月十四日将成窑高足酒圆六十八件俱配架完，司库常保呈进讫。

十六日据圆明园来帖内称，太监刘希文、王太平交来成窑五彩鹦鹉摘桃高足酒圆一件，成窑撇口三色酒圆一件，成窑白磁高妆酒圆一件，成窑葡萄高足酒圆一件，成窑五彩高妆酒圆一件，成窑五彩宝莲高足酒圆一件，成窑五彩八如意酒圆一件，成窑五彩宝莲高足酒圆一件。传旨：着配集锦匣。钦此。于十二年五月初四日将成窑各色酒圆九件配匣，司库常保呈进讫。

十六日据圆明园来帖内称，太监刘希文、王太平交来宣窑青花白地菱花酒圆九件，成窑白磁碟十件，嘉窑青花白地菊花碟六件。传旨：着做罩盒。钦此。以上配罩盒酒圆、磁碟二十五件，交库使李元、八十三收讫。于十二年八月十四日将宣窑青花白地菱花酒圆九件、成窑白磁碟十件、嘉窑青花白地菊花碟六件俱配罩盒完，司库常保呈进讫。

六月初五日据圆明园来帖内称，郎中海望奉旨：洋漆罩盖长方箱二个，箱内安隔屉，盛玉器用。再做一外套，安西洋锁。尔用合牌做样呈览，准时再做。钦此。郎中海望随奏称：奴才意欲将此外套做一座子，安西洋锁，若去外套，连座子陈设等语。奏闻。奉旨：甚好，准做。钦此。于六月二十日做得安西洋锁箱套一件、箱屉子二个，胡常保持进安讫。

十月二十一日催总常保来说，郎中海望、员外郎满毗传：雍正四年内传做紫檀木大座灯二座上有挂络香袋十二挂、璎珞二件，六角嵌玻璃桌灯一对上挂络香袋十六挂、璎珞二挂，紫檀木寿字灯五对上挂络香袋四十挂、璎珞五对，俱年久，其珠脱落破坏处着添补收拾。记此。于十二月二十五日收拾完，催总胡常保进内安讫。

本年活计还有，金首饰配匣。配扇子匣、锭子药匣、如意匣、玉器匣，用大菱花锦。

錽作

雍正七年二月二十一日序班沈祥来说，郎中海望保德传福海河口新盖三间房，用扁钉二个，记此。于本月二十五日做得扁钉二件，铜匠杨二格交圆明园工程处讫。

二月二十二日首领太监程国用交来转板吊屏一件，说太监王太平传，着收拾配铁镀金挂钉一个。记此。于本月二十四日配做镀金挂钉一个，吊屏一件，收拾完，着领催王吉祥送往圆明园讫。

五月十五日，据圆明园来帖内称，郎中海望传为夏至彩亭一座，上着做长一寸铁西洋钩八个，长一寸，垫圈三十二个。记此。于本月十八日做得铁西洋钩八个，垫圈三十二个，随彩亭用讫。

六月十五日据圆明园来帖内称，五月初一日太监刘希文王太平传西峰秀色挂香袋用铁雨点钉二号三号每样一百个。九州岛清晏挂香袋用铁雨点钉二号三号每样五十个。万字房挂香袋用铁雨点钉二号三号每样五十个。记此。于本日做得雨点钉大小四百个。领催赵丫图持进钉讫。

七月初十日员外郎傅参来说，本库东间门上欲做铁转轴二个，西间门上欲做随曲须钉吊二个。员外郎满毗准做。记此。于十四日做得铁转轴曲须钉吊等件，领催周二赴本库钉讫。

八月十四日，据圆明园来帖内称，本月十三日太监刘希文传做坐褥上掐子放宽五分十二个，记此。于十八日做得铁掐子十二个，太监王玉持进交太监刘希文讫。

七月二十二日宫殿监正侍王朝卿、副侍徐起鹏、安泰传做，钦安殿内挂灯挑杆上用的铁钩子二个、滑车二个。记此。于二十五日做得钩子二个、滑车二个，交太监安泰讫。

八月初七日据圆明园来帖内称，闰七月二十七日宫殿监副侍苏培盛传旨：着将五福堂镀金字彩漆匾一面，挂在竹子院。钦此。于闰七月二十八日将五福堂镀金匾一面，催总胡常保移在竹子院挂讫。

铜作

二月十五日太监张玉柱、王常贵传旨：位育斋内供的观音菩萨一尊、韦驮一尊、关夫子一尊，照样铸造一份，送往圆明园，供在佛楼。钦此。于八年二月二十四日郎中海望为大悲菩萨一尊、韦驮一尊、关夫子一尊装藏事奏闻，奉旨：本月二十七日是好日期，着土官胡涂图装藏。钦此。于本月二十七日土官胡涂图赴造办处装藏讫。于八年二月二十九日将造成菩萨一尊、关夫子一尊、韦驮一尊，催总常保请赴圆明园佛楼供讫。

六月二十一日圆明园来帖内称，本月二十日太监李久明来说，太监张玉柱、王常贵传旨：着做盛巴尔撒木香用，有螺蛳盖锡罐二十个。钦此。于本日做得有螺蛳盖锡罐二十个，随毡里糊黄纸面杉木匣二个盛装，郎中海望、员外郎满毗着首领太监李久明持去，交太监张玉柱、王常贵讫。于本月二十一日首领太监李久明来说，太监张玉柱、王常贵传：着照前做过的盛巴尔撒木油用螺蛳盖锡罐再做二十个。记此。于本月二十八日做得有螺蛳盖锡罐二十个，随糊黄纸面毡里匣二个，着太监王玉持进，交太监张玉柱、王常贵讫。

闰七月初七日据圆明园来帖内称，本月初四日太监张玉柱、郑爱贵，首领太监李统忠交来赏大学士蒋廷锡御笔钧衡硕辅匾字本文一张雍正七年七月初八日赐经筵讲官文华殿大学士兼理户部尚书事务加五级臣蒋廷锡，赏大学士张廷玉御笔调梅良弼匾字本文一张雍正七年七月十一日赐经筵日讲官起居注太子太保保和殿大学士兼理吏部尚书事务翰林院掌院学士加二级臣张廷玉。传旨：着交造办处做铜字匾赏给，其宝上凿御笔二字。钦此。于十一月二十日做得扫金九龙边石青地铜镀金字匾一面，将本文托裱，做得黄杭面红杭细里杉木匣一件盛装，郎中海望、员外郎满毗着催总常保、领催闻二黑送至大学士蒋廷锡家，悬挂讫。于十一月二十日做得扫金九龙边石青地铜镀金字匾一面，将本文托表，做得黄杭面红杭细里杉木匣一件盛装，郎中海望、员外郎满毗着催总张自成、副领催赵了图送至大学士张廷玉家，悬挂讫。

本年的活计曾做，铜丝烧古炉罩，围屏用的铜腿子、铜合扇、鋄银曲须，铜暖砚底配十字屉，檀香炉罩，铜烧古砚盒，铜镀金带板、铜镀金圈子。

铸炉作

九月初一日郎中海望、员外郎满毗传做，备用各式铜烧古压纸四件，各式铜烧古炉九件随铜座九件，铜烧古如意一件。记此。于十月二十八日做得铜烧古福寿鼎一件、花边天鸡炉二件、一统罇炉二件、九元炉二件、小乳炉二件，俱随铜烧古座。蟠桃九有如意一件，郎中海望呈进讫。于十二月二十八日做得铜烧古压纸四件，郎中海望呈进讫。

十一月初二日郎中海望、员外郎满毗传做，备用各式铜烧古炉五件。记此。于十二月二十八日做得铜烧古鼎炉一件、秋耳炉一件、乳炉一件、钵盂炉一件、九线炉一件，随铜烧古座二件，郎中海望呈进讫。

十二日郎中海望、员外郎满毗传做，备用各式铜烧古流金压纸十八件。记此。于十二月二十二日做得铜烧古压纸九件，郎中海望呈进讫。于十二月二十八日做得铜烧古压纸九件，郎中海望呈进讫。

自鸣钟

三月初九日催总刘三九来说，郎中海望传，着水法山子内铜管子缠布。记此。于三月二十日领催白老格将水法山子内铜管收拾讫。

初九日首领太监赵进忠传怡亲王谕：着西洋人沙如玉在造办处自鸣钟做活计。遵此。

十月十二日郎中海望奉怡亲王谕：着做西洋蜡灯表一份，同西洋人商议画样。遵此。于本年十二月二十八日做得西洋蜡灯表一份，首领太监赵进忠持进安讫。

雍正八年

本年郎中海望升任内务府总管。怡亲王逝世。庄亲王仍管理造办处。

记事录

三月初六日据圆明园来帖内称，本月初二日郎中海望持进画飞鸣宿食雁珐琅鼻烟壶一对，呈进。奉旨：此鼻烟壶画得甚好，烧造得亦甚好。画此珐琅是何人，烧造是何人，钦此。海望随奏称：此鼻烟壶是谭荣画的，炼珐琅料是邓八格，还有太监几名、匠役几名帮助办理烧造等语。奏闻。奉旨：赏给邓八格银二十两，谭荣银二十两，其余匠役人等，尔酌量每人赏给银十两。钦此。于本日用本库银赏给邓八格银二十两，谭荣银二十两，首领太监吴书、太监张景贵、乔玉每人银十两，催总张自成、柏唐阿李六十每人银十两，胡保柱、徐尚英、张进忠、王二格、陈得、镀金人王老格每人银五两。记此。

五月二十日大学士张廷玉传旨：怡亲王配享牌位用檀香做，交光明殿造宝座屏峰［风］处官员成造。钦此。于六月十二日内务府总管海望为怡贤亲王入太庙配享牌位龛式，画得照原样彩画龛样一张，彩画牌位样一张，改画彩金龛样一张、彩金牌位座样一张呈览。奉旨：龛照原样彩画，牌位座照画样彩金，俱往细致里漆做，字言向大学士处要，俟字得时，将牌位尺寸写明，应用何样字体，交苏培盛着戴临写底。钦此。于九年正月十三日，内务府总管海望着笔帖式瑞保将旨意缮写折片一件，交大学士公马尔赛收讫。

六月二十六日据圆明园来帖内称，内务府总管海望传，玻璃厂钱粮等项一应事务，我无暇前去管理，今着司库三音保前去，一同内管领穆森料理。记此。

七月初二日据圆明园来帖内称，六月十三日内务府总管海望奏称，怡亲王前因在府攒画各省舆图，将造办处库内舆图并柏唐阿数人随在府内攒画舆图，现今未回。内有原任主事诺赫图在藏画过舆图，于雍正三年怡亲王奏准要在府内攒画舆图，此人舆图、仪器之事甚属明白，意欲着伊在养心殿管理处行走。再于柏唐阿内拣选一人放司库，协同诺赫图料理。再将王府内所有已完、未完之舆图俱欲要回造办处存收。奴才往天平峪去时欲将柏唐阿内代几人去，诺赫图亦带去画舆图等语。奏闻。奉旨：准奏。钦此。

二十九日内务府总管海望奏请，钦天监五官正刘裕锡向来画舆图测量过，今往天平峪去，欲将刘裕锡带去等语。奏闻。奉旨：准奏。钦此。

八月十一日太监张玉柱传旨：年希尧进的点翠盆景五份内有一盆好的，其余俗气些。再做盆景，树身子不必用铜梃子，做翠树身子。再做点翠竹挺子，点翠的竹叶子，像紫竹林款式。再做点翠的竹子，做散散的盆景。再做斑竹梃上用点翠叶子盆景。钦此。

十月二十六日据圆明园来帖内称，本月十八日内务府总管海望将内务府总管年希尧烧造来的仿均窑磁炉大小十二件呈览。奉旨：此炉烧造的甚好。传与年希尧，照此样再多烧造几件。钦此。于本日内务府总管海望交此旨意交内务府总管年希尧家人郑旺讫。

三十日内务府总管海望奉旨：尔照年希尧进的波罗漆桌样，将大案、炕桌、琴桌样画样呈览，交年希尧漆做些来。再将赏用磁瓶样亦画样呈览，交年希尧烧造些来。钦此。于十二月初四日内务府总管海望画得交内务府总管年希尧成造波罗漆大案样二张、炕桌样二张、琴桌样二张，磁瓶大样五张、小样七张呈览。奉旨：案几照双层书格式样，其余桌样准做。磁瓶不必着色，另画几张不必着色的，交年希尧烧造些。花样磁釉不必太细致，做赏用。钦此。于十二月十一日将画得漆桌样五张、磁瓶样九张，内务府总管海望交内务府总管年希尧家人郑天锡领去讫。

十一月十六日据武英殿监造常安来说，将武英殿收贮画绢牡丹二十八张启庄亲王看。奉王谕：着问养心殿造办处有用处无有。遵此。牡丹二十八张仍交监造常安讫。

十二月初三日内务府总管海望奉旨：照京织四团龙补画样寄与织造处织造。钦此。于十二月二十五日画得龙褂样三张，交苏州织造海保家人常明讫、杭州织造许梦闳家人讫、江宁织造隋赫德家人讫。

二十九日内务府总管海望奏称，造办处做砚之录（绿）端石，原系乌拉将军所进。现今本库收贮录端石不敷应用，欲传与乌拉将军送些来，以备陆续做砚用等语。奏闻。奉旨：着乌拉将军送些来。钦此。于二月初十日做成印文一件，交兵部堂主事巴尔岱持去，业赴乌拉将军衙内讫。于雍正九年七月十七日镇守宁古塔等处地方将军常德差委署骁骑校他古图送来录（绿）端石大小五十一块，随印文一件。于本日将印文一件着笔帖式永宁在圆明园呈户部侍郎兼内务府总管海望看过。随谕：着与押运官收文回去。记此。

裱作　附刻字作

正月初四日首领太监李进忠交来御笔大成殿绢字匾一张。御笔大成门绢字匾一张。传旨：着钩出来看。钦此。于正月初七日钩得匾字二张，并原交出御笔匾字二张，领催马学迩交太监王璋持去讫。

二月初三日郎中海望传旨：养心殿后殿东二间顺东山床之北相离北墙一尺余，东西添围屏一道，共五扇，床上分做三扇，床下分做二扇。床上一扇东边开门，床下一扇拐角处开门，俟朕冬令进宫之时要得。钦此。于九月十九日催总张自成等带领匠役进内改做收拾完讫。

初五日太监王璋交来御笔公忠勤慎绢字匾文一张，说首领太监李统忠传，着照样钩出来看。记此。于本月初十日钩得匾字一张，并御笔绢匾字一张，领催马学迩交太监王璋持去讫。

二十三日首领太监潘凤传，糊养心殿东暖阁窗户，其所用纸张将秋季糊窗户纸糊饰，到秋时不必糊了。记此。于本月二十四日领催金有玉带领匠役进内糊讫。

三月初十日首领太监潘凤、闫文秀传，养心殿前殿、后殿、东西正殿俱着换屉窗，糊柏逢。记此。于本月十一日郎中满毗带领催马学迩等进内安屉窗、糊柏缝讫。

四月初七日宫殿监副领侍苏培盛传做，红色、黄色、绿色、桃红色、松花绿色洒金绢。每样一块，长一丈八尺、宽六尺。于五月初三日照尺寸做得各色洒金绢五块，交宫殿监副侍苏培盛讫。

二十六日太监王璋来说，宫殿监副领侍苏培盛传做：红画绢对子一副，用炼熟红色画绢做，上画泥金龙。记此。于五月初九日做得画金龙红绢对一副，领催马学迩持去交太监王璋讫。

五月二十三日首领太监闫文秀传，养心殿东暖阁、后殿、沐浴房窗户俱另糊单蓝连四纸柏缝一层。记此。于本月二十四日员外郎满毗带领领催白士秀、闻二黑，副领催金有玉等进内，同首领太监闫文秀、张文保糊讫。

九月十三日据表匠李毅持来炼熟画绢染红色画金龙边对一副，说宫殿监副侍苏培盛传，着照样做对子四十副备用。记此。于十二月二十二日做得染红绢画金龙边对子十副，并原样对一副，李毅持去交苏培盛讫。

十月十八日据圆明园来帖内称，八月十三日太监王璋交来金笺纸八张，说首领太监李统忠传，着托裱。记此。于九月二十九日托得金笺纸八张，交太监王璋持去讫。

十八日据圆明园来帖内称，九月二十一日宫殿监副侍苏培盛交来金光咒挂屏一件。传旨：着做一块玉。钦此。于二十二日做完，领催马学迩交副总管苏培盛收讫。

二十七日首领太监李统忠交朱砂笺一百张，传，着托表。记此。于十一月初三日托表得朱砂笺一百张，交太监王璋持去讫。

十一月初二日太监史山来说，宫殿监副侍苏培盛传，染米色、黄色、桃红色素画绢，长一丈、宽四尺各一块。记此。于十二月初一日染得米色、黄色、红色绢三块，领催马学迩交太监史山持去讫。

初四日太监王明贵来说，宫殿监副侍苏培盛交戴临写的卫生歌一张，传，着托裱。记此。于本月初五日托表得卫生歌一张，副领催金有玉交太监王明贵持去讫。

十二月二十日首领太监李久明来说，太监王守贵传做年例黄纸牌位五份。记此。于本月二十三日做得黄纸牌位五分，交太监马温良持去讫。

画作

正月初九日郎中海望传，着护军班达里沙画备用山水绢画一副。记此。于八年八月十四日将山水绢画一副，内务府总管海望呈进讫。

十八日柏唐阿迈图来说，本月十一日郎中海望传，着画画人汤振基、戴恒等各画绢画一张。记此。于八年八月十四日将汤振基等画得绢画二张，内务府总管海望呈进讫。

二十八日据圆明园来帖内称，首领太监李久明来说，太监刘邦卿传，太阳像二十张、太阴像二十张。记此。于正月三十日将备用做下太阳、太阴每样十张，员外郎满毗着首领太监李久明持进，交太监刘邦卿收讫。

二月初八日郎中海望、员外郎满毗传，着唐岱画黄河澄清手卷一卷、庆云献瑞手卷一卷。记此。于三月二十日将黄河澄清手卷一卷交太监王璋持去讫。三月二十九日将庆云献瑞手卷一卷安在玻璃笔筒内讫。

三月十八日领催赵柱交来紫色绉绸绣手巾五条，说郎中海望传，着烘染蝴蝶。记此。于十年十月二十日将手巾五条烘染蝴蝶完，交织染局催总书保持去讫。

四月十三日据圆明园来帖内称，三月十九日太监刘希文传旨：照着百福禄儿、者尔儿得狗样，着郎士宁画。钦此。于十三年十一月二十六日将画得百福禄、者尔得狗画二张，司库常保交太监毛团呈进讫。

五月初二日郎中海望传，着画画人汤振基、戴恒，柏唐阿王幼学每人各画绢画一副备用。记此。于八月十四日画得绢画三张，内务府总管海望呈进讫。

二十九日织染局领催赵柱交来紫色绉绸透绣手巾十条，说郎中海望传，着烘染蝴蝶。记此。于十月二十一日将紫色透绣手巾十条，首领萨木哈交太监刘仓州讫。

六月十五日据圆明园来帖内称，本月十三日太监刘希文、王守贵传旨：着画西洋画人来圆明园画古玩，不必着郎士宁来。钦此。于七月初一日画得绢古玩册页二册，内务府总管海望呈览。奉旨：不必用绢画，用纸画手卷。钦此。

八月初五日内务府总管海望、员外郎满毗传，养心殿后殿内玻璃插屏背后添画绢画一副。记此。于十月二十八日画得绢画一张，内务府总管海望呈进讫。

九月十六日据圆明园来帖内称，本月十五日六品官阿兰泰来说：

为画画用雄黄四两、云母粉一两、黄丹四两、烟子一块，见方三寸三分红飞金一千张、黄飞金一千张，八寸白磁碟四面、铜茶匙四个、广胶一斤、鱼子金五百张、梅花片青二两。记此。本月二十三日柏唐阿李六十照数办得颜料，交六品官阿兰泰持去讫。

二十日内务府总管海望、员外郎满毗传，万寿备用，着拜他拉布勒哈番唐岱画万寿画一副。记此。于十月二十八日将画得万寿绢画一张，内务府总管海望呈进讫。

十月初三日据圆明园来帖内称，六品官阿兰泰交来汉字帖一张，内开要庞家见方三寸三分红飞金六百张。记此。于初四日将红飞金六百张交六品官阿兰泰讫。

十一月十九日内务府总管海望传，着拜他拉布勒哈番唐岱画绢画二张、西洋人郎士宁画绢画一张。记此。于十二月二十八日画得绢画三张，内务府总管海望呈进讫。

二十六日内务府总管海望、员外郎满毗传，着柏唐阿班达里沙画画二副，柏唐阿王幼学与画画人汤振基每人画画一副，以备年节用。记此。于十二月二十九日总管内务府总管海望将画画人汤振基画得紫微照瑞绢画一张、戴恒画得岁岁双安绢画一张、天子万年绢画一张呈进讫。随奏称：年希尧所进匠役十余名内好手艺的有几名，平常的亦有几名，意欲将好手艺选几名留用，其平常匠役仍送回原籍等语。奏闻。奉旨：所奏是。尔将好手艺匠人选几名留用，其平常匠人送回原籍。钦此。

铜作

正月二十六日据圆明园来帖内称，正月二十五日宫殿监副侍苏培盛交来孔庙御笔大成门匾额字一张、大成殿匾字一张。大成殿德冠生民溯地辟天开咸尊首出，道隆群圣统金声玉振共仰大成对一副、大成门先觉先知为万古伦常立极，至诚至圣与二间功化同流对一副。传旨：着做铜镀金字龙匾对。钦此。于三月二十四日做得铜镀金字石青地九龙边大成门匾一面、对一副，大成殿匾一面、对一副，交翰林院侍读学士吴拜、广储司司库李之纲送赴孔庙供讫。于十年闰五月十五日将御笔大成门、大成殿绢匾二张、绢对子二副，太监吕进朝交总管苏培盛讫。

二月初十日首领太监李统忠交来御笔公忠勤慎匾文一张，说宫殿监副侍苏培盛传旨：着做铜镀金字石青地雕半踏地夔龙边匾二十四面赏给八旗，用造办处官钱粮办做。钦此。于十年五月二十日做得铜镀金字夔龙边匾二十四面，司库马尔汉交八旗官员领去讫。

初十日太监王璋交来长形暖砚六方、圆形暖砚三方内一方无砚、长方八角暖砚二方、圆形八角暖砚一方，说首领太监李统忠传，着收拾，另烧古。记此。于十月十二日将暖砚十一方收拾烧古完，另做得端石砚一方，共暖砚十二方交太监王璋持去讫。

八月初三日据圆明园来帖内称，七月初十日内务府总管海望面奉旨：园内各门名色做铜合符，凿字，背面花样做各式样。钦此。

十月二十六日据圆明园来帖内称，本月二十一日太监张玉柱交来四足象鼻玉炉一件随嵌玉乌木盖一件、乌木座一件，随赫德进，传旨：着将玉炉内配铜镀金胆一件，耳子要高些，耳上嵌香木，得时供在斗坛前面。钦此。于十月二十六日将玉炉配做得铜镀金胆一件，耳上嵌沉香，另换紫檀木盖座，内务府总管海望带领司库苏合持进，陈设在养心殿西暖阁斗坛内供讫。

本年活计尚有，铜烧古缸盖三个、黄铜圈、黄铜曲须、小钩头钉、黑铅条、红铜镊子。铜烧古长方暖砚十个。锡夜净。红铜勺。

鋄作

正月二十七日，据圆明园来帖内称，郎中海望传，着将佛楼陈设的黑漆围屏十二扇添铁掐子十三个、火漆地画金花挺钩四根、螺蛳钉八个，香球灯一对上添挂灯铁钩二个、螺蛳钉六个。记此。于二月初七日铁掐子十二个、挺钩四根、螺蛳钉十四个、铁钩二个，领催闻二黑持进用讫。

三月二十九日据圆明园来帖内称，郎中海望传，耕织轩水法上轮子、笼子磨淤，着照样做轮子二个、笼子一个换上。记此。于四月十一日照样做得轮子二个、笼子一个，领催闻二黑持进安讫。

四月二十日太监李金来说，太监刘希文传旨：养心殿东西暖阁窗户上销钉俱移在外边来安，其里边若移不得，外面另安销钉亦可。钦此。于四月二十日做得火漆西洋铁钩四十八个，员外郎满毗交太监俞文持去讫。于五月初七日做得火漆铁销钉四十八个，员外郎满毗带领催总刘三九、吴花子，领催白士秀、闻二黑等持进，同太监刘希文、首领太监潘凤、闫文秀、张文保安讫。

本年活计还有钩头钉，圆形铁引钉，靴头式钩头钉，钢灯花剪。

匣作

正月十九日据圆明园来帖内称，本月十四日首领太监周世辅交来金戒指四件、金累丝傍凤簪一对珠子四粒、金累丝事事如意簪一对珠子六粒红宝石二块、金累丝荷叶钗一对珠子四粒红宝石大小四块、金累丝梅花簪一对珠子十粒红宝石二块、金累丝葫芦簪一对珠子二粒红宝石二块、金桃花簪一对珠子二粒珊瑚十块、金夔花簪一对珠子二粒、金菊花簪一对珠子二粒、金方胜簪一对珠子十六粒、金篮花簪一对珠子四粒红宝石二块，说宫殿监督领侍陈福传，着各配一锦面绢里匣。记此。于本月十五日做得寿字锦面红绢里匣十一件、小匣二件，交领催白士秀，其金簪、戒指俱盛匣内，交首领太监李久明持去，交太监周世辅讫。

二月二十八日据圆明园来帖内称，本月二十七日太监贾弼来说，太监张玉柱传做：折夹鞔皮玻璃镜一面，再将鞔红皮折夹玻璃镜做几件备用。记此。于本月二十九日做得鞔皮折夹玻璃镜一面，太监吕进朝持进，交太监张玉柱讫。

五月十五日首领太监李久明持来珠子挂络一件、经一部，说宫殿监副侍苏培盛、李英、徐起鹏传，着将珠子挂络配做锦匣盛装，经另配新锦。记此。于本日将经换得黄色西番花鸟锦，又将珠子挂络配得黄地锁纹锦面红杭里合牌一件，员外郎满毗着首领太监李久明持进，交宫殿监副侍苏培盛收讫。

本年活计还有锭子药匣，烟壶匣，折叠合牌棋盘，红炉炭饼。

炉作

正月初二日太监刘希文交来官窑双管瓶一件内插青玉如意二件。传旨：着将如意取下，照此双管瓶样式做一宣铜瓶，将此玉如意安上。其原交官窑瓶留下，做完样式时仍送进。钦此。于本月初八日将原交官窑瓶一件，郎中海望交太监刘希文收讫。于十三年十一月初四日将做得宣铜瓶一件并青玉如意二件，司库常保、首领萨木哈交太监毛团呈进讫。

九月十八日内务府总管海望奉上谕：地震之时闻得寿皇殿供器香几不稳，地震原系难测之事，今应如何预先度量，欲其永远平稳方好。不但寿皇殿供器，即坛庙、陵寝之处并怡亲王寝园供器，尔等如何妥协成造之处议奏。钦此。于十月二十一日内务府总管海望奏称：各处供奉珐琅供器虽系贵重之物，不能永远坚固，今用宣铜仿古制花纹成造供器，欲画样呈览等语。具奏。奉旨：画样看准时再行成造。钦此。于十二月十七日画得香炉纸样一张、蜡台纸样一张、花瓶纸样一张，又做得漆石座香几木样一件，内务府总管海望呈览。奉旨：香炉、蜡台纸样准做，花瓶耳子不好，另改画。做时寿皇殿一份镀金，其余俱烧古色。再漆石座香几，准照样漆石座。其孔庙香几、石座路远难去，着本处做。如本处不能，再令石匠前往彼处办做。钦此。至九年三月十六日画得铜汉文烧古瓶样二张，内务府总管海望呈览。奉旨：照双环样成造。钦此。于十年十二月十二日员外郎满毗、三音保回明内务府总管海望，准做楠木胎红漆大香几二份备用。记此。于十年九月初六日做得楠木香几五件、石座五份随供器，交司库嘉挥持赴水东村怡贤亲王陵寝安讫。

本年活计尚有烧古铜如意，各式博古流金铜压纸，各式炉。

自鸣钟

十二月二十九日内务府总管海望奉旨：着西洋人做小表一件试看。钦此。于本日内务府总管海望传：着西洋人余如玉做有架子时钟、问钟二件。记此。于九年十二月二十八日做得有架时钟、问钟二座，首领赵进忠持进安讫。

玉作

正月十一日郎中海望、员外郎满毗传做，黄蜡石英雄合卺双管瓶一件、百福百寿尊一件、福寿葫芦花插一件。记此。于本年十月二十八日将黄蜡石英雄合卺双管瓶一件、百福百寿尊一件、福寿葫芦花插一件，内务府总管海望呈进讫。

三十日员外郎满毗传做，备用寿意黄蜡石桃式盒一件、黄蜡石梅花墨床一件、红白玛瑙莲花水丞一件、黑白玛瑙双鹤寿意笔架一件。记此。于本年二月二十九日做得黄蜡石桃式盒一件、黄蜡石梅花墨床一件、红白玛瑙莲花水丞一件、黑白玛瑙双鹤寿意笔架一件，首领李久明、催总胡常保持去，交太监刘希文讫。

十月二十三日据柏唐阿富拉他来说，内务府总管海望传，养心殿西暖阁斗坛陈设十供内，珠子的位份念佛装严绿玻璃数珠。再照其装严急速做呆黄玻璃身数珠一盘，得时陈设，将绿玻璃数珠换下备用。记此。于十月二十五日做得黄玻璃念佛数珠一串，将录玻璃数珠上佛头、记念拆下，配在呆黄玻璃数珠上。员外郎满毗带领柏唐阿佛保陈设在养心殿西暖阁斗坛内讫。将绿玻璃数珠一串，交柏唐阿佛保持去存作备用。于十年十月二十九日做得绿玻璃数珠一盘交太监刘义持去讫。

二十六日据圆明园来帖内称，本月十八日内务府总管海望持出白玉道冠三件、琥珀道冠一件、白玛瑙道冠一件。奉旨：着应收拾者收拾配簪。或用珊瑚，或用玛瑙，或用象牙。钦此。于本月二十四日内务总管海望将琥珀道冠一件、白玉大冠一件、白玉中冠一件、白玉小冠一件、白玛瑙冠一件呈览。奉旨：琥珀冠配象牙茜绿簪。白玉大冠将碧玉扁方配上。白玉中冠将碧玉菇簪配上。白玉小冠仍用本有的簪，不用另配。白玛瑙冠将珊瑚龙头簪配上，其馀白玉簪四件、碧玉簪一件收贮。钦此。于十一月十一日将白玉道冠三件、琥珀道冠一件、白玛瑙道冠一件俱配簪完，内务府总管海望呈进讫。

十一月初五日内务府总管海望、员外郎满毗传做，黄蜡石万年祥瑞花插一件、黄蜡石一统如意尊一件、黄蜡石双佛手花插香盒一件。记此。于八年十二月二十九日将黄蜡石万年祥瑞花插一件、黄蜡石一统如意尊一件、黄蜡石双佛手花插香盒一件，内务府总管海望呈进讫。

二十二日内务府总管海望、员外郎满毗传做，红玛瑙太平如意盒一件、红玛瑙节节如意盒一件、白玉年年吉庆盒一件。记此。于八年十二月二十九日做得玛瑙太平如意盒一件、玛瑙节节如意盒一件，内务府总管海望呈进讫。于十年二月二十八日将白玉年年吉庆盒一件，司库常保、首领萨木哈交太监刘沧洲呈进讫。

本年活计尚有珊瑚玛瑙装严数珠。白玉、珊瑚、青金石、玛瑙、松石、碧玉八宝每样十份，年例备用。青金石帽顶、水晶帽顶、亮蓝玻璃帽顶。

珐琅作

正月初二日太监刘希文交来金累丝嵌珠石小如意珊瑚枝汉玉龙头

觥花插一件上嵌珠子一粒、红宝石一块、蓝宝石一块、小砂子一块，紫檀木座。传旨：将此金累丝如意鱼珊瑚枝取下，着另做一珐琅扁瓶，其瓶款式做样呈览。再将小如意上嵌的珠子换上养珠，连汉玉觥一并送进。钦此。于本月初八日将小如意上珠子一粒取下，并汉玉龙头觥一件，紫檀木座，郎中海望交太监刘希文收讫。二十八日据圆明园来帖内称，本月二十四日将金累丝珊瑚枝等件配做得五彩珐琅扁瓶木样一件，郎中海望呈览。奉旨：准做。钦此。于十三年十月二十日将照汉玉觥样烧造得珐琅双环瓶一件，司库常保、首领萨木哈持去，交太监毛团呈进讫。

二十五日柏唐阿邓八格持来包袱葫芦式瓶样一张，说郎中海望传，着照样做珐琅瓶一件备用。记此。于十月二十八日做得包袱葫芦式珐琅瓶一件，内务府总管海望呈进讫。

二月初三日郎中海望、员外郎满毗传做，备用寿意珐琅壶式书灯一对。记此。于十月二十八日做得珐琅壶式书灯一对，内务府总管海望呈进讫。

三月初十日郎中海望传，照西洋珐琅片仿画烧造金胎珐琅片六片。记此。于四月十四日烧造得金胎珐琅片三片，柏唐阿邓八格持赴圆明园与郎中海望看过，随传：着仿画烧造黑地金胎西洋片。记此。于十月二十八日做得铜胎嵌珐琅片盒六件，内务府总管海望呈进讫。

十月二十六日据圆明园来帖内称，本月二十一日首领太监萨木哈持来高足红玛瑙杯一件、有靶红玛瑙杯一件，说宫殿监副侍李英传旨：着交内务府总管海望，照高足杯样，足矮些的做金胎珐琅杯一分，随盖、随托碟。照有靶杯，小样的亦做金胎珐琅杯一份，亦随盖、随托碟，着郎士宁画好些的花样。再照珐琅杯的准样，或玉，或玛瑙再做二件，将珐琅杯盖如用在玉杯或玛瑙杯上，俱要使得。钦此。于本日首领太监萨木哈照杯的样式大小镟木样二件，仍将玛瑙杯二件持去讫。于十二月初七日做得珐琅小杯、盘木样二件，内务府总管海望呈览。奉旨：好，略小些。照样做二件，做时再放大些。钦此。于九年九月十五日据圆明园来帖内称，首领太监萨木哈来说，奉旨：去年交做玛瑙、珐琅、玉杯，为何至今并未做成？钦此。随查得八年十月二十一日首领太监萨木哈持来高足红玛瑙杯一件、有靶红玛瑙杯一件，说李英传旨：着交内务府总管海望照高足杯样，足矮些的做金胎珐琅杯一分，随盖、随托碟。照有靶杯小些的亦做金胎珐琅杯一份，随盖、随托碟，着郎士宁画好些的花样。再照珐琅杯的准样，或玉，或玛瑙再做二件，将珐琅杯盖如用在玉杯或玛瑙杯上，俱要使得。钦此。于九年十月二十八日做得金胎珐琅杯、盘二份，内大臣海望呈进讫。于九年十二月二十八日做得金胎珐琅杯、盘一份，司库常保、首领萨木哈呈进讫。

二十六日据圆明园来帖内称，本月二十五日首领太监李进朝来说，总管太监陈九卿传做，掐丝珐琅圆盒一件径二寸七分，高八分。记此。于九年二月初四日做得掐丝珐琅圆盒一件，首领李久明持去交太监陈九卿讫。

十一月二十四日内务府总管海望持出黑地珐琅一树梅鼻烟壶一件。奉旨：着照样烧造。钦此。于九年三月初四日照样做得珐琅鼻烟壶一件，并原样鼻烟壶一件，内务府总管海望呈进讫。

二十四日内务府总管海望持出蓝地珐琅画芍药花卉鼻烟壶一件。奉旨：周围边花卉好，山子不好，照样烧造。钦此。于九年二月十二日照样烧造得珐琅鼻烟壶一件，并原样一件，内务府总管海望呈进讫。

二十四日内务府总管海望持出黑地珐琅五彩流云画玉兔秋香鼻烟壶一件。奉旨：玉兔不好，其余照样烧造。钦此。

二十四日内务府总管海望持出桃红地珐琅画牡丹花卉鼻烟壶一件。奉旨：上下云肩与山子不甚好，其余花样照样烧造。钦此。于九年二月十二日照样烧造得珐琅鼻烟壶一件并原样一件，内务府总管海望呈进讫。

本年活计尚有：楠木镶银里熏罐配做巴尔撒木香。珐琅噶布拉碗一份，八供一份。

牙作　附砚作

二月十一日首领太监李久明、萨木哈持来松鹤盆景一件随黑退光漆画洋金镶象牙片填巴尔撒木香安玻璃长方八角罩一件。传旨：着交与海望，照样做一件。将原样收拾好送往圆明园交进。钦此。于二月十四日将原样松鹤盆景一件送赴圆明园，交太监刘希文讫。于十月二十八日做得松鹤盆景一件，内务府总管海望呈进讫。

十七日据圆明园来帖内称，郎中海望奉旨：着照四宜堂陈设的白象牙六角盆，将嵌金珀夔龙寿字柘榴树匙箸做一份。钦此。于十月三十日做得象牙六角盆景一件、嵌金珀夔龙寿字柘榴树匙箸一份，内务府总管海望呈进讫。

三月初四据圆明园来帖内称，二月十八日郎中海望奉旨：四宜堂玻璃瓶内插的象牙茜色荷花、荷叶甚好，尔照此荷花、荷叶做法做几瓶。钦此。郎中海望随奏称：外边无有好款式瓶，奴才意欲里边讨取等语。奏闻。奉旨：尔向刘希文要。钦此。于本月二十五日太监李久明持出翡翠梅瓶一件、均窑花瓶二件、大官釉仿定窑小花插一件、大官釉圆太平尊一件、哥窑纸捶瓶一件、霁红瓶随黑漆座，说太监刘希文传旨：着交海望配荷花。钦此。于本月二十六日首领太监李久明持出大小磁瓶六件，内无座二件，说太监刘希文交，着配荷花。记此。于十二月二十九日做得均窑瓶一件，内配象牙茜色荷花一束，内务府总管海望呈进。奉旨：瓶大花小不配合，将此瓶另配一大些花。其原瓶内花另配一小瓶。钦此。于九年五月初四日将磁瓶十一件配做得象牙荷花十一束，内务府总管海望呈进讫。于十月二十八日将哥窑小瓶一件、均窑瓶一件，各配得象牙荷花一枝，内务府总管海望呈进讫。

杂活作

正月十一日郎中海望、员外郎满毗传做，备用瓜式独挺帽架二件、象牙支棍独挺帽架四件。记此。于八年十月三十日做得象牙支棍帽架四件，内务府总管海望呈进讫。于九年四月初八日做得瓜式独挺帽架二份，首领太监萨木哈交太监王进朝讫。

二月初八日太监刘希文交来藕色缎一疋，传旨：将此缎照先进过紫缎绣龙凤八团花样衣绣做一件，其尺寸俟里边交出纸样再做。钦此。于初十日首领太监李久明持出高厘纸衣样一件，说太监刘希文传：照样裁衣。记此。于五月二十一日照样做得绣龙凤八团藕色缎衣一件，柏唐阿老格交太监刘希文讫。本日仍交出，着放着。记此。

十七日据圆明园来帖内称，郎中海望奉旨：仿西洋做法扇面式盒盖上玻璃衬垫颜色甚好，尔照此盒上衬垫，将大些的各样款式盒做几件。钦此。于十月二十八日做得洋漆梅花式嵌玻璃面盒一对，内务府总管海望呈进讫。

四月十一日领催白士秀持来挑竿香袋画样一张，说郎中海望传，着照此画样做香袋二对。记此。于五月初三日做得黑漆梃镶嵌紫檀木座象牙茜绿夔龙挑杆黄玻璃托珊瑚顶挑杆香袋一对，上随铜镀金撒花宝盖口珠璎珞合牌烫胎鞔红黄羊皮彩金花嵌绣片铜镀金点翠压口连二香袋二挂，象牙花囊二件，盖上嵌珊瑚滴子上安随珊瑚珠黄穗子香袋，随白玉圈四件，内嵌铜镀金福寿字黑漆梃嵌紫檀木座铜镀金夔龙挑杆象牙茜绿托红玻璃顶挑杆香袋一对，随铜镀金盖口珠璎珞合牌烫胎鞔红绿羊皮彩金花嵌绣片铜镀金点翠压口连三香袋二挂，蓝绿玻璃长如意二件、象牙花篮二件安珊瑚黄穗子，催总胡常保持上京讫。于十年四月二十九日将黑漆梃镶紫檀木座珊瑚顶挑杆香袋一对，内大臣海望带领司库常保呈进讫。下欠挑杆香袋一对，存活计库。

十八日催总刘三九来说，郎中海望传做，赏将军用有日晷红毛藤鞭三把、扇面火镰包三件、伞灯二对。记此。于九年八月二十日将有日晷红毛藤鞭一把，胡常保持去交马尔赛讫。于十年七月二十三日将扇面式火镰包二件赏将军鄂尔泰、总督查郎阿讫。于十一年八月初一日将伞灯一件，员外郎三音保送至平郡王府讫。于十一年十月初十日将扇面火镰包一件，司库常保呈进讫。

六月初五日据圆明园来帖内称，太监刘义交来六道木痒痒挠一件，说首领太监刘玉、郑忠、程国用传，着配做外套一件，鞔子儿皮，钉双合扇钩搭，里鞔厚暖皮。记此。于六月二十一日做得鞔子儿皮钉黄铜合扇钩搭内鞔暖皮外套一件，催总胡常保交四执事太监刘义持去讫。

八月二十五日据圆明园来帖内称，本月二十四日太监刘希文传旨：着做转盘灯一座。钦此。于十年三月十三日将转盘灯一件，太监范国用持去，交太监刘希文讫。

九月二十九日据圆明园来帖内称，九月二十五日太监刘希文交来和合如意翠供花蜜蜡宝盆景一件随紫檀木座楠木匣盛，传旨：着配做玻璃罩。钦此。于十一年五月初一日将和合如意盆景一件配得玻璃罩，司库常保呈进讫。

十月十八日据圆明园来帖内称，九月二十九日太监张玉柱传旨：着将银灯上配银珠遮火一件。钦此。于十一月初一日做得银珠遮火一件、银挺子一件、管子一件、香管一件，催总胡常保交太监张玉柱讫。

二十六日据圆明园来帖内称，本月二十日内务府总管海望奉旨：着做透字灯档一件。钦此。于十月二十日做得透字灯档一件。司库常保呈进讫。

二十九日太监张玉柱传旨：着内务府总管带领催总胡常保进内，朕指示交做活计试看。钦此。本日内务府总管海望带领催总胡常保进内。奉旨：谕尔照朕指示做灯一件，做样呈览。钦此。于十一月初五日催总胡常保遵旨做得灯套一边用黑玻璃，一边用亮白玻璃，顶上安银掐遮火有水碗莲花座合牌样一件。内务府总管海望代领催总胡常保呈览。奉旨：准做。钦此。于九年三月二十六日照样做得一面用黑色玻璃，一面用亮白玻璃灯一件，催总胡常保交太监张玉柱呈进讫。

本年活计尚有，红羊皮黑撒林皮绣绸火镰包。马尾眼罩。收拾礼轿。礼轿内的楠木胎金漆脚踏。紫金锭、蝉酥锭、离宫锭、避暑香珠。小垂恩香筒。水晶墨晶眼镜。马尾带。

累丝作

正月二十七日据圆明园来帖内称，郎中海望持出金累丝扁镯一副重四两。奉旨：着照里边宫样另做累丝手镯，不必嵌珐琅片，嵌做蜜蜡、珊瑚。钦此。于二月初四日做得金累丝嵌珊瑚手镯一付，金重二两一钱七分，并下剩回残金一两八钱二分，郎中海望、员外郎满毗交太监王进孝持进，交刘希文讫。

二月初三日太监张玉柱、王常贵交来东珠六颗，传旨：着交与李久明、萨木哈做金钩坠子，其宝盖用珊瑚做，托子酌量或用青金或用松儿做。此珠子既做坠子用，将眼打大些，再宝盖托子不要甚大了，亦不可甚小了，配合着做。钦此。于二月初六日将东珠六颗打眼配合得珊瑚宝盖松石托金坠钩坠子一副，随小寿字锦匣一个，员外郎满毗交首领李久明、萨木哈持进，交太监张玉柱讫。

三月十三日领催潘义明持来莲艾簪样一对、福寿长春簪样一对、芝兰千载簪样一对、八仙簪样二对、平安双圆簪样一对、榴开百子簪样一对、福缘如意簪样一对、五谷丰登簪样一对、双福双寿簪样一对、喜祝长春簪样一对、荣贵簪样一对、吉庆簪样一对、福寿簪样一对，说郎中海望传：着照样做金累丝簪十五对。记此。于乾隆元年二月初三日将金累丝簪十五对，七品太监萨木哈交太监毛团呈进讫。

五月二十五日据圆明园来帖内称，太监焦进朝交来汉玉爵一件，传旨：着配做，照先做过的铜镀金透花盖。钦此。于六月十四日配做得铜镀金透花盖一件，并汉玉爵一件，交首领太监李久明持进，交太监焦进朝收讫。

十月初六日据圆明园来帖内称，本月初四日太监张玉柱传旨：牙蜜达噶佛一尊，着配錾阳纹花烫巴尔撒木香金佛锅乙件，内或糊黄锦或漆或黄绫。钦此。于十二月十四日做得錾阳纹花烫巴尔撒木香佛锅一件，随软套一件，交太监夏安持去讫。

本年活计尚有，金累丝正凤、傍凤，大挑牌、荷叶、小挑牌。铜镀金帽顶。年例备用金八宝、金钱、银八宝、银钱。银耳挖。

皮作

五月二十三日据圆明园来帖内称，本月十八日郎中海望持出长方式沿边中心画花蒲扇一柄，奉旨：着照此样改做别样款式，做几柄。钦此。于七月初一日做得桃丝竹托石青缎边心缠藤象牙填香靶蒲扇长形二柄 、圆形二柄，内务府总管海望呈进讫。又奉旨：或红边或何样边迷做几柄。钦此。于七月十三日做得桃丝竹托石青缎边心缠藤象牙填香靶蒲扇长形二柄、圆形二柄并原样，内务府总管海望呈进讫。

八月初五日据圆明园来帖内称，七月二十七日首领太监刘玉交来汉字帖乙［一］张，内开传做，养心殿用黄缎枕头二个、纺丝枕头套二个、绵纱被二床、春绸棉被四床、春绸棉褥一床、葛布锦褥一床、氆氇锦褥一床、宁绸夹帐一架、宁绸幔子一个、直径纱幔一架、直经纱帐一架。记此。于本日广储司衣库员外郎四保承办讫。于十七日员外郎四保来说，做得黄缎枕头二个、纺丝套二个、绵纱被二床、春绸棉被四床、春绸棉褥一床、葛布棉褥一床、氆氇棉褥一床、宁绸夹帐一架、宁绸幔子一个、直经纱幔一架、直经纱帐一架，俱交太监刘希文讫。

九月初一日首领太监潘凤交来养心殿陈设激筒六架，着换皮收什。记此。于九月初五日将激筒六架另换新皮收拾完，柏唐阿五十八交首领太监潘凤持去讫。

十月十五日内务府总管海望奉旨：养心殿西暖阁着做斗坛一座。钦此。于十月十八日画得斗坛纸样一张，内务府总管海望呈览。奉旨：照画样做。钦此。内务府总管海望随奏称：栏杆用锦糊，毘卢帽用石青绣缎绣金线夔龙等语。奏闻。奉旨：照所奏糊表。钦此。于十一月十一日照画样做得糊锦栏杆石青倭缎金线夔龙斗坛一座，内务府总管海望呈进讫。

二十日内务府总管海望奉旨：宫内新盖板房内的羊皮帐黄色不甚明亮，尔用白色羊皮做一份，帐顶不必用氆氇，用库内收贮环儿纹小毛羊皮做，顶外面亦不必用氆氇，用布做衬，香色春绸做面。做一分。将旧帐朕赏喇嘛用。钦此。于十月二十五日做得香色春绸面布衬白色羊皮帐一架，员外郎满毗、三音保，柏唐阿五十八等持进，安在新盖板房内讫。于乾隆十二年十一月十七日司库白世秀、七品首领萨木哈来说，太监胡世杰传旨：将羊皮帐送进呈览。钦此。于本日司库白世秀、七品首领萨木哈将黄羊皮帐一份持进，交太监胡世杰呈览。奉旨：着留下。钦此。

二十七日太监朱佩来说，首领太监潘凤传做，斗坛内用拜垫一个，长四尺、宽二尺三寸，用缎面长二尺，布面长二尺，布里，白春毛毡二层做。记此。于十月二十八日照尺寸做得上缎下布面布里白春毛毡二层加棉花拜垫一个，随见方四副黄布乞单一个，柏唐阿五十八交太监俞文持去讫。

三十日宫殿监副侍苏培盛传旨：着做毡查查里一架，面宽一丈七尺、入深一丈二尺、檐高六尺。钦此。本日内务府总管海望定得俱系窗户挡锭黑毡镶蓝布云，周围下身贴坎墙板成造。外门高五尺七寸、宽四尺二寸。记此。于十一月二十四日照尺寸做得毡查查里一架，领催刘关东持进安讫。

本年活计尚有，报匣、月白云锦杌套、锦袱、月白云锦杌套、杭细挖单、青细圆绦子、细黄绦、皮帐、锦帘、五色绦子、氆氇枪套、藤碗套、藤碟套、皮碗套、灯衣、皮胎漆洗手盆。

镀金作

四月十五日管领穆森交来各色玻璃鼻烟壶五十个，说郎中海望、员外郎满毗传，着配做镀金盖象牙匙。记此。于本月二十四日配做镀金盖象牙匙玻璃鼻烟壶五十个，交内管领穆森持去讫。

五月十五日首领太监李久明持来白玉桃式水盛一件，说宫殿监副侍苏培盛、李英传，着配做铜镀金匙二件。记此。于本日配做得铜镀金匙二件，并白玉桃式水盛一件，员外郎满毗着首领太监李久明持进，交宫殿监副侍苏培盛讫。

七月二十九日据圆明园来帖内称，本月二十五日内管领穆森交来雨过天晴玻璃鼻烟壶十件，说内务府总管海望传：着配做铜撒花镀金盖象牙匙。记此。于八月十七日俱配匙盖完，本日首领太监萨木哈、太监范国用将七月廿八日送来鼻烟壶六件持去，交太监王严勋讫。于八月十八日将玻璃鼻烟壶四件交太监王严勋持去讫。

十二月初三日首领太监夏安交来弘德殿陈设紫檀木匙箸瓶一件，说宫殿监副侍苏培盛传：此瓶内镀金匙箸一份用了，着照样补做一分。记此。于本月二十六日配做得铜镀金匙箸一份，首领太监夏安持去讫。

炮枪作　附弓作

十月初十日正白旗散秩大臣兼喀兰达法努亲、头等侍卫兼喀兰达哈达纳清字呈称，今年去打虎围，照旧年例领取鸟枪等因前来。员外郎满毗着交炮枪处照例发给。记此。于本月十三日正白旗鸟枪头目侍卫衣芬诺领去鸟枪五杆，烘药大药葫芦各五份。于本日厢黄旗鸟枪头目副护军校雅思哈领去鸟枪五杆，烘药大药葫芦各五份。于本月十五日正黄旗喀兰达固尔车亲随护军厄尔得泥领去鸟枪五杆，烘药大药葫芦各五份。以上俱系员外郎马尔汗、领催孙福、福六发给。

十二月十一日工部满汉来文内称，十二月初五日本部尚书张大有等为给天津水师营新设大小赶橹船上造大铁炮八十位、斗头炮十二位、百子炮乙位，奏请交监造炮枪处用废炮铁打造。奉旨：依议。钦此。钦遵等因前来。记此。于本日交炮枪处马尔汗承办讫。

十八日自内务府抄来厢黄旗汉军都统石文常等满汉咨称，为八旗汉军新增护城驻防兵丁需用鸟枪三百贰十杆，奏请交与工部制造等因。奉旨：不必交工部制造，向内务府取用。钦此。钦遵等因前来。记此。于雍正九年正月二十五日正黄旗汉军参领衣石泰领去鸟枪四十杆，厢黄旗汉军参领刘光元领去鸟枪四十杆、正白旗汉军参领石继祚领去鸟枪四十杆、厢白旗汉军副参领何弘凯领去鸟枪四十杆、正蓝旗汉军参领刘之贤领去鸟枪四十杆、厢蓝旗汉军参领白慈存领去鸟枪四十杆、正红旗汉军副参领陈弘德领去鸟枪四十杆、厢红旗汉军参领刘瑛领去鸟枪四十杆。以上共领鸟枪叁百贰十杆，员外郎马尔汗、司库苏合发给。

十九日据工部来文内称，查雍正六年四月内准长枪营文开，本营奉旨：长枪兵丁亦学习鸟枪，其长枪毋得弃去。钦此钦遵。查本营兵丁共应用鸟枪七千二十四杆等语前来。查长枪营先经奏明应用鸟枪七千二十四杆，应行监造炮枪处查明数目，知会过部，以便行文长枪营支领等因前来。内务府总管海望、员外郎满毗着行文知会工部，准先领拣选造得鸟枪四千杆。记此。于初十日将鸟枪四千杆，员外郎满毗着员外郎马尔汗、司库三音保交工部笔帖式萨克慎领去讫。

本年活计尚有，赏用小刀黑子儿皮鞘高丽木靶、象牙靶子儿皮鞘银束西洋式裁纸刀、芜湖钢凹面腰刀绿皮彩金花鞘镀金饰件。

鞍作

十一月十七日，管理武备院事务銮仪使都统委署领侍卫内大臣散秩大臣公福庆等满汉咨称，雍正八年十一月初七日，奏事二等侍卫殷扎纳等传旨：将朕骑鞍一副拴金黄扯手，赏与翁你约特多罗杜楞郡王鄂其里，令其常骑。着武备院补做一份。钦此。今将白丝线喀尔喀鞦辔鞔金花皮喀尔喀式样嵌孔雀石镀金鞍一副，并鞍笼赏给翁你约特多罗杜楞郡王鄂其里。查补做此鞍原系养心殿造办处所造，相应移咨，仍照前样补做一副等因前来。内务府总管海望、员外郎满毗传：着补做。记此。于九年八月初二日做得喀尔喀鞦辔鞔金花皮嵌孔雀石鞍一付，胡常保持去交公马尔赛讫。

十二月初十日管理武备院事务銮仪使都统委署领侍卫内大臣兼散秩大臣公福庆等满汉咨称，雍正八年十二月初九日，内阁大学士兼领侍卫内大臣公马尔赛传旨：将朕骑鞍拴金黄扯手，赏与丹金多尔吉。钦此。今将白丝线喀尔喀鞦辔鞔金花皮式样嵌孔雀石镀金鞍一副，随鞍笼，赏给丹金多尔吉王。查补做此鞍原系养心殿造办处所造，相应移咨，照前样补做一副等因前来。内务府总管海望、员外郎满毗传：着补做。记此。于九年九月十一日做得喀尔喀鞦辔鞔金花皮孔雀石鞍一付，赏海青王彭苏克讫。

舆图处

七月初三日据圆明园来帖内称，内务府总管海望传：将画图人陈文涛所食工食银两自七月起仍行照数发给。遵此。

十一日主事诺赫图来说，本月十四日内务府总管海望传：将四寸一格十五省单舆图画十五张，印成木板舆图。挖嵌十五省单省舆图十五张，俱着色，预备随侍用。于本日交柏唐阿八十承办讫。

二十日据圆明园来帖内称，内务府总管海望传：画水利营田图，用矾连四纸二十张。记此。于本日交柏唐阿八十承办讫。

十月二十六日据圆明园来帖内称，九月初五日宫殿监督领侍陈福传旨：着向造办处查地球，或铜的，或合牌的，若无，或武英殿西洋人处亦查。钦此。于本日宫殿监督领侍陈福将查来武英殿收贮黑漆地球一件、白油地球一件、畅春园收贮白油地球二件内持进一件呈览。奉旨：着问西洋人，此地球上写的拉底思阿西阿等字是何话？钦此。于九月初十日奏事太监张玉柱将问西洋人所说如四大部洲之类等语奏闻。又于九月初九日奏事太监张玉柱传旨：吾弟怡亲王先曾奏过，鄂尔斯地方图样还有些不妥处，今此地球白色处一片，不知此图曾改过否？若无改过，将此地球四个鄂尔斯处俱照怡亲王画的舆图改画。查此地球系何人做的？仍着此人照此球样式、照新收画纸图，白油的做一份。钦此。随查得系钦天监冬官正刘裕锡做过。

木作

正月十四日首领太监潘凤来说，养心殿内大座灯一对随黄纺丝窋单二件、寿字灯五对各随宝盖挂络、毡棚一座、蓝布毡帘一件、蓝布罩顶一件、毡子一块、毡包草垫一个，传：着收着。记此。于十月初七日将毡棚一座随毛帘一件、罩顶一件、毡子一件、毡包草垫一个，柏唐阿苏尔迈代匠役持进养心殿安讫。大座灯一对、寿字灯五对现存匣作。

二月十七日据圆明园来帖内称，本月十五日郎中海望奉旨：着做紫檀木圆桌一张，径二尺六寸、高九寸，腿子做直的，再照样做漆桌几张，俱随红猩猩毡面锦刷云缎里。钦此。于三月十一日做得紫檀木圆桌一张，红猩猩毡面锦刷云缎里套一件，郎中海望呈进讫。

三月初六日员外郎满毗传做，杉木桌一张，给西洋人郎世宁画画用。记此。于三月十二日做得杉木桌一张，交画画房柏唐阿王幼学讫。

二十九日太监陈敬士、赵廷章来说，宫殿监督领侍陈福，正侍王朝卿，副侍苏培盛、李英、徐起鹏、安泰等传旨：太监织藤子花篮等件所用藤子材料俱向造办处要。钦此。

七月初五日据圆明园来帖内称，五月十七日郎中海望奉旨：养心殿西二间着收拾，西暖阁安床、书格，画样呈览，俟秋令再做，进宫时用。钦此。于七月初五日画得养心殿后殿西二间装修纸样一张、西暖阁安书格纸样一张呈览。奉旨：准做。钦此。于十月二十日司库三音保带领匠役赴养心殿后殿西二间装修安设讫。

二十七日首领太监李久明持来床六张、书格上玻璃六块，说首领潘凤传：养心殿西暖阁原陈设书格六架上玻璃拆去，其格子留在里边用。床九张亦留下三张里边用，其余床六张持出。记此。书格上拆下玻璃六块交司库马尔汉讫。

九月初七日太监张玉柱传，照养心殿陈设盛鼓木楼子样做一份，其两边钉铜蒙，欢门不必做，俱用木做，挡严，其旧楼子粘补收拾。记此。于本月二十三日照样做得盛鼓木楼子一份，太监王玉持去，交太监张玉柱讫。

十月十八日据圆明园来帖内称，八月十四日太监张玉柱传旨：着做长一尺二寸八分、宽九寸五分、高七寸五分楠木杌子一个，石青素氆氇面衬布里黑春毛毡棉花褥一个。先用杉木做杌一个，里面布续黑春毛褥一个呈样。钦此。于本日做得杉木杌子一个，里面布续黑春毛毡褥一个，太监刘希文持去讫。于十五日做得楠木杌子一个，石青素氆氇面布衬面里续黑春毛毡绵花褥一个，交太监刘希文讫。

十八日据圆明园来帖内称，八月二十九日太监郑爱贵传旨：着做横披挂屏一件，照前挂屏一样做一件。钦此。于二十日做得长七尺二寸、宽一尺五寸杉木横披挂屏一件。高五尺、宽三尺三寸挂屏一件。催总胡常保交太监郑爱贵讫。

十八日据圆明园来帖内称，本月初一日宫殿监副侍李英、苏培盛传做：□灯罩十件、盘子十件。记此。本日做得灯罩十件、盘子十件，交副总管苏培盛讫。

二十六日据圆明园来帖内称，本月十五日内务府总管海望传做，糊绫里楠木罩盖匣一件，里口长四尺七寸、见方五寸，杉木卷杆一根，杭细乞单见方七尺一个、见方六尺一个，黄榜纸十张。记此。于十月二十五日首领太监李久明持进，交太监张玉柱讫。

漆作　附油作

正月初四日首领太监萨木哈持来填漆入角长方盘一件，说太监王守贵传，着照样做二件。记此。于本月初八日太监王进孝将原样持进，交太监王守贵讫。于十月二十七日照样做得填漆入角长方盘二件，柏唐阿李六十交太监马进忠持进，交太监王守贵收讫。

初八日太监王璋来说，首领太监李统忠交来黑漆抓笔一枝，传，着照样做黑漆笔管二枝。记此。本日太监王璋将原样持去讫。于四月十一日做得黑漆笔管二枝，交太监王璋持去讫。

二月十四日据宫殿监副侍安泰来说，宫殿监督领侍陈福等谨奏，查得长春门、咸福门、景仁门、延禧门、景阳门、永和门、承乾门、百子门上匾额应于粘补油饰，照例着钦天监择吉，交与造办处粘补油饰，谨此请旨。于二月初十日陈福、苏培盛、李英具绿头牌奏过。奉旨：依议。钦此。于二月十七日择吉，员外郎满毗带领闻二黑进内持出门斗匾大小八面，于九月十七日油饰得门斗匾大小八面，催总吴花子、柏唐阿六达子持进安讫。

六月十四日内务府总管海望传做，洋漆各式样大小盒匣。记此。于十二年十二月二十八日做得各式样洋漆盒九对，司库常保、首领萨木哈呈进讫。

十月三十日内务府总管海望奉旨：尔照年希尧进来的番花独挺座

方面桌，或黑漆或红漆的做一张。桌面不必做方的，做圆的，座子中腰安转轴，要推的转。钦此。查问得该作司库马尔汉，回称此桌未经成造。记此。

十一月初一日内务府总管海望、员外郎满毗同传，打造仿洋漆活计席窨一座。记此。

十二月十三日首领太监杜进朝交来菊花瓣式彩漆五龙捧寿盘一件，说总管太监吕兴朝传，着照样做十件。记此。于九年十一月初一日照样做得红漆菊花瓣式彩漆五龙捧寿盘十件，并原样盘一件，柏唐阿李六十交首领太监徐进朝持去讫。

镟作

正月三十日，太监王璋交来紫檀木镶象牙梃牛角头小抓笔一支，说首领太监李统忠传，着照样做笔管一支。记此。于本日照样镟得笔管一支并原样交王璋持去讫。

本年活计还有，收拾查布查牙木碗等活。

雕銮作

三月十八日据圆明园来帖内称，本月十五日郎中海望持出白磁罗汉一尊。奉旨：着好手匠役，或用白檀或用黄杨木仿做一尊，其形容愈喜相愈好，左手持十八罗汉数珠、右手持芭蕉扇，如木不能甚大，即收小些做亦可。钦此。于五月初三日做得白檀香罗汉一尊，并原交磁罗汉一尊，催总胡常保送上京去讫。

四月十一日郎中海望、员外郎满毗传做，备用福寿长如意帽架一件。记此。于十月二十九日做得福寿长如意帽架一件，海望呈进讫。

六月初七日，员外郎满毗传做，备用香斗二十份。记此。于八月十五日做得香斗一份，随白檀、紫降香各八两，副领催赵老格交首领太监李兴泰持去讫。于九月初一日做得香斗一份，随白檀、紫降香各八两，副领催赵老格交首领太监李兴泰持去讫。于九月十五日做得香斗一份，随白檀、紫降香各八两，副领催赵老格交首领太监李兴泰持去讫。于十月初一日做得香斗一份，随白檀、紫降香各八两，副领催赵老格交首领太监李兴泰持去讫。于十月十五日做得香斗一份，随白檀、紫降香各八两，副领催赵老格交首领太监李兴泰持去讫。于十一月初一日做得香斗一份，随白檀、紫降香各八两，副领催赵老格交首领太监李兴泰持去讫。于十一月十五日做得香斗一份，随白檀、紫降香各八两，副领催赵老格交首领太监李兴泰持去讫。于十一月二十二日做得香斗一份，随白檀、降香各八两，交首领太监马温良持去讫。于十二月初一日做得香斗一份，随白檀、降香各八两，交首领太监李兴泰持去讫。于十二月十五日做得香斗一份，随白檀、紫降香各八两，交首领太监李兴泰持去讫。于九年正月初一日做得香斗一份，随白檀、紫降香各八两，交首领太监李兴泰持去讫。于九年正月十五日做得香斗一份，随白檀、紫降香各八两，交首领太监李兴泰持去讫。于九年二月初一日做得香斗一份，随白檀、紫降香各八两，交首领太监李兴泰持去讫。于九年二月初二日做得香斗一份，随白檀、紫降香各八两，交首领太监李兴泰持去讫。于九年二月十五日做得香斗一份，随白檀、紫降香各八两，交首领太监李兴泰持去讫。于九年三月初一日做得香斗一份，随白檀、紫降香各八两，交首领太监李兴泰持去讫。于九年三月初三日做得香斗一份，随白檀、紫降香各八两，交首领太监李兴泰持去讫。于九年三月十五日做得香斗一份，随白檀、紫降香各八两，交首领太监李兴泰持去讫。于九年四月初一日做得香斗一份，随白檀、紫降香各八两，交首领太监李兴泰持去讫。于九年四月十五日做得香斗一份，随白檀、紫降香各八两，交首领太监李兴泰持去讫。

七月初七日副领催赵老格持来秋香不老架屏式书格样一张，说内务府总管海望传，着照样做一件。记此。于十二年十月二十八日做得秋英不老架屏书格一架，司库常保、首领萨木哈呈进讫。

十月十八日据圆明园来帖内称，本月初五日太监王守贵传做，面花的梨木模子九件、小桌一张。记此。于本月十二日做得梨木模子九件、小桌一张，催总胡常保交太监王守贵收讫。

二十六日据圆明园来帖内称，首领太监董自贵交来花梨木杆羊角破戳灯一个、破铜喜相逢遮灯三个、手把羊角西瓜式灯一个、手把羊角东瓜式灯一个，说总管太监陈久卿传：戳灯上羊角破坏，另换一个，杆上牙子粘补收拾。喜相逢遮灯三个换做粘补收拾，手把羊角灯二个上另换西瓜式羊角灯二个，其余粘补收拾见新。记此。于九年五月二十日俱收拾粘补换做完，交首领太监董自贵持去讫。

镶嵌作

二月初三日郎中海望、员外郎满毗传做，备用镶嵌芝仙祝寿黄杨木香盘一件。记此。于乾隆元年正月初六日将黄杨木香盘一件，司库常保、首领萨木哈交太监毛团呈进讫。

初三日郎中海望、员外郎满毗传做，备用紫檀木镶嵌五福捧寿盒一对。记此。于二月二十九日做得紫檀木镶嵌五福捧寿盒一对，首领李久明交太监刘希文讫。

初三日郎中海望、员外郎满毗传做，备用福寿帽架一对。记此。于十月二十八日做得紫檀木镶象牙福寿帽架一对，首领李久明交太监刘希文讫。

三月初一日郎中海望、员外郎满毗传，照六年二月十二日交做黑漆画洋金花八角玻璃罩各式小盆景，再做四件备用。记此。于十二月二十九日做得黑漆金花玻璃罩小盆景四件，内务府总管海望呈进讫。

七月十八日内务府总管海望、员外郎满毗传做，备用夔龙式嵌蜜蜡鼻烟壶二件、象牙嵌玳瑁鼻烟壶二件、沉香夔龙玦鼻烟壶二件、镶嵌洋漆玳瑁墙鼻烟壶二件。记此。于本年十月二十八日做得镶嵌鼻烟壶二件，内务府总管海望呈进讫。于本年十月三十日做得镶嵌鼻烟壶二件，内务府总管海望呈进讫。

十一月初十日内务府总管海望、员外郎满毗传做，备用梅寿盆景一件、芝仙盆景一件。记此。于十二月二十八日做得梅寿盆景一件、芝仙盆景一件，内务府总管海望呈进讫。

雍正九年

记事录

正月初五日大学士公马尔赛传旨：着将新造鸟枪发给西宁五千杆。钦此。本日大学士公马尔赛又传旨：发给西宁鸟枪不必交工部包裹，着造鸟枪处包裹妥协发给。钦此。于正月十九日内务府抄出兵部咨开准户部咨称，查内务府制造鸟枪五千杆，俱用绳布包裹，交与兵部派员解往西安，交巡抚武格收受，听大将军岳钟琪等派用等因，于雍正九年正月十二日奉旨：依议。钦此。相应行文内务府，将鸟枪五千杆作速包裹，以便委员解送等因前来。记此。于正月二十七日将鸟枪五千杆俱用麻绳稻草包裹妥协，员外郎马尔汗、司库苏合交兵部员外郎亨泰领去讫。

初五日大学士公马尔赛传旨：与海望将鸟枪量力多打造些，其鸟枪俱要精细。钦此。于正月二十七日内务府总管海望奏称，今年大学士公马尔赛传旨：着量其所得打造鸟枪。奴才窃思鸟枪甚关紧要，欲说与马尔赛，在侍卫内有善会放鸟枪者挑选几人，随得陆续试放等语。奏闻。奉旨：着照所奏，派侍卫试放。钦此。

初七日大学士公马尔赛传旨：给蒙古等鸟枪用造炮枪处鸟枪。钦此。于正月初九日自内务府抄出理藩院咨称，据科尔沁郡王罗布藏拉锡呈称，我等四队行兵需用鸟枪二百杆，应移咨照数发给，本院员外郎那其喀领来送至科尔沁、翁牛特两处等因前来。记此。于正月十一日将鸟枪二百杆，员外郎马尔汉、司库苏合交理藩院员外郎那其喀领去讫。

三月二十八日内务府总管海望奉上谕：尔照朕指示将黑地仗、酱色地仗织圆金龙五彩云蟒袍样画样看，下不用画水，不要像大蟒袍样，亦不要像寸蟒妆缎花样。钦此。

二十九日内务府总管海望奉上谕：照昨日交出寄与海保做样青色西番花丝布花样、蓝色地圆金花头五彩枝叶亦织做几件。先画样着色，呈览过再交织做。钦此。

四月二十七日柏唐阿邓八格来说，内务府总管海望传：着在圆明园造办处做备用磁器上烧珐琅各色器皿等件。记此。

二十七日据圆明园来帖内称，本月二十五日柏唐阿马维祺为烧珐琅活计立窑，用高二尺八寸、宽二尺、长二尺五寸木桌六张，高五尺、宽三尺立柜一件，板凳六条，水缸二口，长七尺、宽六尺铁顶火一份。回过内务府总管海望，着用造办处库内无用木头做给。记此。

五月十九日据圆明园来帖内称，本月十八日内务府总管海望奉上谕：造办处所做洋漆活计甚好，着将做洋漆活计之人每人赏给银十两。做的荷叶臂格亦好，亦赏给银十两。钦此。随又奏称：做洋漆活计还有柏唐阿左世恩、佛保、六达子三人管理，再有做砚台、做牙活南匠施天章、顾继臣、叶鼎新等几人，俱在圆明园长住应差，做活甚勤等语。奏闻。奉旨：着将柏唐阿佛保等三人每人赏官用缎一疋，其余人尔酌量按等次赏给。钦此。于本日内务府总管海望定得匠役花名银两数目，计开：洋漆匠李贤，洋金匠吴云章，牙匠施天章、屠魁腾、叶鼎新、顾继臣，以上六名每名银十两。牙匠封岐一名，银六两。玉匠邹学文，牙匠陆曙明，彩漆匠孙盛宇，砚匠黄声远、王天爵、汤褚冈，彩漆匠王维新、秦景严，家里漆匠王四、柳邦显，以上十人每名银五两。广木匠罗元、林彩、贺五、梁义、杜志通、姚宗仁，以上六名每人银四两。家内漆匠达子、段六，玉匠鲍有信、王斌、陈宜嘉，以上五名每人银三两。以上柏唐阿三人、匠役二十八名，共用官用缎三疋，银一百五十五两。记此。

六月初二日据圆明园来帖内称，本月初一日内务府总管海望将做得御花园澄瑞亭改为佛亭，前接抱厦三间，内里桌张并陈设装修烫胎小样一件呈览。奉旨：照样盖造。钦此。今将烫胎样一件着柏唐阿苏尔迈送去，抱厦三间已交总理监修处照样接盖，内装修并陈设桌张，今交造办处司库三音保、催总刘三九，用光明殿匠役，需用工料银两俟得实用数目向总理监修处取领可也。于八月初二日司库三音保、催总刘三九、笔帖式清宁为造供桌三张、佛柜一张、香桌三张、琴桌六张呈明内务府总管海望，着用造办处绸缎物料，其飞金、木料、银两向总理监修处取用。记此。

初三日员外郎满毗因催总常保升为司库，减却伊每月原恩加赏马银二两事回明。奉内务府总管海望谕：原系恩赏，不必减却，仍照例发给。记此。

二十二日据圆明园来帖内称，内务府总管海望谕：前月外厂偷铁一事，员外郎马尔汉每斤铁罚银一两，共铁十四斤，罚银十四两。柏唐阿默尔参莪、领催福禄每斤铁罚银五钱，每人各罚七两。如不愿罚者，可责十四板。匠役头目每人责二十板，披甲人等二十七鞭。将偷铁匠役俟秋后另行治罪。帖到即将罚银催收。记此。于本月二十五日员外郎马尔汉交罚银十四两，柏唐阿默尔参莪、领催福禄每人交罚银七两。于七月初三日内务府总管海望着赏催总吴花子银十四两、番子头目邓安太银十两等语。员外郎满毗随将罚银赏与二人讫，下存银四两交库使七十五收讫。

七月初九日内务府总管海望奉旨：将胡常保名字三字，从今去此胡字，叫常保。钦此。

十月初九日镟得影子木直口小钟一件。常保持去交总管太监李英呈览。奉旨：准做。但此钟花纹平常，颜色亦白，略着些黄色。俟得好花纹六道木根、影子木根再换做，随小红漆盘二件。钦此。常保又来说，总管太监李英传旨：着海望向巡抚石麟将五台山的好花纹六道木根要些来。钦此。于本月十一日交山西巡抚石麟之弟内阁中书雅尔哈善抄去讫。

库贮

正月十三日太监张玉柱交伽楠香二块重六斤，祖秉圭进。传旨：交造办处。钦此。于本日交库使四达塞讫。

二月初三日大学士马尔赛交来湘阴县灵芝十一本广东巡抚赵弘恩进。传旨：交养心殿造办处。钦此。于本日交库使葛尔布讫。

初三日大学士马尔赛交来灵芝二本系苗子进。传旨：交养心殿造办处。钦此。于本日交库使葛尔布讫。

三月十五日催总胡常保持出紫檀木镶玻璃西洋柜一件背后玻璃镜一面，说园内总管李德传，玻璃有不全处，着添补收拾。记此。于本日交库使德邻收讫。于乾隆元年正月初五日将紫檀木镶玻璃西洋柜一件，司库常保、首领萨木哈交太监毛团呈进讫。

四月二十八日王常贵交来玻璃围屏二架计二十四扇，说系祖秉圭进，着交内务府总管海望。记此。于本日交库使葛尔布收库讫。

十月十四日常保、萨木哈持来大理屏石四块提督哈元生进，说宫殿监督领侍陈福、副侍李英、太监王常贵传旨：交造办处有用处用。钦此。交库使四达子收库。

二十日常保、萨木哈持来菩提子一千个总河沈廷正进。说宫殿监督领侍陈福、副侍刘玉、李英，太监王常贵传旨：交造办处用。钦此。

于十一月初七日库使葛尔布送来，交镟匠太监王玉持去讫。

十月二十日常保、萨木哈持来千里眼五件、西洋金花纸三千张巡抚鄂必达进，说宫殿监督领侍陈福、副侍刘玉、李英，太监王常贵传旨：交造办处用。钦此。

二十日司库常保、首领太监萨木哈来说，宫殿监督领侍陈福，副侍刘玉、李英，太监王常贵交来伽南香一块重五斤四两，巡抚鄂必达进。传旨：交造办处做数珠用。钦此。于十二月十七日将伽南香五斤四两内，挑选镟得数珠五串，一串重二两八钱、一串重二两六钱、一串重二两五钱、一串重二两二钱、一串重二两，共重十二两一钱。折耗五两九钱，回残香末四斤三两。首领李九明、萨木哈持于宫殿监督领侍陈福，副侍刘玉、李英看过，随传：重些二串配上用装严，轻些三串配赏用装严。每数珠一盘，各配做楠木胎锡里有屉盒一个盛装，其回残香留下里边。记此。于十年二月十八日做得上用装严伽南香数珠二盘，各随珊瑚佛头、松石塔记念、碧牙西背云坠角，银累丝镀金宝盖圈掐子，楠木锡里屉盒一个，内盛蜜八两，交太监刘义持去讫。于本日又做得赏用装严伽南香数珠三盘，各随珊瑚佛头、松石塔、绿玻璃记念、碧牙西背云坠角，银累丝镀金宝盖圈掐子，楠木锡里屉盒一个，内盛蜜十二两，交太监庞显玉持去讫。

二十七日首领太监李久明来说，宫殿监督领侍陈福交来桦木见方五寸、厚二寸一个，桦木乂刀鞘六个，桦木乂刀鞘四个热河总管薛保库进。传旨：着交养心殿造办处，其桦木有用处用，其刀鞘有做压纸处做压纸用。钦此。于本日交库使八十三、德邻收库讫。

十一月二十六日首领太监萨木哈来说，太监王常贵交查布查牙木碗一件朱尔马忒策布登进。拉古里木碗一件土尔古忒胡图克图进。查布查牙木碗一件台吉高查你进。拉古里木碗一件囊苏马呢图巴进。查布查牙木碗一件波罗奈进。拉古里木碗一件。传旨：着交造办处收拾。钦此。于本日随交太监杨文杰领去讫。

十二月十六日首领太监萨木哈持出黄玛瑙石大小十块广东提督张普进。说太监王常贵传旨：着交海望。钦此。于本日呈内大臣海望看过，着库贮。记此。随交库使葛尔布收讫。

玉作

正月二十四日内务府总管海望、员外郎满毗传做，备用牛油石万年一统尊一件。记此。于二月二十四日改为太平有象尊一件，司库常保交太监马进忠持去，交小太监阮贵收讫。

二十四日内务府总管海望、员外郎满毗传做，备用牛油石腰圆四喜盘一件。记此。于八月十四日做得牛油石腰圆四喜盘一件，司库常保呈进讫。

二月初三日内务府总管海望、员外郎满毗传做，备用紫檀木边嵌拱花玻璃衬色八角笔筒一件。记此。于八月十四日做得紫檀木边拱花玻璃八角笔筒一件，司库常保呈进讫。

十九日员外郎满毗传做，备用朝装严黄玻璃数珠一盘。记此。于十二月二十九日做得黄玻璃朝装严数珠一盘，珊瑚佛头、青金塔、绿玻璃记念、碧牙西坠角、蓝玻璃背云，首领李久明持去交太监刘希文讫。

二十四日据圆明园来帖内称，为配做十供内用白玉盘子，口面或三寸或四寸，大小挑三四件来。再白玉瓶或五寸高或四寸高，亦挑三四件送来。记此。于十二月二十八日选得大小白玉盘、瓶二件，配得绒柳枝，交官殿监督领侍陈福等呈进讫。

四月二十六日内务府总管海望持出白玉葫芦式花插一件。奉上谕：玉情甚好，但压腰粗些，做细些。配做珊瑚带二条。钦此。于八月十四日配做得珊瑚带白玉葫芦式花插一件，司库常保呈进讫。

五月初四日内务府总管海望将做得烫胎合牌玉石金刚经样一件呈览。奉旨：照样准做。字着戴临写。钦此。内务府总管海望随奏称，造此所用玉石用银库收贮石子内选取，若全用食粮匠役砣做，惟恐一时难得。今欲用外雇匠役砣做，约合用工价银八九百两。或用造办处银两，或用圆明园库内银两之处，请旨等语。奏闻。奉旨：着用银库玉，其工饭银两动用造办处银两造办。钦此。于十年九月初五日做得碧玉金刚经五十二片，石匣盛。领催周维德持去，安在昌运宫讫。

十八日员外郎满毗传做，年例备用珊瑚、青金、白玉、碧玉、玛瑙等八宝十份。记此。于十二月二十八日做得珊瑚、青金、玉、玛瑙、松石等八宝十份，司库常保、首领太监萨木哈、李久明呈进讫。

六月十六日据圆明园来帖内称，宫殿监督领侍陈福传旨：着做念佛蜜蜡数珠一盘，长九寸，用珊瑚佛头，用不好东珠记念。钦此。于二十四日做得蜜蜡数珠一盘，珠子记念呈览。奉旨：留下。但此蜜蜡数珠及铃杵俱做得糙些，加间珠儿亦小了，再照样做一盘。蜜蜡数珠俱做细致着，加间珠儿做大些。钦此。于八月初六日做得蜜蜡数珠一盘，柏唐阿寿山持去交来保讫。

七月初四日据圆明园来帖内称，内务府总管海望传，赏用朝装严数珠拾盘，或用沉香，或用泡素香，或买办香的身子，其佛头用珊瑚。好的做五盘，次的做五盘，用石青辫子。记此。于十年二月二十一日做得菩提数珠三盘，珊瑚佛头记念松石塔碧牙西坠角背云。伽南香数珠三盘，珊瑚佛头松石塔绿玻璃记念背云坠角。泡速香数珠四盘，珊瑚佛头记念松石塔碧牙西坠角，领催周维德交太监刘义持去讫。

二十四日据圆明园来帖内称，本日太监王永祥持来汉字帖一张，内开宫殿监督领侍陈福、副侍刘玉，四执事首领太监李进忠、程国用等传做：上用嵌珊瑚钮子带头二个。记此。于八月二十八日做得嵌珊瑚钮子带头二件，交太监刘进持去讫。

八月二十一日太监谢进朝来说，宫殿监督领侍陈福传，亮白玻璃帽顶四个。记此。于本日太监谢进朝持去亮白玻璃帽顶四个讫。

九月二十三日内大臣海望传做，黄蜡石长春花水盛一件、紫玛瑙福禄寿匙箸瓶香盒一件、黄玛瑙双喜压纸一件、牛油石桃盒二个、玻璃拱花砚盒八方。记此。于十月二十八日做得黄蜡石长春花水盛一件，内大臣海望代领司库常保呈进讫。于十月二十八日做得玛瑙福禄寿匙箸瓶香盒一件，内大臣海望代领司库常保呈进讫。于十月二十八日做得玛瑙双喜压纸一件、牛油石桃盒二个，内大臣海望代领司库常保呈进讫。于十月二十八日做得玻璃砚盒八方，司库常保呈进讫。

十月初五日据圆明园来帖内称，本日太监鲁国兴来说，首领太监郑忠交来上用阿格里数珠一盘假珊瑚佛头记念，假松石塔、假青金背云、假白石坠角四件、银镀金掐子圈宝盖一份。上用阿格里数珠一盘假珊瑚佛头、假青金记念背云、假珊瑚塔、假白石坠角四件、银镀金掐子圈宝盖一份。赏用阿格里数珠一盘假珊瑚佛头记念背云，假青金塔一个、坠角四个、银镀金掐子圈宝盖一份。赏用阿格里数珠一盘假青金佛头记念塔、假松石背云一件、坠角三件、假珊瑚坠角一件、银镀金掐子圈宝盖一份。赏用阿格里数珠一盘假珊瑚佛头背云坠角三件、假青金塔一件、假松石记念三十个、坠角一个、银镀金掐子圈宝盖一份。赏用阿格里数珠一盘假青金佛头坠角三个、假珊瑚塔一件、坠角一件、假松石记念三十个、背云一件、银镀金掐子圈宝盖一份。传：将上用二盘着打结子鹅黄辫子绦子，赏用四盘着打结子用石青辫子绦子。记此。于十月二十八日做得上用阿格里数珠二盘，锦盒盛，司库常保呈进讫。于十月二十八日做得赏用阿格里数珠四盘，司库常保呈进讫。

十四日常保、萨木哈持来永昌玛瑙石根盆一件、绿苗石洗一件、绿苗石花插四件、云产石数珠四十盘、大理屏石九块系鄂尔泰进。说太监王常贵传旨：交造办处。永昌玛瑙石根盆、绿苗石洗、花插，应做何物即做何物，有收拾处即收拾。云产石数珠装严赏用，大理石有用处用。钦此。于九年七月初四日将翡翠色数珠十盘、米色数珠十盘、珊瑚记念赏祖坦、张尔洪讫。于十年正月初四日将云产石数珠五盘，云产石佛头玻璃记念背云坠角交太监庞显玉持去讫。于十一年五月初一日将云产石数珠十五盘、珊瑚记念碧牙西坠角玻璃背云司库常保呈进讫。于十三年十一月二十七日将绿苗石花插四件、绿苗石洗一件，司库常保、首领萨木哈交太监毛团呈进讫。大理屏石九块、永昌玛瑙石根盆一件现存库。

二十五日首领太监萨木哈持出白玉杵一件系年希尧进。奉旨：样法还好，做得略粗些，再往细致好里收拾。钦此。于十一年五月初一日将玉杵一件司库常保呈进讫。

玻璃作

三月初二日据圆明园来帖内称，太监张良栋来说，首领太监李统忠传做：玻璃笔架二十件，不要单做噶出哈夫金式样，或双桃，或双如意式，挑选好言的做。记此。于本月二十二日做得玻璃笔架十件，交太监赵朝凤持去讫。

五月初一日内务府总管海望持出刻花白玻璃高足钟二件红玻璃盖二件。传：着交玻璃厂换做雨过天晴玻璃盖。记此。于本日交玻璃厂柏唐阿石美玉持去讫。

珐琅作

正月十三日宫殿监督领侍陈福传旨：将珐琅活计预备些来，赏鄂尔斯用。钦此。于本日将传做珐琅鼻烟壶一对、珐琅马蹄炉一件、珐琅轮杵一份、珐琅双陆马式壶一对，交太监马进忠持去，交宫殿监督领侍陈福收讫。

二月十一日清茶房首领太监徐进朝持出银提梁壶一件重十两七钱。说宫殿监副侍李英传旨：着照样做一对。钦此。于三月十五日做得银提梁壶一对并原样一件，交吴花子持去交宫殿监副侍李英讫。

四月十五日柏唐阿邓八格来说，内务府总管海望传，照八年十月初三日奉旨着做的珐琅噶布喇碗样式，做八供内珐琅噶布喇碗四件，有盖供酒珐琅噶布喇碗一件，俱随座子备用。钦此。于四月二十二日做得珐琅噶布拉碗八件、有盖供酒噶布拉碗一件、镀金铃一件、杵一件、铜架一件、银匙一件，紫檀木座，交太监王进孝持去，交太监陆道讫。

十七日内务府总管海望持出白磁碗一对。奉旨：着将此碗上多半面画绿竹，少半面着戴临撰字言诗诵题写。地章或本色，或合配绿竹，淡红或何色，酌量配合烧珐琅。记此。于八月十四日画得有诗句红梅花磁碗一对，司库常保呈进讫。

十七日内务府总管海望持出白磁碗一件，传，着将此碗画梅花，或本色，或红色地章，烧珐琅。记此。于八月十四日画得有诗句绿竹瓷碗一件，司库常保呈进讫。

十九日内务府总管海望奉上谕：着将有釉无釉白磁器上画久安长治芦雁等花样烧造珐琅。钦此。于五月初三日画得久安长治碗一件、飞鸣宿食芦雁碗一件、绿竹猗猗碗一件，梅花木样小酒圆六件、红梅碗一件，内务府总管海望呈览。奉旨：准照样烧珐琅的。钦此。于十二年十二月二十八日做得牡丹花大碗一对、九莲献瑞大碗一对、天竹腊梅大碗一对、红地白梅花大碗一对、绿竹长春大碗一对、杏林春燕大碗一对、节节双喜大碗一对、孔雀饭碗一对、水墨竹子茶碗一对、玉兰花茶碗一对、黄地菊花茶碗一对、长春花大茶圆一对、浅黄蟠桃九熟茶圆一对、深黄六寸盘一对、水墨梅花六寸盘一对、萱花五寸碟一对、寿竹长春四寸碟一对、玉兰花四寸碟一对、绿竹大酒圆一对、梅花喜鹊酒圆一对、芦雁酒圆一对、墨竹酒圆一对、八哥酒圆一对、黑地番花大酒圆一对、红龙玉壶春二件。司库常保、首领太监萨木哈呈进讫。

七月十四日据圆明园来帖内称，四月二十三日内务府总管海望传旨：水东村着用掐丝珐琅供器一份。记此。于十年九月十五日做得掐丝珐琅供器口花瓶烛台炉供器一份，催总张自成送赴水东村讫。

八月十八日员外郎满毗传做，备用年例银锞一千个各重一钱。银锞五百个各重二钱。银锞三百三十四个各重三钱。银锞二百个各重五钱。银锞一百个各重一两。记此。于十二月二十六日做得一钱重银锞一千个，二钱重银锞五百个，三钱重银锞三百三十四个，五钱重银锞二百个，一两重银锞一百个，司库常保、首领太监萨木哈呈进讫。

二十五日据圆明园来帖内称，本月十四日司库常保、首领太监萨木哈来说，奉旨：照朕五月初七日指示，八角式花篮帽架再做一件。钦此。于十月二十八日做得花篮帽架一件，内大臣海望代领司库常保呈进讫。

九月二十二日据圆明园来帖内称，首领太监萨木哈来说，总管太监李英传旨：照八年十二月初七日呈览过的金胎珐琅小杯盘木样，大一分的做一份，大二分的做一份，大三分的做一份。钦此。于十二月二十八日做得大三分的金胎珐琅杯盘一份，司库常保、首领太监萨木哈呈进讫。于十月二十八日做得金胎珐琅杯盘大一分的一份，大二分的二份，内大臣海望代领司库常保呈进讫。

十月二十日司库常保、首领太监萨木哈奉上谕：将珐琅葫芦做九个，画斑点，烧葫芦色，盖子镀金。其葫芦上字照朕御笔，着戴临写。再做一暗饰件白檀香匣，内做九隔，糊猩猩毡里。钦此。于十月二十八日做得葫芦大些样一件、小些样一件、暗簧饰件匣木样一件呈览。奉旨：葫芦照大些样，烧珐琅葫芦色，其葫芦上写时着戴临再放些，画样准做。钦此。此葫芦匣十年三月初七日呈进讫。

十一月十二日宫殿监副侍刘玉交来珐琅长春花鼻烟壶一件。传旨：此鼻烟壶画法甚好，嗣后若烧造珐琅鼻烟壶，俱照此画法花卉款式烧造。钦此。于十三年十二月十九日将珐琅鼻烟壶一件，司库常保、首领萨木哈持进，交太监毛团呈进讫。

牙作　附砚作

四月二十五日内务府总管海望奉上谕：小琥珀佛手做一件、蜜蜡的一件、珊瑚的一件、象牙茜色的做二十件。钦此。六月二十六日做得琥珀小佛手一件、蜜蜡佛手一件、珊瑚佛手一件、象牙茜色二十件，海望进讫。

五月初四日内务府总管海望奉上谕：尔照先交出的圆形洋漆藏盒式样收小，或二三寸高，或四五寸高，或用象牙，或木胎做漆，周围雕透花，顶上亦做透花，或用银母雕透花，糊纱，盛花用。钦此。于六月初六日做得雕刻象牙盒一件，内务府总管海望呈进讫。

二十二日内务府总管海望奉上谕：此黄圆香袋略大些，做一象牙雕花透地花囊，盛鲜花用亦可，盛香袋用亦可，若香袋无味亦可以换得。钦此。于六月初六日做得象牙透地香袋二件，首领太监萨木哈呈进讫。于六月十九日做得象牙透地香袋三件，首领太监萨木哈呈进讫。

二十四日据圆明园来帖内称，本月初七日内务府总管海望奉上谕：着照现在挂的香袋式样，用象牙雕刻透花做一对，象牙墙像火镰包的掐簧，二面盖透地糊纱，或盛鲜花，或盛香，皆用得。香袋边不必做挑出去的丝子挂络，底下要钟形，上边要宝盖形，中间或连环、方胜俱可。钦此。于六月二十六日据圆明园来帖内称，本月二十日内务府总管海望奉旨：着照前做过象牙透花香袋再做几件。钦此。于七月二十九日司库常保做得象牙透花香袋四件、大挂络香袋一对呈进。奉旨：圆香袋留下，挂络香袋不应时，俟明岁应用之时再呈进。钦此。于十年四月二十九日做得挂络香袋一对，内大臣海望代领司库常保呈进讫。

七月二十八日据圆明园来帖内称，本日内大臣海望传做：备用牛油石瓶，内安象牙花二束。记此。于十月二十八日做得象牙花二束，内大臣海望呈进讫。

八月十七日太监王进孝来说，太监王道传做：盛鼻烟的牛角格漏一件。记此。于本月二十八日做得牛角格漏一件，交太监王道持去讫。

二十五日据圆明园来帖内称，本月十四日司库常保来说，内大臣海望传做，各色石盒砚二十方。记此。于九月初九日做得石盒砚九方，常保呈进讫。于十月二十八日做得各色石盒砚九方，内大臣海望代领司库常保呈进讫。

九月初五日据圆明园来帖内称，本日内务府总管海望传做：备用乌拉石砚十方。记此。于十月二十八日做得乌拉石盒砚九方，内大臣海望代领司库常保呈进讫。

十二月初八日管理玻璃厂事物司库三音保送来各色玻璃鼻烟壶六十五个，回称奉内大臣海望谕，着配象牙匙。记此。于本月二十四日俱配做完，交司库三音保领去讫。

花儿作

正月二十四日催总常保来说，太监焦进朝传，九洲清晏佛花一对。记此。于本月二十七日做得绫子玉堂富贵佛花一对，交首领彭凯昌收讫。

二月十二日内务府总管海望、员外郎满毗传做，端阳节年例备用通草戴花六十匣、合锦戴花十匣、娃娃十匣、翠符十匣、绒符十匣。记此。于五月初四日做得通草戴花六十匣、合锦戴花十匣、娃娃十匣、翠符十匣、绒符十匣，海望呈进讫。

八月初二日首领太监潘凤交来养心殿东暖阁陈设盆景六件，着见新收拾。记此。于十一月初四日收拾得盆景六件，交首领太监潘凤持去讫。

十月十九日据圆明园来帖内称，本日太监王进孝来说，太监焦进朝交来小供花一对，传，着照样做一对。记此。于十二月二十七日做得小供花一对并原样，太监王进孝持去，交太监焦进朝讫。

十一月初二日太监焦进朝传，乾清宫西丹墀板房佛堂着做绫子供花一对。记此。于十二月二十八日做得绫子供花一对，催总吴花子交太监焦进朝讫。

二十九日首领太监张文保来说，太监焦进朝交岁岁乐长春小供花一对，传，着照样做八对。记此。于十二月二十八日做得岁岁乐长春小供花八对，催总吴花子交太监焦进朝讫。

舆图处

三月十九日据圆明园来帖内称，大学士公马尔赛、大学士张廷玉、理藩院尚书忒古特同传旨：着照此依里等处图另画五六份，将活屯等字音汉字改音城字，必拉阿林亦改音河山，以备出外用。钦此。于本日交柏唐阿八十承办讫。

七月十六日据圆明园来帖内称，本日内大臣海望谕：着将着色木板全图二份预备应用。记此。于八月二十日内大臣海望奉旨：着赏公马尔赛四五六三排图一副。钦此。于九月十九日军需处人员要去四五六三排图一副讫。

十六日据圆明园来帖内称，本日内大臣海望着补画四五六排图二份，凑全备用。记此。于本日交柏唐阿八十承办讫。

八月初六日据主事诺黑图来说，内大臣海望传：照库贮青白石日影表样式，收小些用楠木做一份备用。记此。于初七日主事诺黑图来说内大臣海望传做：日影表一份外，另做圆盘一件，径八寸，厚一寸，画度数，中安定南针。记此。于本日交诺黑图承办讫。

初六日据圆明园来帖内称，本日内大臣海望传，画自楚枯往北，至莫斯夸，吐勒枯忒图二张，一张着色，一张不着色，俱各托裱，本月初八日要。记此。于本日交柏唐阿八十承办讫。

九月初九日内大臣海望传，口外喀尔喀地名蒙古字上谕着刻板刷印二百一十份发报。记此。于本日交柏唐阿八十承办讫。

杂活作　附眼镜作　锭子药作　绣作

四月十六日织染局领催永保来说，内务府总管海望交紫色绉绸透绣手巾十条，着用颜色烘染蝴蝶。记此。于十年十月二十日交织染局催总书保持去讫。

十六日宫殿监副侍苏培盛交来紫檀木笔管二件，着换象牙笔掐子二件。记此。于二十日换得象牙笔掐子二件，催总吴花子持去，交太监苏培盛讫。

五月初五日太监赵玉来说，太监张玉柱传，着照赏陈太例，赏副都统阿成阿一份。记此。于本日将赏用大凹面腰刀一把、千里眼一件、半口小刀一把、单小刀一把、红皮套日晷一件、马尾眼罩一件、红羊皮套署文房一件、红皮穿带一副、黑皮带刀圈二件、黑皮口带一副、黑皮彩金火镰包一件、红皮彩金火镰包一件、羊角解锥一件、红羊皮套刮膘一件，太监马进忠持去，交太监张玉柱赏阿成阿讫。

初五日圆明园来帖内称，本日太监张玉柱传旨：着做火镰包二百个，随火石、火绒。钦此。于本日内务府总管海望定得红牛皮火镰包二百二十件，赶本月二十二日要用。记此。于八月二十日做得红牛皮火镰包二百二十件，赏巴图鲁兵丁头目讫。

初七日宫殿监督领侍陈福奉旨：泰山并髫髻山娘娘玉带应用何物成造？钦此。陈福奏称：此玉带应用玉片成造。奉旨：尔同海望酌量应用何样玉片成造之处，将玉片查来，呈览过再做。钦此。于十一月十四日宫殿监督领侍陈福、首领太监李久明、萨木哈，为泰山、剎髻山、东岳庙等处供献玉带，敬谨选得广储司银库收贮白玉带六十四条、碧玉带二条、莱玉带三十四条呈览。奉旨：泰山娘娘准用走兽白玉带三条，东岳庙天齐大帝准用寿字白玉带一条，剎髻山玉皇大帝准用白玉龙带一条，前殿娘娘准用花式白玉带五条，后殿娘娘亦准用花式白玉带九条。再碧玉带一条不好，着收拾好交行头上用。再乾坤字白玉带一条甚好，着装修配匣盛装送进。再上好玉带十四条、碧玉带一条交广储司好生配匣盛装收贮。钦此。于十二月初三日将上选出白玉乾坤字带一条另换黄鞓，配盒一件盛装。碧玉带一条另换红鞓，首领萨木哈持进交宫殿监督领侍陈福收讫。据司库常保来说，东岳天齐大帝神袍已交广储司成做，其神冠有应收什者收什。记此。

二十一日圆明园内来帖内称，本月十六日催总吴花子来说，内务府总管海望传做，备用赏大将军钥匙套二件、太平如意折套二份。记此。于七月十三日做得钥匙套二件、太平如意折套二份，总管吴花子持去交公马尔赛讫。

二十五日太监赵玉来说，太监张玉柱传，着照赏副将军查弼纳物件预备一份。记此。于本日照例查出一份内不用石青带，用红软带一条，交太监赵玉持去讫。

六月初一日员外郎满毗传做，备用赏用五十、六十、七十岁玻璃眼镜，每样做五副。记此。于九月二十日做得玻璃眼镜六副，交太监焦进朝持去讫。

初十日首领太监薛勤交来红藏香二十斤。传，着照前样一样做大香。记此。于本月二十四做成大香七十一根，交太监任朝凤持去讫。

三十日据圆明园来帖内称，五月初七日内务府总管海望奉上谕：着将胡常保带来。钦此。本日内务府总管海望随将催总胡常保带来面奉上谕：尔等照朕指示做一花篮，花篮做紫檀木边嵌雕象牙，中心花要透地，将花篮内提梁分为四瓣，做帽架。花篮内安铜烧珐琅胆，取出当器皿用，上安珐琅盖，盖上留眼插鲜花，又像盘子，盛得香圆、佛手，薰冠用。钦此。于八月十四日做得花篮一件，常保呈进讫。

七月初四日据圆明园来帖内称，办理军需处来文内称，奉旨：照前赏过巴土鲁兵物件，今又赏一百份等语。记此。随查得应赏火镰包一百件。于七月二十三日做得火镰包一百个，催总刘山久持赴军需处交讫。

八月三十日内大臣海望传旨：着做赏出兵兵丁布棉袄四千件、布棉袜四千双、健步散一千斤、耐寒散一千斤。钦此。于九月初二日内大臣海望口奏：为造布棉袄四千件、布棉袜四千双，约用银七千余两，意欲动用崇文门余银应用等语。奏闻。奉旨：准奏。钦此。于九月十五日造成棉袄二千件、棉袜二千双、健步散五百斤、耐寒散五百斤，司库常保交户部员外郎车尔素领去讫。于九月二十二日造成棉袄二千件、棉袜二千双、健步散五百斤、耐寒散五百斤，司库常保交户部主事福来领去讫。

九月初二日司库常保来说，内务府总管海望传，着将大凹面腰刀一把、小千里眼一件、日晷一件，赏汉侍卫丁云龙。记此。于本日将大凹面腰刀一把、小千里眼一件、日晷一件，司库常保交丁云龙讫。

十月二十五日首领太监萨木哈持来白玉瓶一件、青玉瓶一件系年希尧进。奉旨：着配杨柳枝。钦此。于本月二十八日将交出青玉瓶一件，配得象牙茜色长春花一束，首领太监萨木哈交陈福陈设在斗坛讫。于十月二十八日将白玉瓶一件配杨柳枝，司库常保交宫殿监副侍陈福呈进讫。

十一月二十三日内阁中书雅尔哈善送来山西巡抚石麟进五台山槽木根四块、桦木根四块、六道木根二块、六道木四根。于本日呈内大臣海望看过，随谕：交司库常保，将木根等收拾妥协呈览，准时再做物件。记此。于十二月初八日宫殿监副侍李英、首领太监李久明、萨木哈将山西巡抚石鳞所进桦木根四块、槽木根四块、六道木根一块、六道木四根内持进桦木根四块、槽木根二块、六道木根一块呈览。奉旨：六道木材料不能甚大，应镟做何物，酌量镟做小些物件，其余俱交造办处有用处用。钦此。本日宫殿监副侍李英随交传与山西巡抚石麟，将六道木根再寻些送来。记此。于本月初十日交内阁中书雅尔哈善讫。

皮作

正月二十一日内务总管海望口奏称，为新盖板房恐有渗漏，或用灰或用包金土收拾等语。具奏。奉旨：抹灰与包金土不好看，其板房俱做油单几块苫盖好。朕所住板房经过大雪二次，并无渗漏，目今春天无甚大雨，亦做油单几块预备苫盖。惟佛堂微有渗漏，尔看空收拾，亦做油单苫盖。钦此。

二月初四日催总胡常保来说，宫殿监督领侍陈福、太监张玉柱传：给大学士等办事板房内做安黄布帘杉木格子，高三尺二寸、宽五尺二寸、入深一尺一个，高五尺八寸、宽二尺四寸、入深一尺二寸二个。记此。于本月初六日照尺寸做得杉木格子三个，催总常保、柏唐阿五十八安讫。

八月初八日员外郎满毗传，养心殿佛堂铺地黑毡并东暖阁楼上铺地平的白毡俱着换新毡铺设。记此。于本月初十日柏唐阿五十八进内铺设新毡讫。

二十六日员外郎满毗传，养心殿前殿中间宝座铺地平黑秋毛毡见方五尺三寸一块，因虫蛀破坏，着武备院毡库将旧毡收去，照尺寸另换黑秋毛毡一块。再养心殿内竹宝座一份、席子心套三件，着另换做新蓝布边刷子。记此。于九月二十一日照尺寸裁得黑毛毡一块并蓝布边刷子套三件，柏唐阿五十八持进安讫。

九月初五日首领太监潘凤传，养心殿东暖阁玻璃窗上锦帘二个旧了，另换新锦帘。记此。于本月初七日做得锦帘二个，交首领太监潘凤讫。

二十六日员外郎满毗传，乾清宫西丹墀板房内的羊皮帐子一架、白氆氇围墙二份，俱着收拾。记此。于十月二十二日柏唐阿五十八带领匠人进内收拾讫。

十月二十日首领太监潘凤传，养心殿东暖阁陈设的床并后殿陈设床俱垫薄毡。记此。于十二月十二日柏唐阿五十八带领匠人进内垫讫。

十一月初五日司库常保来说，宫殿监督领侍陈福、副侍刘玉传旨：乾清宫西丹墀下转角板房东一间羊皮帐内，原安设床移在前边安设，后边添做床一张，两边安牌插。皮帐中间做一有角门，二面羊皮隔断，其隔断上两边各开一方窗，衬纱。床上铺氆氇褥。两边皮帐上开一玻璃窗，对玻璃窗板墙开一方窗。再切廊下盖大些板房三间。钦此。于十一月十五日将原床移在前边，又做得杉木床一张，上安牌插、红氆氇面月白缎里褥一件，二面羊皮有角门幔子一架，上开衬纱方窗，玻璃窗一件，板墙上方窗一件。司库常保、宫殿监督领侍陈福、副侍刘玉安装陈设讫。于十一月十八日司库常保、柏唐阿五十八等代领匠役至乾清宫切廊下盖造大些板房三间讫。

十二月初四日太监宓兴国来说，太监王常贵传，报匣二份。记此。于本日将正月十一日传做得内报匣二分，交太监宓兴国持去讫。

十三日膳房首领太监王进朝来说，总管太监赵进斗传，毡棚查查里一架，上布鄂约一架。记此。于本月十六日太监白进玉持去讫。

十六日宫殿监督领侍陈福、副侍刘玉、李英传，乾清宫西丹墀下卷棚板房明间前，接做榆木檩柱绵布偏厦一座，两旁各安帘子。记此。于本月二十二日做得榆木檩柱金黄布面蓝布里偏厦一座，两旁各安帘子，司库常保、柏唐阿五十八交首领夏安持进安讫。于十年正月十八日首领夏安仍持出，着收着。记此。于十二月二十五日做得棉布偏厦一座，交首领夏安持进安讫。

炮枪作　附弓作

正月初五日大学士蒋廷锡传旨：着照先造过大起火，再造五千个。钦此。于本年四月二十三日造成大起火二千枝，用油纸包裹，分十六箱盛装，交户部笔帖式傅琨领去讫。于四月二十四日将大起火三千枝，交花炮作库掌湾他哈送赴军需处交讫。

三月十六日据柏唐阿苏七格来说，三月初九日工部来交，着成造铁斗头炮、百子炮九十三位之文并画样一张，监造炮枪员外郎马尔汉、司库苏合等持赴圆明园与内务府总管海望看，着照画样做木样来看。记此。于三月十九照画样做得大铁炮木样一位、斗头炮木样一件、百子炮木样一位，员外郎马尔汗、司库苏合持赴圆明园，内务府总管海望看准，着作速照木样每样各造铁炮一位再看。记此。于本日交员外郎马尔汉承办讫。

十八日圆明园来帖内称，公马尔赛、内务府总管海望交来冲天炮二位，传，有应收拾者急速收拾。记此。于三月二十八日员外郎马尔汗等呈称：公马尔赛交收拾冲天炮二位，每位应补做之物开后：铜格漏一块，长一尺，宽二寸五分，厚五厘。铜药漏子一个，口面径过三寸五分，厚五厘。地平车轴二根，长三尺八寸，见方四寸。轱辘四个，径过九寸五分，厚三寸。榆木塞子八块，长四寸，宽三寸，厚一分五厘。榆木炮探子一根，长三尺，径一寸五分。榆木滚子二根，长二尺八寸，径四寸。榆木垫板六块，长一尺一寸，宽九寸五分，厚三寸，稍厚一寸八分。榆木郎头一件，长五寸，径三寸，靶长二尺五寸。榆木充杠一件，长三尺五寸，径三寸。大头小尾榆木撬杠二根，长四尺，径三寸六分。装竹物杉木匣一个，长二尺五寸，宽一尺五寸，高一尺八寸。画龙黄布油苫单一块，长六尺五寸，宽五副。黄布苫单二块，长六尺五寸，宽五副。做药口袋白布四尺。黄布夹炮套一件，长二尺五寸，宽三尺五寸，顶见元一尺二寸。高丽纸三张。红鞍笼一个。庹尺匣里白毡四块，每块长三尺八寸，宽二尺一寸。金黄绒绳四根，每根长五尺。车川八根，每根里口二寸三分。车箭十六根，每根长一寸，见方二分。铜盘秤一件。黄蜡八两。记此。于六月十三日将冲天炮二位内应收拾物件俱补做收拾完，员外郎马尔汉持去交公马尔塞讫。

二十二日内阁大学士公马尔赛等咨称，雍正九年三月二十日奉旨：赏家选兵丁二千名所用军器等项，预交该管处造做。钦此。钦遵。相应移咨养心殿造办处成造鸟枪一千杆、腰刀二千把、大小刀二千把等因前来。记此。于本月二十二日笔帖式善惠持来交赴圆明园内务府总管海望看过，鸟枪一千杆，着造鸟枪人员查明。其腰刀二千把，将现成腰刀三千把内拨给二千把，再大小刀二千把交催总吴花子做样看。记此。于四月初一日做得大小刀木样一件，内务府总管海望看准，着照样做二千把。记此。于五月初七日正白旗满洲参领哈达那领腰刀、大小刀各一百七十四把，鸟枪八十七杆。正白旗汉军参领池维弼领腰刀、大小刀各三十四把，鸟枪十七杆。镶黄旗满洲参领厄忒日保领腰刀、大小刀各一百五十把，鸟枪七十五杆。初六日正红旗阿达哈哈张永忠领腰刀、大小刀各四十四把，鸟枪二十二杆。初七日正黄旗汉军副参领刘玉领大小刀各四十二把，鸟枪二十一杆。正蓝旗蒙古参领双喜领大小刀各六十三把，鸟枪三十一杆。正蓝旗满洲参领杜赖领腰刀、大小刀各一百三十七把，鸟枪六十八杆。正蓝旗汉军参领刘忠贤领腰刀、大小刀各五十把，鸟枪二十五杆。厢红旗汉军佐领刘起蛟领腰刀、大小刀各四十三把，鸟枪二十一杆。初八日厢白旗蒙古参领巴亮领腰刀、大小刀各四十把，鸟枪二十杆。厢白旗满洲参领明寿领腰刀、大小刀各一百七十把，鸟枪八十五杆。厢白旗汉军参领韩延积领腰刀、大小刀各四十把，鸟枪二十杆。正红旗蒙古参领沙咯领腰刀、大小刀各四十四把，鸟枪二十二杆。初九日厢黄旗蒙古六品官关德领腰刀、大小刀各五十把，鸟枪二十五杆。厢黄旗汉军参领祖永书领腰刀、大小刀各五十把，鸟枪二十五杆。正黄旗蒙古参领书胡鲁领腰刀、大小刀各三十八把，鸟枪十九杆。正红旗满洲参领英阿达领腰刀、大小刀各一百六十二把，鸟枪八十一杆。厢蓝旗蒙古副参领沙达寿领腰刀、大小刀各十九把，鸟枪九杆。镶蓝旗满洲参领明元领腰刀、大小刀各一百七十二把，鸟枪八十六杆。十一日厢红旗满洲参领伊兰太领腰刀、大小刀各一百六十七把，鸟枪八十三杆。十二日正白旗蒙古拜他拉布拉哈番拉锡领腰刀、大小刀各四十二把，鸟枪二十一杆。十四日厢蓝旗汉军参领高因秀领腰刀、大小刀各五十九把，鸟枪二十九杆。厢红旗蒙古副参领那亲领腰刀、大小刀各四十把，鸟枪二十杆。十五日正黄旗满洲参领萨哈达领腰刀、大小刀各一百七十把，鸟枪八十五杆。

二十七日武备院甲库司库常保来说，三月二十六日太子太傅大学士兼领侍衙内大臣公马尔赛转传旨：将赏乾清门侍卫等盔甲内选好的一份赏状元祁大勇。钦此。于本月二十八日将六年十二月初六日传做赏乾清门侍卫内石青缎面镀金钉甲一副，随铜镀金兽面垂珠盔一顶、石青缎壮帽一顶、蓝布棉垫六件、蓝仿丝兦单四件、蓝布兦单二件，公马尔赛赏祁大勇讫。

七月初一日户部笔帖式达尔善送来内阁大学士仍兼理户部尚书事蒋廷锡咨称，六月二十三日奉旨：八旗满洲蒙古汉军及包衣佐领下家主人内，照从前好行走过受得辛苦者，再挑选二千名，其应赏伊等家主，并将伊等作为另户，及一切应得恩赏，俱照前次役兵例给与。钦此。应将今次所派役兵二千名照从前役兵所得之例，所需鸟枪一千杆、大刀二千把、腰刀二千把，应行交养心殿照例制造等因前来。本日笔帖式永宁说，内务府总管海望传，大刀子交催总吴花子办理，鸟枪交员外郎马尔汉办理，腰刀传催总刘三九前来等因。记此。于八月二十日做得鸟枪一千杆、腰刀二千把，交工部笔帖式卢昌讫。

初四日据圆明园来帖内称，办理军需处来文内称，奉旨照前赏过巴土鲁兵物件，今又赏一百份等语。记此。随查得应赏鸟枪一百杆、大药葫芦一百份。记此。于七月二十三日做得鸟枪一百杆、随大药葫芦一百份，催总刘山久持赴军需处交讫。

十六日据圆明园来帖内称，本日内大臣海望传，着照先做的铜饰件腰刀十把，再做五十把，做精细些。记此。于九年八月十八日司库常保持去十把赏骁勇兵讫。于八月二十日司库常保持去四十把赏骁勇兵讫。

十月十二日据圆明园来帖内称，本日大臣海望奏，为造大号鸟枪二千杆备用。奉旨：准奏。钦此。于本日交员外郎马尔汉成造讫。

鞍作

八月二十日内大臣海望奉旨：着赏抚远大将军大学士忠达公马尔赛紫扯手鞍一副。钦此。于本日将紫扯手红鞍心白丝线嵌孔雀石鞦辔鞔金花皮喀尔喀式样鞍一副，随鞍笼赏抚远大将军大学士忠达公马尔赛讫。

雍正十年

记事杂录

二月十八日内大臣海望奉上交，酱色缎面绣西番莲腰式荷包一件、葵花色缎面石青缎口绣西番莲腰式荷包一件、浅蓝缎面石青缎口绣西番莲腰式荷包一件。谕：此荷包面系年希尧所进。在彼时看似属无用，今做成看，庶觉有用。此三件荷包款式花样还好，着照此样做些，再比此样式收小些亦做些来。再仿此式另画些花样，交年希尧绣些来，亦不可过多，看明花样时将此原荷包仍缴进。钦此。

三月十一日司库常保来说，宫殿监督领侍陈福、副侍刘玉传旨：将养心殿供奉斗尊，着常保请赴圆明园深柳读书堂供奉。钦此。于本月十三日司库常保将斗尊请赴圆明园深柳读书堂供讫。

二十一日据圆明园来帖内称，本月十九日内大臣海望谕：京内作房不足用，将南院画样添盖些房子，可交与总理监修处监造，或用营造司现有旧材料。将房样送来再定。记此。于四月十六日画匠沈元持来白虎殿添盖房屋画样一张，奉内大臣海望谕：俟我到京内造办处时启我知道，以便交总理监修处修造。记此。于六月二十三日员外郎满毗、三音保将房样呈内大臣海望看过，着交与总理监修处照样修造。

记此。本日即将房样交总理监修处郎中赫德、员外郎释迦保讫。

四月初十日柏唐阿佛保来说，内大臣海望谕：南玉匠胡德成年老不能供役，着革退。记此。即交档子房笔帖式常保停止所食钱粮讫。

二十四日内大臣海望口奏称，昨日所放员外郎三音保、硕塞二员，在养心殿年久，善于钱粮，今造办处总理事务官只满毗一人，再料理库务并钱粮事官只傅参一员。奴才意欲将员外郎三音保协同满毗总理事务画押、硕塞协同傅参料理库务并钱粮事务等语。具奏。奉旨：好，两处行走。钦此。即传本造办处各作知悉讫。

二十九日据圆明园来帖内称，四月二十九日做得端阳节活计等件，内大臣海望代领司库常保、首领萨木哈呈进，奉旨：呆白玻璃小圆水盛一件，做的甚好，着照样用此样玻璃或做四喜觥、或做九螭觥、或仿古玉器款式做些。再，水墨珐琅甚好，将画画人戴恒、汤振基伊二人画珐琅活计，其进之画持出。再，唐岱所进之画亦持出，其余活计俱好，着留下。钦此。于本日将呆白玻璃活计一事交骁骑校常禄抄去讫。画画人戴恒、汤振基二人改画珐琅讫。

五月二十二日宫殿总理监修处员外郎释迦保、六格等传内大臣海望谕：乾清宫月台上黄毡板房、斗坛、西丹墀等处板房，俱拆移中正殿盖造。其月台上斗坛内有陈设围屏、帐幔等，并西丹墀板房内有陈设及铺设毡条、门帘等件交造办处。令该管人员踏看拆卸，如有应交该管处者即交该处。等因。遵此。于五月二十五日，员外郎满毗带领柏唐阿五十八进内至乾清宫月台上黄毡房三间，明间床红白套毡一份，有黄缎帏子。东间床红白套毡一份，大小黑春毛地毡三块。记此。即交武备院毡库库守存住收回讫。

闰五月二十四日据圆明园来帖内称，本日柏唐阿佛保、六达子来说，奉内大臣海望谕：彩漆匠秦景颜甚是滑懒，原系召雇之匠，将伊革退。秦景颜所食银两另行召雇。遵此。本日交档子房笔帖式普昌停止所食钱粮讫。

二十七日据圆明园来帖内称，本日内大臣海望奉上谕：着传与年希尧，将长一尺八寸、宽九寸至一尺、高一尺一寸至一尺三寸香几做些来，或彩漆，或镶斑竹，或镶棕竹，或仿洋漆，但胎骨要轻妙，款式要文雅。再将长三尺至三尺四寸、宽九寸至一尺、高九寸至一尺小炕案亦做些，或彩漆，或镶斑竹，或镶棕竹，但胎骨要淳厚，款式亦要文雅。钦此。本日交内务府总管年希尧家人郑天锡抄去讫。

七月初一日据圆明园来帖内称，六月二十九日首领萨木哈来说，太监沧州传旨：百花斗方山水大碗画得甚好。钦此。内大臣海望着将画珐琅百花斗方山水画珐琅人邹文玉，用本造办处库内银赏伊五两。记此。即将银五两赏画珐琅人邹文玉讫。

初七日据圆明园来帖内称，本日宫殿监副侍李英交出白地红花茶圆一件。传旨：此茶圆款式花样俱好，着烧造磁器处照样烧造些送来。再将翡翠色、黄色的亦烧造些。钦此。内大臣海望谕：俟烧造得时一并将发去茶圆原样送来。遵此。于初九日将白地红花茶圆一件并上谕一道，司库常保交内务府总管年希尧家人郑天锡领去讫。

初十日据圆明园来帖内称，本日司库常保持出五彩花磁果托一件，说宫殿监副侍李英传旨：着传与年希尧，照样将填白釉果托烧造些来，令造办处将黄色地画珐琅烧造些。钦此。于八月十四日将原五彩花磁果托一件，司库常保持去交宫殿监副侍李英收讫。

八月初四日圆明园来帖内称，本日柏唐阿赵佛保等回称，祖秉圭进来的牙匠陈祖章等五名，原系祖秉圭处按月每人给饭银三两。今据祖秉圭之子说，我父已离任，伊等所用饭食银两不能照前给发等因回明。奉内大臣海望谕：伊等若无工食银两难以当差，暂将本库馀平银每月每人给饭银三两，俟后新官到任时令其按数补还本库。遵此。

初六日柏唐阿佛保、左世恩、六达塞等来说，彩漆匠秦景颜因伊滑懒革退，今召雇得彩漆匠郑子玉，系江南民，人甚老成，手役［艺］亦好，可以替得秦景颜当差等因，启知内大臣海望。随谕：将秦景颜所领工食银五两并衣服银两，自八月起着郑子玉按月向本库领取。遵此。本日交档子房笔帖式溥惠入册讫。

十五日据圆明园来帖内称，本日内大臣海望奉上谕：尔传与年希尧，将各色扇套或织花、或绣花、或缂丝做些来。其黄色每样只可做二三件，不必多做。钦此。本月十七日交内务府总管年希尧家人郑天锡抄去讫。于十一年三月二十九日郑天锡送来绣花缎扇套面三十件，司库常保、首领萨木哈呈览。奉旨：着交造办处成做。钦此。于五月初一做得绣花扇套三十件，司库常保、首领萨木哈呈进讫。

十五日据圆明园来帖内称，本日内大臣海望奉上谕：尔传与年希尧，将各色漆水好款式小砚盒做些来。其砚不必令伊配做，俟送到时令造办处配绿端石砚。钦此。本月十七日交内务府总管年希尧家人郑天锡抄去讫。

九月初二日副领催王老格来说，员外郎三音保交八年七月初三日内务府总管海望谕：为怡贤亲王府内彩漆房改为祠堂，内供奉小圆供器一份。记此。于九月二十四日做得黑漆小圆供器一份，员外郎三音保持赴王府内供奉讫。

初二日据圆明园来帖内称，本日内大臣海望面奉上谕：尔寄信与年希尧、海保，将好玉材料寻些送来。钦此。于九月初十日交内务府总管年希尧家人郑天锡抄去讫。又于十五日交苏州织造郎中海保家人六十五抄去讫。

十三日据圆明园来帖内称，司库常保、首领萨木哈奉上谕：着寄信与年希尧，将霁红、霁青、均窑、汝窑小花盆水连［奁］烧造些来。先做木样呈览，朕看准时再发去烧造。再照玻璃菊花盘样将玻璃盆做几件。钦此。于十一月二十七日做得小花盆木样二件随水连［奁］，司库常保，首领李久明、萨木哈呈览，奉旨：照样准烧造磁器。钦此。本日将木样二件随水连［奁］并上谕二道，司库常保交内务府总管家人郑天锡领去讫。

十月二十三日司库常保、首领李久明、萨木哈来说，奏事太监王常贵、高玉交象牙雕刻灯一对系广东总督鄂弥达进，内挂络三挂有坏处。传旨：交海望，将此灯悬挂在圆明园仙香苑。钦此。于十一月初三日将象牙雕刻灯一对，上随铜镀金宝盖缨络一对，画花玻璃片八片，随木箱纸匣盛装象牙雕刻挂络十二挂，内三挂有坏处。员外郎满毗、三音保交圆明园档子房副领催桑格领去讫。

二十六日内大臣海望口奏，顺承亲王等奏称，赞巴拉特鸟枪甚好等因，现各处应给鸟枪还有六五千杆尚未造成，欲将此未造鸟枪俱照小赞巴拉特鸟枪式样成造，应领鸟枪之处将此赞巴拉特鸟枪发给等语。具奏。奉旨：好。钦此。本日交造鸟枪处司库苏和、领催福六抄去讫。

二十八日司库常保、首领李久明、萨木哈奉旨：珐琅画青山水甚好。钦此。于十二月二十八日柏唐阿邓八格、宋七格来说，内大臣海望谕：邹文玉所画珐琅数次皇上夸好，应遵旨用本造办处库银赏给十两。遵此。即将银十两赏画珐琅人邹文玉讫。

二十八日司库常保、首领李久明、萨木哈奉旨：里边有一面画花卉，一面写字磁壶，款式甚好，尔等可降旨与乾清宫总管要来，镟做木样呈览，准时交年希尧照样将填白釉磁壶烧造些送来，以备烧珐琅用。钦此。本日乾清宫宫殿监督领侍苏培盛，副侍陈福、刘玉、李英交：着向圆明园园内总管查，有一面画花卉、一面写字的磁壶，类此样有几样？俱交造办处人持来，俟看完样时仍送还等因。于本月二十九日员外郎满毗、三音保差柏唐阿留拉他赴圆明园去，向园内总管李德取来一面写黑色行书字，一面画玉堂富贵花卉磁壶大小三把内一把上有惊纹，系大清雍正年制。一面写蓝色篆书楷书字，一面画松竹梅花卉磁壶一把无款。员外郎满毗、三音保传，照样每样做一木样。记此。于十一月二十七日照取来磁壶做得木样四件，司库常保、首领萨木哈、李久明呈览。奉旨：照样准烧造磁器。钦此。本日将木样四件司库常保交内务府总管年希尧家人郑天锡持去讫。随将磁壶四把着柏唐阿富他拉仍交总管太监李德收讫。

十二月二十三日宫殿监督领侍苏培盛传旨：着赏给李毅八品官。钦此。查得李毅年四十八岁，系江南江宁府江宁县民籍，缮写折片一扣，员外郎三音保交内务府委主事普福讫。

二十三日宫殿监督领侍苏培盛传旨：着拣选小苏拉二名与李毅做学徒。钦此。缮写折片一扣，员外郎三音保交内务府委主事普福讫。

交库贮材料

五月二十日据圆明园来帖内称，本日奏事太监王常贵交玻璃插屏一件长五尺一寸、宽二尺九寸，随楠木架、红猩猩毡夹套，大玻璃片一块长五尺、宽三尺四寸，随白羊绒夹套木板箱，系广东粤海关监督监察御史祖秉圭进。传旨：着交造办处收贮。钦此。本日交库使七十五领去贮库讫。

闰五月二十三日据圆明园来帖内称，本日首领萨木哈持出阿格里大小四十块系热河太监薛保库进。奉旨：着有用处用。钦此。本日交库使七十五领去贮库讫。

十月十四日据圆明园来帖内称，本日司库常保、首领李久明、萨木哈持出天庆石五片贵州巡抚元展成进，说奏事太监王常贵、高玉传旨：着交造办处有用处用。钦此。本日交库使八十三领去贮库讫。

十月十四日据圆明园来帖内称，本日司库常保、首领李久明、萨木哈持出碧牙西捌块系云南巡抚张允随进。说奏事太监王常贵、高玉传旨：应做何物做何物。钦此。内大臣海望、员外郎满毗、三音保着交库收贮，有用处用。遵此。本日交库使八十三领去贮库讫。

二十三日司库常保、首领李久明、萨木哈来说，奏事太监王常贵、高玉交千里眼九件、罗镜一件紫檀木匣，以上系广东巡抚鄂弥达进。女儿香一块重四十八两，系广东巡抚杨永斌进。传旨：着交造办处。钦此。本月交库使关福盛领去贮库讫。

二十七日热河总管薛保库持来桦木乂刀靶四个，桦木根刀靶四个。桦木乂七块长六寸见方一寸二分一块、长六寸七分径一寸二块、长六寸径九分一块、长七寸五分见方九分一块、长六寸八分径七分一块、长三寸四分径一寸三分一块。桦木根六块长四寸五分宽二寸九分厚一寸一分一块、长二寸二分径一寸二分四块、长一寸四分径一寸五分一块。枸奶子根三块长一寸六分径一寸二分一块、长一寸一分径一寸一分二块。说系薛保库进。奉旨：着交造办处有用处用。钦此。本日交库使德邻领去贮库讫。

珐琅处

正月二十九日司库常保、首领李久明、萨木哈来说，太监沧州交呆白玻璃胎泥金地画珐琅花卉水丞一件。传旨：此水丞款式甚好，但口上白线宽了，改画细些，其周身花卉亦改画好花卉烧造几件。钦此。于三月二十日将原交出呆白玻璃胎泥金地画珐琅花卉水丞一件，首领萨木哈持进，交太监沧州呈进讫。据催总张自成、柏唐阿邓八格等诉称：照此水丞仿做过，并未造成等语，理合声明。

二月初三日膳房总管王太平传旨：着将仙炉上应用银锅样式画些呈览。钦此。于二月初十日画得葵花盖圆形锅画样一张、番草盖圆形锅画样一张。内大臣海望呈览。奉旨：准葵花盖圆形锅样打造银锅，其盖上不用花卉，做素些。钦此。

二月十六日司库常保、首领萨木哈来说：膳房总管王太平交白金一百两。传，将此白金熔化一二钱试看。记此。于二月十七日将白金之内熔化得白金一块，重二钱。司库常保、首领萨木哈交膳房总管王太平呈览。奉旨：着留下。钦此。

二月二十一日膳房总管王太平又交白金三十二两。传，将此白金归于前十六日交出白金一处，可照准样打造锅一件，其盖用造办处库内银配做。记此。本日将二次交出白金一百三十一两八钱，呈内大臣海望看过。随谕：着交催总张自成会同首领萨木哈监造。记此。于三月初一日照样做得白金锅一件，重一百三十两五分一厘，折耗九钱八分九厘。库银锅盖一件，重二十四两七钱，并白金回残七钱六分。催总张自成交首领萨木哈持进，交膳房总管王太平收讫。

三月初一日司库常保来说，膳房总管王太平传做红铜提二件内要盛五斤水。记此。

三月初五日司库常保、首领萨木哈来说，总管王太平又交白金三十二两。传，着用此白金照造过库银锅盖样式打造锅盖一件，换在白金锅上用，其换下之库银锅盖一件仍送库银，照白金锅样式打造银锅一件。记此。于三月十一日做得白金锅盖一件，重二十九两九钱，折耗一钱五分，并白金回残一两九钱五分，催总张自成交首领萨木哈持进，交膳房总管王太平收讫。

三月十一日首领萨木哈来说：膳房总管王太平又交白金十两七钱一分。传，着用此白金打造勺二把。记此。于三月十五日做得大勺一把，重六两五钱。白金小勺一把，重三两七钱五分，并白金回残四钱六分。催总张自成交首领萨木哈持进，交膳房总管王太平收讫。于四月十三日做得库银锅一件，重一百二十七两。催总张自成交首领萨木哈持进，交膳房总管王太平收讫。

四月初四日据圆明园来帖内称，三月三十日首领太监萨木哈持出白金五十二两，说膳房总管王太平传，将此白金做盒子一个，随盒子着做红铜镟子二个各高四寸、长九寸八分、宽六寸二分，安倒环。记此。于四月十五日做得白金腰圆隔断有倒环盒子一件，重五十两五钱八分，折耗四钱，并回残一两二分。司库常保、首领萨木哈持进，交膳房总管王太平呈进讫。随传旨：着照此白金盒样再做一份，随杓大小二把，俱用造办处库内银造做。钦此。于闰五月初十日做得：库银腰圆隔断有倒环盒子一件，重五十两五钱。库银大杓一把，重六两一钱五分。库银小杓一把，重三两四钱。红铜镟子二件。红铜提二件。首领萨木哈持进，交膳房总管王太平收讫。

十六日司库常保、首领萨木哈来说，宫殿监副侍刘玉交西洋玻璃烧珐琅白拱番花五彩人物杯一件口上有坏处。传旨：此拱花甚好，做珐琅鼻烟壶时，墙子上照样烧造。钦此。据催总张自成、柏唐阿邓八格等诉称：照此珐琅白拱番花于珐琅鼻烟壶墙子上仿造过，并未造成等语。理合声明。

三月初七日司库常保、首领太监萨木哈来说，太监沧州传旨：今日呈进珐琅道冠甚糙，再往精细里画。其灵芝簪头不好，嗣后改做如意。再将大小珐琅道冠做几件。钦此。本日催总张自成回明员外郎满毗，拟做珐琅道冠二件。记此。于四月二十八日做得二件，司库常保交太监沧州呈进讫。

闰五月二十四日据圆明园来帖内称，本日首领萨木哈持出画珐琅芙蓉四寸磁碟一件，说太监沧州传旨：照此碟尺寸画黄地梅花珐琅碟六件，随诗。钦此。于闰五月二十五日将原画珐琅芙蓉四寸磁碟一件，司库常保交太监吕进朝持进，交太监沧州收讫。于六月二十九做得画珐琅黄地红白梅花四寸磁碟六件。司库常保、首领萨木哈交太监沧州呈进讫。

二十四日据圆明园来帖内称，本日首领萨木哈持出画珐琅葵花海棠蜜蜂磁酒圆一件。说太监沧州传旨：照此酒圆上蜂随大随小，画百蝶茶圆几件。钦此。于闰五月二十五日将原画珐琅葵花海棠蜜蜂磁酒圆一件，司库常保交太监吕进朝持进，交太监沧州收讫。

六月十三日据圆明园来帖内称，六月十一日首领萨木哈来说，太监沧州传旨：今日呈进画珐琅藤萝花磁茶圆，再画珐琅器皿时不必画此样花。钦此。

七月二十四日据圆明园来帖内称，本日司库常保、首领萨木哈持出白地红龙大玉壶春瓶一件口上有缺处，随黑漆座，白磁玉壶春瓶一件随黑漆座。传旨：此白地红龙玉壶春瓶上红龙画得甚好，但龙尾不甚爽利，上下花纹亦好，画得略浑些。可将此小玉壶春瓶照大瓶上龙形画下，酌量或画两条，或画一条，其龙尾改画爽利些，上下花纹照样俱要画清楚，烧珐琅。再，口上缺处着补好。钦此。于七月二十七日将原白地红龙大玉壶春瓶一件，口上有缺处收拾妥。司库常保、首领萨本哈持进，交太监沧州收讫。

二十七日据圆明园来帖内称，本日司库常保、首领萨木哈来说太监沧州传旨：着烧珐琅画黑地白梅花四寸磁盘一对、红地白梅花四寸磁盘一对，俱画好着些。钦此。于八月十二日画得珐琅黑地白梅花四寸磁盘一对，珐琅红地白梅花四寸磁盘一对。司库常保、首领萨木哈呈进讫。

八月初八日据圆明园来帖内称，本日司库常保、首领萨木哈、李久明奉上谕：画黄地珐琅夔龙磁碟红色太浅，再吹时用西洋大红吹做。再，磁碗足嗣后不必画回纹锦。钦此。

初八日据圆明园来帖内称，本日司库常保、首领萨木哈、李久明奉上谕：将画珐琅黄菊花磁碟、盘、碗、茶圆、酒圆，每样各烧造些。钦此。本日柏唐阿邓八格回明内大臣海望，拟做画黄菊花磁碟、盘、碗，茶、酒圆共九对。遵此。于九月初八日烧造得画珐琅白地黄菊花四寸磁碟一对、画珐琅白地黄菊花三寸磁碟一对、画珐琅白地水墨菊花三寸磁碟一对，画珐琅绿地黄菊大磁盘一对、画珐琅白地黄菊花大磁碗一对、画珐琅白地黄菊花磁饭碗一对、画珐琅白地黄菊花磁茶圆一对、画珐琅白绿地黄菊花大磁酒圆二对。首领萨木哈持进，交太监沧州呈进讫。

初九日据圆明园来帖内称，本日太监沧州传旨：着向雍和宫查有脱胎填白磁小碗、碟、茶圆、酒圆拿些来，画珐琅用。钦此。于八月十一日，雍和宫匠人房官佛伦送来脱胎填白磁酒圆四件、脱胎填白磁茶圆二件。记此。于九月初一日将脱胎填白磁酒圆四件上画珐琅墨菊花，司库常保、首领萨木哈交太监沧州呈进讫。

初九日据圆明园来帖内称，本日司库常保、首领萨木哈持出填白釉橄榄式磁瓶一件。奉旨：着画黄菊花，写诗句，配六腿座。钦此。于九月初八日将填白釉橄榄式磁瓶一件，上画珐琅黄菊花写诗句，随配得紫檀木架一件。首领萨木哈持进，交太监沧州呈进讫。

十五日据圆明园来帖内称，八月十四日司库常保，首领萨木哈、李久明奉上谕：珐琅盘碗、茶圆、酒圆俱烧造的甚好，嗣后将画水墨的多烧造些。钦此。

九月初三日据圆明园来帖内称，本日司库常保、首领萨木哈来说，宫殿监副侍李英传旨：将彩漆寿字桌上应用，着做淡绿珐琅盘十二个，画十二节花卉。钦此。于十一年八月初八日做得画花卉珐琅盘十二件，司库常保、首领太监萨木哈呈进讫。

初四日据圆明园来帖内称，九月初三日司库常保来说，内大臣海望谕：着做小掐丝珐琅供器一份。遵此。

初九日据圆明园来帖内称，本日首领萨木哈、李久明来说，宫殿监副侍李英传旨：珐琅菊花瓣画单了，嗣后照千层叠落花瓣画。钦此。

十一日据圆明园来帖内称，本日司库常保、首领萨木哈、李久明奉旨：绿地黄菊花盘子上山水青色甚好，再画水墨山水器皿俱用此青画。钦此。

二十四日据圆明园来帖内称，本日司库常保奉旨：水盂口上画八卦下画番草夔龙，尔做木样呈览，准时用金做。钦此。于二十六日圆明园来帖内称，九月二十五日司库常保奉上谕：尔将西洋珐琅水盂做一件、掐丝珐琅水盂做二件，俱上做八卦下做符。其符不可甚散了，收紧凑些，花纹照银盒子上的西番花做，如番花不甚配合，即做夔龙。掐丝珐琅水盂要金里。尔向雍和宫将水盂要一件来，照其样式画样几张，做木样几件呈览，准时再做。钦此。二十八日雍和宫匠人房官佛伦送来水盂一件。记此。本日存下样式，将原水盂一件，司库常保交雍和宫匠人房官佛伦持去讫。于十月初十日圆明园来帖内称，十月初六日画得金錾西洋番花水盂木样一件、西洋珐琅水盂木样一件。司库常保、首领萨木哈、李久明呈览。奉旨：准做。钦此。于十二月二十八日做得西洋珐琅水盂一件。司库常保、首领萨木哈、李久明呈进讫。于十一年五月初一日做得铜胎掐丝珐琅水盂二件、金錾西洋番花水盂一件，司库常保、首领太监萨木哈呈进讫。

十月二十八日司库常保、首领萨木哈、李久明奉旨：蓝地珐琅碟画的甚好，颜色不好，嗣后往精细里做。画青山水甚好，嗣后照样烧造些。钦此。

十一月二十七日司库常保、首领萨木哈、李久明奉旨：所呈进墨菊花碟嗣后少画些，青山水茶圆、酒圆俱好，再画些。其画青竹茶圆，但竹子不宜青色，嗣后青色竹子不必画。钦此。

十二月初八日司库常保、首领萨木哈、李久明奉上谕：天地香桌上着做一架献供用，其架上陈设黄色珐琅碗，其碗两边陈设花瓶，或珐琅、或磁、或漆俱可，做橄榄式，插花用。钦此。于十二月二十八日做得楠木献供架一件，随黄色珐琅磁碗二件、黄色珐琅磁盘一件、珐琅梅花白磁橄榄式瓶一对。司库常保、首领萨木哈、李久明呈进讫。

南薰殿档

正月初三日领催白世秀来说，总管陈九卿传，南薰殿用炸子煤二千斤。记此。于初五日行得炸子煤二千斤。领催白世秀交总管陈九卿收讫。

初六日领催白世秀来说，总管陈九卿传，南薰殿用炸子煤二千斤。记此。于正月初九日行得炸子煤二千斤。领催白世秀交总管陈九卿收讫。

初十日领催白世秀来说，总管陈九卿传，南薰殿用炸子煤五千斤。记此。于正月十二日行得炸子煤五千斤。领催白世秀交总管陈九卿收讫。

十一日领催白世秀来说，总管陈九卿传，南薰殿用红铜条二斤。记此。于正月十二日行得红铜条二斤。领催白世秀交总管陈九卿收讫。

二十日领催白世秀持来汉字帖内称，总管陈九卿传，南薰殿用炸子煤一万斤。记此。于正月十二日行得炸子煤一万斤。领催白世秀交总管陈九卿收讫。

二十六日领催白世秀持来汉字帖内称，总管陈九卿传，南薰殿用白炭一千斤。记此。于正月二十七日行得白炭一千斤。领催白世秀交总管陈九卿收讫。

二十八日领催白世秀持来汉字帖内称，总管陈九卿传，南薰殿用红铜条三斤。记此。于正月二十九日行得红铜条三斤。领催白世秀交总管陈九卿收讫。

三十日领催白世秀来说，总管陈九卿传，南薰殿用黄杭细窆单见方一幅二块。记此。于二月初一照尺寸做得黄杭细窆单见方一幅二块。领催白世秀交总管陈九卿收讫。

二月初二日领催白世秀持来汉字帖内称，总管陈九卿传，南薰殿要，系里边用炸子煤三千斤。记此。于二月初六日行得炸子煤三千斤，领催白世秀交总管陈九卿收讫。

初五日领催白世秀持来汉字帖内称，总管陈九卿传，南薰殿用炸子煤一万斤。记此。于二月初九日行得炸子煤一万斤，领催白世秀交总管陈九卿收讫。

十一日领催白世秀持来汉字帖内称，总管陈九卿传，南薰殿用白炭二百斤。记此。于二月十四日行得白炭二百斤，领催白世秀交总管陈九卿收讫。

十八日领催白世秀持来汉字帖内称，总管陈九卿传，南薰殿要，系里边用炸子煤三千斤。记此。于二月二十一日行得炸子煤三千斤，领催白世秀交总管陈九卿收讫。

二十二日领催白世秀持来汉字帖内称，总管陈九卿传，南薰殿用炸子煤一万斤。记此。于二月二十五日行得炸子煤一万斤，领催白世秀交总管陈九卿收讫。

圆明园六所档

三月初八日领催白世秀持来汉字帖内称，总管陈九卿传，圆明园六所用炸子煤二万斤，白炭一千斤。记此。于三月初十日行得炸子煤二万斤，白炭一千斤，领催白世秀交总管陈九卿收讫。

四月初四日领催白世秀持来汉字帖内称，总管陈九卿传：圆明园六所用炸子煤二万斤。记此。于四月初七日行得炸子煤二万斤，领催白世秀交总管陈九卿收讫。

十四日领催白世秀持来汉字帖内称，总管陈九卿传，圆明园六所用红铜条一斤。记此。于四月十五日行得红铜条一斤，领催白世秀交总管陈九卿收讫。

五月二十二日领催白世秀持来汉字帖内称，总管陈九卿传，圆明园六所用炸子煤二万斤。记此。于五月二十五日行得炸子煤二万斤。领催白世秀交总管陈九卿收讫。

闰五月初五日领催白世秀持来汉字帖内称，总管陈九卿传，圆明园六所用炸子煤二千斤。记此。于闰五月初十日行得炸子煤二千斤。领催白世秀交总管陈九卿收讫。

初八日圆明园来帖内称，本日领催白世秀来说，总管陈九卿传，圆明园六所用糊黄纸杉木盘一件长一尺三寸、宽八寸。黄杭细窆单见方一尺五寸二块、见方五寸十块，黄布窆单见方三幅一块。记此。于本月初九日照尺寸做得糊黄纸杉木盘一件，黄杭细窆单十二块，黄布窆单一块。领催白世秀交总管陈九卿收讫。

六月十六日领催白世秀持来汉字帖内称，总管陈九卿传，圆明园六所用炸子煤二万斤。记此。于六月十九日行得炸子煤二万斤。领催白世秀交总管陈九卿收讫。

二十九日圆明园来帖内称，本日领催白世秀来说，总管陈九卿传，圆明园六所用糊黄绢木盘一件、黄杭细窆单见方三尺一块、黄布窆单见方三幅一块。记此。于七月初二日照尺寸做得糊黄杭细木盘一件、黄杭细窆单一块、黄布窆单一块。领催白世秀交总管陈九卿收讫。

七月十六日圆明园来帖内称，本日领催白世秀来说，总管陈九卿传，圆明园六所用黄杭细穵单见方一幅二块。记此。于七月十七日行得黄杭细穵单见方一幅二块。领催白世秀交总管陈九卿收讫。

二十四日领催白世秀持来汉字帖内称，总管陈九卿传，圆明园六所用一钱至一两重大小铁勺六个。记此。于八月十一日照分量做得大小铁勺六个。领催白世秀交总管陈九卿收讫。

圆明园接秀山房档

四月初四日领催白世秀持来汉字帖内称，总管陈九卿传，圆明园接秀山房用炸子煤五千斤。记此。于本月初七日行得炸子煤五千斤。领催白世秀交总管陈九卿收讫。

五月十四日领催白世秀持来汉字帖内称，总管陈九卿传，圆明园接秀山房用矿银三十两。记此。于本月十五日行得矿银三十两。领催白世秀交总管陈九卿收讫。

六月初七日领催白世秀持来汉字帖内称，总管陈九卿传，圆明园接秀山房用炸子煤三千斤。记此。于六月初十日行得炸子煤三千斤。领催白世秀交总管陈九卿收讫。

二十四日领催白世秀持来汉字帖内称，总管陈九卿传，圆明园接秀山房用白炭五百斤。记此。于六月二十七日行得白炭五百斤。领催白世秀交总管陈九卿收讫。

八月初二日领催白世秀持来汉字帖内称，总管陈九卿传，圆明园接秀山房用炸子煤二千斤。铁钉吊二十四个各长三寸五分，随曲须全。记此。于八月初七日行得炸子煤二千斤。铁钉吊二十四个，各长三寸五分，随取曲须全。领催白世秀交总管陈九卿收讫。

十七日领催白世秀持来汉字帖内称，总管陈九卿传，圆明园接秀山房用有靶铁圈径二寸四个，铁锅撑径二寸、高三寸四个。记此。于八月二十三日照尺寸行得铁锅撑四个，有靶铁圈四个，领催白世秀交总管陈九卿收讫。

九月初六日领催白世秀持来汉字帖内称，总管陈九卿传，圆明园接秀山房用炸子煤三千斤。记此。于九月初十日行得炸子煤三千斤。领催白世秀交总管陈九卿收讫。

三十日圆明园来帖内称，本日领催白世秀来说，总管陈九卿传，圆明园接秀山房用糊黄纸杉木盘长一尺一寸、宽七寸二个。黄杭细宫单见方二尺二块，见方一尺二块、见方一尺二块。黄布宫单见方三尺二块、见方二尺二块。记此。于十月初一日照尺寸做得糊黄纸杉木盘二件，黄杭细宫单四块，黄布宫单四块，领催白世秀交总管陈九卿收讫。

十一月十一日领催白世秀持来汉字帖内称，总管陈九卿传，圆明园接秀山房用炸子煤一万斤。记此。于十一月十六日行得炸子煤一万斤。领催白世秀交总管陈九卿收讫。

十二月十七日领催白世秀持来汉字帖内称，总管陈九卿传，圆明园接秀山房用铁通条一个、拨铁一根。记此。于十二月二十六日做得铁通条一个、拨铁一根。领催白世秀交总管陈九卿收讫。

圆明园四所档

八月初七日领催白世秀持来汉字帖内称，总管陈九卿传，圆明园四所用高梁铁炉见方一尺、高五寸三个。铁顶火长三尺五寸、宽三尺一块。炸子煤三千斤。记此。于本月初八日行得炸子煤三千斤，铁顶火三尺五寸、宽三尺一块。领催白世秀持去交总管陈九卿收讫。

十六日领催白世秀持来汉字帖内称，总管陈九卿传，圆明园四所用矿银一百两。记此。于本月十八日行得矿银一百两。领催白世秀持去交总管陈九卿收讫。

十七日领催白世秀持来汉字帖内称，总管陈九卿传，圆明园四所用铁锅撑径五寸、高四寸四个。铁火夹长二尺一个。记此。于本月二十二日照尺寸行得铁锅撑四个、铁火夹一个。领催白世秀持去交总管陈九卿收讫。

九月初四日领催白世秀持来汉字帖内称，总管陈九卿传，圆明园四所用红铜条十斤，铁通条长三尺五寸二根，拨铁壹根。记此。于九月初八日行得红铜条十斤，铁铜条一根，拨铁一根。领催白世秀持去交总管陈九卿收讫。

十二日领催白世秀持来汉字帖内称，总管陈九卿传，圆明园四所用炸子煤五千斤。记此。于九月十六日行得炸子煤五千斤。领催白世秀持去交总管陈九卿收讫。

十月二十日领催白世秀持来汉字帖内称，总管陈九卿传，圆明园四所用矿银一百两。记此。于本月二十二日行得矿银一百两。领催白世秀持去交总管陈九卿收讫。

十二月初九日领催白世秀持来汉字帖内称，总管陈九卿传，圆明园四所用白炭一千斤。记此。于本月十二日行得白炭一千斤。领催白世秀持去交总管陈九卿收讫。

十六日领催白世秀持来汉字帖内称，总管陈九卿传，圆明园四所用矿银三百两。记此。于本月十九日行得矿银三百两。领催白世秀持去交总管陈九卿收讫。

十七日领催白世秀持来汉字帖内称，总管陈九卿传，圆明园四所用红铜条二十斤、铁篦子四个、铁拐子四个、铁绊十道、铁錾子二个。记此。于本月二十日行得红铜条二十斤、铁篦子四个、铁拐子四个、铁绊十道、铁錾子二个。领催白世秀持去交总管陈九卿收讫。

累丝作

二月二十二日司库常保、首领萨木哈来说，太监沧州交金累丝如意莲瓣道冠一件嵌东珠一颗，随金通气簪一件、金实挺簪一件、锦匣一件。大蚌珠一件。传旨：照此道冠样式做一件，随簪将蚌珠嵌上，遮丑露光。钦此。于本月二十七日将原交金累丝道冠一件嵌东珠一颗，随金簪二枝，锦匣一件。司库常保、首领萨木哈持进，交太监沧州呈览，奉旨：准做。钦此。三月初三日做得嵌蚌珠金累丝合牌道冠样一件，司库常保、首领萨木哈持进，交太监沧州呈览，奉旨：准做。钦此。于四月初四日做得八成金累丝道冠一件，上嵌大蚌珠一颗，随八成金簪一枝，锦匣一件。首领萨木哈交太监沧州呈进讫。

二十二日司库常保、首领萨木哈来说，太监沧州交如意式小蚌珠一颗。传旨：着配合此蚌珠，做小些金累丝道冠一件，随簪，将蚌珠做如意头，另安靶配上。钦此。于三月初三做得嵌蚌珠金累丝道冠合牌样一件。司库常保、首领萨木哈持进，交太监沧州呈览。奉旨：准做。钦此。于四月初四做得八成金累丝道冠一件，上嵌如意式小蚌珠一颗，随八成金簪一枝，锦匣一件。首领萨木哈交太监沧州呈进讫。

六月二十日副领催陈进忠、苏国政回明员外郎满毗、三音保，拟做银累丝见镀金八供一份计八件。记此。于七月初二日做得银累丝见镀金八供一份，计八件。上嵌珊瑚、呆月白玻璃等垫，并原八供一件。首领萨木哈、李久明持进，交太监沧州收讫。于十月二十八日做得银累丝见镀金八供一份，计八件，上嵌珊瑚、呆月白玻璃等垫。司库常保、首领萨木哈呈进讫。于九月十一日圆明园来帖内称，本日首领李久明、萨木哈来说，太监沧州传旨：着将银累丝八供尽力多做些。钦此。本日柏唐阿花善、副领催苏国政回明员外郎满毗、三音保，拟做银累丝见镀金八供一份计八件。记此。于十二月二十六日做得银累丝镀金八供一份，计八件。首领太监李久明、萨木哈持进，交太监沧州讫。

九月十五日据圆明园来帖内称，九月十四日司库常保、首领萨木哈来说，太监沧州传旨：着将有玻璃罩的五供、八供每样做几份。钦此。本日柏唐阿花善、副领催苏国政回明员外郎满毗、三音保，拟做金累丝五供二份每份计五件，铜撒花镀金八供三份计每份八件。记此。于十二月初一做得铜撒花镀金八供一份，计八件，随红顶白玻璃罩八件。司库常保、首领萨木哈持进，交太监沧州呈进讫。十二月二十八日做得金累丝镶珠石五供一份，计五件，随红顶白玻璃罩五件。铜撒花镀金八供一份，计八件，随红顶白玻璃罩八件。司库常保、首领李久明、萨木哈呈进讫。于十一年五月初一日做得金累丝五供一份，计五件，随红顶白玻璃罩五件。铜撒花镀金八供一份，计八件，随红顶白玻璃罩八件。司库常保、首领太监萨木哈呈进讫。

本年活计还有，拆改换做旧金首饰。

撒花作

二月十九日司库常保来说，太监沧州交金錾番花长方盒一件。传旨：着照样做一两件。钦此。本日司库常保来说，为仿做此錾番花盒，若用金做，诚恐摹仿不成，以至耗费，意欲用银做等语。回明。内大臣海望谕：尔即用银先仿做一件看样，俟做得时如果好再做。遵此。于四月二十九日照样做得银錾番花长方盒一件，并原金錾番花长方盒一件。内大臣海望带领司库常保、首领李久明、萨木哈呈进讫。本日司库常保回称，先拟做錾番花银盒一件，今日呈进，意欲照样仍用银仿做几件备用等语。回明。内大臣海望谕：着做银盒二对。遵此。于八月十二日做得银錾番花长方盒一对，押金里，安玻璃镜。龙油珀面银长方盒一对，押金里，安玻璃镜。司库常保、首领李久明、萨木哈呈进讫。于八月二十九日司库常保来说：内大臣海望谕：照前造过银盒再做二对备用。遵此。于十月二十八日做得银錾番花长方盒一对，押金里，内安玻璃镜。龙油珀面银长方盒一对，押金里，内安玻璃镜。司库常保、首领萨木哈呈进讫。

三月十一日司库常保，首领李久明、萨木哈奉上谕：着将金轮做些，珐琅的、降香镶嵌的、龙油珀的、别［拼］凑珊瑚的、银母的亦各做些。钦此。本日司库常保回明内大臣海望、员外郎满毗，拟做镀金轮三件、珐琅轮三件、紫降香镶嵌轮五件、龙油珀轮四件、别[拼]珊瑚三件、别[拼]银母轮三件，遵此。于四月二十九日做得镀金轮一件、紫降香镶嵌轮一件、龙油珀轮一件、别银母轮一件，以上轮各嵌珊瑚、呆月白玻璃等垫，系铜胎梃座。内大臣海望带领司库常保、首领李久明、萨木哈呈进讫。于闰五月初八日做得镀金轮一件、紫降香镶嵌轮一件、龙油珀轮一件、别[拼]珊瑚轮一件、别[拼]银母轮一件。以上轮上各嵌珊瑚、呆月白玻璃等垫，系铜胎挺座。司库常保、首领李久明、萨木哈交太监沧州呈进讫。于七月初二日做得镀金轮一件、珐琅轮一件、紫降香镶嵌轮一件、龙油珀轮一件、别[拼]珊瑚轮一件、别[拼]银母轮一件。以上轮上嵌珊瑚、呆月白玻璃等垫，系铜胎挺座。司库常保、首领李久明、萨木哈交太监沧州呈进讫。于九月十一日圆明园来帖内称，本日首领李久明、萨木哈来说，太监沧州传旨：着将银母、降香、珐琅等轮尽力多做些。钦此。本日司库常保、催总张自成、柏唐阿花善、领催潘义明、副领苏国政、常保柱等，回明内大臣海望、员外郎满毗、三音保，拟做镀金轮九件、紫降香镶嵌轮十二件、龙油珀轮十五件、别[拼]珊瑚轮九件、别[拼]银母轮九件。遵此。于十月二十八日做得镀金轮一件、紫降香镶嵌轮三件、龙油珀轮一件、别[拼]珊瑚轮一件、别[拼]银母轮二件。以上轮上嵌珊瑚、呆月白玻璃等垫，系铜胎挺座。司库常保、首领李久明、萨木哈呈进讫。于十二月二十八日做得镀金轮二件、紫降香镶嵌轮二件、龙油珀轮三件、别[拼]珊瑚轮三件、别[拼]银母轮二件。以上轮上嵌珊瑚、呆月白玻璃等垫，系铜胎挺座。司库常保、首领李久明、萨木哈呈进讫。于十一年五月初一日做得铜撒花镀金轮三件、紫降香轮三件、龙油珀轮三件、别[拼]珊瑚轮三件、别[拼]银母轮三件。司库常保、首领太监萨木哈呈进讫。于十月二十八日做得珐琅轮一件、铜撒花镀金轮三件、紫降香轮三件、龙油珀轮三件、别[拼]珊瑚轮三件、别[拼]银母轮三件。司库常保、首领萨木哈呈进讫。

五月初七日据圆明园来帖内称，五月初一日司库常保、首领萨木哈持出白檀香心镶嵌宝石镀金梵字边满达一件随紫檀木座一件，说宫殿监副侍李英传旨：照此样将尺寸酌量收小，做錾花满达几件赏用，其满达顶上花纹甚糙，尔等往细致里做。钦此。本日，副领催苏国政回明员外郎满毗、三音保，拟做铜錾花镀金满达三件。记此。于八月十四日做得铜錾花镀金满达一件，径八寸五分、高二寸八分，随紫檀木座一件。铜錾花镀金满达一件，径八寸、高二寸七分，随紫檀木座一件。铜錾花镀金满达一件，径七寸五分、高二寸六分，随紫檀木座一件。司库常保、首领李久明、萨木哈呈进讫。于九月十一日圆明园来帖内称，本日首领李久明、萨木哈来说：太监沧州传旨：着将满达尽力多做些。钦此。本日副领催苏国政回明员外郎满毗、三音保，拟做铜錾花镀金满达三件。记此。于十一月初八做得铜錾花镀金满达三件。司库常保、首领萨木哈呈进讫。

闰五月十六日据圆明园来帖内称，本日太监韩魁来说：宫殿监副侍刘玉传做：赏用假红宝石朝帽顶三个两面镶珠一个、一面镶珠二个。记此。于闰五月二十一日做得嵌假红宝石铜錾花镀金帽顶三个。司库常保交太监吕进朝持进，交宫殿监副侍刘玉收讫。

九月二十六日斋宫监修员外郎瓮悟托来说，内大臣海望谕：斋宫陈设银耳挖十五枝，着向造办处取用等因。遵此。本日将旧存银耳挖十五枝，副领催苏国政交员外郎瓮悟托持去讫。

三十日员外郎满毗、三音保传做，年例备用金八宝二十份计一百六十个，银八宝三十份计二百四十个，金钱四十个，银钱八十个。记此。于十二月二十八日做得金八宝二十份，计一百六十个，随黄杭细面合牌匣二个。银八宝三十份，计二百四十个，随黄杭细面合牌匣三个。金钱四十个，随黄杭细面合牌匣一个。银钱八十个，随黄杭细面合牌匣二个。司库常保、首领李久明、萨木哈持进，交宫殿监督领侍苏培盛、宫殿监副侍刘玉收讫。

十一月十一日司库常保、首领萨木哈来说，太监沧州传旨：将径六寸錾花小满达做些。钦此。本日柏唐阿花善回明员外郎满毗、三音保，拟做铜錾花镀金小满达七件径六寸。记此。于十一年五月初一日做得铜錾花镀金满达三件，司库常保、首领萨木哈呈进讫。于十二月二十八日做得铜錾花镀金满达四件。司库常保、首领萨木哈呈进讫。

杂活作

正月三十日内大臣海望奉上谕：着将赏军营将军官员鸟枪、葫芦、小刀、小顺刀等，多多做些。钦此。本日内大臣海望又奉旨：赏军营之小顺刀若无样式，尔可问雍和宫，有公詹岱进的小攮子剑一把，着查来做样。钦此。本日柏唐阿六达塞赴雍和宫查来攮子式小剑一把，交司库常保呈内大臣海望看过，随谕：照此仿做。遵此。司库常保回明内大臣海望、员外郎满毗，拟做红牛皮铜口雅器法都二十四件、红牛皮剩花雅器法都十五件、红牛皮素雅器法都一件、红牛皮剩花插樑荷包七件、红牛皮硬胎大药葫芦十二件、红牛皮硬胎烘药葫芦十二件、黑子皮硬胎大药葫芦十件、黑子皮硬胎烘药葫芦十件、红牛皮软大药葫芦六件、白鹿皮软大药葫芦六件、整靶顺剑式刀十把、夹靶顺剑式刀十把、湾靶撩刃刀十把。遵此。于三月初八做得红牛皮铜口雅器法都四件，系镀金铜压樑二件、盘羊角压樑二件，随镀金圈红牛皮蛤蟆四件、花绦子。红牛皮硬胎大药葫芦三件、黑子皮硬胎烘药葫芦一件，以上系银云肩，水牛角管子、花绦子。红牛皮硬胎烘药葫芦二件、黑子皮硬胎烘药葫芦二件，以上系铜镀金嘴子、石青绦子。红牛皮软大药葫芦二件、白鹿皮软大药葫芦二件，以上系水牛角管子、花绦子。花羊角夹靶黑羊皮彩金鞘顺剑刀一把、黑牛角夹弯红牛皮彩金鞘顺剑刀一把、黑牛角整靶黑羊红牛皮彩金鞘顺剑式刀二把、黑牛角湾靶红牛皮彩金鞘撩刃刀一把，以上系镀金饰件、花绦子。司库常保、首领李久明、萨木哈呈览。奉旨：着留下。现今做的物件俱不甚好，尔等另想好样做些。再白鹿皮大药葫芦做的还好，照此想好样做些。钦此。闰五月十四日圆明园来帖内称，本日奏事太监王常贵传旨：将好鸟枪、葫芦全分给提督樊廷。钦此。于闰五月二十日做得红牛皮素雅器法都一件，随镀金圈红牛皮蛤蟆一件、花绦子。白鹿皮软大药葫芦一件，系水牛角管、花绦子。黑子儿皮硬胎烘药葫芦一件，系铜镀金嘴子、石青绦子。司库常保持进，当内大臣海望赏提督樊廷讫。六月二十四日圆明园来帖内称，六月二十三日奏事太监王常贵传旨：着赏王丹津多尔济雅器法都一件、大药葫芦二件、烘药葫芦一件。钦此。于六月二十四日做得红牛皮铜口雅器法都一件，系镀金压樑、随镀金圈红牛皮蛤蟆一件、花绦子。黑子儿皮硬胎大药葫芦一件，系银云肩、镀金管子、花绦子。白鹿皮软大药葫芦一件，系镀金管子、花绦子。红牛皮硬胎烘药葫芦一件，系镀金管子、石青绦子。俱用西纸、油纸包裹，木箱盛装，棉花塞垫，外裹黑毡套。司库常保交理藩院员外郎寿山领去，赏王丹津多尔济讫。八月二十二日圆明园来帖内称，本日笔帖式亮玉、宝善持来折片内开，头等大将军顺承亲王等三位，二等王罗卜藏拉锡等八位，三等王贝子罗卜藏等十九位，四等护军统领阿岱等七员，说内大臣海望奉旨：照等次将造办处做成刀子、雅器法都等拟定数目，呈览过交永福等带往军营赏赐。钦此。于八月二十九日拟交头等刀子等物十二件，二等刀子等物八件，三等刀子等物七件，四等刀子等物七件，内大臣海望呈览。奉旨：照拟准赏。钦此。于九月初一日将拟定头等：赏大将军顺承亲王、赏副将军王丹津多尔济、赏副将军额驸策凌等三位，红牛皮刭花雅器法都三件、随镀金圈红牛皮蛤蟆三件、花绦子。红牛皮刭花荷包三件、系镀金插樑、花绦子。红牛皮硬胎大药葫芦三件，系银云肩、镀金管子、花绦子。黑牛角湾靶红牛皮彩金鞘撩刃刀二把，黑牛角湾靶黑羊皮彩金鞘撩刃刀口把，以上系镀金饰件、花绦子。二等：赏王罗卜藏拉锡、桑里达，赏贝子特古思，赏内大臣塔尔岱，赏贝勒彻布邓扎萨克，赏台吉齐巴克扎布、巴海、口品尔等八人，红牛皮铜口雅器法都八件，系铜镀金压梁、随镶金圈红牛皮蛤蟆八件、花绦子。红牛皮硬胎大药葫芦三件，黑子儿皮硬胎大药葫芦三件，以上系银云肩、镀金管子、花绦子。红牛皮软大药葫芦二件，系镀金管子、花绦子。红牛皮硬胎烘药葫芦四件。黑子儿皮硬胎烘药葫芦三件，系镀金嘴子、石青绦子。黑牛角整靶黑羊皮彩金鞘顺剑式刀二把，黑牛角整靶红牛皮彩金鞘顺剑式刀二把，黑牛角整靶黑羊皮彩金鞘顺剑式刀二把，黑牛角整靶红牛皮彩金鞘顺剑式刀二把，以上系铜镀金管子、花绦子。三等：赏贝子罗卜藏，赏内大臣查克坦，赏护军统领塔尔马善，赏副都统阿成阿等四人，红牛皮软大药葫芦二件，白鹿皮软大药葫芦二件，以上系铜镀金管子、花绦子。以上物件各用西纸、油纸包裹、木箱盛装，棉花塞垫，外随黑毡套。司库常保交茶房头目佛保领去，转交护军统领永福带赴军营讫。十一月初五首领萨木哈来说，宫殿监副侍刘玉传旨：着照赏过军营、蒙古王等之二等例刀子、火镰包等预备二份。钦此。于十一月初五日做得红牛皮剁花荷包二件，系铜镀金插樑、香色绦子。员外郎满毗交首领萨木哈持进，交宫殿监副侍刘玉，赏散秩大臣詹布、赏副都统哈达汗讫。十一月初五日，内大臣海望谕：照赏过军营、蒙古王等之头等例刀子、火镰包等预备二份。遵此。本日做得红牛皮铜口雅器法都二件，系铜镀金压樑、随镀金圈红牛皮蛤蟆二件、花绦子。红牛皮剁花荷包二件，系铜镀金压樑、香色绦子。红牛皮硬胎大药葫芦二件，系银云肩、镀金管子、花绦子。红牛皮硬胎大药葫芦二件，系镀金嘴子、石青绦子。员外郎满毗、三音保交首领萨木哈持进，交宫殿监督领侍苏培盛、宫殿监副侍刘玉收讫。于十一月二十八日将原向雍和宫查来攮子式小剑一把，司库常保交雍和宫典仪官王玉持去讫。

四月初七日据圆明园来帖内称，本日司库常保、首领萨木哈持出鞔红羊皮壶式带千里眼鼻烟壶火镰包一件，说太监沧州传旨：着照样做几件。钦此。本日磨眼镜柏唐阿杨国斌回明员外郎满毗，拟做鞔红羊皮壶式带千里眼鼻烟壶火镰包十件。记此。于六月十一日做得鞔红羊皮壶式带千里眼鼻烟壶火镰包四件，并原样火镰包一件。首领萨木哈、李久明持进，交太监沧州呈进讫。随传旨：再做几件。钦此。于九月二十一日做得鞔红羊皮壶式带千里眼鼻烟壶火镰包六件。司库常保、首领萨木哈、李久明呈进讫。

七月二十三日据圆明园来帖内称，本日司库常保来说，大臣海望奉上谕：着将好腰刀、小刀、火镰包、署文房、软带、折叠桌、漆面盆等件预备些，赏大学士鄂尔泰。钦此。本日将备用黑子儿皮鞘镀金钉饰件大凹面腰刀一把，花羊角夹靶红羊皮鞘大单刀一把，黑羊皮套圈子火镰包一件，绣缎面象牙墙火镰包一件，黑撒林皮双盖火镰包一件，黑羊皮扇面署文房一件，绣缎面套署文房一件，红羊皮套象牙日晷一件，红羊皮套马尾眼罩一件，红羊皮套刮鳔一件，黄羊角解锥一件，红牛皮盛孔雀翎筒一件，皮胎紫漆面盆一件随红羊皮盒、玻璃镜等件、皮套，黑牛皮折叠桌一张、内盛小式物件二十四件随布皮类极毡套，司库常保持进，当内大臣海望赏大学士伯鄂尔泰讫。

二十三日据圆明园来帖内称，本日司库常保来说，内大臣海望奉上谕：着将好小刀、火镰包、署文房、软带等件预备些，赏署大将军总督查郎阿。钦此。本日将备用花羊角夹靶红羊皮鞘单刀一把，黑羊皮套圈子火镰包一件，绣缎面象牙墙火镰包一件，黑撒林皮双盖火镰包一件，黑羊皮扇面署文房一件，绣缎面套署文房一件，红羊皮套象牙日晷一件，红羊皮套马尾眼罩一件，红羊皮套刮鳔一件，黄羊角解锥一件。司库常保持进，当内大臣海望赏署大将军总督查郎阿讫。

二十三日据圆明园来帖内称，本日司库常保来说，内大臣海望奉上谕：着将好腰刀一把赏将军穆克登。钦此。本日将备用黑撒林皮彩金鞘锭金钉饰件大凹面腰刀一把，司库常保持进，当内大臣海望赏将军穆克登讫。

八月二十六日据圆明园来帖内称，本日将成造玉片金刚经一部随湖广石套一件，司库常保呈内大臣海望看过。随谕：经套上面着配飘带式铜镀金箍二道，再做妆缎袱子一个包裹。遵此。于九月初六日将玉片金刚经一部，随湖广石套一件，配做得铜镀金箍二道、妆缎袱子一个。内大臣海望带领柏唐阿富拉他、领催周继德请赴昌运宫用讫。

九月初五日据圆明园来帖内称，本日司库常保、首领萨木哈来说：宫殿监副侍苏培盛传做，垂恩香料盘香十四盘，照做过旧样做，赶万寿要用，嗣后按年例预备。记此。于十月二十五日做得垂恩香料盘香十二盘。员外郎满毗、三音保，柏唐阿富拉他交敬事房太监莫自成持去讫。

初五日据圆明园来帖内称，本日司库常保、首领萨木哈来说：宫殿监侍苏培盛传做：龙形雁［偃］月刀一把长二寸四分、靶长三寸六分。记此。于九月十一日照尺寸做的龙形雁［偃］月刀一把，司库常保持进，交宫殿监副侍苏培盛收讫。

二十八日司库常保来说内大臣海望谕：着做备用象牙墙绣面火镰包十件。遵此。

十月二十一日太监王国泰来说，奏事太监王常贵传，垂恩香四十枝。记此。本日将旧存垂恩香四十枝，员外郎满毗交太监王国泰持去讫。

二十一日员外郎满毗、三音保传做，备用大垂恩香一料，小垂恩香一料。记此。于十二月二十六日做得大垂恩香四十枝、小垂恩香四十支。员外郎三音保交太监王国泰讫。

二十一日司库常保来说内大臣海望谕：着做备用象牙雕透盒式帽架一对。遵此。于十月二十八日做得象牙雕透盒式帽架一对，系铜镀金托象牙茜绿挺紫檀木镶嵌座，盒内盛香袋。司库常保、首领萨木哈、李久明呈进讫。

十一月十九日乾清宫总管龚守义差太监张志望来说，奏事太监王常贵传旨：要垂恩香六十枝。钦此。本日将备用垂恩香六十枝。员外郎满毗、三音保交太监张志望持去讫。

木作

二月初六日太监陈进朝来说，宫殿监督领侍陈福、副侍刘玉传：做杉木矮桌一张，高八寸、宽一尺七寸、长二尺二寸。记此。于二月初十日照尺寸做得杉木矮桌一张，司库马尔汉交太监陈进朝持去讫。

十二日首领萨木哈来说，膳房总管王太平传，做朱油杉木方盘桌六张，各宽一尺、长一尺六寸、高八寸。记此。于二月十八日照尺寸做得朱油杉木方盘桌二张，首领萨木哈持进交膳房总管王太平收讫。又于五月二十五日照尺寸做得朱油杉木方盘桌四张，首领萨木哈持进，交膳房太监吕进善收讫。

三月十九日据圆明园来帖内称，本日笔帖式宝善来说，内大臣海望谕：着交光明殿监造官员诚造怡贤亲王园寝用的牌位一份、水东村祠堂用的牌位一份。遵此。于八月二十二日据圆明园来帖内称，本日司库常保、首领萨穆哈持出御笔汉字忠敬诚直勤慎廉明和硕怡贤亲王牌位绢一张，随汉字纸底文一张、清字纸底文一张，说宫殿监副侍苏培盛传旨：汉字照朕御笔，其清字照清字底文镌刻。务令好手艺人镌刻。钦此。于九月初四日造成怡贤亲王牌位一座，员外郎三音保、催总刘三九请赴水东村供讫。

五月初十日柏唐阿班达里沙来说，油画房原存盛画大小旧木箱等件俱破坏不全，今将此旧材料欲改做盛画箱一个，长五尺、宽一尺、高一尺外。再添做条桌一张，长六尺、宽二尺五寸、高二尺六寸。杌子六个，长一尺五寸、宽一尺、高一尺六寸等语，回明员外郎满毗、三音保。准做。记此。于五月二十九日做得杉木画箱一个，条桌一张，杌子六张。司库马尔汉交油画房柏唐阿班达里沙收讫。

七月初十日据圆明园来帖内称，本日司库常保来说，宫殿监副侍李英传旨：佛楼玉皇阁内添做供桌一张。钦此。于七月十四日做得长三尺四寸、宽一尺六寸、高三尺楠木供桌一张，司库常保交太监庞谢玉持去讫。

初十日据圆明园来帖内称，本日司库常保持出黑洋漆画洋金花八足香几一张，说宫殿监副侍苏培盛传，着照样做四足香几二张，其足要做粗些。记此。本日将原交出黑洋漆画洋金花八足香几一张，司库常保持去，交宫殿监副侍苏培盛收讫。

十六日据圆明园来帖内称，本日司库常保来说，内大臣海望谕：佛楼玉皇阁着做楠木供桌一张。再，地坛内亦做楠木供桌一张，俱长五尺、宽二尺、高三尺。遵此。于本月二十五日照尺寸做得楠木供桌二张，司库常保持去陈设讫。

八月二十二日据圆明园来帖内称，本日司库常保、首领萨木哈持出美人绢画十二张，说太监沧州传旨：着垫纸衬平，各配做卷杆。钦此。本日做得长三尺三寸杉木卷杆十二根，并原交美人绢画十二张用连四纸垫平。司库常保、首领萨木哈持去，交太监沧州收讫。

二十六日据圆明园来帖内称，本日内大臣海望传，做随掐丝珐琅供器楠木香几五件，径过一尺二寸、高二尺六寸五分，随石座。再将库贮黑漆方香几一件配做楠木座一件。遵此。于九月十三日做得楠木香几五件，随铁主心石座五件，珐琅铜香炉蜡台花瓶松花全份，又将库贮黑漆方香几一件随珐琅香盒一件、匙箸瓶一件、匙箸一份、铜炉胆一件、勺匙一件，司库常保持进佛城用讫。

九月初二日据圆明园来帖内称，本日司库常保来说，宫殿监副侍苏培盛传：有洋漆亭子格二件矮了，着做楠木托床二件。再有竹格子二件亦矮了，再接二寸二分。记此。于九月初四日做得楠木托床二张，各长三尺三寸二分、宽一尺五寸、高九寸，并原交洋漆亭子格二件、竹格子二件接高二寸二分，司库常保持进，交太监刘进朝收讫。

十一日据圆明园来帖内称，本日司库常保来说宫殿监副侍李英传：做楠木图塞尔根桌一张，长三尺二寸、宽二尺二寸、高一尺七寸。记此。于本月十四日照尺寸做得楠木图塞尔根桌一张，司库常保持进交宫殿监副侍李英收讫。

十月二十六日司库常保来说，内大臣海望传做，紫檀木书桌二张。遵此。于十月二十八日做得紫檀木书桌二张。司库常保、首领李久明、萨木哈呈进讫。

十一月十五日司库常保、首领萨木哈持出洋漆书桌一张，说太监沧州传旨：此桌甚好，但桌腿不好，可将桌面取下，另做紫檀木桌腿。其原漆桌腿另配做紫檀桌面。再漆桌面边上回纹锦不用，着用紫檀木包镶。钦此。于十一年四月初六日将洋漆桌面配得紫檀木腿桌一张，洋漆腿配得紫檀木面桌一张。司库常保、萨木哈持去，交太监沧州讫。

十二月初八日员外郎满毗、三音保同传，年例备用紫檀木大座灯一对，紫檀木玻璃寿字灯五对，着粘补收拾。记此。于本月十二日收拾得紫檀木大座灯一对、紫檀木玻璃寿字灯五对，员外郎满毗交木作柏唐阿苏尔迈、匠役头目邓联芳领去收贮讫。

十三日笔帖式宝善持来汉字帖，内开十二月十二日奏事太监王常贵、高玉交：赐额驸策凌御笔贤藩伟绩匾文一张，阴翳看销尽挑山字一张，一片云连山似尽，几番雨过水流长对一副，传旨：交造办处做成赏给。钦此。于本月二十六日将御笔挑山子一张、对联一副配做得杉木糊锦边架，员外郎满毗、领催马学迩交额驸策凌之子公苏巴希里请去讫。

十四日内大臣海望谕：将大起火箭再造二千枝。遵此。于本日交花炮作司库乞尔达承办讫。

二十三日笔帖式亮玉持来赏北路大将军顺承亲王、副将军丹津多尔吉、西路署大将军查郎阿、副将军张广泗、提督樊廷每人御笔福字一张、大荷包一对、奶弹一匣、果干一匣。说内大臣海望谕：福字着用细竹筒包裹盛装，荷包配做木匣盛装，奶弹、果干里用布裹外包黑毡。记此。于本月二十六日将赏北路大将军顺承亲王、副将军丹津多尔吉，福字二张配做得竹筒二件盛贮，外包黑毡。荷包二对配做得杉木匣一件盛贮外包黑毡。奶弹、果干四匣内裹布外包黑毡。赏西路署大将军查郎阿、副将军张广泗、提督樊廷，福字三张配做得竹筒三件盛贮，外包黑毡。荷包三对配做得杉木匣一件盛贮，外包黑毡。奶弹、果干六匣内裹布外包黑毡。司库常保照数仍交笔帖式亮玉持去讫。

本年活计尚有：配器物的紫檀木架十件、紫檀木座二十二件、楠木缸架四件、楠木座二件。糊黄纸木盘。紫檀窝龛九座、佛龛一件。

隔断箱二件。江擦靠背六件。楠木匣二件。柳木牙杖四千支。木箱一件。腰刀配木匣一件。四人亮轿一座。楠木小匣一件。黄油夹板二十对。紫檀木嵌铜镀金双鱼压纸、紫檀木嵌玉双雁压纸各一件。紫檀木香几。高丽木压纸。

雕銮作

三月十六日员外郎满毗传做：大黄扇坠一百个。记此。于四月二十九日做得大黄扇坠一百个。内大臣海望带领司库常保、首领李久明、萨木哈呈进讫。

八月初七员外郎满毗、三音保同传：做备用香斗二十份。记此。于十一月初一做得香斗一份随白檀、紫降香各八两，副领催赵老格交钦安殿首领李兴泰持去讫。于十一月十五日做得香斗一份随白檀、紫降香各八两，副领催赵老格交钦安殿首领李兴泰持去讫。于十二月初一做得香斗一份随白檀、紫降各八两，副领催赵老格交钦安殿首领李兴泰持去讫。于十二月十五日做得香斗一份随白檀、紫降各八两，副领催赵老格交钦安殿首领李兴泰持去讫。于十一年正月初一日做得香斗一份随白檀、降香各八两，副领催赵老格交首领太监李兴泰持去讫。于正月十五日做得香斗一份随白檀、降香各八两，领催赵老格交首领太监李兴泰持去讫。于二月初一做得香斗一份随白檀、紫降各八两，领催赵老格交首领太监李兴泰持去讫。于二月十五日做得香斗一份随白檀、紫降各八两，领催赵老格交首领太监李兴泰持去讫。于三月初一日做得香斗一份随白檀、紫降各八两，领催赵老格交首领太监李兴泰持去讫。于三月十五日做得香斗一份随白檀、紫降各八两，领催赵老格交首领太监李兴泰持去讫。于四月初一日做得香斗一份随白檀、紫降各八两，领催赵老格交首领太监李兴泰持去讫。于四月十五日做得香斗一份随白檀、紫降各八两，领催赵老格交首领太监李兴泰持去讫。于五月初一日做得香斗一份随白檀、紫降各八两，领催赵老格交首领太监李兴泰持去讫。于五月十五日做得香斗一份随白檀、降香各八两，领催赵老格交首领太监李兴泰持去讫。于六月初一日做得香斗一份随白檀、降香各八两，领催赵老格交首领太监李兴泰持去讫。于六月十五日做得香斗一份随白檀、降香各八两，领催赵老格交首领太监李兴泰持去讫。于七月初一日做得香斗一份随白檀、降香各八两，领催赵老格交首领太监李兴泰持去讫。于七月十五日做得香斗一份随白檀、降香各八两，领催赵老格交首领太监李兴泰持去讫。于八月初一日做得香斗一份随白檀、紫降各八两，领催赵老格交首领太监李兴泰持去讫。于八月十五日做得香斗一份随白檀、紫降各八两，领催赵老格交首领太监李兴泰持去讫。

初八日圆明园来帖内称，九月初八日司库常保来说，内大臣海望谕：将降香丁、檀香丁、沉香丁、黄芸香、黑芸香每样送五斤来等语。记此。于本月初九日将紫降香丁八两、白檀香丁八两、沉香丁八两、黄芸香八两、黑芸香八两，司库常保交太监梁子华持去讫。

镟作

二月十五日太监杨文杰来说，宫殿监督领侍陈福传，阿格里数珠原系首领郑忠成做，其应用材料亦是郑忠写押帖，向造办处取用。今郑忠升了总管，不得办做，着太监杨文杰成做，其应用材料，着杨文杰斟酌，遵造办处例取讨等因。内大臣海望、员外郎满毗准此。于四月二十九日做得阿格里红帽顶十件，镀金座。上用阿格里数珠红色一盘、绿色一盘。赏用阿格里数珠红色一盘、蓝色一盘、绿色一盘。内大臣海望代领司库常保、首领萨木哈呈进讫。于十二月二十八日做得上用红色阿格里数珠一盘随黄缎面盒一件，赏用阿格里数珠，青色一盘、绿色一盘，司库常保、首领萨木哈、李久明呈进讫。

三月初八日将库贮伽南香一块重二斤十四两，伽楠香一块重二斤二两，伽南香一块重十八两，伽南香一块重三两九钱。司库常保、首领李久明、萨木哈呈览，奉旨：酌量做数珠用。钦此。

四月初四日圆明园来帖内称，本月初三日首领萨木哈持出扎布扎雅木碗一件系达赖喇嘛进，说宫殿监督领侍陈福、副侍刘玉传旨：着交造办处收拾。钦此。

五月初七日圆明园来帖内称，本月初七日司库常保、首领萨木哈来说，太监沧州传旨：着西洋镟床将好款式花纹象牙盒镟些。钦此。本日太监杨文杰回明员外郎满毗，拟做各式象牙盒十对。记此。于五月二十八日做得象牙八仙庆寿腰圆盒一对、象牙九螭盒一对、象牙四海清平盒一对、象牙竹子盒一对、象牙八樽盒一对。首领萨木哈持去，交太监沧州呈进讫。于闰五月二十九日做得象牙仙鹤不老松盒一对、象牙蟠桃盒一对、象牙寿天同齐盒一对、九螭蜣盒一对、象牙寿桃盒一对。首领萨木哈持去，交太监沧州呈进讫。

六月初十日圆明园来帖内称，本月初十日首领萨木哈来说太监沧州传旨：将象牙菊花式分瓣鼓墙盒做几件。钦此。本日太监杨文杰回员外郎满毗，拟做各式象牙盒十对。记此。于七月初四日做得象牙鹿盒一对、象牙仙鹤不老松盒一对、象牙石榴盒一对。首领萨木哈持去，交太监沧州呈进讫。于八月十四日做得象牙蟠桃献寿盒一对、象牙腰圆倒装盒一对、象牙菊花葡萄罐盒一对、象牙有桃倒装盒一对、象牙仙鹤不老松菊花盒一对、象牙麻姑献寿盒一对。司库常保、首领萨木哈、李久明呈进讫。八月十七日太监杨文杰回明员外郎满毗、三音保，拟做各式象牙盒六对备用。记此。于十月二十八日做得象牙菊花式圆盒二对、象牙竹叶式盒一对、象牙八仙人物盒一对、象牙寿字盒一对、象牙松鹤盒一对。司库常保、首领萨木哈、李久明呈进讫。十一月十一日太监杨文杰回明员外郎满毗、三音保，拟做象牙菊花盒二对备用。记此。于十二月二十八日做得象牙菊花盒二对。司库常保、首领萨木哈、李久明呈进讫。

八月二十六日据圆明园来帖内称，本日首领萨木哈持出珐琅白地百花图小酒圆一件，说宫殿监副侍李英传旨：着照此酒圆里口尺寸镟做影子木酒圆一件，再比此酒圆小二分亦镟做一件。钦此。本日首领萨木哈又持出白金一两二分，说宫殿监副侍李英传旨：今日交做影子木酒圆二件，其里子着用此白金做。若有余量，其所剩或大或小再做一件。钦此。于九月初八日做得影子木酒圆一件，白金里，重三钱。影子木酒圆一件，白金里，重二钱八分。影子木酒圆一件，白金里，重二钱七分。折耗白金五分，并回残白金一钱二分。原珐琅小酒圆一件，随镀金顶银盖三件、匣三件、套三件、漆盘四件，此银饰盖应用银两系李英交出，首领萨木哈持进，交太监沧州呈进讫。

十一月初二日太监赵朝凤来说，宫殿监督领侍苏培盛传做，退光漆抓笔管六枝径八分二枝、径一寸二枝、径一寸二分二枝。记此。于十一年三月初六日做得退光漆抓笔管六枝，交太监赵朝凤持去讫。

油漆作

正月二十四日内大臣海望传，着做备用船上宝座一座，漆黑退光漆，上画彩漆五福流云夔龙捧寿。遵此。于十一年三月十二日做得黑退光漆画五福流云夔龙捧寿宝座一张，交首领太监荣望讫。

二十八日司库常保来说，内大臣海望传，着做备用楠木胎洋漆银口盒一对。遵此。于八月十四日做得楠木胎洋漆银口盒一对。司库常保、首领李久明、萨木哈呈进讫。

二月初七日常保来说，内大臣海望传，着做戒急用忍字样彩漆流云吊屏四件。遵此。于九月二十日据圆明园来帖内称，本日宫殿监副侍李英传旨：着将戒急用忍字样彩漆流云吊屏安在安宁居二件。钦此。本日将戒急用忍字样彩漆流云吊屏二件，司库常保持进安设在安宁居讫。于十月二十日做得彩漆流云吊屏二件，司库常保持去交太监沧州讫。

初八日内大臣海望奉旨：着将斋戒牌画些小样呈览。钦此。于二月初十日画得斋戒牌葫芦式画样一张，黄地莲花腰圆形画样一张，桃红地瑞草双圆形画样一张，香色四喜双圆形画样一张，大红地如意夔龙形画样一张，黄地双福双圆形画样一张，银红地夔龙长方入角形画样一张，黄地双福腰圆形合牌样一件。内大臣海望呈览，奉旨：照样做些，其斋戒字样写好着。钦此。本日柏唐阿赵佛保回明内大臣海望，拟做红洋漆斋戒牌四件，洋金斋戒牌四件。遵此。于闰五月初八做得红洋漆斋戒牌二件，洋金斋戒牌四件，司库常保、首领萨木哈持进，交太监沧州呈进讫。

十六日太监沧州传旨：着将漆道冠做些，随簪子。钦此。于本月二十一日做得红漆道冠木样一件、黑漆道冠木样一件，司库常保、首领萨木哈交太监沧州呈览。奉旨：照样准做，其背面无花着添花，俱往精细里画。再将月牙形道冠黑红漆每样做几件。钦此。于三月初三日做得黑漆画五岳图月形道冠木样一件，黑漆画番花道冠木样一件，红漆画双喜月牙形道冠木样一件，红漆画五福捧寿道冠木样一件。司库常保、首领萨木哈交太监沧州呈览。奉旨：黑漆月牙形道冠上五岳图花纹画的甚粗，往精细里画，余者准做。钦此。本日柏唐阿六达子回明员外郎满毗，拟做漆道冠十二件。记此。于四月二十八日做得洋漆彩金道冠三件，随簪子三枝。司库常保持去交太监沧州呈进讫。于五月二十日做得黑洋漆道冠二件、红洋漆道冠一件，随簪子三枝。司库常保、首领萨木哈交太监沧州呈进讫。于六月二十四日做得漆道冠三件，随簪子三枝。司库常保、首领萨木哈交太监沧州呈进讫。于七月十四日做得漆道冠三件，随簪子三枝。司库常保、首领萨木哈交太监沧州呈进讫。

十六日司库常保、首领萨木哈持出西洋蓝玻璃金花座二件、西洋绿玻璃金花座二件，说宫殿监副侍刘玉传旨：着交与常保、萨木哈，配做蜡阡用。钦此。于六月十九日配做得彩金漆盘铜镀金接油蜡阡二对，并原交西洋蓝绿玻璃金花座四件，司库常保、首领萨木哈交太监沧州呈进讫。

十七日首领萨木哈持出洋漆包袱式盒二件口上有坏处，说宫殿监督领侍陈福传旨：此盒样式甚好，照样将黑红漆盒做些，画花卉漆盒亦做些。再盒一件底上有窟窿，不必照此样做。钦此。于十一年五月初一日照样做得漆盒二件，并原样一对，司库常保、首领萨木哈持进讫。

五月十三日据圆明园来帖内称，本月十一日司库常保、首领萨木哈奉上谕：造办处做的方形漆盒，内安玻璃镜，盒面上画竹子。钦此。于八月十二日做得黑漆画金竹子银口安玻璃镜盒子一对，司库常保、首领萨木哈呈进讫。

闰五月初五日据圆明园来帖内称，九年八月十四日司库常保、首领萨木哈持出五龙捧寿茶盘一件。奉旨：照样做几件。比先做过的旧样收矮、比此样放高，盘内不必用寿字，其菊花瓣收小。钦此。本日柏唐阿六达子回明员外郎满毗，拟做茶盘四件。记此。于六月十一日做得五龙茶盘四件，并原样茶盘一件。首领萨木哈持去交太监沧州呈进讫。本日太监沧州传旨：今日呈进的红漆茶盘略宽大，再做时做秀气着，其茶盘边瓣放奢些，外边添画龙。再，漆水颜色红些方好。钦此。本日柏唐阿六达塞回明内大臣海望、员外郎满毗、三音保，拟做红漆五龙茶盘十二件。遵此。于十二年五月初二做得红漆五龙茶盘十二件，首领太监萨木哈呈进讫。

初十日据圆明园来帖内称，本月初九日大臣海望面奉上谕：着将楠木胎漆斋戒牌做些，用石青绦子。俟做得时呈朕看过，再交与内阁颁行各处。钦此。本日司库常保、柏唐阿六达子回明内大臣海望，拟做楠木胎红漆斋戒牌七百件，其应用绦子提系着买办。遵此。于六月二十九日做得石青绦楠木胎红漆金字斋戒牌一百五十件。司库常保、首领萨木哈持去交太监沧州讫。于十月二十八日做得石青绦楠木胎红漆金字斋戒牌十二件。员外郎满毗交郎中丁松、笔帖式歪塞持去讫。

九月初三日据圆明园来帖内称，本日司库常保、首领萨木哈持出彩漆寿字桌一张长二尺七寸九分、宽一尺七寸九分、高八寸六分、边宽八分、束腰厚七分、面厚一寸一分。说宫殿监副侍李英传旨：照样做一张。钦此。于十一年九月二十五日做得彩漆寿字桌一张，并原样桌一张，司库常保交监副侍李英讫。

十五日据圆明园来帖内称，本日司库常保、首领萨木哈持出黑漆竹节式画花卉竹子双笔筒一件，说太监沧州传旨：着照此笔筒样式做法，做笔筒几件。上不必画花卉，单画竹子。钦此。本日柏唐阿六达子回明内大臣海望、员外郎满毗、三音保，拟做黑漆竹节式画竹子双笔筒二件。遵此。于本月十六日将原交黑漆竹节式画花卉竹子双笔筒一件，太监王进孝持进，交太监沧州收讫。于十二月二十八日做得漆笔筒一件，首领萨木哈交太监沧州讫。于十一年十月二十八日做得乳金双圆笔筒一件，司库常保、首领萨木哈呈进讫。

二十三日据圆明园来帖内称，本日司库常保来说内大臣海望传做，戒急用忍彩漆流云吊屏一件，备用。遵此。

二十四日据圆明园来帖内称，本日司库常保来说内大臣海望传做，洋漆长方圆角银口盒二对，备用。遵此。于十二月二十八日做得洋漆长方圆角银口盒二对，司库常保、首领萨木哈、李久明呈进讫。

十月二十八日司库常保、首领李久明、萨木哈持出洋漆盒一件。奉旨：此盒花纹甚好。嗣后造办处如做漆盒可照此花纹做，其款式不必独照此盒款式。再，尔等进的漆盒，其漆水虽好，但花纹不能入骨，可使匠役小心加功仿做，务期入骨。钦此。于十二月二十八日将原洋漆盒一件，司库常保、首领萨木哈、李久明呈进讫。据柏唐阿六达子折称：此洋漆盒一件原系交下做样之物，亦照样仿做过，其应用材料等件，于八年六月十四日传做仿洋漆活计之题头行用，即在原题头下注销等语。据此折称，故不重入注销，理合声明。

匣作

二月初二日司库常保、首领萨木哈来说，宫殿监督领侍陈福交黑漆画金花大棋盒一对，传旨：着配大棋子合牌折叠棋盘。钦此。于四月初四日配做得白云凤绫面合牌折叠棋盘一件，并原交黑漆画金花大棋盒一对，内配黑白二色大棋子三百六十个，寿字锦面书式合牌匣一件。首领萨木哈交宫殿监督领侍陈福收讫。

二十一日司库常保、首领萨木哈持来鸡缸杯十件，说太监沧州传旨：着照宝贝格内盛鸡缸杯合牌样式做匣一件，不必安牌子。另糊别样锦，匣内配一紫檀木架。钦此。于七月十九日将鸡缸杯十件配得录西番花面合牌匣一件，紫檀木架一件，司库常保、首领李久明、萨木哈持去，交太监沧州呈进讫。

本年活计尚有：锭子药匣。磁器珐琅配匣。首饰匣。数珠匣。

裱作

正月十九日首领夏安来说，宫殿监副领侍刘玉传，上住的卷棚板房东暖阁内槅扇四扇，着另糊清水连四纸。记此。于本月二十日副领催金有玉带领匠役、纸张等项同首领萨木哈进内另新糊饰讫。

三月初一日首领潘凤来说，宫殿监副侍苏培盛着将养心殿悬挂磁青纸地泥金清字匾一面，至本月初二日请出等语。记此。于初二日常保进养心殿，敬谨将悬挂黄琐纹锦边磁青纸地泥金清字匾一面请出，交副领催金有玉呈内大臣海望看过。随谕：着交与本处库内，敬谨供奉在楼上，再做木夹板二块，黄布它单包裹。遵此。于本月初六日做得木夹板二块，黄它单一块，并请出磁青纸地泥金清字匾一面，包裹妥适。副领催金有玉持去，交员外郎傅参收库讫。

五月初一日员外郎满毗、三音保同传，养心殿东暖阁包镶纱替［屉］窗，着找补糊饰棕色绢。记此。于本月初六日付领催金有玉带领匠役、材料等项进内糊饰讫。

九月十二日员外郎满毗传，糊养心殿东暖阁内圆光窗户一扇。记此。于本月十五日柏唐阿李六十带领匠役、纸张进内糊讫。

二十四日据圆明园来帖内称，本日司库常保来说，内大臣海望谕：着将怡贤亲王值房后东厢房二间收拾干净，与金玠画画。遵此。本月二十四日员外郎满毗、三音保同传，着另裱糊，动用本库戥头余银。记此。于九月三十日柏唐阿李六十监看糊完讫。

十二月十一日太监赵朝凤持来御笔楞严经绢字横披二张，说宫殿监督领侍苏培盛、首领李统忠传，着托裱。记此。于本月十五日托裱得楞严经绢字横披二张，领催马学迩交太监赵朝凤持去讫。

本年活计尚有矾绢。裱册页二部。贴贴落。矾绫。裱芰荷香画画处的画。糊灯罩。做朱砂笺。飞金飞银做成泥金泥银，四千张，又五百张。

画作

二月十八日司库常保来说，宫殿监副侍苏培盛交汉字帖一张。传旨：着画画十四副，先画纸样呈览过，再用绢画。钦此。于本月十九日交慈宁宫画画处六品官阿兰泰承办讫。

三月十六日员外郎满毗传，画万寿节备用画，着柏唐阿班达里沙、王幼学，画画人汤振基、戴恒，每人各画画一副。记此。于十二月二十八日柏唐阿王幼学等各画春长如意绢画一张。司库常保、首领李久明、萨木哈呈进讫。

四月初五员外郎满毗传，端阳节备用，着柏唐阿班达里沙、王幼学，画画人戴正、戴越、张为邦、丁观鹏等六人合画绢画一张。再着画画人汤振基、戴恒二人各画绢画一张备用。记此。于四月二十九日柏唐阿班达里沙等六人合画得午瑞图绢画口张。画画人汤振基、戴恒每人各画得午瑞图绢画一张，内大臣海望带领司库常保、首领萨木哈呈进讫。奉旨：着将戴恒、汤振基所进之画二张持出。钦此。

初八日员外郎满毗传，端阳节备用，着拜他喇布勒哈番唐岱、西洋人郎世宁二人各画绢画一张。记此。于四月二十九日西洋人郎世宁画得午瑞图绢画一张，拜他喇布勒哈番唐岱画得江村烟雨绢画一张。内大臣海望带领司库常保、首领萨木哈呈进讫。奉旨：着将唐岱所进之画一张持出。钦此。

五月初二日据圆明园来帖内称，本日司库常保持来册页三册，说太监沧州传旨：尔等酌量此册页上字意，应画山水即画山水、应画花卉即画花卉。其画山水处着唐岱画，其画花卉处着里边画画人画，俱要合册页上的字意。钦此。

十二日员外郎满毗、三音保同传，中秋节备用，着柏唐阿班达里沙、王幼学，画画人戴正、戴越、张为邦、丁观鹏等六人合画绢画二张。记此。

闰五月十三日据圆明园来帖内称，本日内大臣海望谕：今有奉旨交画喜容，着做木正子二个，随画绢二块，并应用颜料，着画画人金玠往都统莽古立处办画。遵此。本日做得杉木正子二个，并画绢二块，颜料等项。柏唐阿李六十交画画人金玠持去讫。于十六日据圆明园来帖内称，本日内大臣海望谕：为画喜容，先传过画绢不足用，今再传用画绢二块。遵此。于本月十八日行得画绢二块，各长五尺八寸，宽二尺，柏唐阿李六十交笔帖式宝善持去讫。

九月初六日据圆明园来帖内称，本日司库常保持出板斗十个，说宫殿监副侍苏培盛传，着中间画团鹤，四面画流云。记此。于九月十一日画得云鹤板斗十件，司库常保持进，交官殿监副侍苏培盛收讫。

初九日员外郎满毗、三音保同传，万寿节备用，着拜他喇布勒哈番唐岱、西洋人郎石宁各画画一副。记此。于十月二十八日画得松高万年绢画一张、松寿鹤灵一张。司库常保、首领李久明、萨木哈呈进讫。

二十四日六品官阿兰泰来帖内开，本月十六日奉旨：交画耕织图册页一部，其应用颜料开列于后，计开：骚青四两、石绿六两、朱砂二两、定粉四匣、靛花八两、藤黄四两、胭脂六张、广胶十六两、白矾四两，连四纸五十张，木正子四十八个。记此。于十月初二日照数办买得颜料、纸张、木正子等项。柏唐阿李六十交画画人金昆持去讫。

十月初七日内大臣海望谕：传画画人戴正、张为邦、戴越、丁观鹏、王幼学等五名合画恭祝遐龄绢画一张，遵此。于十月二十八日画得群仙祝寿绢画一张，系后改画名色，司库常保、首领李久明、萨木哈呈进讫。

十一月初九日员外郎满毗、三音保同传，画年节备用绢画二副。记此。于十二月二十八日画得岁丰图绢画一张，系唐岱画。仙萼承华绢画一张，系郎世宁画。司库常保、首领萨木哈、李久明呈进讫。

舆图处

三月初九日内大臣海望交吐尔古忒舆图一张系都统满泰进。奉旨：着交舆图处库贮。钦此。于本日交柏唐阿赫慎、八十收库讫。

四月初九日柏唐阿赫慎回称，舆图处库贮都统满泰所进吐尔古忒厄罗思舆图一张，并无底稿，欲照样画一张存库等语。员外郎满毗准此。于本日交柏唐阿赫慎承办收库讫。

七月二十一日据圆明园来帖内称，本月十四日柏唐阿赫慎来说内大臣海望谕：照阿尔那所画之阿尔泰等处舆图样画一张，写汉字里数，用合牌做折叠盘，配锦套备用。遵此。于七月二十三日照阿尔那所画之舆图样画得阿尔泰等处舆图一张，写宋字里数，配合牌折叠盘一份，锦套一件。司库常保、柏唐阿赫慎持进，当内大臣海望赏大学士伯鄂尔泰讫。

二十一日柏唐阿赫慎来说，六月二十日内大臣海望谕：照将军穆克登画的阿尔泰等处舆图画一张，照此舆图收小，搏二寸一格舆图画二张备用。遵此。于二十二日交柏唐阿赫慎承办备用讫。

十一月初一日柏唐阿八十来说，舆图处库贮阿尔泰至伊里等处四五六三排舆图一份，于八月初三日由办理军机事务大人等，着发报赏大学士伯鄂尔泰用讫。今欲照样再画四五六三排舆图一份，补前入库备用等语回明，内大臣海望谕：准画。遵此。于十一月十五日画得阿尔泰至伊里等处四五六三排舆图一份，柏唐阿八十归入库贮讫。

二十二日柏唐阿八十来说，内大臣海望谕：着照贵州省苗子地方并湖广、四川、广西、云南四省边界舆图，凑画一份备用。遵此。于二十三日交柏唐阿八十承办备用讫。

玉作

二月二十一日内大臣海望面奉上谕：尔将刿［拼］凑珊瑚番像佛多造几尊，其法身约高一寸上下，配龛时或一尊一龛，或九尊一龛。所造佛像务使速得，不可迟滞，朕欲给蒙古王用。得时交与总管太监供奉在中正殿，用时令伊等取用。钦此。本日司库常保、柏唐阿曹佛保回明内大臣海望，拟做珊瑚佛十尊。遵此。于四月初七日据圆明园来帖内称，本日司库常保来说内大臣海望谕：造成刿［拼］珊瑚番像佛，着配做珐琅龛供奉。遵此。于八月初八日造成覥凑珊瑚番像佛一尊，配做得珐琅龛一座，司库常保、首领李久明、萨木哈呈进讫。奉旨：将未配龛珊瑚佛九尊，配做紫檀木葫芦式龛一座。钦此。于十月二十八日将觇［拼］珊瑚番像佛，配做得紫檀木葫芦式龛一座，司库常保、首领李久明、萨木哈呈进讫。于十一月初六日司库常保来说，内大臣海望谕：将㳊珊瑚番像佛再造九尊。遵此。于十二月二十八日造成觇［拼］珊瑚番像佛九尊，配做得紫檀木葫芦式龛一座。司库常保、首领萨木哈呈进讫。

七月二十四日据圆明园来帖内称，本日司库常保、首领萨木哈持出雕梅树犀角笔架陈设一件，随座一件。奉旨：照此样或用牛油石、或用英石、或用黑白花石做几件，其大小照此笔架一半放大些，式样做苍龙训子形，不必明显。搁笔处要当陈设用，亦要搁得笔。其峰高处可做尖些，使笔帽套在上亦使得方好。钦此。本日司库常保回明内大臣海望，拟做山峰式笔架三件。遵此。于八月初六日做得牛油石山峰式笔架一件，寿山石山峰式笔架二件，司库常保、首领萨木哈持进，交太监沧州呈进讫。奉旨：山峰式笔架照前指示做法再做几件。钦此。本日司库常保回明内大臣海望，拟做山峰式笔架六件。遵此。于九月初一日做得寿山石山峰式笔架四件，犀角山峰式笔架一件，英石山峰式笔架一件，司库常保、首领萨木哈持进，交太监沧州呈进讫。于九月初二日据圆明园来帖内称，本日司库常保、首领萨木哈奉旨：将各样洞石并犀角山峰式笔架再做几件，上面要戳得笔，盛得砚水，放得墨。钦此。本日司库常保回明内大臣海望，拟做山峰式笔架水盛九件。遵此。于九月二十一日做得寿山石山峰式笔架水盛二件，牛油石山峰式笔架水盛二件，寿山石山峰式笔架圆水盛一件，并原交雕梅树犀角笔架陈设一件，司库常保、首领李久明、萨木哈呈进讫。于十月初六做得牛油石山峰式笔架水盛一件，单耳有环水盛一件，石英山峰式笔架水盛一件，寿山石山峰式笔架圆水盛一件，司库常保、首领李久明、萨木哈呈进讫。奉旨：嗣后不必做了。钦此。

九月十六日据圆明园来帖内称，本日内大臣海望传做：备用鸟翅玛瑙砚山一件，白玛瑙砚山一件，鹿角根形白玛瑙节节双寿水盛一件，青色玛瑙双喜圆水盛一件，黄玛瑙五灵芝水盛一件。遵此。于十月二十八日做得鹿角根形白玛瑙水盛一件、青色玛瑙笔架式双喜圆水盛一件、黄玛瑙五灵芝水盛一件，俱象牙茜色座，司库常保、首领李久明、萨木哈呈进讫。于十一年四月二十九日做得玛瑙砚山二件，司库常保、首领太监萨木哈呈进讫。

十月初三日司库常保持来碧玉苍龙训子瓶一件，说内大臣海望谕：此瓶系崇文门宣课司查来之物。看其款式、玉情堪作陈设，可收拾干净，预备俟呈览过再用。遵此。于十月初六日将碧玉苍龙训子瓶一件，司库常保、首领李久明、萨木哈呈览。奉旨：留用，着配座。钦此。于十一月二十七日将碧玉苍龙训子瓶一件，配得紫檀木座一件，司库常保、首领李久明、萨木哈呈进讫。

牙作　附砚作

正月三十日司库常保、首领李久明、萨木哈持来荷叶式西山石砚一方合牌锦盒盛，说太监沧州传旨：此砚甚文雅，照样大小做几方。钦此。本日领催傅有回明员外郎满毗，拟做荷叶式西山石砚七方。记此。于八月十四日做得荷叶式西山石砚三方，盒三件，并原交荷叶式西山石砚一方随盒一件，司库常保、首领萨木哈呈进讫。于十月二十八日做得荷叶式西山石砚四方，盒四件，司库常保、首领李久明、萨木哈呈进讫。

二月初一日司库常保、首领李久明、萨木哈持来湖广石雕刻流云双凤长方盒绿端石砚一方，说太监沧州传旨：此盒砚甚好，系尔造办处元二年间呈进的，何不照此样将好些的做些，次些的亦做些。钦此。于二月初二日将原湖广石雕刻流云双凤长方盒绿端石砚一方，司库常保、首领萨木哈交太监沧州收讫。

初二日内大臣海望交象牙雕刻笔筒一件。奉旨：着收拾，配做玻璃罩，或白色、或雨过天晴色俱可，下安座子。钦此。于四月二十九日将原交象牙雕刻笔筒一件收拾好，配做得紫檀木座、白玻璃罩一件，内大臣海望带领司库常保、首领萨木哈呈进讫。

十六日太监沧州传旨：着将道冠象牙填巴尔撒木香的、蜜蜡的、龙油珀各做些，随簪。钦此。于本月二十一日做得象牙填巴尔撒木香道冠木样一件，蜜蜡道冠木样一件、龙油珀道冠一件。司库常保、首领萨木哈持进，交太监沧州呈览。奉旨：俱照样准做。但象牙填香道冠中间的梁不好，可在两旁再添二梁、分做三空。再将月牙形象牙道冠并象牙填香道冠各做几件。再照别［拼］珊瑚九龙道冠样式，将龙油珀道冠做几件。钦此。于三月初三日做得象牙雕刻番花月牙形道冠木样一件，象牙雕刻道冠木样一件，象牙填巴尔撒木香月牙形道冠木样一件，司库常保、首领萨木哈持进，交太监沧州呈览。奉旨：准做，花纹要往精细里做。钦此。本日领催傅有回明员外郎满毗，拟做蜜蜡道冠一件、龙油珀道冠七件，象牙道冠五件。记此。于三月初七日做得蜜蜡四梁道冠一件，龙油珀道冠一件，簪子二枝，司库常保、首领李久明、萨木哈持进，交太监沧州呈进讫。三月二十日做得龙油珀五梁道冠一件，龙油珀九龙道冠一件，象牙雕花烫香道冠一件，簪子三枝。四库常保、首领李久明、萨木哈持进，交太监沧州呈进讫。于四月初四日做得象牙茜色有梁道冠一件，象牙月牙形道冠一件，象牙茜绿色道冠一件，龙油珀九龙道冠一件，簪子四枝。司库常保、首领李久明、萨木哈持进，交太监沧州呈进讫。于四月二十八日做得象牙雕花烫香道冠一件，簪子一枝，司库常保、首领萨木哈呈进讫。

二十八日司库常保、首领萨木哈持出象牙茜红架蜜蜡葫芦铜镀金点翠枝梗叶玻璃罩盆景一件，说太监沧州传旨：着照此盆景式样另做几件，再此盆景上配一合牌匣。钦此。本日领催傅有回明员外郎满毗，拟做蜜蜡葫芦翠叶假珊瑚架盆景一对。记此。于本月二十九日做得黄绢面合牌匣一件，并原交象牙茜红架蜜蜡葫芦铜镀金点翠枝梗叶玻璃罩盆景一件，首领萨木哈持进，交太监沧州收讫。于四月二十九日做得蜜蜡葫芦翠叶假珊瑚架盆景一对，黑漆边玻璃罩紫檀木座，内大臣海望带领司库常保、首领萨木哈呈进讫。

闰五月初二日据圆明园来帖内称，五月二十九日首领萨木哈来说，宫殿监副侍李英传旨：里边有陈设黑坡璃腰圆匣，内盛绿石砚，其做法甚好，照此样多做些。钦此。于十月初一日员外郎三音保持来各式黑玻璃砚盒七件，传，配做绿色石砚七方。记此。于十月二十八日做得各色绿端石砚七方，并原黑玻璃砚盒七件，领催傅有交柏唐阿石美玉持去讫。十二月十五日柏唐阿石美玉持来各式黑玻璃砚盒三件，回明原外郎满毗、三音保，着各配绿端石砚。记此。于十二月二十七日做得各式绿端石砚三方，并原黑玻璃砚盒三件，领催傅有交柏唐阿永泰持去讫。

六月十八日据圆明园来帖内称，本日司库常保来说，内大臣海望谕：着做赏用石盒砚二十方，俱往精细里做，陆续要用。遵此。于十二月二十八日做得赏用各式石盒砚十八方。司库常保、首领李久明、萨木哈呈进讫。

二十六日据圆明园来帖内称，本日司库常保来说：中秋节备用，欲做洋漆砚盒八个，内配绿端石砚八方等语。员外郎满毗、三音保准做。记此。于八月十四日做得黑洋漆盒绿端石砚四方，司库常保、首领李久明、萨木哈呈进讫。于十月二十八日做得黑洋漆盒绿端石砚四方，司库常保、首领萨木哈、李久明呈进讫。

九月十八日据圆明园来帖内称，本月十七日司库常保、首领萨木哈来说，宫殿监副侍李英传旨：佛城后三间殿内有瓷瓶二件，着配做紫檀木座二件，象牙瓶花一对，先画样呈览，俟朕看准再做。钦此。于本月二十三日据圆明园来帖内称，本月二十二日画得竹梅瓶花纸样一张。司库常保、首领李久明、萨木哈呈览。奉旨：准做。钦此。本日司库常保、首领李久明、萨木哈持出黄色鲜菊花一朵随量得花朵一寸二分。说太监沧州传旨：象牙竹梅瓶花先不必做，照此鲜菊花做通草黄色菊花一瓶，其花朵大小参差着做，俱要一色黄，俟做得呈览，准时再做象牙瓶花。钦此。于本月二十三日据圆明园来帖内称，本日司库常保、首领萨木哈持出小黄菊花一盆。说太监沧州传旨：此花朵梗叶俱甚好，着照样做瓶花。钦此。本日将原交小黄菊花一盆，首领萨木哈交太监沧州收讫。于十月初六日据圆明园来帖内称，本日做得通草黄菊瓶花一束，司库常保、首领李久明、萨木哈呈览。奉旨：花头甚少，再添配些，不要骨朵，枝叶亦添稠密些。钦此。于十月二十七日改做得通草黄菊瓶花一束，首领太监萨木哈持去，交太监沧州讫。

十月初三日据圆明园来帖内称，本日司库常保来说，内大臣海望传做：备用象牙福禄寿陈设一件、龙油珀幢［壮］盒一对、龙油珀扇面式盒一对、龙油珀双凤香盘一件、龙油珀夔福觥一件。遵此。于本月二十八日做得象牙茜色福禄寿陈设一件，紫檀木边玻璃罩。龙油珀幢［壮］盒一对，象牙茜色座。龙油珀扇面式盒一对、龙油珀双凤香盘一件、龙油珀夔福觥一件，象牙茜色座。司库常保、首领李久明、萨木哈呈进讫。

十一月十五日员外郎满毗、三音保传做，备用龙油珀帽架一对、龙油珀长如意合卺觥一件、龙油珀圆盒一对，龙油珀年年长如意盒一对，龙油珀长方圆角盒一对。于十二月二十八日做得龙油珀帽架二件，龙油珀长如意合卺觥一件象牙茜色座，龙油珀圆盒一对，龙油珀年年长如意盒一对，龙油珀长方圆角盒一对。司库常保、首领李久明、萨木哈呈进讫。

镶嵌作

二月初二日司库常保、首领李久明、萨木哈持出白石长方盆一件，说宫殿监督领侍陈福传旨：着酌量配做有玻璃罩盆景。钦此。本日领催潘义明回明员外郎满毗，拟将白石长方盆配做镶嵌齐寿盆景一件随紫檀木边玻璃罩一件。记此。于十月二十八日做得镶嵌齐寿盆景一件，随紫檀木边玻璃罩一件，司库常保、首领太监李久明、萨木哈呈进讫。

初七日员外郎满毗传做，备用蝠寿棉棉盆景一件，芝仙祝寿盆景一件。记此。于十月二十八日做得象牙福寿棉棉盆景一件，象牙芝仙祝寿盆景一件，俱随玻璃罩。司库常保、首领李久明、萨木哈呈进讫。

十六日太监沧州传旨：着将道冠银母的、玳瑁的、牰［拼］凑珊瑚的各做些，随簪子。钦此。于本月二十一日做得玳瑁道冠木样大小二件，牰［拼］凑珊瑚九龙道冠木样一件，牰［拼］凑珊瑚五龙道冠木样一件，司库常保、首领萨木哈交太监沧州呈览。奉旨：俱照样准做，其牰珊瑚五龙道冠上的巴达马不好，另改做。再，银母雕半踏地道冠亦做几件。钦此。于三月初三日做得象牙茜绿镶嵌五岳图道冠木样一件，玳瑁嵌福寿道冠木样一件，司库常保、首领萨木哈交太监沧州呈览。奉旨：准做，花纹要往精细里做。钦此。本日领催潘义明回明员外郎满毗，拟做牰［拼］珊瑚五龙道冠一件，牰［拼］珊瑚九龙道冠一件，象牙镶嵌五岳图道冠一件，银母雕半踏地道冠一件，玳瑁镶嵌福寿道冠一件，象牙镶嵌玳瑁道冠二件。记此。于三月初七日做得象牙嵌玳瑁面八梁小道冠一件，象牙簪子一枝，司库常保、首领萨木哈交太监沧州呈进讫。于三月二十日做得象牙嵌玳瑁面九梁道冠一件，象牙簪子一枝，司库常保、首领萨木哈交太监沧州呈进讫。于四月初四日做得象牙嵌五岳图道冠一件，象牙簪子一枝，司库常保、首领萨木哈呈进讫。于四月二十八日做得玳瑁嵌福寿道冠一件，银母雕半踏地道冠一件，象牙簪子二枝，司库常保交太监沧州呈进讫。于五月二十日做得覑［拼］珊瑚五龙道冠一件，象牙簪子一枝，司库常保交太监沧州呈进讫。

皮作

正月初六日首领夏安来说，宫殿监督领侍陈福传：乾清宫西丹墀卷棚板房前殿正门槅扇帘子下用黑毡遮风一块，长五尺四寸、宽一尺四寸。记此。本日照尺寸裁得黑毡一块，柏唐阿五十八交首领夏安持去讫。

二十八日太监宓兴国来说，奏事太监王常贵传用报匣五个。记此。本日将报匣五个、黄仿丝垫子十个、乞单五块、钢轮匙五把，柏唐阿五十八交太监宓兴国持去讫。

二月初七日司库常保来说，宫殿监督领侍陈福传做，苫香桌用红纺丝油乞单，见方五幅二块。记此。于三月初九日做得见方五幅红纺丝油乞单二块，柏唐阿五十八交太监范进朝持去讫。

初十日首领潘凤来说，养心殿挂的红油雨搭四架，年久糙坏，难以应用，欲另换新红油雨搭四架等因回明。内大臣海望谕：着该作照样做给。遵此。于三月二十日做得红油雨搭四架，柏唐阿五十八交首领太监潘凤讫。

二十五日柏唐阿拉哈里来说，随侍虎枪套八件，其布色脱落难以应用，欲另换做新套八件等语回明员外郎满毗，着该作另做新套四件。记此。于本月二十九日做得黄布面毡衬虎枪套四件，副领催刘关东交弓作柏唐阿拉哈里收讫。

二十八日内大臣海望奉上谕：着将千佛衣做几件。钦此。于三月初五日内大臣海望定得浑金地绣石青字佛衣二件。遵此。于十一年九月初六日做得佛衣二件，司库常保持进，交总管太监李英讫。

七月二十三日据圆明园来帖内称，本日司库常保来说，内大臣海望奉上谕：着做软带二条，赏大学士鄂尔泰、署大将军总督查兰阿。钦此。本日买得石青色芝麻花软带二条，司库常保持进当内大臣海望赏大学士鄂尔泰、署大将军总督查兰阿讫。

九月十二日据宫殿监正侍张超麟行来汉字帖内开，四、五阿哥每位用全份鞓一副、软带二副。记此。于十二月二十八日做得玻璃面铜镀金带板鞓带一副，石青缎荷包一对、玻璃豆白春紬手巾二条、镀金束象牙彩漆开其里一件、黑子儿鞘镀金饰件半攒小刀一把、金黄带。珊瑚垫穿金系穿带软带二副，石青缎荷包一对、象牙豆白春绸手巾四条、镀金束象牙彩漆开其里二件、黑羊皮拱花镀金鞘单小刀二把、金黄带。柏唐阿五十八交四阿哥处太监贾进朝持去讫。玻璃面铜镀金带板鞓带一副，石青缎荷包一对、玻璃豆白春绸手巾二条、镀金束象牙彩漆开其里一件、黑子儿鞘镀金饰件半攒小刀一把、金黄带。珊瑚垫穿金系穿带软带二副，石青缎荷包一对、象牙豆白春绸手巾四条、镀金束象牙彩漆开其里二件、黑羊皮拱花镀金鞘单小刀二把、金黄带。柏唐阿五十八交五阿哥处太监徐英持去讫。

十八日据圆明园来帖内称，本月十七日司库常保、首领萨木哈来说，宫殿监副侍李英传旨：佛城后三间殿内着做绣缎靠背一件、坐褥一件，画样呈览，俟朕看准时再做。钦此。于本月二十一日据圆明园来帖内称，本日画得夔龙坐褥纸样一张、八仙靠背纸样一张，司库常保、首领李久明、萨木哈呈览，奉旨：坐褥上不必画夔龙，着改画西番莲。其靠背上亦不必画仙鹤，着改画暗八仙，添梵字。钦此。于十月初十日据圆明园来帖内称，九月初六日改画得西番莲坐褥纸样一张，梵字靠背纸样一张，司库常保、首领李久明、萨木哈呈览，奉旨：照样准做，其坐褥着做方角。钦此。于十一年三月二十九日司库常保、首领萨木哈奏称：绣金黄缎迎手靠背坐褥一份，今已做成等语。奉旨：着陈设。钦此。于四月初二日将绣金黄缎迎手靠背坐褥一份，催总五十八持进佛城后殿内陈设讫。

十月二十三日据圆明园来帖内称，本月十三日司库常保、首领萨木哈持来绣金龙法衣一件、绣仙鹤法衣一件，说宫殿监督领侍苏培盛传旨：着照样做绣金龙法衣一件、绣仙鹤法衣三件。钦此。于十一年九月初四日照样绣得法衣四件，并原样法衣二件，首领萨木哈持进，交监督领侍苏培盛讫。

二十八日内大臣海望谕：着将赏将军常德花铁交枪一杆，上酌量配做红氆氇新套一份，再将红氆氇交枪套做四份备用。遵此。于十一月初十日将花铁交枪一杆，配做得红氆氇套一份，司库常保持去，交军需处笔帖式亮玉讫。

二十八日笔帖式宝善持来赏署将军常德无签千里眼二件，提督哈元生黄纸签千里眼二件。说奏事太监高玉、王常贵传旨：着配做软套。钦此。本日副领催刘关东回明员外郎满毗、三音保，拟做黑撒林皮外套四件内随仿丝软套四件。记此。于十一月十一日将赏将军常德千里眼大小二件，赏提督哈元生千里眼大小二件，配做得黑撒林皮外套四件，蓝杭细软套四件，柏唐阿五十八交笔帖式宝善持去讫。

十二月二十日笔帖式亮玉持来清文一件，内开雍正十年十二月十九日领侍卫内大臣拉锡口奏，班产厄尔德尼来使奏称，班产厄尔德尼欲讨布扎衣等件等语。具奏。奉旨：交海望，照伊来使奏讨，或交织染局，或交织造处做二份。赏班产厄尔德尼一份，赏达赖喇嘛一份。钦此。

香袋作

闰五月初十日据圆明园来帖内称，本月初九日内大臣海望奉上谕：着将绣面斋戒牌再做些，用石青绦子。得时呈览过，再交与内阁颁行各处。钦此。本日柏唐阿老格回明员外郎满毗、三音保，拟做绣缎面斋戒牌一百件。记此。于九月二十七日员外郎满毗、三音保又拟做绣缎面斋戒牌八十件。记此。于闰五月二十九日做得绣缎面斋戒牌三十件，司库常保、首领萨木哈持进，交太监沧州讫。于六月二十九日做得绣缎面斋戒牌二十件，司库常保、首领萨木哈持进，交太监沧州讫。于七月二十八日做得绣缎面斋戒牌十件，司库常保交笔帖式宝善持去讫。于九月二十六日做得绣缎面斋戒牌二十五件，司库常保交笔帖式宝善持去讫。于九月三十日做得绣缎面斋戒牌十四件。员外郎三音保交中书赵惠持去讫。于十月二十八日做得绣缎面斋戒牌二十件，柏唐阿老格交笔帖式亮玉持去颁发各省讫。于十一月初二日做得绣缎面斋戒牌五件，柏唐阿老格交笔帖式宝善持去讫。于十二月二十二日做得绣缎面斋戒牌一件，员外郎满毗交中书积兰泰持去讫。于十二月二十四日做得绣缎面斋戒牌一件，柏唐阿老格交笔帖式亮玉持去讫。于十二月二十五日做得绣缎面斋戒牌二件，柏唐阿老格交笔帖式亮玉持去讫。

九月初十日柏唐阿老格来说，内大臣海望、员外郎满毗、三音保同传，着照六年五月初四日交各样款式香袋二十样，做二百个。照造办处新画香袋二十样，做二百个。再照年例备赏用黄圆、红圆、白圆每样各做二百五十个。再备上用，做绕绒符香袋四十个、川椒香袋二十个。遵此。于十一年四月二十九日做得各式绣香袋二百个。新样绣香袋二百个。赏用黄圆二百五十个，红圆二百五十个、白圆二百五十个。绕绒符香袋四十个。川椒香袋二十个。司库常保、首领萨木哈交监督领侍苏培盛讫。

十一日据圆明园来帖内称，本月初十日内大臣海望奉旨：着常保将绕绒符做些，要精细。钦此。本日司库常保回明内大臣海望，拟做绕绒符二百件。遵此。于十一月二十七七日做得绕绒符二百件，司库常保、首领李久明、萨木哈呈进讫。

二十七日司库常保、首领萨木哈持出绣暗三色罩盖火镰套一件。说太监沧州传旨：此绒甚好，嗣后鼻烟壶口袋照此绒做，扇套亦照此绒做。钦此。本日柏唐阿老格回明员外郎满毗、三音保，拟做绣蓝暗三色菊花鼻烟壶口袋十四件、绣蓝暗三色菊花扇套四十件。记此。于十二月二十八日做得绣蓝暗三色菊花鼻烟壶口袋四件，并原样罩盖火镰包套一件。司库常保、首领李久明、萨木哈呈进，仍持出。奉旨：中间红心不好看，挑去，嗣后随一色做。再将绣黄菊花的做些。钦此。于十一年三月二十九日做得满绣蓝暗三色菊花大扇套一件，石青缎蓝暗三色有枝叶菊花小扇套一件，司库常保、首领萨木哈呈览。奉旨：每样各做些，其尺寸照满菊花大扇套一样做。钦此。于五月初一日做得满绣暗三色菊花扇套十二件，石青缎地绣暗三色有枝叶菊花扇套十件，红杭细里，珊瑚豆七副，玻璃豆十五副，绣鼻烟壶口袋四件。司库常保、首领萨木哈呈进讫。于八月十三日做得绣黄菊花鼻烟壶口袋二件，司库常保、首领萨木哈呈进讫。于十月二十八日做得绣蓝菊花鼻烟壶口袋二件，司库常保、首领萨木哈呈进讫。于十二年五月初二日做得满绣暗三色菊花扇套十件，绣菊花有枝叶扇套十件，司库常保、首领萨木哈呈进讫。于八月十四日做得绣菊花鼻烟壶口袋二件，司库常保、首领萨木哈呈进讫。

十二月二十四日司库常保来说，太监沧州传旨：着将绕绒符再做二百四十件。钦此。于十一年三月初二日做得绕绒符二百四十件，司库常保、首领萨木哈交太监沧州讫。

二十四日司库常保持来绕绒符二件，说内大臣海望传旨：着赏额驸策凌一件，署大将军常德一件。钦此。本日将原交出绕绒符二件，司库常保持去交中书赵惠，当内大臣海望赏额驸策凌、署大将军常德讫。

二十四日司库常保持出绕绒符一百三十八件，说内大臣海望奉旨：着交额驸策凌带往北路军营，散给官员人等。钦此。本日将交出绕绒符一百三十八件，司库常保持去，当内大臣海望交额驸策凌讫。

二十四日司库常保持出绕绒符六十件，说内大臣海望奉旨：着凑成一百件，赏西路军营官员人等。钦此。于本月二十六日做得绕绒符四十件，并原交出绕绒符六十件，司库常保持去，当内大臣海望交中书赵惠讫。

花儿作

二月十八日敬事房太监郑进忠、莫自成来说，宫殿监督领侍陈福、副侍刘玉传旨：着将造办处做的通草戴花、翠花多送进些来。钦此。本日花匠头目郭佛保回明员外郎满毗，拟做通草戴花九匣、通草娃娃三匣、合锦绒花三匣、合锦翠花三匣。记此。本日赶做得通草戴花三匣、通草娃娃三匣、合锦绒花三匣、合锦翠花三匣。员外郎满毗着首领李久明持进，交宫殿监督领侍陈福收讫。于二月二十日做得通草戴花六匣，员外郎满毗交敬事房首领周世辅持去讫。

二十六日首领李久明持来五彩葫芦瓷瓶一件，说太监沧州传旨：着配架子瓶花。钦此。于二月二十七日做得福寿长春通草瓶花一束，紫檀木架一件，并五彩葫芦瓷瓶一件，员外郎满毗着首领李久明持进，交太监沧州收讫。

二十六日首领萨木哈来说，太监沧州交甘黄玉三喜花插一件，玉蕉叶美人觚一件。传旨：着配寿意花。钦此。本日将原甘黄玉三喜花插一件，玉蕉叶美人觚一件，首领萨木哈持进，交太监沧州收讫。于二月二十七日配做得通草福寿双全瓶花一束，通草眉寿瓶花一束，员外郎满毗交首领李久明持进，交太监沧州收讫。

九月十七日据圆明园来帖内称，本日司库常保持来外买玉堂富贵供花一对，说宫殿监副侍苏培盛传：此花甚单，着将碎花朵配些。记此。于九月十九日将玉堂富贵供花一对，另添补花朵妥，司库常保持进，交宫殿监副侍苏培盛收讫。

十月十六日太监焦进朝、首领张文保传做，年例佛堂内用玉堂富贵绫子供花一对，岁岁乐长春通草供花一对。记此。于十二月二十六日做得玉堂富贵绫子供花一对，岁岁乐长春通草供花一对，员外郎满毗交太监焦进朝持去讫。

十二月初三日太监焦进朝传做，年例圆明园九洲清晏佛堂内用玉堂富贵绫子供花一对。记此。于十二月二十八日做得玉堂富贵绫子供花一对，员外郎满毗、三音保差花儿匠福寿送至圆明园九洲清晏，交首领彭凯昌收讫。

眼镜作

三月二十二日据圆明园来帖内称，本日司库常保来说，内大臣海望奉上谕：将千里眼多做些备用，询问做千里眼人等，茶晶、墨晶、水晶若做得千里眼，看得远的多做些。钦此。于三月二十三日圆明园来帖内称，内大臣海望谕：着将四块镜光套筒玻璃千里眼做二十件、水晶千里眼做二件、茶晶千里眼做一件，其套长八九寸。遵此。于五月十二日圆明园来帖内称，磨眼镜柏唐阿杨国斌来说，内大臣海望谕：再将两块镜光套筒水晶千里眼做一件。遵此。

闰五月十六日圆明园来帖内称，本日首领萨木哈持出乌木瓶式千里眼一件随象牙套。说太监沧州传旨：着照此样做些。钦此。本日磨眼镜柏唐阿杨国斌回明员外郎满毗、三音保，拟做乌木瓶式千里眼十件，随象牙套。记此。于七月十九日做得乌木瓶式千里眼五件，随象牙套五件。司库常保、首领萨木哈、李久明持进，交太监沧州呈进讫。

铜作

二月十八日内大臣海望奉上谕：看前做过的暖砚，其形俱高，因火在砚底，不得不如此做高。何必将火做在砚底？砚旁另做一炉，炉下安足，上安铜丝罩，使火气透入砚底，砚既可热，炉亦可烧香。此炉或做方形、或作何形，可做样呈览。钦此。本日催总张四回明内大臣海望、员外郎满毗，拟做铜烧古暖砚六方。遵此。于十一月二十七日做得铜烧古方形有焚香炉砚二方，随紫端石砚二方、铜镀金匙二件，司库常保、首领李久明、萨木哈呈进讫。于十一月二十八日司库常保来说，太监沧州传旨：暖砚做的高了，再做时做矮些。其盛水处亦深，再做时高矮留一指。钦此。于十一月二十九日司库常保、首领李久明、萨木哈来说，太监沧州又传旨：暖砚做的不如意，火炉下的如意脚不好，或悬着，尔等酌量改做。钦此。于十二月二十八日做得铜烧古方形有焚香炉砚四方，随紫端石砚四方、铜镀金匙四件，司库常保、首领李久明、萨木哈呈进讫。

二十一日内大臣海望奉上谕：尔将番像立马铜佛造几尊，其法身约高一寸上下，或一尊配一龛、或九尊配一龛，尔等酌量。朕记得从前曾造过铜佛给过果亲王，尔可查明，照此铜佛式样铸造。所造佛像务使速得，不可迟滞，朕欲给蒙古王子用，得时交与总管太监，供奉在中正殿，用时令伊等取用。钦此。本日司库常保回明内大臣海望、员外郎满毗：拟做铜渗金番像佛四十五尊。遵此。于八月初八日做得铜渗金番像佛一尊，高二寸五分六厘，随紫檀木窝龛一座。铜渗金番像佛九尊，高一寸五分六厘，随紫檀木葫芦式龛一座。司库常保、首领萨木哈、李久明呈览，奉旨：着留下，尔等将未配龛的高二寸五分六厘铜佛二十七尊，每九尊各配紫檀木葫芦式龛一座。钦此。于十月二十八日，做得铜渗金番像佛九尊，各高一寸五分六厘，随紫檀木葫芦式龛一座。铜渗金番像佛九尊，各高一寸二分六厘，随紫檀木葫芦式龛一座。铜渗金番像佛九尊，各高九分六厘，随紫檀木葫芦式龛一座。铜渗金番像佛八尊，各高二寸五分六厘，随紫檀木葫芦式龛八座。司库常保、首领萨木哈、李久明呈进讫。于十一月初六日司库常保来说，内大臣海望谕：除前造成番像佛外，再造铜渗金番像佛四十五尊备用。遵此。于十二月二十八日做得铜渗金番像佛十八尊，各高一寸五分六厘，随紫檀木葫芦式龛二座。铜渗金番像佛十八尊，各高一寸二分六厘，随紫檀木葫芦式龛二座。铜渗金番像佛九尊，各高二寸五分，随紫檀木窝龛八座，司库常保、首领萨木哈、李久明呈进讫。于十二月二十二日司库常保来说，内大臣海望谕：除前二次造成番像佛外，再造铜渗金番像佛四十五尊备用。遵此。于十一年五月初一日做得铜渗金佛九尊，随紫檀木龛九座。铜渗金佛三十六尊，随紫檀木葫芦式龛大小四座。司库常保、首领萨木哈呈进讫。

四月十六日据圆明园来帖内称，本日司库常保、首领萨木哈来说，宫殿监副侍苏培盛传做：盛鼻烟铜螺蛳口长方八角白玻璃瓶十件长一寸八分、宽一寸四分，除瓶口高三寸。记此。于七月十九日照尺寸做得铜螺蛳口长方八角白玻璃瓶十件，司库常保交太监彭三元持去讫。

闰五月十六日据圆明园来帖内称，本月十四日司库常保持出御笔黄绫永泰寺三字匾文一张，说首领李统忠传旨：着照先做过普恩寺的匾，画泥金云龙，配匣盛装。做铜镀金字三个，其宝连在泰字上。得时呈览过再装匣。钦此。于十二月二十五日做得永泰寺铜镀金字三个，随木匣三个盛装，棉花塞垫，外裹黑毡。并御笔黄绫永泰寺匾文一张，上画泥金云龙，随黄绫面木匣一个盛装，棉花塞垫，外裹黑毡。员外郎满毗交理蕃院笔帖式哈母斑领去讫。

铸炉作

二月初三日膳房总管王太平传旨：着将仙炉样画些呈览。钦此。于二月初十日画得蕉叶束腰矮些仙炉画样一张，八卦束腰高些仙炉画样一张，内大臣海望呈览，奉旨：照八卦束腰仙炉样式准铸造铜炉。钦此。于七月十五日造成铜烧古八卦束腰仙炉一座，随铜烧古座一件。司库常保、柏唐阿佛保、六达子交膳房总管王太平收讫。于十一月初二日柏唐阿佛保、六达子来说，十月初二日司库常保说膳房王太平传：除造成铜八卦仙炉一座外，再造铜烧古八卦束腰仙炉一座。记此。

三月十二日太监焦进朝传做，铜烧古马蹄炉五件各高三寸一分、口径三寸八分。记此。于九月二十三日照尺寸做得铜烧古马蹄炉五件，随紫檀木座五件，上糊红猩猩毡。员外郎满毗、三音保，柏唐阿寿山交首领张文保持去讫。

四月二十七日据圆明园来帖内称，四月十九日司库常保、首领萨木哈奉旨：着做铜烧古小乳炉二十余件，各随香几，或硬木、或洋漆。其匙箸瓶、香盒照先做过象牙六角盆景样式，配做连匙箸瓶、香盒，但六角盆景形式甚俗，尔等另想法改做别式。钦此。本日司库常保回明内大臣海望，拟做铜烧古小乳炉二十四件随铜丝炉罩二十四件、香几二十四件、象牙茜色盆景式匙箸瓶香盒二十四件，内安钢匙箸。遵此。于六月二十四日做得铜烧古小乳炉四件，铜丝烧古炉罩四件、紫檀木小香几四件、象牙茜色盆景式匙箸瓶香盒四件，内安钢炕老鹳翎色匙箸四份。司库常保、首领萨木哈交太监沧州呈进讫。于八月十四日做得铜烧古小乳炉八件，铜丝烧古炉罩八件、紫檀木小香几二件、紫檀木边洋漆面小香几二件、黑洋漆小香几四件、象牙茜色盆景式匙箸瓶香盒八件、内安钢炕老鹳翎色匙箸八份。司库常保、首领李久明、萨木哈呈进讫。于九月十八日做得铜烧古小乳炉二件，随铜丝烧古炉罩二件、黑洋漆香几二件，象牙茜色盆景式匙箸瓶香盒二件、内安钢炕老鹳翎色匙箸二份。司库常保交首领李久明持进，交太监沧州呈进讫。于十月二十八日做得铜烧古小乳炉六件，随铜丝烧古炉罩六件、紫檀木香几二件、黑洋漆小香几四件，象牙茜色盆景式匙箸瓶香盒六件、内安钢炕老鹳翎色匙箸六份。司库常保、首领李久明、萨木哈呈进讫。于十二月二十八日做得铜烧古小乳炉四件，随铜丝烧古炉罩四件、紫檀木香几二件、黑洋漆小香几二件，象牙茜色盆景式匙箸瓶香盒四件、内安钢炕老鹳翎色匙箸四份。司库常保、首领李久明、萨木哈呈进讫。

九月初十日据圆明园来帖内称，本日司库常保来说，内大臣海望谕：着做铜烧古一统尊式炉四件，佛楼用。遵此。于十一年三月初一日做得铜烧古一统尊式炉四件，司库常保交太监焦进朝讫。

十月十三日据圆明园来帖内称，本日司库常保、首领萨木哈持出洋漆小香几一对，说太监沧州传旨：香几上着配做铜炉香盒。钦此。本日柏唐阿六达子、领催傅有回明员外郎满毗、三音保，拟香几上配做铜烧古小乳炉二件随铜丝烧古炉罩二件、象牙茜色盆景式匙箸瓶香盒二件、内安匙箸。记此。于十二月二十八日将洋漆小香几一对上，配得铜烧古小乳炉二件，随象牙茜色盆景式匙箸瓶香盒二件。司库常保、首领萨木哈呈进讫。

炮枪处

正月二十八日内大臣海望奉旨：着赏敖汗王鄂尔哲图腰刀一把，额驸达尔马达都腰刀一把。钦此。于二月初五日将备用大凹面腰刀二把，系铜镀金饰件黑子儿皮鞘，催总张自成、领催千佛保持进，当内大臣海望赏敖汗王鄂尔哲图、额驸达尔马达都讫。

二十八日内大臣海望、员外郎满毗着做，备用、赏用大凹面腰刀五十把，俱配做铜镀金饰件黑子儿皮鞘。遵此。于二月初五将备用大凹面腰刀三把，内大臣海望赏敖汗王鄂尔哲库、额驸达尔马达都、将军达尔济三人讫。于十年三月十二日将备用大凹面腰刀二把，赏付都统哲库纳、步军付尉塞纳讫。于三月二十二日将备用凹面腰刀二把，赏贝子喀木哈巴牙思呼郎图他布囊、那孙厄尔得尼讫。于四月初四日将备用凹面腰刀一把，赏贝勒彭克楚讫。于闰五月十二日将备用凹面腰刀一把，赏提督樊廷讫。于七月二十七日将备用凹面腰刀一把，赏护军统领哈达讫。于八月二十三日将备用凹面腰刀二把，赏大学士鄂尔泰、将军穆克登讫。于十一月初五日将备用凹面腰刀二把，首领萨木哈持去，交监督领侍苏培盛讫。于十一年正月初六日将备用凹面腰刀一把，赏喀尔喀郡王格勒克丕尔讫。于正月初十日将备用凹面腰刀三把，首领李久明持去，交监督领侍苏培盛讫。于二月初十日将备用凹面腰刀一把，司库常保交太监高玉，赏总兵张朝良讫。于三月十二日将备用凹面腰刀一把，太监马进忠持去，交太监高玉赏总兵杨竑讫。于三月十三日将备用凹面腰刀一把，司库常保、太监王进孝交太监高玉赏付都统黑子讫。于八月初一日将备用凹面腰刀一把，员外郎三音保送去赏平郡王讫。于九月二十四日将备用凹面腰刀一把，司库常保交太监赵玉赏总兵吴正讫。于十一月十六日将备用凹面腰刀一把，首领萨木哈交太监王富贵赏额驸达尔马达都讫。于十二年四月二十日将备用凹面腰刀一把，内大臣海望赏总兵任怀德讫。于四月二十五日将备用凹面腰刀一把，内大臣海望赏将军阿鲁讫。于八月十七日将备用凹面腰刀一把，内大臣海望赏额驸策凌讫。

四月二十二日自内务府抄出据热河管理操练兵丁副都统佛标呈称，办理军机事务大臣等奏折内开，热河操练兵丁一千名，应用腰刀一千把，向该处领取等因。记此。于五月十一日将旧存鋄银边大漆铁饰件腰刀一千把，柏唐阿花善、五十八交热河管理操练兵丁副都统佛标差来之衣尔希达胡文达领去讫。

五月十七日据圆明园来帖内称，本月初二日司库常保来说，内大臣海望谕：着做备用上用小刀十把。遵此。于五月二十六日圆明园来帖内称，本日司库常保、首领萨木哈来说，太监沧州传旨：着将小刀多做些，或高丽木靶，或牛角靶，俱随小式物件，照上用装修做，要细致。钦此。本日司库常保回明内大臣海望，拟做上用装修活底活束单小刀五十把。遵此。于闰五月十六日做得花羊角靶黑子儿皮鞘单小刀二把，水牛角靶黑子儿皮鞘单小刀二把，桦木叉靶黑子儿皮鞘单小刀二把。以上小刀底束每把各盛铜规矩一件、铜镊子一把、方圆针二件、象牙耳挖一件、象牙牙杖一件。司库常保、首领萨木哈交太监沧州呈进讫。于五月二十九日做得高丽木靶黑子儿皮鞘单小刀二把，水牛角靶黑子儿皮鞘单小刀二把。以上小刀底束内每把各盛铜规矩一件、铜镊子一把、方圆针二件、象牙耳挖牙杖二件。司库常保、首领萨木哈交太监沧州呈进讫。于六月十九日做得花羊角靶黑子儿皮鞘单小刀一把，水牛角靶黑子儿皮鞘单小刀一把，高丽木靶黑子儿皮鞘单小刀一把，桦木叉靶黑子儿皮鞘单小刀一把。以上小刀底束内每把各盛铜规矩一件、铜镊子一把、方圆针二件、象牙耳挖牙杖二件。司库常保、首领萨木哈交太监沧州呈进讫。于六月二十四日做得水牛角靶黑子儿皮鞘单小刀二把，高丽木靶黑子儿皮鞘单小刀二把，桦木叉靶黑子儿皮鞘单小刀一把。以上小刀五把内共盛铜规矩三件、铜镊子三件、方圆针各三件、剪子二把、象牙耳挖四件、牙杖四件、铅笔一件。司库常保、首领萨木哈交太监沧州呈进讫。二十九日圆明园来帖内称，本日首领萨木哈来说：太监沧州传花羊角靶子儿皮鞘活底活束三道铜腰单刀一把。记此。本日将花羊角靶子儿皮鞘单小刀一把，底束内盛铜规矩一件、铜镊子一把、方圆针各一件、象牙耳挖牙杖二件，司库常保、首领萨木哈交太监沧州收讫。于七月十九日做得花羊角靶黑子儿皮鞘单小刀一把，水牛角靶黑子儿皮鞘单小刀一把，高丽木靶黑子儿皮鞘单小刀二把，桦木叉靶黑子儿皮鞘单小刀一把。以上小刀五把底束内共盛铜规矩五件、铜镊子四把、方圆针各四件、剪子一把、象牙耳挖牙杖八件、铅笔一件。司库常保、首领萨木哈、李久明交太监沧州呈进讫。七月二十三日圆明园来帖内称，本日内大臣海望奉旨：着将好小刀等预备些，赏大学士鄂尔泰、总督查郎阿。钦此。本日做得花羊角靶黑子儿皮鞘单小刀二把，底束内各盛铜规矩一件、铜镊子一件、方圆针各一件、象牙耳挖牙杖二件。司库常保持进，当内大臣海望赏大学士伯鄂尔泰、署大将军总督查郎阿讫。于七月二十七日做得花羊角靶黑子儿皮鞘单小刀一把，水牛角靶黑子儿皮鞘单小刀二把，高丽木靶黑子儿皮鞘单小刀一把，桦木叉靶黑子儿皮鞘单小刀一把。以上小刀五把内每把各盛铜规矩一件、铜镊子一件、方圆针各一件、象牙耳挖牙仗二件。司库常保、首领萨木哈交太监沧州呈进讫。于九月二十一日做得水牛角靶黑子儿皮鞘单小刀四把，高丽木靶黑子儿皮鞘单小刀四把，桦木叉靶黑子儿皮鞘单小刀三把。以上小刀十一把内共盛铜规矩十一件、铜镊子七件、方圆针各七件、剪子四把、象牙耳挖牙仗各六件。司库常保、首领萨木哈交太监沧州呈进讫。

闰五月十四日据圆明园来帖内称，本日奏事太监王常贵传旨：着将好花铁交枪挑一杆随绿花氆氇套，好腰刀一把，赏提督樊廷。钦此。于闰五月二十日将备用花铁交枪一杆，长三尺七寸，随红氆氇套一件，津砖铅子模子一件，红牛皮套。大凹面腰刀一把，系铜镀金饰件黑子儿皮鞘。司库常保带副领催伊常阿持进，当内大臣海望赏提督樊廷讫。

十一月十一日笔帖式宝善持来清字帖一张，内称雍正十年十一月初八日署将军常德奏称，带去官员兵丁二十人，欲讨绵子甲、好箭应用等因。奏请。奉旨：好。凡腰刀、鸟枪、军器等件俱向海望处领取。钦此。计开，腰刀二十把、赞巴喇忒鸟枪十杆。其花名开后：署拖沙喇哈番温普、巴思哈，署骁骑校萨思泰，领催雅布查，前锋米三周，兵丁达兰泰、阿尔泰、都林忒、吗呢格、德礼、巴达那、白喜、希达、马慎泰、那思泰、班第、祁他、莫色那、书尔岱、硕卜科。记此。于十二月二十四日将备用平面腰刀二十把，鸟枪十杆。司库常保、付领催伊常阿持进，交署将军常德讫。

十二日员外郎满毗、三音保传做，备用平面腰刀五十把，俱配黄铜饰件，黑子儿皮鞘。记此。于十二月二十四日将备用平面腰刀二十把，司库常保、付领催伊常阿持去，交署将军常德讫。

鋄作

三月初一日司库常保来说，膳房总管王太平传做：亮铁炉二件见方一尺、高七寸、腿高一寸五分，安锁子。记此。于三月二十七日圆明园来帖内称，首领王进朝持出铁炉一件长一尺二寸、宽八寸、高五寸五分、腿高一寸四分、梁高一尺八寸五分、盖高一寸、盖梁高二寸五分。说先总管王太平传过有锁子铁炉二件，不必做了，照此尺寸做有梁铁炉二件。记此。于闰五月二十一日做得有梁铁炉二件，并原铁炉一件，司库常保交膳房太监吕进善持去讫 。

五月二十二日领催闻二黑持来寿皇殿帐幔上钩子六件、云头钉叁件、钩头钉四件。说奉庄亲王谕：着见新收拾。遵此。于五月二十九日将钩子六件、云头钉三件、钩头钉四件，俱收拾妥。领催闻二黑持赴寿皇殿安讫。

二十二日宫殿总理监修处员外郎释迦保、六格等传，内大臣海望谕：乾清宫月台上黄毡板房、斗坛、西丹墀各等处板房俱拆移中正殿盖造，其月台上斗坛内有陈设围屏、幔帐等，并西丹墀板房内有陈设及铺设毡条、门帘等件，交造办处令该管人员踏看，如有应交该管处者，即交该处等因。遵此。本日员外郎满毗带领领催闻二黑等进内，至乾清宫月台上黄毡板房后斗坛内，拆出铁条二根、镀银漆地围屏掐子十九块、帘架铁掐子八块。记此。

九月初六日据圆明园来帖内称，本日司库常保来说，宫殿监副侍苏培盛传做：铁圈子十八个各径一寸、随曲须。记此。于九月十一日照尺寸做得铁圈子十八个、各随曲须。司库常保持进，交宫殿监副侍苏培盛收讫。

十月二十四日首领马温良来说，宫殿监副侍陈福传，天穹宝殿悬挂灯，着做红油钩杆一对高一丈二尺、径过二寸。记此。于十二月二十六日照尺寸做得红油钩杆一对，系铁挑头。领催闻二黑交首领马温良持去讫。

十一月初三日库使八十三来说，署理监察御史事务员外郎傅参，为现有活计库不足用，今另设活计库二间，欲做铁钉锅四件随曲须八件等语，员外郎满毗、三音保准做。记此。十二月二十七日做得铁钉锅四件，随曲须八件。领催闻二黑交署理监察御史事务员外郎傅参收讫。

初五日养心殿太监王进禄来说，宫殿监副侍陈福、王进忠传做：焚纸铁八卦炉一件。记此。于十二月十八日做得焚纸铁八卦炉一件，随火漆铁筷子一双。领催闻二黑交太监俞文、徐文耀持去讫。

弓作

三月初四日柏唐阿拉哈里来说，监造鸟枪处员外郎马尔汗传内大臣海望谕：畅春园西厂学艺强弱二营兵丁，需用鸟枪一百杆上，着添做红牛皮火门盖。遵此。于四月十二日做得红牛皮火门盖一百个，付领催伊常阿持去，交西厂学艺处头目五十讫。

四月二十二日弓作柏唐阿拉哈里回称，本作有备用随侍虎枪四杆，今此内一杆冽坏，欲另换做新杆子等语。员外郎满毗准换做。记此。于四月二十九日换做得虎枪一杆，柏唐阿拉哈里归入随侍虎枪内讫。

鞍作

闰五月二十三日武备院咨称，雍正十年闰五月十二日内大臣海望转传上谕：将鞔金花皮喀尔喀式样鞍一副，用红心氆氇鞍座、拴蓝丝线扯手、镀金白丝线喀尔喀鞦辔，赏与提督樊廷。钦此。于本月十四日当内大臣海望赏给提督樊廷讫。补造除鞦辔、踶胸不用外，仍照前样将鞔金花皮喀尔喀式样鞍一副造给等因。于十月十八日照前样做得鞔金花皮喀尔喀式样鞍一副无鞦辔、踶胸，员外郎观音保、库使塞勒、官住交武备院北鞍库库掌伊素、库使莽喀、石俊领去讫。

十月二十八日员外郎观音保、库使塞勒、官住来说，内大臣海望谕：除造成鞍外，着照样再造喀尔喀式样鞍十副备用等因。本日员外郎满毗、三音保定得，鞍十副内造孔雀石鞦辔四副、鋄金泡子鞦辔六副。记此。

十一月初六日内管领清太官六十来说，车库收贮上乘车一辆，糙旧之处回明内大臣海望，着收拾。记此。于十一月十三日将上乘车一辆另换新黄纺丝里祎一份，车鞍二副另换软鞦二条，其余粘补收拾妥，柏唐阿五十八、库使塞勒、官柱交内管领官六十、库衣达托多豁领去讫。

甲作

二月初五日内大臣海望奉旨：着赏建勋将军达尔济盔甲一副。钦此。本日即将五年正月十一日传做内，赏用鋄金钉蓝素锁纹锦面甲一副，随鋄金管子梁子遮眉无情花儿锭鋄金台錾兽面垂珠梵字盔一顶、石青缎壮帽一顶，随蓝纺丝空单二块、细蓝布空单二块、三线布绵垫四个、蓝纺丝盔套一件。催总张自成、柏唐阿花善、五十八等持进，赏建勋将军达尔济讫。

闰五月二十九日据圆明园来帖内称，本月二十九日内大臣海望奏称：提督樊廷前赴军营，欲讨盔甲一副带去等语。转奏。奉旨：铁甲不及棉子甲得用，可将棉子甲做一副赏樊廷，顺便令人带去。钦此。内大臣海望谕：棉子盔甲做成时，着配箱盛装。遵此。于七月十四日做得青缎面鋄金钉棉子盔甲一副，上有素珊瑚帽顶一件，随木箱一件盛装，棉花塞垫妥。司库常保交兵部员外郎观音保领去，赏提督樊廷讫。

十月二十八日内大臣海望谕：着做棉子盔甲四副备用。遵此。

十一月初六日内大臣海望传旨：着赏副都统哈达汗、散秩大臣詹布，每人盔甲一副。钦此。本日将六年十二月初六日传做之内石青缎面鋄金钉甲二副，随台錾梵字盔二顶、石青缎壮帽一顶、蓝纺丝盔套二件、牤单四块、蓝细布牤单四块、三线布棉垫八个，柏唐阿五十八等持进，当内大臣海望赏副都统哈达汗、散秩大臣詹布讫。

十二月十三日笔帖式亮玉持来汉字帖一张，内开十二月十一日内大臣海望奉旨：将朕用的棉子甲赏额驸策凌一副，若不合身体即配合额驸做。再，跟随额驸之护卫等亦赏给绵子甲数副。钦此。本日柏唐阿五十八回明内大臣海望、员外郎满毗、三音保，拟做鋄金钉棉子盔甲一副、鋄金钉棉子盔甲十副。记此。于十一年正月二十八日做得锦面棉子盔甲一付、青缎面棉子盔甲十付。柏唐阿五十八持进，当内大臣海望交额驸策凌讫。

雍正十一年

记事录

正月二十一日司库常保、首领太监萨木哈奉旨：着照宜兴钵样式另寻宜兴钵一件，交与烧造磁器处，仿样将均窑、官窑、霁青、霁红钵各烧造些送来，其均窑的要紧。钦此。于十二月二十三日内务府总管年希尧家人郑天锡送来均釉磁钵十一件、官窑磁钵七件、霁青磁钵十一件、霁红磁钵七件呈内大臣海望看过，随传：着将钵各配做铜镀金匙、锦囊布套它单、象牙箸，漆把棕刷。记此。于十二月二十七日做得铜镀金匙、锦囊等四份，每份各计铜镀金匙一件、锦囊一件、石青布套一件、蓝高丽布它单大小三块、象牙箸一双系双节做法、洋漆棕刷一件，均釉磁钵一件、官窑磁钵一件、霁青磁钵一件、霁红磁钵一件，司库常保、首领太监萨木哈呈览。奉旨：交与沧州。钦此。

二月初七日司库常保、首领太监萨木哈奉旨：尔造办处先有怡贤亲王总理之时，凡事甚属严谨，亦无擅自传做活计等事，而出入人等亦不致混杂。即海望在京时亦甚严谨。近来朕看得总管太监等传做活计亦不奏明，往往擅自传做，尔等即应承做给，以致耗费钱粮。嗣后凡有一应传做活计等项不可即做，如有传旨着做，尔等亦宜请旨，准时再做。再造办处所管匠役不可私做活计，当严加申饬禁止。钦此。

三月三十日内大臣海望传，嗣后本造办处所有行材料知帖，着司库常保画押。记此。

五月初一日据圆明园来帖内称，司库常保、首领太监萨木哈奉旨：今日进的金錾西洋番花水盂一件、白磁胎画珐琅青山水酒圆一对，俱做得甚好。钦此。司库常保随奏称，西洋番花水盂系雍和宫随来的錾花匠胡鋐所做，画珐琅山水酒圆系造办处画珐琅人邹文玉所画。此二人技艺甚好，当差亦勤慎，但伊等家道贫寒，所食钱粮不敷养赡家口之用等语。具奏。奉旨：胡鋐、邹文玉所食钱粮既不敷养赡家口之用，尔降旨与海望，应如何加赏钱粮之处，酌量加赏。钦此。本日内大臣海望遵旨，将胡鋐、邹文玉二人每月所食钱粮外加添银一两，自本年六月起按月关领。记此。

二十四日内大臣海望奉旨：里边做活计的匠役着赏给好饭吃。钦此。

六月十五日据圆明园来帖内称，司库常保、首领太监萨木哈来说，宫殿监副侍李英传旨：着烧造磁器处嗣后宝月瓶不必烧造。钦此。于本月十八日司库常保交内务府总管年希尧家人郑天锡抄去讫。

三十日营造司花炮作库掌湾他哈持来内大臣海望清字押帖，内开，为造起火箭事特旨除都统于国弼料理，其应用钱粮将湾他哈所呈料估算明发给。记此。于八月二十日正黄旗汉军都统于国弼指示：造成长六尺起火箭箱一件随高架一件、长四尺起火箭箱一件、长六尺五寸五虎出穴竹溜子一件、长四尺五寸五虎出穴竹溜子一件。营造司花炮作库掌湾他哈持赴圆明园呈大学士伯鄂尔泰、大学士张廷玉同办理军需事务大臣等同阅，酌定造长六尺起火箭箱三十二个、长四尺起火箭箱六十四件、长六尺五寸五虎出穴竹溜子三十二件、长四尺五虎出穴竹溜子六十四个、起火箭二万八千枝等因。内大臣海望随传：着照数成造，员外郎满毗料理。记此。

九月十一日据圆明园来帖内称：宫殿监副侍李英交青花白地六瓣

等款式碗四件、茶圆二件、酒圆三件、仿哥窑六瓣等款式茶圆二件。传旨：着海望传与烧磁器处，嗣后此等款式磁器不必烧造。钦此。本日将青花白底六瓣等款式碗四件、茶圆二件、酒圆三件、仿哥窑六瓣等款式茶圆二件，司库常保交江西烧造磁器处内务府总管年希尧家人郑天锡领去讫。

十月二十八日据圆明园来帖内称，司库常保、首领太监萨木哈奉旨：今日进的御制珐琅表盒，烧造俱好，其表盒墙子上的画花卉亦好，但盒底不宜画人物，嗣后不必画。再黑珐琅地画斗方磁碗烧画的俱好。再画时添些青花。尔等可传旨与海望，将烧画珐琅人并做表人等，应赏者议赏。钦此。

十一月二十一日太监沧州交御选语录六套。传旨：着赏明慧四套。再，语录先已赏过明章上函二套，今将此下函二套补赏明章，俱交织造海保家人带去赏给。钦此。于本月二十二日将御选语录六套，并旨意一道。司库常保交苏州织造郎中海保家人六十五领去讫。

十二月初二日内大臣海望为画画人戴越病故奏闻。奉旨：着将造办处库内银赏给戴越三十两。钦此。本日行得库贮银三十两，柏唐阿王幼学持去赏画画人戴越家讫。

十二日笔帖式常宁、茶上人德格送来散秩大臣伯饭房茶房总管马哈达等清文咨称，本饭房茶房奏称：饭房茶房黄磁碗、黄磁钟，现不足用。饭房欲添二等黄磁碗三十件、三等黄磁碗二十件、黄磁钟三十件。茶房欲添黄磁钟二十件，共添一百件。请交海望行与该处烧造等语，缮写折片于雍正十一年十二月十二日交太监王常贵等转奏。奉旨：交该管处取用。钦此。相应移咨前去等因。记此。于本月十三日茶房笔帖式金大鹏送来黄磁碗样二件、黄磁钟样一件，呈内大臣海望看过，着将原黄磁碗钟样交内务府总管年希尧家人郑天锡转发江西烧造磁器处，照样烧造一百件，限一百日内送来。记此。本日将黄磁碗二件、黄磁钟一件，司库佛保等交内务府总管年希尧家人郑天锡领去讫。

二十七日内务府总管年希尧家人郑天锡送来各色磁花盆十二样。司库常保、首领太监萨木哈呈览。奉旨：着送往圆明园，交与园内总管太监，有应陈设处陈设。钦此。于本月二十八日将各色磁花盆十二样，柏唐阿拴柱带领内务府总管年希尧家人郑天锡送至圆明园，交总管太监李德等收讫。

各式菊花式磁盘十二色内每色一件，司库常保、首领太监萨木哈呈览。奉旨：着交与烧造磁器处，照此样式，每色烧造四十件。钦此。本日随交内务府总管年希尧家人郑天锡持去烧造讫。

库贮

四月二十三日据圆明园来帖内称，太监高玉、王常贵交伽楠香大小四块重五十一两，小沉香二块重六斤八两，系毛克明、郑五赛进。传旨：着交造办处做材料用。钦此。

六月十二日据圆明园来帖内称，宫殿监副侍陈福交朱里汞三斤系贵州巡抚张广泗寻的。传，着交造办处好生收贮。记此。

七月初七日据圆明园来帖内称，司库常保交菩提叶二百七十张系织造高斌进。内大臣海望着交库贮。记此。

二十日据圆明园来帖内称，司库常保交菩提叶五百张系织造海保进。内大臣海望着交库贮。记此。

十月十四日据圆明园来帖内称，太监高玉交碧玉一块随锦座，系云南巡抚张允随进。传旨：着有用处用。钦此。

十七日据圆明园来帖内称，太监高玉、王常贵交碧牙西大小八块重七十五两八钱，随黄绢匣，红琥珀二块重一百七两，以上俱系云贵广西总督尹继善进。传旨：着有用处用。钦此。

十八日据圆明园来帖内称，太监高玉、王常贵交寿山石大小八块系贵州巡抚元展成进。传旨：着有用处用。钦此。

二十三日据圆明园来帖内称，太监王常贵交象牙嘴千里眼九件系广东总督鄂弥达进，铜嘴千里眼五件系广东巡抚杨永斌进。传旨：着认看等次。钦此。

二十三日据圆明园来帖内称，太监王常贵交玻璃灯二对系广东巡抚杨永斌进。传旨：此灯四围玻璃不必动，将中间玻璃取下，俟有用处用。其中间另糊纱。钦此。

二十五日据圆明园来帖内称，宫殿监督领侍苏培盛交阿哥里四十块系热河总管太监薛保库进。传旨：着有用处用。钦此。

二十五日据圆明园来帖内称，宫殿监督领侍苏培盛交色木根大小二块、香根子一块、桦木乂压纸二块、色木根压纸二块、桦木山乂刀靶四块、香根子刀靶四块、山檀木根刀靶二块系热河总管太监薛保库进。传旨：着有用处用。钦此。

二十七日据圆明园来帖内称，太监高玉、王常贵交紫檀木边框玻璃灯五对系毛克明、郑五赛进。传旨：此玻璃灯拆下有用处用，玻璃分位补换画片。或有赏用之处赏用，或有应用之处应用。钦此。

二十七日据圆明园来帖内称，太监高玉、王常贵交千里眼水平仪器一件随架子，系毛克明、郑五赛进。传旨：着交造办处收贮。钦此。

十二月二十八日内大臣海望奏明，各处跟包银三千八百两。奉旨：将银八百两留在里边，其余银三千两交造办处。钦此。

牙作　附砚作

正月二十一日员外郎满毗、三音保传做：龙油珀梅寿瓶一件、龙油珀桃盒一件、龙油珀如意一件、象牙茜色节节双喜笔架一件。记此。于二月二十一日做得龙油珀桃盒一件、象牙茜色节节双喜笔架一件，司库常保交官殿监副侍李英收讫。于五月初一日做得龙油珀暗花小瓶一件，随象牙茜色莲花一束，洋漆座。龙油珀如意一件，司库常保、首领太监萨木哈呈进讫。

四月十七日据圆明园来帖内称，太监王常贵交牛油石盒端石砚九方系广东总督鄂弥达进，传旨：将牛油石盒配做绿端石砚或紫石砚赏用。其原端石砚内花纹若次些者俱改做好花纹，配做上用漆盒或石盒。钦此。于八月十三日做得绿端石砚九方，随原交牛油石盒九件，司库常保、首领太监萨木哈呈进讫。于十月二十七日做得洋漆盒九件，内盛改做端石砚九方，司库常保、首领太监萨木哈呈进讫。

本年活计尚有，做各色石盒砚二十方。腰圆石砚一方。紫檀木边雕象牙笔筒。紫檀木边玻璃罩雕五毒龙油珀盆景一件。黑玻璃盒配绿端石砚二方。

镶嵌作

五月初一日据圆明园来帖内称，司库常保、首领太监萨木哈持来白磁胎画珐琅碧桃花橄榄式瓶一对随象牙茜色梅花一对、金菊花一束、紫檀木座，白磁胎画珐琅霁红橄榄式瓶一件随楠木架一件，说太监沧州传旨：碧桃瓶内瓶花不好，着另配做好款式红白莲花二束，枝叶不必做密了。再，原梅花将枝叶放开些，配在霁红瓶内用，其金菊花亦改做。钦此。于六月十六日做得象牙茜色红莲花一束，改做得白莲花一束，并原画碧桃瓶一对，象牙茜色梅花一束，并原画霁红瓶一件，司库常保持进交太监沧州呈进讫。

初一日据圆明园来帖内称，司库常保、首领太监萨木哈持来呆黄玻璃碗五件，奉旨：着做供碗用，其碗内配做假果子供。钦此。于十月二十八日将呆黄玻璃碗五件，配做得象牙茜色假果子五供五份，随红铜贴金供托五份，司库常保、首领太监萨木哈呈进讫。

初七日据圆明园来帖内称，员外郎三音保、司库常保传做：紫檀木边玻璃罩镶嵌长春福寿盆景一件。记此。于十月二十八日做得紫檀木边玻璃罩镶嵌长春福寿盆景一件，司库常保、首领太监萨木哈呈进讫。

八月二十三日据圆明园来帖内称，司库常保传做：紫檀木边玻璃罩福寿万年盆景一对、眉寿盆景一对。记此。于十月二十八日做得紫檀木边玻璃罩福寿万年盆景一对、眉寿盆景一对，司库常保、首领太监萨木哈呈进讫。

十二月二十七日员外郎满毗、三音保传做，玻璃镶嵌珊瑚福青金寿字面铜镀金带板一副，随手巾束。记此。于十二年二月二十日做得嵌珊瑚福青金寿字面铜镀金带一副，随手巾束一对，司库常保呈进讫。

珐琅作

正月初三日司库常保来说，内大臣海望奉旨：太常寺的提炉着交刘山久照样做一份。钦此。于二月初三日做得铜撒花镀金象鼻足提炉一对，随鞔撒林皮木胎套一对、红油挑杆二根，司库刘山久交太常寺世袭官舒隆阿、笔帖式费扬古领去讫。于二月初八日催总刘山久来说，内大臣海望做备用提炉一份。记此。

十一日首领夏安来说，宫殿监督领侍苏培盛传，掐丝珐琅蜡阡一对，预备出外用。记此。于本日将掐丝珐琅蜡扦一对交首领太监夏安持去讫。

十三日太监王进孝来说，太监焦进朝传，将二眼、三眼孔雀翎、珐琅翎管各送进些来。记此。于本日将备用二眼孔雀翎五个、三眼孔雀翎五个、珐琅翎管十个，交太监王进孝持去，交太监焦进朝收讫。

二十一日司库常保、首领萨木哈、李久明持来宜兴钵一件。奉旨：着照此式样，将黄地珐琅钵做一件。钵身周围中间写梵字，画吉祥草。盖顶中间亦写梵字凑圆，周围亦画吉祥草。其梵字着问喇嘛写，先做样呈览，准时再做。钦此。于二月初七日做得画珐琅烫胎合牌钵样一件，司库常保、首领太监李久明、萨木哈呈览。奉旨：花纹梵字准做，其式样俱照宜兴钵做，钵底不要平了。钦此。于五月二十四日圆明园来帖内称，本日做得写梵字珐琅钵一件，司库常保、首领太监李久明、萨木哈呈进讫。随奉旨：做得好。照样再做几个。钦此。于七月二十四日做得珐琅钵二件，随珐琅匙二件、象牙两节箸二双、棕刷二件、净钵蓝布二块、苫膝蓝布它单二块、锦囊二件、锦垫二件、青布夹套二件，司库常保、首领太监萨木哈、李久明交太监沧州转呈进讫。于八月十三日做得珐琅钵二件，随珐琅匙二件、象牙双接箸二双、棕刷二把、净钵蓝布二块、苫膝蓝布它单二块、锦囊二件、锦套二件、青布夹套二件，司库常保、首领太监萨木哈呈进讫。于十二月二十二日做得珐琅钵一件，随匙布等全，首领太监萨木哈持去，交太监沧州呈进讫。随传旨：嗣后不必再烧造。钦此。于十三年三月二十四日将原做成铜胎黄地珐琅钵一件，随珐琅匙一件、象牙箸一双、棕刷一件、蓝布一块、锦套一件、垫一件、蓝布套一件。交太监郑进朝讫。

二月二十二日据圆明园来帖内称，司库常保、首领太监萨木哈来说，太监沧州传旨：黑地画珐琅白梅花鼻烟壶胎子款式甚好，嗣后俱照黑地画珐琅白梅花鼻烟壶的胎子款式做。钦此。于九月十三日做得铜胎珐琅黑地白梅花鼻烟壶一对、珐琅红地白梅花鼻烟壶一对，司库常保、首领萨木哈呈进讫。于十月二十七日做得珐琅黑地白梅鼻烟壶二对、珐琅红地白梅花鼻烟壶二对，司库常保呈进讫。于十二月初三日做得珐琅黑地白梅花鼻烟壶一对，交太监王常贵讫。于十二月二十七日做得珐琅黑地白梅鼻烟壶二对、珐琅红地白梅花鼻烟壶二对，司库常保呈进讫。

四月初七日内大臣海望传，仙香苑陈设着做蓝色珐琅炉瓶香盒一份。记此。于五月初八日做得蓝色珐琅炉瓶香盒一分，催总张四持至圆明园仙香苑陈设讫。

五月十六日据圆明园来帖内称，内大臣海望传，着做月白珐琅炉瓶香盒一份备用。记此。

二十六日司库常保来说，内大臣海望传做，錾西番花黄铜镀金水盂一个。记此。于十二年八月十三日做得錾西番花黄铜镀金水盂一个，司库常保、首领太监萨木哈呈进讫。

六月十五日员外郎满毗、三音保传，为赏过果亲王珐琅寿字杯盘一分、珐琅壶一件。今欲照样补珐琅寿字杯盘一分、珐琅壶一件备用。记此。

八月初一日据圆明园来帖内称，内大臣海望奉旨：着赏平郡王一眼孔雀翎二十根、珐琅翎管二十个。钦此。于本日将备用一眼孔雀翎二十根、珐琅翎管二十个，员外郎三音保送去赏平郡王讫。

十二月二十七日内务府总管年希尧家人郑天锡送来洋红磁五供一份计五件、五彩磁五供一份计五件，司库常保、首领太监萨木哈呈览。奉旨：磁炉内配做炉胆，蜡扦配做接油，磁瓶内配做瓶花。其花或用翎管或象牙俱可。钦此。于十二年八月十四日将磁五供二分配做得象牙茜色荷花四束、珐琅接油二对，司库常保、首领太监萨木哈呈进。奉旨：蜡扦子盘做小了，再做大些。钦此。于九月二十七日改做得蜡盘、象牙瓶花、炉胆、磁五供二份。司库常保、首领太监萨木哈呈进讫。

累丝作

四月初七日据圆明园来帖内称，太监沧州交莲花式九曜星官道冠一件随镶白玉象牙簪一枝。传旨：照样金累丝道冠做一件。钦此。于九月二十七日将原交出莲花式九曜星官道冠一件，随镶白玉象牙簪一枝，太监王进孝持去，交太监沧州讫。于十月二十八日圆明园来帖内称，本日做得金累丝莲花式九曜星官道冠一件，随镶白玉象牙簪一枝，司库常保、首领太监萨木哈呈进讫。

本年活计尚有：金累丝凤二份，每份五枝。火焰大头簪三枝。双喜大头簪三枝。挑牌二份，每份五枝。梅洗旧金银器。

撒花作

二月初三日太监王进孝来说，宫殿监副侍刘玉传做：铜撒花镀金莲花式道冠一件，随铜镀金如意簪一枝。记此。于本月初六日做得铜撒花镀金莲花式道冠一件，随铜镀金如意簪一枝，太监王进孝持去，交宫殿监副侍刘玉收讫。

本年活计尚有：铜镀金小满达一件。撒花镀金轮三份。镶嵌银母轮三份。镶嵌珊瑚轮三份。金八宝、银八宝、金钱、银钱，紫降香轮三份。银母轮、珊瑚轮、镀金轮、龙油珀轮各一件。

自鸣钟

九月初十日据圆明园来帖内称，办理军机事务处交来汉字帖内称，副将军查郎阿差员送来岳钟琪存留未缴敕书并朱批奏折等件，谨开单奏闻，交送各该处查收等因，于雍正十一年九月初八日奉旨：依议。钦此。今交去嵌金刚石金自鸣钟一个，查收。记此。本日将嵌金刚石自鸣钟一个，径一寸六分，系金表盘锁子上嵌金刚石十块，内里镶子有坏处，随嵌金刚石铜镀金胎套一件、黑子儿皮外套一件、花梨木匣一个，交自鸣钟处首领太监赵进忠同太监杨进忠持去讫。

十月二十七日据圆明园来帖内称，太监高玉交镶嵌蜜蜡玻璃时钟乐钟一座系毛克明、郑伍赛进，传旨：着收拾，俟收拾妥时，有应陈设处陈设。钦此。本日将嵌镶蜜蜡玻璃时钟乐钟一座，交首领太监赵进忠讫。

二十九日自鸣钟首领太监赵进忠持来插屏钟样二份、小时钟样二份、小表样一份，说内大臣海望着照样做插屏钟二分、时钟二分、表一分。记此。

杂活作

正月十五日司库常保、首领太监萨木哈来说，太监沧州传旨：车上带着用的眼镜，着常保、萨木哈想法做。钦此。于本月十九日做得安铜钩水晶眼镜一副、安别簪水晶眼镜一副。司库常保、首领李久明、萨木哈持去交太监沧州呈览。奉旨：做的俱好。其钢钩上节做骨头的，下节做铜的，可选好眼镜光做。钦此。于本月二十四日做得牛角钩茶晶眼镜一副，随黑子儿皮盒一件。缠马尾铜钩茶晶眼镜一副，随黑子儿皮盒一件。牛角别簪水晶眼镜一副，随黑子儿皮盒一件，司库常保、首领萨木哈持去，交太监沧州转呈进讫。

二月初三日太监闻旦来说，首领太监郑爱贵传旨：着做整梁辰时近视眼镜一副。钦此。于本月二十四日做得玳瑁整梁簪辰时近视玻璃眼镜一副，随黑子儿皮盒一件，司库常保交太监桂圆持去讫。

初三日太监王进孝来说，太监焦进朝传，辰时近视眼镜赏用过二副，着补做二副。记此。于本月二十四日做得辰时近视眼二副，系玳瑁圈银掐钢梁，随黑子儿皮盒二件，司库常保交太监胡廷瑞持去讫。

七月二十八日据圆明园来帖内称，内大臣海望奉旨：着赏平郡王鸟枪、腰刀、软带、小刀、大药葫芦、烘药葫芦、火镰包、折叠桌、伞灯、拆卸火盆、帽盒等件。钦此。于八月初一日将红牛皮刳花雅器法都一件。红牛皮刳花插樑袋一件。黑子儿皮硬胎大药葫芦一件。红牛皮硬胎烘药葫芦一件。红牛皮鞘湾靶撩刃刀一把。白鹿皮软胎大药葫芦一件。牛角烘药葫芦一件。红牛皮双盖大火镰包一件。绣黄缎面象牙墙火镰包一件。黑羊皮套圈子火镰包一件，随珊瑚底盖珠。绣石青缎刮鳔一件，随珊瑚盖珠。绣红缎面罩盖火镰包一件，随珊瑚盖珠。红羊皮套署文房一件，随松石盖珠荷叶。黄羊角解锥一件，随珊瑚盖珠。千里眼大小二件，随黑子儿皮套。红羊皮套象牙日晷一件。红羊皮套马尾眼罩一件。红银纱伞灯一份，随铁枝棍一件。红羊皮彩金帽盒一件，内盛玻璃镜小式家伙全，随黑撒林皮套。铜烧古拆卸火盆一分，随花梨木架一件。黑牛皮折叠书桌一张，内有红羊皮包二件，计盛：铜烧古暖砚一方。鞔红羊皮彩金笔筒一件。寿岩灵芝笔架一件。年年余长紫檀木墨床一件。川山甲痒痒挠一件。紫檀木算盘一件。象牙挺红羊皮转轴帽架一件。铜烧古书灯一件。铜烧古压纸一件。黑羊皮彩金花玻璃镜一件。千里眼一件。象牙日晷一件。绣红羊皮卷包火镰包一件。玳瑁靶火镜一件。黄铜镀金火印一件。珐琅鼻烟壶一件。规矩一匣计十一件。鞔红羊皮盒绿端石砚一方。玻璃水盛一件。裁纸刀一件。鞔红羊皮彩金臂格一件。鞔红羊皮痰盒一件。象牙双喜压纸一件。担子式帽架一件。象牙管貂毫笔二枝。黑红墨二锭。绣缎小荷包二件。蓝玻璃鼻烟壶一件。黄地珐琅鼻烟壶一件。鼻烟一瓶。交枪一杆，随红氆氇套一件、油单套一件、黄绿线带一根、黑皮挎乂一个、火绳一条、铅子一百个、铅子模一个、大药五斤、烘药二包、黄布口袋大小三个、黄鹿皮口袋一个。线枪一杆，随氆氇套一件、油单套一件、黄绿线带一根、黑皮挎乂一个、火绳一条、砂子十口袋、大药五斤、烘药三包、黄布口袋大小三个、黄鹿皮口袋一个。黑撒林皮画洋金花鞘腰刀一口。黄金软带一条，随铜镀金圈穿金丝珊瑚黑撒林皮蛤蟆一对，黄绦系黄绦豆黑撒林皮荷包一对，白春绸手巾一对，铜镀金嵌松石手巾束一对。员外郎三音保送去赏平郡王讫。

十月初七日据圆明园来帖内称，諴亲王、宝亲王、和亲王奉上谕：尔等师傅大学士张廷玉现今告假回南，尔等应送之小式物件，可传知海望向造办处取用。钦此。于本月初九日将桦木乂靶黑子儿皮鞘活底活束单小刀一把、高丽木靶黑子儿皮鞘活底活束单小刀一把、黑牛角靶黑子儿皮鞘活底活束单小刀一把、黑羊皮扇面式暑文房一件、红羊皮彩金套暑文房一件、黑撒林皮套暑文房一件、红羊皮罩套火镰包三件、红羊皮套马尾眼罩二件、红羊皮筒马尾眼罩一件、象牙镶嵌活底开七里一件、象牙镶嵌开七里一件、象牙雕花开七里一件、红玻璃鼻烟壶一件、呆黄玻璃鼻烟壶一件、呆绿玻璃鼻烟壶一件、呆金黄玻璃鼻烟壶二件、呆蓝玻璃鼻烟壶一件，司库常保呈諴亲王、宝亲王、和亲王收讫。

十一月十六日首领太监萨木哈来说，太监王常贵、高玉传旨：着照赏科尔沁郡王罗卜藏拉锡活计例，预备一份。钦此。本日将铜镀金饰件黑子儿皮鞘大凹面腰刀一把、红牛皮刳花雅器法都一件、黑子儿皮硬胎大药葫芦一件、红牛皮硬胎烘药葫芦一件、红牛皮软大药葫芦一件、黑羊皮彩金鞘湾靶撩刀刀一把、高丽木靶黑子儿皮鞘半攒小刀一把、黑撒林皮套署文房一件、黑撒林皮彩金双盖火镰包一件、红羊皮套象牙日晷一件、红羊皮套刮鳔一件、红羊皮筒马尾眼罩一件、红羊皮蛤蟆一对、黑撒林皮蛤蟆一对、红羊皮带腰刀圈一件、黑撒林皮带腰刀圈一件，首领太监萨木哈持去交奏事太监王常贵。赏额驸达尔马达都讫。

二十日员外郎满毗、三音保、司库常保传做，备用垂恩香二料。记此。于十二月二十八日将垂恩香六十枝交太监张志望讫。

十二月二十日员外郎满毗、三音保，司库常保传做，洋漆银口长方盒三对、银錾番花面海棠式银盒一对。记此。于十二年五月初一日做得洋漆银口长方盒二对，司库常保、首领太监萨木哈呈进讫。于八月十四日做得洋漆银口长方盒一对，司库常保、首领太监萨木哈呈进讫。于十月二十七日做得银錾花盒一对，司库常保、首领太监萨木哈呈进讫。

匣作

正月十六日粘竿处三等侍卫特可慎送来管理事务多罗贝勒允禧清文咨称，粘竿处预备盘香灯套因年久破坏，相应照本处送去样式造给二件。记此。于本月二十一日照样做得黄杭细面合牌胎盘香灯套二件，并原样套一件，交粘杆处柏唐阿富宁持去讫。

本年活计尚有，五彩合牌五层供托一百份、铅托合牌灯遮二件、五彩合牌供托心四十份、各色锭子药匣九十件。为玻璃器配匣、珐琅器配锦匣。

裱作

正月初二日八品官李毅持来罗文纸经一部，说宫殿监督领侍苏培盛传旨：着托裱配做锦套。钦此。于十二月二十日将经一部配得锦套锦袱一件，李毅持去讫。

十七日太监赵朝凤来说，宫殿监督领侍苏培盛传：着矾画绢各长一丈八尺、宽六尺四块，黄色洒金画绢各长一丈、宽三尺四块。记此。于三月初二日照尺寸染得黄色洒金画绢四块、画绢四块，领催马学迩交太监赵朝凤持去讫。

十七日太监赵朝凤持来貂毫笔一支，说宫殿监督领侍苏培盛传：着照样做五支。记此。于本月二十五日照样做得貂毫笔五枝并原样一枝，柏唐阿寿山交太监赵朝凤持去讫。

十七日太监赵朝凤持来黄绫五疋，说宫殿监督领侍苏培盛传：着浆矾。记此。于三月初三日浆矾得黄绫五疋，领催马小迩交太监赵朝凤持去讫。

十七日八品官李毅持来御笔黄绢挑山字一张，说宫殿监督领侍苏培盛传：着托裱。记此。于二月初四日托裱得御笔黄绢挑山一张，八品官李毅持进交讫。

十七日首领太监马温良持来太阳壁子一件，闲余板一件，饼托一件，随圈一件，小饼圈九件，随饼支九件。传：着糊裱见新。记此。于正月二十五日糊裱得太阳壁子一件，闲余板一件，饼托一件，随圈一件，小饼圈九件，随饼支九件，领催马学迩交首领太监马温良持去讫。

十八日太监赵朝凤持来御笔挑山五张、对三副，说总管太监王太平传：着托裱，各配木卷杆。记此。于本月二十二日托裱得御笔挑山五张、对三副，俱随杉木卷杆，领催马学迩交太监王守志持去讫。

二十三日太监赵朝凤来说，宫殿监督领侍苏培盛传，着染淡黄色洒金画绢各长一丈二尺、宽三尺四块。苹果绿色画绢各长一丈二尺、宽三尺四块。记此。于三月初二日染得淡黄色画绢四块，苹果绿色画绢四块，领催马学迩交太监赵朝凤持去讫。

二十九日八品官李毅持来经一部，说宫殿监督领侍苏培盛传，着托裱。记此。于十二月二十五日托裱得经一部，八品官李毅持进，交宫殿监督领侍苏培盛讫。

二月初一日首领太监马温良持来黄油纱灯罩二对，说宫殿监副侍李英传，着另糊黄色高丽纸，油饰见新。记此。于二月初十日糊得黄纱灯罩二件，柏唐阿寿山交首领太监马温良讫。

初三日太监张进忠持来扁底大小一百二十七张，斗方大小一千四十六张，说宫殿监督领侍苏培盛传，着托裱。记此。于六月十一日裱得扁底一百二十七张，斗方一千四十六张，领催马学迩交太监张进忠持去讫。

三月十二日八品官李毅持来御笔寒山字横披一张，说宫殿监督领侍苏培盛传旨：着托裱。钦此。于四月十七日表得御笔横披一张，八品官李毅持进交讫。

十八日八品官李毅持来手卷一卷，说首领太监郑爱贵传旨：着托裱。钦此。于本月二十日托裱得手卷一卷，八品官李毅持进交讫。

二十三日八品官李毅持来御笔黄绢挑山二张，说宫殿监督领侍苏培盛传旨：着裱轴子。钦此。于十一月十六日裱得轴子二轴，八品官李毅持进交讫。

十月初八日据圆明园来帖内称，内大臣海望请出世祖章皇帝画像一轴系杭州织造隆升送到，奉旨：着交造办处敬谨托裱。俟托裱告成，备朕瞻仰。再查那宫现供有世祖章皇帝画像之像，即请在一处供奉。钦此。于十二月十三日柏唐阿寿山敬谨托裱得世祖章皇帝画像一轴，供在造办处库内楼上讫。于三月初六日七品首领萨木哈将世祖章皇帝圣像一轴持进，交太监胡世杰呈览，奉旨：着德保送至一处供奉。钦此。于本日承恩公德、员外郎西宁将世祖章皇帝圣像请去寿皇殿安供讫。

本年活计尚有：糊杉木盘子十个。染黄绢。黄绫托裱画像四轴。

糊大月饼架托板。画太阴像二份。矾浆白绫四匹。刷太阳像五十份，太阴像五十份。托裱合牌神牌。

画作

三月初六日员外郎满毗、三音保传：唐岱、郎石宁各画端阳节绢画一张。记此。于五月初一日画得翠壁清溪绢画一张，瑞连百子绢画一张，司库常保、首领太监萨木哈呈进讫。

七月二十四日据圆明园来帖内称，司库常保持来镶红缎边黄缎心小旗十二份，内大臣海望着销金字。记此。于本月二十八日将小旗十二份销得金字，交笔帖式宝善持去讫。

九月初八日员外郎满毗、三音保传：唐岱、郎石宁、王幼学，各画万寿节画一张。记此。于十月二十八日画得松岳高年绢画一张、万寿长春绢画一张、福寿如意绢画一张，司库常保、首领太监萨木哈呈进讫。

十月二十九日据圆明园来帖内称，宫殿监副侍李英传旨：着唐岱画画二张，内一张照安宁居的画画，一张随意画。再着郎石宁亦画画二张，内一张画径一寸三分竹子，一张随意画。钦此。于十二月二十七日画得恩泽万方一张、风雨归舟一张、绿竹画一张、野外咸宁画一张，司库常保、太监萨木哈呈览。奉旨：着将绿竹画、恩泽万方画送往圆明园，贴在玻璃镜上，野外咸宁画贴在九州清晏玻璃镜上，风雨归舟持去收贮。再照此画尺寸、照安宁宫西墙上贴的章法，着唐岱画一副。钦此。于十二年正月初五日将绿竹画、恩泽万方画、野外咸宁画三张，司库常保持赴圆明园贴讫。唐岱又画得照安宁宫墙上画的章法画一张，司库常保持进贴讫。

十二月初八日员外郎满毗、三音保传，着王幼学画年节绢画一张。记此。于本月二十七日画得岁朝和气绢画一张，司库常保、首领太监萨木哈呈进。奉旨：着收贮。钦此。

二十日内大臣海望传，圆明园西峰秀色处含韵斋门二扇，着两面画假书格画，随拨浪二份。记此。于十三年七月十一日画得假书格画随拨浪二份，司库常保持进安讫。

二十七日司库常保、首领太监萨木哈持来天地一家春画一张系高其佩画，传旨：着收贮。钦此。

刻字作

二月初六日太监赵朝凤持来青玉图书二方、菜玉图书三方、墨晶图书一方、水晶图书六方、图书字样一张。上开：半日读书半日静坐、学有缉熙于光明、稽古斋，皇五子之章、弘昼图书、鸣谦、深造自得、说诸心研、诸虑超然、活水源头、含华佩宝，诗言志。说宫殿监督领侍苏培盛传：着照字样镌刻。记此。于九月十二日照字样镌刻得图书十二方，并原样字一张，柏唐阿寿山交太监赵朝凤持去讫。

四月二十二日据圆明园来帖内称：首领太监郑爱贵交来御笔诗一首，柱杖一根。传旨：着将此诗刻在柱杖上，填石青，其宝上刻圆明主人一方、雍正宸翰一方。钦此。于本月二十六日将柱仗一根上刻诗一首，填石青。圆明主人宝一方，雍正宸翰宝一方，填红色，并原诗一首，司库常保交首领太监郑爱贵讫。

舆图处

四月初一日内大臣海望交浙江省杭州府舆图一张，着照样再画一张备用。记此。于本日交二等侍卫讷和图、委署司库八十讫。

六月二十八日据圆明园来帖内称，内大臣海望着画口外等处三排图一份。记此。于七月二十九日画得口外等处三排图一份，柏唐阿七十九交军需处笔帖式宝善持去讫。

七月二十五日内大臣海望着画口外等处三排图一份备用。记此。于本日交二等侍卫讷和图、委署司库八十讫。

十一月十七日内大臣海望着画万年吉地图样画一份、风水围墙图样亦画一份预备。记此。于本日交二等侍卫讷和图、委署司库八十讫。

玉作

正月二十四日员外郎满毗、三音保传做，玛瑙松寿同龄花插一件、玛瑙双福圆水盛一件、玛瑙眉寿笔架一件、玛瑙祝寿长春笔洗水盛一件。记此。于五月初一日做得玛瑙松寿同龄花插一件、玛瑙双福双圆水盛一件、玛瑙眉寿笔架一件、玛瑙祝寿长春笔洗水盛一件，俱随象牙座、铜镀金匙，司库常保、首领太监萨木哈呈进讫。

五月初一日据圆明园来帖内称，司库常保、首领太监萨木哈持来碧玉石子一块、白矿石石子一块俱系年希尧进。奉旨：应做何物做何物用。钦此。于十月二十八日做得碧玉鹦鹉螭桃盘一件，象牙座，司库常保、首领太监萨木哈呈进讫。

六月十五日据圆明园来帖内称，内大臣海望传做，黑白玛瑙松寿花插一件、花玛瑙砚盒二件。记此。于八月十三日做得黑白玛瑙松寿花插一件、花玛瑙砚盒二件，司库常保、首领太监萨木哈呈进讫。

八月二十八日据圆明园来帖内称，内大臣海望着做牛油石双喜胆瓶一对，内配福寿长春花一对。记此。于十月二十八日做得牛油石双喜胆瓶一对，内配象牙茜色福寿长春花一对，司库常保呈进讫。

十月十四日据圆明园来帖内称，太监高玉交各色云产石数珠四十盘，碧牙西数珠二盘随碧玉佛头，青金石根灵芝式盘一件，青金石根桃式盘一件，绿苗石荷叶式盘二件系云南巡抚张允随进。传旨：各色石数珠配装严，碧牙西数珠配好装严，其青金石根盘俱厚，花纹亦不好，着收拾，配座。钦此。于十二月二十八日将各色云产石数珠四十盘配做得原来佛头塔假珊瑚记念玻璃坠角镀金盖圈，碧牙石数珠二盘原来佛头塔假珊瑚记念玻璃坠角镀金宝盖圈，司库常保、首领太监萨木哈呈进讫。

本年活计还有，白玉环铜镀金如意钩二件。亮白玻璃环铜镀金如意钩三份、呆白玻璃环铜镀金如意钩十份。白玉环五件、碧玉圷二件。年例备用玉、珊瑚、玛瑙、松石、青金石八宝共十九份。菩提数珠二件。

木作

正月初十日催总吴花资来说，内大臣海望奉旨：着赏大学士鄂尔泰车一辆。钦此。

十四日司库常保请来圣祖御笔心经二十部随锦袱二十件，说总管太监王太平传旨：每部各做黄缎包袱、紫檀木匣盛。匣盖上刻圣祖御笔心经，其字填石青。外再做一大匣总盛。钦此。本日总管太监王太平传：将此经袱用黄妆缎做，其匣盖上刻隶字。俟造成之日，交原任监察御史沈嵛请去。记此。于二月二十六日做得紫檀木插盖匣二十个，上刻圣祖御笔心经八分画隶字六个，填骚青。黄妆缎面红纺丝里经袱二十件、靠木油箱一件，随黄布面毡套一件，并原圣祖御笔心经二十部，随原锦经袱二十个，交原任监察御史沈嵛请去讫。

三月二十六日员外郎满毗、三音保，司库常保传做，紫檀木书桌一张，其腿内安进簧独挺帽架一件。记此。于五月初七日做得紫檀木书桌一张，司库常保、首领太监萨木哈呈进讫。

二十九日司库常保、首领太监萨木哈奉旨：照尔造办处做过的紫檀木书桌尺寸，将一块玉紫檀木桌、楠木胎洋漆桌，每样各做几张。漆面紫檀木边腿桌亦做几张。钦此。于四月十四日做得紫檀木圆腿圆撑书桌二张，各长二尺二寸、宽一尺二寸五分、高一尺三寸，司库常保、首领太监萨木哈持去，交太监沧州转呈进讫。于五月初一日又做得紫檀木圆腿圆撑书桌一张，横撑长一寸六分，竖枨长二寸四分，司库常保、首领太监萨木哈呈进讫。随奉旨：此桌再做时横撑放长二寸，竖撑放长五分。钦此。于八月十三日做得紫檀木圆腿圆撑书桌一张，横撑长二寸六分，竖撑长二寸九分，司库常保、首领太监萨木哈呈进讫。

二十九日司库常保、首领太监萨木哈来说，太监沧州传旨：里边有陈设湘妃竹边波罗漆面炕案一张，此案款式甚好，着照样做几张。但湘妃竹难得，可用棕竹做。钦此。于九月初七日做得棕竹边漆炕案一张，司库常保、首领太监萨木哈持去，交太监沧州呈进讫。

四月十九日据圆明园来帖内称，太监赵朝凤持来御笔溪山匾文一张，说宫殿监副侍李英传旨：着做匾。钦此。于五月初十日做得紫檀木边楠木心匾一面，上刻溪山字填石青，随红油铁挺钩四根。柏唐阿六达子、富拉他持进圆明园头所新街口外两间房悬挂讫。

二十七日据圆明园来帖内称，首领太监萨木哈来说，太监王常贵、高玉传旨：着常保将好柱杖做几根。钦此。于五月二十日做得鸂鶒木柱杖一根，随黄杭细套一件。万年藤式木柱杖一根，随黄杭细套一件，司库常保、首领太监萨木哈、李久明呈进讫。随奉旨：着将洋漆柱杖，鸂鶒木柱杖亦多做几件，俱要文雅。钦此。于五月二十五日做得鸂鶒木柱杖一根，随黄杭细套一件，司库常保、首领太监萨木哈、李久明持去，交太监郑进朝收讫。于六月二十六日做得鸂鶒木柱杖三根，随黄杭细套三件。洋漆竹式柱杖二根，随黄杭细套二件，司库常保、首领太监萨木哈持去转交太监沧州呈进讫。于七月二十四日做得鸂鶒木柱杖二根，随黄杭细套二件，司库常保、首领太监萨木哈、李久明交太监沧州转呈进讫。随传旨：将双枝有节柱杖做几根。钦此。于八月十三日做得洋漆连枝柱杖四根，随黄杭细套四件，司库常保、首领太监萨木哈呈进讫。于十二月二十二日做得洋漆柱杖六根，各随黄杭细套一件，首领太监萨木哈持去，交太监沧州呈进讫。随传旨：柱杖套嗣后不必做。钦此。

五月二十七日据圆明园来帖内称，司库常保来说，太监沧州传旨：浩月清风亭东北角屋内着安围屏四扇，糊米色绢，石青绫边。钦此。于六月初一日做得糊米色绢石青绫边杉木围屏四扇，司库常保持进圆明园浩月清风亭东北角屋内安讫。

六月十七日据圆明园来帖内称，首领太监萨木哈持来白磁胎画珐琅黑牡丹酒圆一对，白磁胎画珐琅芍药花饭碗一对，白磁胎画珐琅青山水酒圆一对，乌拉石盒砚一方，桦木乂靶黑子儿皮鞘活底束小刀一把随小式傢伙全，铜胎珐琅红地白梅花鼻烟壶一个，镶亮蓝玻璃面带头红皮蛤蟆傍带一副随青马尾带一条，系玛瑙圈，铜渗金佛九尊随葫芦式紫檀木龛一座，雨过天晴色玻璃瓶一对、呆黄玻璃乳炉一件。说太监沧州传旨：着配匣盛装，赏河道总督稽曾筠。此内铜渗金佛、雨过天晴色玻璃花瓶、呆黄玻璃乳炉赏稽曾筠之母。钦此。于本月二十日做得黄杭细面合牌匣大小六件，杉木匣三件，内盛原画珐琅酒圆二对、饭碗一对、石盒砚一方、小刀一把、鼻烟壶一个、青马尾带一副、铜渗金佛像九尊、玻璃瓶一对、乳炉一件，首领太监萨木哈持去，交太监王常贵、高玉收讫。

二十一日据圆明园来帖内称，司库常保持来御笔心月斋绢匾文一张，说宫殿监督领侍苏培盛传旨：照安宁居匾的尺寸做。钦此。于七月初三日做得花梨木边石青字心月斋匾一面。司库常保持至安宁居悬挂讫。

十月初六日据圆明园来帖内称，笔帖式亮玉持来汉字帖，内开大学士伯鄂尔泰等谨奏为遵旨议奏事，署大将军查郎阿等奏请赏给药丸人参备用等因一折。查黎峒丸、三黄宝蜡丸二种，前经各制五千丸，于九月十一日发往西路军营讫。其平安丸一种，臣等将五千丸先行发往。至查郎阿等奏请赏给人参之处，臣等拟请赏给人参十斤，一并发往备用等因。奉旨：依议。钦此。今拟平安丸五千丸、人参十斤配箱发报。记此。于本月十一日做得杉木箱二件，内盛原平安丸五千丸、人参十斤，用棉花裹垫，外用黑毡包裹。司库常保持去，当内大臣海望交办理军需事务处登结讫。

十二日据圆明园来帖内称，太监沧州交洋漆雕填金边玻璃穿衣镜一架，传旨：此玻璃镜照先做过半腿安轱轮玻璃穿衣镜做法，酌量配合做一高些漆座，俟得时安在安宁居陈设。钦此。于十二年二月二十一日做得安轱轮漆座玻璃镜一件，司库常保持进安在安宁居讫。

二十七日据圆明园来帖内称，太监高玉、王常贵交大玻璃镜二面各长六尺一寸、宽四尺三寸，大玻璃镜二面各长五尺七寸、宽三尺七寸，以上系毛克明、口口口进。奉旨：着配做半出腿插屏。钦此。本日内大臣海望谕：着暂收库。记此。随交司库佛保、库使四达子持去收库讫。

二十八日据圆明园来帖内称，办理军需事务公丰盛额等奉上谕：着赏给达赖喇嘛珐琅满达一件、巴令十四件、轮杵一份。钦此。本日笔帖式宝善持来自内庭交出珐琅满达一件、巴令大小十四件、果干四匣。说内大臣海望传，将造办处现有之珐琅轮杵一份添入，俱配箱盛装发报用。记此。于十二月十三日做得杉木箱三个，内盛原珐琅满达一件、大小巴令七件、果干四匣、造办处添珐琅轮杵一份。内用棉花塞垫，外用黑毡包裹，司库常保交理藩院笔帖式六十三持去讫。

十二月二十四日太监王常贵、高玉交释迦牟尼佛一尊。传旨：此佛像开的光不好，着李正芳另开光，再配一紫檀木龛，供在安宁宫佛堂。钦此。于二十九日做得备用紫檀木佛龛一件，并佛一尊，交太监□文保讫。

本年活计尚有，斑竹折节烘笼四件。楠木折叠桌二件。暖轿一顶。汝窑花觚配紫檀木座。楠木缸架一件、楠木雕花缸盖一件。

雕銮作

四月十四日据圆明园来帖内称，司库常保、首领太监萨木哈来说，太监沧州传旨：着照位育斋现供之大悲菩萨像成造十份。选择吉期奏闻成造。俟得时，雍和宫供献一分。钦此。于五月二十日据圆明园来帖内称，司库常保、首领太监李久明、萨木哈奏称，为成造大悲菩萨十分，据钦天监择得本月二十日未时成造吉等语。奏闻。奉旨：着陆续成造。钦此。于十二年八月十四日将造成大悲菩萨十一分、药师坛城三分，并钦天监选择吉日，司库常保奏闻，奉旨：雍和宫供一分，其十分并药师坛城三分交总管太监李英请旨。钦此。于十二年八月十九日总管太监李英传旨：着将造成大悲菩萨于本月二十二日卯时雍和宫供一分，万寿寺供一分，拈花寺供一分，再贤良寺俟庙宇造完之时供一分，再报恩寺、崇福寺二处，俟织造海保进京之日交给海保请去二分供献。钦此。于十三年正月二十四日柏唐阿六达子、李六十，将报恩寺、崇福寺二处供献菩萨二尊，韦陀二尊，关夫子二尊，龛二座，供柜八个，供桌二张，铜炉二件随座，黄铜梅花蜡阡二对，俱交海保家人六十五请去讫。

本年活计还有，做洋金莲花式暗九曜星官道冠二件，随呆白玻璃嵌镀金太极图头象牙簪二件。做年例备用香斗二十份。

镟作

二月初三日太监范进忠持来顶圆紫青玻璃瓶一对，说宫殿监督领侍苏培盛传，着配紫檀木圆座。记此。于本月初五日做得紫檀木圆座一对并玻璃瓶一对，太监王玉持去交宫殿监督领侍苏培盛收讫。

八月二十一日内大臣海望传，着将上用鹅黄辫珊瑚色阿哥里数珠做二盘备用。记此。于十二月二十七日做得上用红色阿里哥数珠二盘，随黄绫合牌盒一件，司库常保、首领太监萨木哈呈进讫。

油作

六月二十一日据圆明园来帖内称，司库常保、首领太监萨木哈来说，宫殿监副侍李英传旨：佛楼天桥上东边供的药师佛坛城，照样做三分，上边各式镶嵌不用，俱做漆的，佛做托沙的，随梵字药师经三分。钦此。于十二年五月二十八日做得坛城佛三份、梵字药师经三份，司库常保持进，安在佛楼讫。

玻璃厂

正月二十一日司库常保、首领太监萨木哈奉旨：着照宜兴钵样式将呆青、呆黄、呆金黄玻璃钵做几件，先做样呈览，准时再做。钦此。于五月二十二日据圆明园来帖内称，做得呆青玻璃钵一件，呆黄玻璃钵一件、呆金玻璃钵一件，司库常保、首领太监萨木哈呈进讫，随奉旨：做的好。照样再做几个。钦此。于七月二十四日做得呆黄玻璃钵一件，随铜镀金匙一件，象牙两节箸一双，棕刷一件，净钵蓝布一块，苫膝蓝布宅单一块，锦囊一件，锦垫一件，青布夹套一件。呆青玻璃钵一件，随铜镀金匙一件，象牙两节箸一双，棕刷一件，净钵蓝布一块，苫膝蓝布宅单一块，锦囊一件，锦垫一件，青布夹套一件，司库常保、首领太监萨木哈交太监沧州转呈进讫。于八月十三日做得呆柿黄玻璃钵一件，随铜镀金匙一件，象牙两节箸一双，棕刷一件，净钵蓝布一块，苫膝蓝布宅单一块，锦囊一件，锦垫一件，青布夹套一件，司库常保、首领太监萨木哈呈进讫。于十二月二十二日做得呆青玻璃钵二件，各随匙箸等全份。呆金黄玻璃钵一件，随匙箸等全份。首领太监萨木哈持去交太监沧州呈进讫。随传旨：此钵如用几件即照样补做几件。钦此。

十二月初六日太监王常贵、高玉传旨：着将装药用各色玻璃瓶做些，比鼻烟壶放大些。钦此。于本月十四日做得锭元紫青色玻璃瓶四件，随铜撒花镀金盖四件，首领太监李久明持去交太监王常贵收讫。于本月十八日做得呆黄色玻璃瓶四件，亮白玻璃瓶四件、呆蓝色玻璃瓶四件，随铜撒花镀金盖十二件。首领太监李久明交太监王常贵收讫。于本月二十七日做得各色玻璃瓶六件，随铜撒花镀金盖六件，司库常保、首领太监萨木哈呈进讫。

皮作

正月初六日司库苏和、鸟枪上首领太监王进朝来说：为预备出外随侍奇炮一位上随红氆氇套一份，再交枪二杆、线枪三杆上随红氆氇套、油单套、绦带荷包、大药葫芦、铅子口袋等件五份俱已糙旧，欲另换做等语，回明内大臣海望，着照换做。记此。于二月初五日做得红氆氇奇炮套一份，交司库苏和。其红氆氇交枪套五份，随葫芦等件五份，领催千佛保交枪上首领太监王进朝收讫。

十五日司库常保持来银锅套一件、捧盒二件，说总管太监王太平传做：黄布面毡套。记此。于二十日做得黄布面毡套三件，并银锅套、捧盒交总管太监王太平收讫。

二十一日太监段起明持来白檀香雕刻如意一件，说宫殿监督领侍苏培盛传，着配黄线穗子。记此。于二十日做得黄丝线穗一件，并原白檀香雕刻如意一件，催总五十八交太监段起明持去讫。

二十九日太监王喜来说，宫殿监督领侍苏培盛传，赏用石青软带一全副、小刀一把。记此。本日将石青软带一副，随穿金系皮蛤蟆一对、石青缎荷包一对、白春绸手巾一条、铜镀金手巾束一对、象牙开七里一件、花羊角靶黑子儿皮鞘半攒小刀一把，催总五十八交太监王喜持去讫。

三月二十九日员外郎满毗、三音保传做，备用赏用鞓带二副。记此。于九月二十五日做得石青鞓带一副，赏大学士张廷玉讫。

五月十九日据圆明园来帖内称，笔帖式宝善持来紫檀木龛无量寿佛一尊，说内大臣海望奉旨：赏投诚前来之厄鲁忒达克巴。钦此。本日内大臣海望着做黄缎软带盛装挡玻璃欢门用木板一块。记此。于本月二十一日做得黄缎软套一件，上安黄缎带一条，随挡玻璃欢门木板一块，并紫檀木龛无量寿佛一尊，司库常保交笔帖式宝善持去讫。

八月初二日据圆明园来帖内称，内大臣海望传做，赏平郡王，着做红色报匣一份随垫子、空单全份，记此。于本月十二日做得报匣一份，随空单垫子全份，司库常保持赴军需处交笔帖式善宝讫。

九月二十五日据圆明园来帖内称，司库常保持来军需处汉字帖，内开本月二十三日将遵旨拟赏大学士裴挺玉貂皮帽等十二项，缮写折片具奏，奉旨：着照所奏赏给。钦此。今有造办处所做鞓带、荷包等件相应做给。记此。本日宫殿监副侍刘玉交鹅黄辫花珊瑚豆穿珠荷包一对，银珐琅豆穿珠荷包一对，银珐琅豆纵线荷包一对，假松石豆纵线荷包一对。内大臣海望传：着俱换石青辫，再将石青辫石青缎素荷包做六对，嵌珊瑚豆嵌松石豆或银珐琅豆俱可，若珊瑚豆小些亦可。记此。于十月初八日做得白玉面石青鞓带一副，随珊瑚豆石青缎素荷包一对、白春绸手巾一对，嵌白玉面手巾束一对，象牙开其里一件，绣红缎套署文房一件，花羊角靶活底束单小刀一把，红羊皮套日晷一件，珐琅黑地白梅花鼻烟壶一件，呆黄玻璃鼻烟壶一件，□珊瑚豆石青缎素荷包二对，石青辫假松石豆石青缎素荷包二对，银珐琅豆石青缎素荷包二对，花珊瑚豆穿珠荷包一对，石青辫银珐琅豆穿珠荷包一对，银珐琅豆纵线荷包一对，假松石豆纵线荷包一对，司库常保持去交宫殿监督领侍苏培盛、副侍刘玉、李英收讫。

十一月二十七日首领太监谢成、王进忠传旨：赏张家胡图克图喇嘛盛碗荷包，尔等同常保商量画样呈览，准时再做。预备黄色鞓带一副，软带一副。其鞓带做黄玻璃镶嵌珊瑚福青金寿字面带板，活手巾束，绣梵字手巾，随绣红缎署文房，镶嵌开其里。其软带做穿金系皮蛤蟆，绣皮手巾束，绣梵字手巾，随绣黄缎署文房，烫香开七里。钦此。于本月二十九日画得盛碗荷包样一张，司库常保呈览，奉旨：准做。钦此。于十二月初四日做得鹅黄鞓带一副，随黄玻璃镶嵌珊瑚福青金寿字面铜镀金带板面四块，活手巾束一对，绣梵字鱼白春绸手巾一对，绣红缎套署文房一件，镶嵌象牙开七里一件，花羊角靶黑子儿皮鞘活底束单小刀一把。鹅黄宫绸软带一副，随黑撒林皮穿金系嵌珊瑚皮蛤蟆一对，绣敖其里皮手巾束一对，绣梵字鱼白春绸手巾一对，绣黄缎套署文房一件，象牙雕刻烫香开其里一件，首领太监李久明持去，交首领太监谢成收讫。

香袋作

正月初二日内大臣海望传旨：赏公苏巴希里、都统莽鹄立绣缎斋戒牌二件。记此。本日将绣缎斋戒牌二件交笔帖式亮玉持去，赏公苏巴希里、都统莽鹄立讫。

十七日司库常保来说，宫殿监督领侍苏培盛传旨：着绣瑞草寿字八团褂一件，先画样呈览，准时再做。钦此。于本月十八日画得瑞草寿字团样一件，司库常保持去交宫殿监督领侍苏培盛、副侍刘玉呈览。奉旨：准做。其团子小了，放大些，再绣领袖一副。钦此。于本月三十日绣得石青缎绣瑞草寿字八团褂一件，柏唐阿老格交太监王进孝持去，交宫殿监督领侍苏培盛收讫。

二月十四日据圆明园来帖内称，司库常保奉旨：尔将挑杆挂幡做几对，幡中间照朕御笔字样绣黄缎地篆字，其篆字周围，上绣莲花，幡杆上做龙形钩，下做鼓墩式样座子。应如何配做，画样呈览，准时再做。俟做得时，寿皇殿供一对、恩佑寺供一对、佛城亦陈设一对。其佛城陈设之幡，或用红色，尔酌量配合着做。钦此。于二十九日画得挑杆挂幡纸样一张，司库常保、首领太监萨木哈呈览，奉旨：准做。此幡不必过座子。钦此。于十二月二十七日做得绣黄缎莲花石青篆字挑杆挂幡二对，随五彩木宝盖镀金龙形漆挑杆、镀金烧古鼓墩式座。司库常保、首领太监萨木哈呈览，奉旨：着送赴寿皇殿、恩佑寺、圆明园佛城，每处悬挂一对。钦此。

八月十四日据圆明园来帖内称，司库常保传：万寿节着做绣缎鼻烟壶口袋二个，嗣后按节预备二个。记此。于十月二十八日做得绣蓝菊花缎鼻烟壶口袋二个，司库常保、首领太监萨木哈呈进讫。于十二月二十七日做得绣缎鼻烟壶口袋二个，司库常保、首领太监萨木哈呈进讫。于十二年五月初一日做得绣缎鼻烟壶口袋二件，司库常保、首领太监萨木哈呈进讫。于八月十四日做得绣缎鼻烟壶口袋二件，司库常保、首领太监萨木哈呈进讫。于十月二十八日做得绣缎鼻烟壶口袋二件，司库常保、首领太监萨木哈呈进讫。

十一月二十六日员外郎满毗、三音保，司库常保传做，备用绣缎面署文房四件、绣缎面象牙墙火镰包十件。记此。于十二月初四日做得绣缎面署文房二件，首领李久明持去交首领太监谢成讫。于十二月十三日做得绣缎面署文房一件，首领李久明持去交首领太监谢成讫。

十二月十五日员外郎满毗、三音保，司库常保传，各式绣香袋二百个、新样绣香袋二百个。记此。于五月初二日做得各式十锦绣香袋四百个，司库常保、首领太监萨木哈呈进讫。

二十四日员外郎满毗、三音保，司库常保传做，赏用黄圆香袋二百五十个、红圆香袋二百五十个、白圆香袋二百五十个、川椒香袋二十个、绕绒符儿香袋四十个。记此。于十二年四月三十日做得红圆香袋二百五十个、白圆香袋二百五十个、黄圆香袋二百五十个、川椒香袋二十个、绕绒符儿香袋四十个，司库常保交宫殿监督领侍苏培盛讫。

花儿作

正月二十一日太监段起明持来五彩葫芦磁瓶一件，说宫殿监督领侍苏培盛传：着配做寿意通草瓶花一束、木架一件。记此。于二十二日做得福寿长春通草瓶花一束、紫檀木架一件，并原五彩葫芦磁瓶一件，交太监段起明持去讫。

二月初三日太监王进孝持来牛油石双喜花插一件，说宫殿监副侍陈福传：着配做寿意通草瓶花一束。记此。本日做得眉寿通草瓶花一束，并原花插一件。太监王进孝持去交宫殿监副侍刘玉收讫。

本年活计还有：各色通草供花一百枝、端阳节用通草戴花六十匣、锦戴花十个、娃娃十匣、翠符十件、各种瓶配花。

铜作

七月十六日据圆明园来帖内称，宫殿监副侍李英传旨：着照张家胡图克图喇嘛画像造铜渗金像十尊，各添奔巴。钦此。于十月初八日拨得张家胡图克图喇嘛像蜡样一尊，司库常保、首领太监萨木哈呈览。奉旨：准做。钦此。于十二月二十七日造成张家胡图克图喇嘛铜渗金像十尊，各随紫檀木窝龛一座。司库常保、首领太监萨木哈呈进讫。

九月初七日据圆明园来帖内称，宫殿监督领侍苏培盛交赏大学士张廷玉之父，原任大学士张英祠堂御笔忠纯诒范匾文一张，御笔风度犹存典礼焕千秋俎豆，师模如在忠诚垂奕叶箕裘对文一副。传旨：着做铜镀金字赏给。钦此。于十月初三日做得铜镀金匾文大字四个、对文小字二十二个，随铁挺钩铜匾钉托钉等，用木匣盛装，棉花塞垫，黑毡包裹，并原御笔匾文一张、对文一副，随黄绫面木匣盛装，司库常保持进，当内大臣海望赏大学士张廷玉讫。

初九日据圆明园来帖内称，宫殿监副侍李英传旨：照雍和宫现供关夫子像，着拨蜡喇嘛拨蜡样一尊。再照圆明园健阁现供关平、周仓像配合关夫子法身，亦拨蜡二尊呈览。钦此。于十月初十日据圆明园来帖称，拨得关夫子蜡样一尊，关平蜡样一尊，周仓蜡样一尊，司库常保、首领太监萨木哈持进呈览。奉旨：照样用汞金造关夫子一尊，关平、周仓各一尊。再用沉香亦造关平、周仓各一尊。钦此。本日司库常保、首领太监萨木哈持出汞金二百六十六两，系库法，记此。于十月十九日据圆明园来帖内称，司库常保、首领太监萨木哈持出汞金六十八两，系库法，记此。于十月二十二日据圆明园来帖内称，宫殿监副侍李英交汞金十四两七钱，系库法，记此。于十二年二月十一日照样做得汞金关夫子、关平、周仓各一尊，沉香关平、周仓各一尊，司库常保、首领太监萨木哈呈进讫。

本年活计尚有，黄铜勺匙二件、锡蜡台二件、锡香炉二件、铜海灯一件。铜渗金佛四十七尊，又九尊。汞金圆腿香炉一件。铜镀金字退光漆夔龙边匾一面。

炉作

九月十一日自内务府抄出八月初八日太常寺咨开准国子监文称：查得八月十九日秋祭文庙，如遇皇上亲诣行礼上香，添用香炉香靠等项事，颖贵寺预备等因前来，相应行文贵府，转行养心殿造办处敬谨造给等因前来。本日司库刘山久回明内大臣海望：着造给。记此。于十三年二月初五日做得镀金铜朝冠炉一座，随镀金香靠一件，黄杭细见方一幅、㝉单一块。司库刘山久、柏唐阿寿山同太常寺典簿厅厅官永福敬谨请至文庙，交监[国]子监助教署典簿事朱永涛收讫。

本年活计尚有，做一统尊式铜烧古炉二件、铜烧古朝冠式炉二件、铜烧古小乳炉四件、铜镀金朝冠炉八件。铜烧老鹳翎色朝冠炉二件，又做十件。

炮枪作

正月初六日太监左玉来说，领侍卫内大臣拉锡传旨：着赏给喀尔喀扎萨克图汗郡王格勒克延丕尔腰刀一把。钦此。于本日将腰刀一把，领催千佛保交太监左玉持去讫。于初八日太监左玉持来腰刀一把，说宫殿监副侍刘玉传：着缠布包毡发报用，记此。本日将腰刀一把，内缠裹黄布，外包黑毡。柏唐阿五十八交太监左玉持去讫。

十五日办理军需事务员外郎孙查齐来说，内大臣海望传：赏署理将军常德藏巴拉特鸟枪上应用铅子模子，向造鸟枪处领取。记此。于正月二十三日做得津砖铅子模子二份，随黄皮口袋二个，黄布口袋二个，领催福陆交员外郎孙查齐领去讫。

二月十三日据圆明园来帖内称，郎中张文斌交鄂尔斯国自来火花铁鸟枪一杆长四尺，自来火素铁鸟枪一杆长三尺，系内阁学士德新、内阁侍读学士巴延泰进。传旨：着交造办处。钦此。于四月初三日将鄂尔斯国鸟枪二杆安百步靶子，令三等侍卫萨尔吉试放过。自来火花铁鸟枪用药二钱、铅子三钱一分，去的平常。自来火素铁鸟枪用药三钱五分、铅子七分、膛口八钱，去的甚好，并图样一张，司库常保持给内大臣海望看过，随着交炮枪处收贮。记此。

六月二十四日据圆明园来帖内称，内大臣海望传，着将备用腰刀内配做黑子儿皮鞘镀金钉饰件大凹面腰刀二把、黑撒林皮画洋金花鞘锭金钉饰件大凹面腰刀二把。记此。于八月初一日做得黑撒林皮画洋金花鞘腰刀一把，员外郎三音保送去赏平郡王讫。于十二年八月十七日将备用黑撒林皮画金花鞘腰刀一把，内大臣海望赏额驸策凌讫。

七月十七日据圆明园来帖内称，笔帖式宝善交来铁膛铜口铜底黑漆炮一位随车、九节铜炮一尊随车、九节小铜炮一尊随车，俱系广东总督鄂弥达进。说内大臣海望奉旨：着交造办处试看。钦此。本日交员外郎三音保、司库苏和试看讫。

九月二十四日据圆明园来帖内称，太监赵玉来说，太监王常贵传旨：赏四川重庆总兵吴正腰刀一把。钦此。本日将备用铜镀金饰件黑子儿皮鞘大凹面腰刀一把，司库常保交太监赵玉持去讫。

本年活计尚有：做活底束小刀五把、花羊角靶小刀十把。

甲作

五月十九日据圆明园来帖内称，笔帖式宝善来说，内大臣海望奉旨：着赏副将军塔尔岱棉子甲一副。钦此。于九月十九日将备用镀金钉青缎面绵子甲一副，随蓝纺丝乞单一件，并蓝布单一件，木箱一件，柏唐阿巴萨泰持去，当内大臣海望赏副将军塔尔岱讫。

锭子作

二月二十二日员外郎满毗、三音保同传做，紫金锭六料、蟾酥锭四十料、离宫锭一百料、盐水锭六料、大黄牌子四百个。记此。五月初一日做得紫金锭六料，彩画吊挂一对、素吊挂一对，彩画锭子五百个，素锭二千九百九十个。蟾酥锭四十料八两二对、七两二对、六两二对、五两四对、四两四对、三两四对。牌子五百个、天师五百个、蒜头五百个、葫芦二百个、小锭子三千一百二十个。离宫锭一百料，牌子五百个、葫芦二百个，小锭子二千八百八十个。盐水锭六料，太极图五百个、禽［噙］化锭一百二十八两，小锭子九百三十六两，随黄纸面红纸里合牌匣四十三个，大黄牌子四百个，司库常保、首领太监萨木哈持去交官殿监督领侍苏培盛、副侍刘玉收讫。

三月十一日员外郎满毗、三音保传做，年例备用避暑香珠十料。记此。五月初一日做得避暑香数珠六十盘、避暑香扇器一百二十个，司库常保、首领太监萨木哈持去，交官殿监督领侍苏培盛收讫。

四月初八日据圆明园来帖内称，办理军需事务公丰盛额奉旨：着赏给广西提督张应宗各种锭子药、平安丸。钦此。于本月初十日内大臣海望拟得各种锭子药二大份。每分各计紫金锭十包、离宫锭十包、蟾酥锭十包、盐水锭二十六包、禽［噙］化锭四包。有穗锭子七十挂，随黄纸合牌匣一件。平安丸一千丸，梅花点舌丹一千丸，系药房。司库常保交太监吕进朝持去，交太监王常贵收讫。

初八日据圆明园来帖内称，办理军需事务公丰盛额奉旨：着赏给西北两路军营及驻兵之处各种锭子药、平安丸。钦此。于本月十七日内大臣海望拟得：赏察汗叟尔军营各种锭子药五大份，每分各计紫金锭十包、蟾酥锭十包、离宫锭十包、盐水锭二十六包、禽［噙］化锭四包、有穗锭子七十挂，随黄纸面合牌匣一件。平安丸五千丸、人马平安散五斤、紫金锭十斤、盐水锭十斤，系药房。赏巴尔库尔军营各种锭子药五大分，每分各计紫金锭十包、蟾酥锭十包、离宫锭十包、盐水锭二十六包、禽［噙］化锭四包、有穗锭子七十挂，随黄纸面合牌匣一件。平安丸五千丸、人马平安散五斤、紫金锭十斤、盐水锭十斤，系药房。赏扎克张他里克军营各种锭子药一大份，计紫金锭十包、蟾酥锭十包、离宫锭十包、盐水锭二十六包、禽［噙］化锭四包、有穗锭子五十挂，随黄纸面合牌匣一件。平安丸五百丸、人马平安散二斤、紫金锭二斤、盐水锭二斤，系药房。赏蒙郭尔花图海军营各种锭子药一大份，计紫金锭十包、蟾酥锭十包、离宫锭十包、盐水锭二十六包、禽［噙］化锭四包、有穗锭子七十挂，随黄纸面合牌匣一件。平安丸五百丸、人马平安散二斤、紫金锭二斤、盐水锭二斤，系药房。赏扎郭尔鄂隆军营各种锭子药一大份，计紫金锭十包、蟾酥锭十包、离宫锭十包、盐水锭二十六包、禽［噙］化锭四包、有穗锭子七十挂，随黄纸面合牌匣一件。平安丸五百丸、人马平安散二斤、紫金锭二斤、盐水锭二斤，系药房。赏推河军营各种锭子药一中份，计紫金锭五包、蟾酥锭五包、离宫锭五包、盐水锭十四包、禽［噙］化锭二包、有穗锭子五十挂。平安丸一百丸、人马平安散一斤、紫金锭一斤、盐水锭一斤，系药房。以上药物□配做得杉木箱八个，内用棉花裹垫，外随黑毡套八件。柏唐阿□佛保交办理军需事务处笔帖式宝善讫。

雍正十二年

记事录

二月初六日内大臣海望奉旨：据额付策凌奏称，巴尔撒木油军前深为适用，尔将此油多多料理些，用盛郑宅茶锡瓶盛装，务期坚固包裹，带与额付策凌应用。钦此。于初七日做得锡瓶样大小二件，交柏唐阿陈六达子持赴军机处呈大人看过，着各样做二三十件。记此。内大臣海［望］向大殿要来巴尔撒木油二十斤，清茶房盛郑宅茶锡瓶五十一件。于本月初九日司库常保将巴尔撒木油二十斤盛在造办处做得大锡瓶二十瓶、小锡瓶四瓶、盛茶锡瓶十六瓶，以上共瓶四十件。配得杉木箱二个，棉花塞垫，外用黑毡牛皮包裹。催总五十八送赴军机处发报讫。

五月初九日据圆明园来帖内称，养蚕太监张汉臣、苏塞里来说：总管太监李德交黄白丝二十四斤八两。内大臣海望着交织染局。记此。本日交织染局催总书保收讫。

六月十三日自内务府抄出据工部来文内称，大学士伯鄂尔太等奏称：大将军平郡王等奏称，京师造办处送到火箭一万四千四百支，演放试看，火器甚好，火光宽大，所去又甚远。遂将此项运给进剿兵丁外，火箭内装火箭一枝之长筒，火箭装放简便，应请交与该处制造盛火箭一枝之长筒一百个，随筒应用火箭一万枝，运送等因具奏前来，相应交与该处照依大将军平郡王所请数目制造。俟造得之日，照例派交运送军营等因，于雍正十二年六月初七日具奏。奉旨：依议。钦此。本日交花炮作司库湾他哈呈办讫。

十三日催总吴花子来说，贵州巡抚元展臣进野鹿药八瓶、蛇药六瓶、撒药六两临时研为细末，每瓶蛇药之内搀入一两，搅匀备用。内大臣海望着将原盛药之瓶内有破坏，另换整瓶盛装，好实包裹。遵此。于二十一日另换得黑磁瓶二十三个，内做黄布面白布里棉套、黑毡套、外裹牛皮。将此内之野鹿药九瓶，蛇药三瓶军需房行走笔帖式达素交户部郎中舒林、员外郎朱蓝太同领去，交工部解炮员外郎五都里解送西路军营去讫。于本月二十八日将野鹿药十一瓶，内做黄布面白布里棉套、黑毡套、外牛皮，司库常保交军需处讫。

八月初一日据圆明园来帖内称，柏唐阿索住来说：内大臣海望交赏台吉噶尔丹策凌各色缎十匹，着配做木匣盛装，油纸包裹，外包牛皮。遵此。于初二日做得杉木箱一个，内盛缎十匹，油纸包裹，外包牛皮。交柏唐阿索柱持去讫。

初六日据圆明园来帖内称，大学士伯鄂尔太等谨将和硕果亲王拟得赏达赖喇嘛：七宝八宝供一份、珐琅满达一份、珐琅炉瓶一份、珐琅钵一件、珐琅曼子一件、珐琅手把莲花炉一件、菩提冠一顶、金线菩提数珠六盘、绣六咒字幢幡四对、绣靠背一件、绣坐褥二件、哈达五条、红玻璃花瓶一对、玻璃海灯一件、磁五供果托五件、磁靶碗一对、磁大花碗一对、磁壶二把、红黄倭缎九匹、红黄金寿字缎九匹、红黄猩猩毡九匹、盛经红漆箱一对。本日具旨：着照所拟赏给。钦此。于九月初二日向总管处要来磁壶二把，五彩八吉祥磁靶碗一对，五彩磁五供果托五件，黄地青花宝月瓶一对，大花瓶一对，司库常保于九月初十日呈果亲王看。奉王谕：花瓶配座，黄地宝月瓶配做铜镀金杯，上安锁子。遵此。九月二十一日柏唐阿福拉他持来汉字帖，内开赏达赖喇嘛物件：银多末一件重六十两，银瓶一件，龙缎二匹，蟒缎二匹，大帕五个，妆缎二匹，片金二匹，小帕四十个，字缎四匹，闪缎四匹，五色绸帕十个，大缎十四匹。赏达赖喇嘛弟子等妆缎一匹，锦缎十八匹，大缎十匹，官用缎七十四匹。以上物件俱令在该处预备、收贮，俟包裹之时令送到养心殿包裹停当，俟果亲王要时即行送去。记此。于十月初三日做得珐琅宝盖莲花座七宝一件，珐琅宝盖莲花座八宝一件，珐琅满达一件，珐琅炉瓶一份，珐琅曼子一件，珐琅手把莲花炉一件，菩提叶冠一顶，金线菩提数珠六盘，绣六字咒筒子幡二对，妆缎扁幡二对，绣靠背一件，绣坐褥二件，红玻璃花瓶一对，红玻璃海灯一件，五彩磁靶碗一对，五彩磁五供果托五件，五彩磁花瓶一对，黄地青花磁壶一对，红黄倭缎九匹，红黄金寿字缎九匹，红黄猩猩毡九匹，盛经红漆箱一对。以上等件，并赏达赖喇嘛物件及弟子缎匹，俱配得杉木箱二十五个，皮箱六个，外包牛皮，果亲王花园去交讫。

二十二日柏唐阿花善来说，内大臣海望面奉上谕：张家喇嘛今往藏里去，其佛前供献之物并给喇嘛之物，着问张家喇嘛。钦此。于二十八日据圆明园来帖内称，八月二十五日内大臣海望谨奏为请旨事：臣遵旨询问张家喇嘛带往西藏所用物件，据伊欲用珐琅碗、玻璃罩七宝二分，珐琅玻璃罩八供二分，镶嵌小巴令二分，镀金满达二分，珐琅海灯二件，珐琅花瓶二对，珐琅哷巴壶二件，珐琅茶碗二件，珐琅靶碗二件，珐琅鼻烟壶四个，念佛数珠四盘，眼镜四付，红绢四千匹，每匹银二钱一分，泥金六两，每两银十三两。以上应用物件欲交造办处做给。应买之红绢、泥金共用银九百十七两，欲在崇文门羡余银两内如数动支买给。谨奏。奉旨：尔向喇嘛说，珐琅活计朕曾赏过达赖喇嘛，今喇嘛不必珐琅活计，或用银或用汞金铜镀金，酌量改式做给。磁靶碗可多给几对，余依议。钦此。于十月初三日做得镶嵌七宝二分，镶嵌八宝二分，镶嵌镀金满达二分，錾花镀金海灯两件，錾花镀金花瓶二对，錾花镀金奔巴壶二件，红磁茶碗一对，霁红磁靶碗二对，彩漆小巴令二分，念佛椰子数珠四盘，水晶眼镜四付，红绢四千匹，泥金六两，珐琅鼻烟壶四个呈览。奉旨：好，着赏给。钦此。本日将镶嵌八宝、七宝等俱配得杉木箱十三个盛装，外包毡套，牛皮包裹，油纸、棉花塞垫。司库常保交张家喇嘛讫。

玉作

二月二十三日司库常保传做，端阳节玛瑙榴开百子花插一件、玛瑙天保九如罇一件、玛瑙松寿同龄花插一件、玛瑙福禄寿笔觇一件。记此。于五月初二日做得玛瑙松寿同龄花插一件象牙座、玛瑙福禄寿笔觇一件象牙座、玛瑙榴开百子花插一件象牙座、玛瑙天保九如罇一件象牙座。司库常保、首领太监李久明萨木哈呈进讫。

五月二十日员外郎满毗、三音保同传做，年例珊瑚、青金、碧玉、松石、玛瑙等八宝十分。记此。于十二月二十七日做得珊瑚、青金、碧玉、松石、玛瑙等八宝十分，司库常保、首领太监萨木哈呈进讫。

九月初三日据圆明园来帖内称，司库常保传做万寿节活计：绿苗石福禄花插一件、玛瑙福寿花囊一件、玛瑙三多水盛一件、玛瑙九如笔洗一件、玛瑙福寿笔洗一件、白花石长方盒一件。于十月二十七日做得玛瑙百福花囊一件、玛瑙三多水盛一件、玛瑙九如笔洗一件、玛瑙福寿笔洗一件、白花石长方盒一件，司库常保、首领太监萨木哈呈进讫。

二十四日据圆明园来帖内称，司库常保传做，备用菩提数珠十五盘。记此。于十二月二十九日将念佛装严菩提数珠十五盘，太监王玉持进交四执事首领太监谢成、马进朝、王进忠讫。

十月十二日据圆明园来帖内称，懋勤殿太监赵朝凤持来汉字帖一张，内开，宫殿监督领侍苏培盛、首领太监李统忠传做，呆玻璃笔架三十个，内天蓝十个、豆绿五个、大红十个、黄色五个。记此。于十二月二十八日做得呆绿玻璃背式骨笔架一件、呆红玻璃背式骨笔架二件，交太监赵朝凤持去讫。于正月二十五日做得呆蓝玻璃夫金笔架四件、呆绿玻璃夫金笔架四件，交太监赵朝凤持去讫。

十一月十一日监察御史沈喻、员外郎满毗、三音保、司库常保同传做，年节玛瑙双喜笔架一件、玛瑙瓜瓞绵绵水盛一件、玛瑙秋蟾水盛一件、玛瑙福圆水盛一件、玛瑙福寿水盛一件。记此。于十二月二十八日做得玛瑙梅寿双喜笔架一件、玛瑙瓜瓞绵绵水盛一件、玛瑙秋蟾水盛一件、玛瑙福圆水盛一件、玛瑙双福双寿水盛一件，司库常保、首领太监萨木哈呈进讫。

二十日监察御史沈喻、员外郎满毗等同传做，年例牛油石做双喜汉玉瓶一对。记此。于十二月二十八日做得牛油石双喜汉玉瓶一件，司库常保、首领太监萨木哈呈进讫。

皮作

二月初三日司库常保来说，太监刘沧洲传旨：着做锦面红绫里玻璃镜帘一件。钦此。于本月初五日照尺寸做得锦面红绫里玻璃镜帘一架，上安铜镀金钮。司库常保持去交太监刘沧州讫。

初六日员外郎满毗、三音保同传做，彩金黑羊皮套绣缎面小圈子火镰包做二十件。记此。于五月初二日做得黑羊皮套彩金绣缎面小圈子火镰包十件，珊瑚盖珠。司库常保首领太监萨木哈呈进讫。于八月十四日做得黑羊皮套彩金绣缎面小圈子火镰包十件，珊瑚盖珠。司库常保、首领太监萨木哈呈进讫。

三月十三日据圆明园来帖内称，司库常保来说，宫殿监督领侍苏培盛，监副侍陈福、刘玉、吕兴朝交八人轿一乘随金黄毡帏布套全。传旨：着配做金黄绫安三块玻璃绵里帏一件、石青缎边石青纱帘一件、蓝布灯草褥子一件。钦此。于本月十七日做得金黄绫安三块玻璃绵里帏一件、石青缎边石青纱帘一件、灯草褥子二件、轿杆收拾好。司库常保交总管太监苏培盛、陈福、刘玉、吕兴朝讫。

四月十二日据圆明园来帖内称，司库常保、首领太监萨木哈来说，首领太监谢成传旨：着做罗圈靠背一件、迎手一件，内用青布包裹，外鞔香色春绸。钦此。于本月十三日做得杉木胎罗圈靠背一件、迎手一件，内用青布包裹、外鞔香色春绸。司库常保、首领太监萨木哈交首领太监谢成呈览。奉旨：此靠背做的甚大，再收小些。将楠木胎的做一件。于本月十四日做得楠木胎罗圈靠背一件、迎手一件，内用青纺丝包裹、外鞔香色春绸。司库常保交太监范国用持进，交首领太监谢成讫。

五月二十五日据圆明园来帖内称，宫殿监督领副侍刘玉传旨：着将赏用石青鞓带送进一份。钦此。本日将玛瑙面铜镀金带板石青鞓带一条，随白春绸手巾两条、铜镀金束一对、素缎蜜蜡豆荷包一对、红羊皮套署文房一件、绣缎面硬墙火镰包一件、象牙开其里一件。司库常保交太监吕进朝持去交宫殿监督领副侍刘玉讫。

二十五日太监左玉来说，宫殿监督领侍苏培盛传，金黄辫十锦手巾二分。记此。本日将金黄辫二等手巾二分，司库常保交太监左玉持去讫。

六月初六日内大臣海望传做，八人大轿一乘上坐褥帏子全分。遵此。于八月十七日做得黄缎帏坐褥全分，催总五十八持赴銮仪卫拴在八人大轿讫。

九月二十七日据圆明园来帖内称，首领太监萨木哈来说，宫殿监副侍李英传旨：着赏果亲王金黄软带一副。钦此。于十月初一日做得金黄软带一副、穿金丝皮哈蟆一副、镶嵌绿玻璃豆缉珠荷包一对、皮手巾束白春绸手巾一对、绣火镰包一件、绣缎署文房一件、牛角解锥一件、子儿皮小刀一把，太监吕进朝持进交总管李英收讫。

二十八日太监高明槁持来汉字帖一张，内开乾清宫宫殿监正侍张起麟传，宝亲王、和亲王每位软带全副四条。记此。于十二月二十七日做得金黄软带八条，各随穿金丝皮哈蟆、素缎荷包、象牙开其里、羊角靶单小刀、春绸手巾、嵌玻璃手巾束四对，共四份。催总五十八交太监高明槁、任福持去讫。

十月初八日据圆明园来帖内称，宫殿监督领侍苏培盛、副侍刘玉同交红面蓝猩猩毡一块长五丈四尺、宽三尺八寸，传旨：着将此毡交给海望，与朕住处做帘子用，其帘板做竹子的。钦此。

十五日据宫殿监副侍李英传旨：着照漆皮盆做一合牌样，再比此盆放大些、收小些亦各做一合牌样，俱交闽海关准泰照样各做皮胎漆盆几件。钦此。于本日内大臣海望奉旨：尔传于准太，将漆皮盆大小各做几件送来。钦此。今将发下小漆皮盆一件，又做成合牌盆样大小三样寄去，可照合牌样各做几件送来。其漆水颜色俱照发去小漆皮盆样漆做。钦此。于十一月初五日将小漆皮盆一件、合牌盆样大小三件，司库常保交闽海关准太处行走主事四格家人常存领取讫。于十三年九月初一日闽海关监督、内务府郎中准太差伊弟平太送来照样做得漆皮盆十套，每套二件，外备用一套，原样皮盆一件，合牌样二件，司库常保交内大臣海望看过，着备呈进。于十一月二十三日将漆皮盆三十三件、原样一件，司库常保、首领太监萨木哈持去，交宫殿监副侍李英呈进讫。

十二月初八日宫殿监副侍李英传旨：着将中正殿供奉的旃檀佛配做片金缎袈裟衣一份。钦此。于十二月十九日做得袈裟衣一份，催总曾领弟送至中正殿讫。

珐琅作

正月二十五日为十一年十月二十八日办理军需处奉旨赏过达赖喇嘛珐琅轮杵一份，今照样补做一份。记此。于十二月二十六日做得珐琅轮杵一份，司库常保呈进讫。

二十六日员外郎满毗、三音保，司库常保同传做，珐琅六寸满达六份，再照先做过的珐琅轮杵做三份。记此。于十二月二十八日做得六寸大珐琅满达二份，司库常保、首领太监萨木哈呈进讫。

二月初二日太监焦进朝交来珐琅香炉一件、盘一件，传，着将炉口上露铜处找补镀金。再，珐琅盘上露铜处亦找补镀金。记此。于三月十九日找镀得珐琅香炉一件、盘一件，司库常保交太监焦进朝讫。

三月初八日首领太监萨木哈持来磁胎画孔雀珐琅碗一对，说太监刘沧州传旨：此碗花样画的甚好，着照样再画几对。钦此。于五月初二日画得孔雀尾磁胎珐琅碗一对，并原样碗一件，司库常保、首领太监李久明、萨木哈呈进讫。

四月十一日据圆明园来帖内称，司库常保、首领太监萨木哈来说，太监沧州交西洋掐丝珐琅金胎盒一件、孔雀尾珐琅鼻烟壶一件。传旨：着照掐丝珐琅盒样做盒一件，其珐琅鼻烟壶款式甚好，亦照样烧造几件。钦此。于五月初三日做得孔雀尾珐琅鼻烟壶二对，原样一件，司库常保、首领太监萨木哈呈进讫。于十二月二十八日做得包袱式孔雀尾珐琅鼻烟壶二对，司库常保、首领太监萨木哈呈进讫。

六月初五日据圆明园来帖内称，司库常保传做，备用赏喇嘛用的铜胎珐琅铜奔巴壶一件、掐丝珐琅海灯一件、珐琅海灯一件、珐琅靶碗一件、珐琅拉固里碗一对。记此。于十月二十日做得珐琅奔巴壶一件、珐琅海灯二件、靶碗一件、拉固里碗一对，司库常保呈进讫。

十一日司库常保、首领太监萨木哈来说，太监沧洲传旨：从前进的红地黄菊花无诗句小碟甚好，照样烧造几对。钦此。于七月二十七日做得红地黄菊花碟三对，首领太监萨木哈交太监沧洲讫。

十一月十一日监察御史沈嵛、员外郎满毗等同传做，黑地、红地白梅花珐琅鼻烟壶十对。记此。于十二月二十八日做得珐琅鼻烟壶二对，司库常保呈进讫。于十三年闰四月三十日做得珐琅鼻烟壶二对，司库常保、首领太监萨木哈呈进讫。八月十六日做得珐琅鼻烟壶二对，司库常保、首领萨木哈、李久明呈进讫。

十二月二十四日太监马鉴传旨：着做珐琅匙箸一份。钦此。于三十日做得珐琅匙箸一份，首领太监萨木哈持进交太监马鉴讫。

二十八日监察御史沈崳、员外郎满毗等传做，备用珐琅满达二份随紫檀座。记此。

杂活作

二月初十日首领太监李久明、萨木哈来说，宫殿监副侍李英传旨：将景山东门内庙里供奉骑马关夫子像着照样造一分。其像要如意，法身高一尺六寸，先拨蜡样呈览，准时再造。钦此。于三月初十日拨得蜡样关夫子一尊，关平、周苍［仓］、从神等六尊，宫殿监副侍李英、首领太监萨木哈呈览。奉旨：关夫子脸像拨得不好，照圆明园佛楼内供的关夫子脸像拨，其从神站像款式亦不好，着南府教习陈五指式拨像。钦此。于本月二十日改拨得关夫子、从神等蜡样一分，首领太监萨木哈同总管太监李英呈览。奉旨：关夫子脸像特底［低］，仰起些来。腿甚粗，收细些。马棕［鬃］少，多添些。廖化的盔不好，另拨好样式盔。钦此。于本月二十六日首领太监萨木哈同总管太监李英将改得关夫子蜡样、从神等一分呈览，奉旨：关夫子的硬带勒的甚紧，再拨松些。身背后无衣摺，做出衣摺来。鞋大镫蠢，俱收小些。膝傍放高些。持刀的从神手并上身做秀气着。钦此。于四月初二日首领太监萨木哈同总管太监李英将改得关夫子蜡样、从神一分呈览。奉旨：帅旗往后些，旗上火焰不好，着收拾。马胸及马腿亦不好，亦着收拾。钦此。于四月初四日首领太监萨木哈同总管太监李英将改得关夫子蜡样及从神等一分呈览，奉旨：甚好，准造。旗做绣旗。钦此。于十二月二十四日照样做得汞金骑马关夫子一分。司库常保、首领太监李久明、萨木哈呈进讫。

十七日圆明园来帖内称：太监王守贵交汞金一百五十六块重六十二斤。传旨：交给常保，造关夫子用。钦此。于十二月二十四日照样做得汞金骑马关夫子一分，司库常保、首领太监李久明、萨木哈持进讫。

二十一日内大臣海望奉旨：芰荷香处有永明寿禅师画像一轴，着照像拨蜡，其法身高五六寸，盘膝抄手，手托一镜，不必安住，以便磨洗。镜上镌一宗字，取静宗之义。先拨蜡呈览，用汞金铸造一尊。钦此。于五月初八日照画样拨得永明寿禅师蜡样一尊，司库常保呈览。奉旨：手内托的镜不必安座子，其镜上字做红字，将汞金造一尊、托纱、香胎各造一尊。钦此。于十二月二十四日做得香胎、托纱、汞金各一尊，用汞金八斤，折耗二斤，司库常保、首领太监李久明、萨木哈呈进讫。

二十二日内大臣海望奉旨：年希尧进的汞金炉是何料炼成？海望随奏称：有带来制方，内开水银、胆礬烧炼等语。具奏。奉旨：着造办处照方烧炼些看。钦此。

三月十四日据圆明园来帖内称，首领太监萨木哈来说，宫殿监副侍李英交花梨木边架铜镜一件、紫檀木架玻璃镜一件。传旨：着将铜镜应磨洗，玻璃镜收拾。钦此。于本月十九日收拾得铜镜一件，交首领太监马温良持去讫。于四月二十五日收拾得玻璃镜一件，首领太监萨木哈持去交总管太监李英讫。

二十六日据圆明园来帖内称，首领太监李久明、萨木哈来说，宫殿监副侍李英交汞金大小四百十块重一千五百二两，系广法。传旨：着将此汞金铸造骑马关夫子、从神等一分。钦此。于十三年十一月二十四日做得汞金骑马关夫子一分，随紫檀木座。交宫殿监副侍李英呈览。奉旨：着供在雍和宫。钦此。本日随交柏唐阿六达子请去供奉雍和宫讫。

四月初三日内大臣海望奉旨：北门内东边双旗杆庙，原谕名三圣庵，今改名关帝庙。尔传与常保，着照现拨蜡样之关夫子造一分，配龛，供在此。龛内做流云，将神像供在云端之上。其龛并流云如何配做之处，画样呈览。钦此。于四月二十日做得神像烫胎合牌龛样一件，司库常保呈览。奉旨：着照样准做。常保随奏称造办处现造关夫子像四分，或在此四分内供一分，或另造一分供奉之处？请旨。奉旨：着现造四分之内供一分。钦此。本日内大臣海望着将神像、流云造办处造，其龛、供桌、五供等件令工程处造。遵此。于七月初六日做得流云龛骑马关夫子一分。司库常保持进安供讫。

十二日据圆明园来帖内称，首领太监萨木哈来说，太监高玉交象牙小盒二件，传旨：着交给常保、萨木哈，照此样放大些安屉香盒做几件，再将巴尔撒木香球亦做几件。钦此。于本月十四日将西洋香面六两、龙涎香五钱、狍香五分、巴尔撒木油四两、避风巴尔撒木香二钱，配做得香球六个，每个重一两七钱。做得象牙盒二件，并原样，首领太监萨木哈交太监高玉讫。

十六日据圆明园来帖内称，首领太监萨木哈来说，太监高玉传旨：着将巴尔撒木香球再做四个。钦此。于十七日将西洋香八两、巴尔撒木油四两、龙涎香四钱、狍香五分、避风巴尔撒木香二钱做得香球四个，每个重一两八钱，首领太监萨木哈持进交太监高玉讫。

二十日据圆明园来帖内称，柏唐阿索柱来说内大臣海望传旨：着照赏总兵官腰刀、火镰包等件一份。钦此。本日将备用黑子儿皮铜镀金什件大凹面腰刀一把、红羊皮鞘黑牛角夹把大单刀一把、红羊皮铜口雅法都一件、红羊皮铜嘴硬胎大药葫芦一件、黑子儿皮铜嘴硬胎烘药葫芦一件、红羊皮套象牙日晷一件、红羊皮套刮鳔一件、红羊皮套马尾眼罩一件、黑撒林皮双盖火镰包一件、红羊皮双盖火镰包一件、红羊皮带腰刀圈一件、各色玻璃鼻烟壶一件。内大臣海望赏给总兵官任怀德讫。

五月十七日圆明园来帖内称，司库常保来说，都统蟒固里传旨：着海望令垛塑匠拨泥胎旃檀佛一尊呈样。钦此。本日交都统蟒固里成办讫。

油漆作

八月十四日据圆明园来帖内称，司库常保奉旨：赏给额驸策凌彩漆膳桌一张，着做一张补给茶房。钦此。于十月二十五日做得彩漆膳桌一张，司库常保持进交总管太监赵金斗讫。

十月二十三日据圆明园来帖内称，司库常保持来宫殿监副侍李英交洋漆炕桌四张系高其卓进，洋漆书桌二张系准泰进。传旨：洋漆桌六张，着接做紫檀木腿高桌，漆水不可伤损。钦此。于十一月初十日将洋漆书桌一张接配得椴木雕卧蚕腿高桌样、洋漆炕桌一张接配得椴木雕如意云腿高桌样，首领太监萨木哈持进呈览。奉旨：准做。钦此。于十三年正月二十四日将洋漆桌六张配接做得紫檀木活腿高桌六张，首领太监李久明、萨木哈呈览。奉旨：好。将此桌留下二张，其余四张送至圆明园，交园内总管，陈设之处陈设。钦此。于二十六日改得洋漆桌四张，柏唐阿六达子送至圆明园交总管王进玉收讫。

二十八日司库常保来说，宫殿监副侍李英传旨：着照膳房桌样做黑漆膳桌二张，其包角金叶做铜镀金包角。钦此。于元年六月二十八日做得铜镀金包角黑漆膳桌二张，司库刘山久、首领太监李久明持进，交宫殿监副侍李英收讫。

十一月初四日司库常保、首领太监萨木哈持来彩漆亭二座，说宫殿监副侍李英传旨：洋漆亭每座着配楠木图塞尔根桌一张。钦此。于初八日配做得楠木图塞尔根桌二张，随洋漆亭。首领太监萨木哈持进交总管李英呈进讫。

裱作

二月初四日太监严世臣来说：为二月初一日供献大太阳糕一个、小太阳糕一个。八月十五日供献大月饼一个，小月饼十个，彩画圆光应用颜料。膳房总管太监赵正斗、孙朝贵、宋林等回明内大臣海(望)，着每节彩画太阳糕月饼时，将所用的颜料宜用可食之颜料彩画。记此。于八月二十日画匠陆登科将画月饼之颜料持赴圆明园膳房，交总管太监赵正斗监看彩画讫。

十一月二十六日笔帖式达素来说，太监郑爱贵交淳化帖二套计十本，传旨：此锦套并掩面俱旧了，着重新糊裱，其帖不必动。钦此。于十三年八月十五日表得锦掩面淳化帖二套，八品官李毅持进交太监郑爱贵讫。

二十九日笔帖式达素持来淳化阁帖一部随楠木提梁匣盛，淳化阁帖一部系锦套，说太监郑爱贵传旨：将此锦套内帖照楠木匣内帖样式，另表锦套，其帖上白边往窄里裁去些，表时亦照样做楠木壳面，配匣盛装。钦此。于十三年八月十五日表得淳化阁帖二部，八品官李毅持进交太监郑爱贵讫。

十二月初四日太监王明贵持来御笔挑山一张，说太监俗格传旨：着托裱轴子。其轴子外面上边糊黄色，配字的天地两边或用黄色或用玉色，轴头不拘，尔等酌量配合。钦此。于初六日托裱得挑山轴子一张，领催马学迩交太监赵朝凤持去讫。

本年活计尚有，做榜纸折子。矾白绢。做各色洒金纸。裱糊墙壁窗户。

画作

正月二十日员外郎满毗、三音保，司库常保同传，画太阳像一份。记此。于本月二十五日画得太阳像一份，领催马学迩交首领太监马温良收讫。

三月初一日员外郎满毗、三音保同传，着唐岱、郎士宁各画端阳节绢画一张。记此。于五月初二日画得午瑞图一张、夏日山居绢画一张。司库常保、首领太监萨木哈、李久明呈进讫。

二十二日据圆明园来帖内称，二十一日司库常保、首领太监萨木哈来说，宫殿监副侍李英传，着玻璃插屏背后画绢画一张。记此。于五月十八日画得玉堂春富贵画一张，司库常保持进贴讫。

六月十一日首领太监萨木哈来说，宫殿监副侍李英传旨：嗣后凡有玻璃插屏背后画片，俱着吴章画。钦此。

八月二十二日监察御史沈嵛、员外郎满毗、三音保同传做：备用万寿节呈进画，着唐岱、郎世宁各画绢画一张。记此。于十月二十七日画得群仙恭祝画一张、万松永茂画一张。司库常保、首领太监萨木哈呈进讫。

九月十三日据圆明园来帖内称，宫殿监副侍李英传旨：皓月清风陈设的玻璃镜一座，其背后着贴画一张。钦此。于九月二十四日画得绢画一张。司库常保带匠人持进贴讫。

十四日据圆明园来帖内称，宫殿监副侍李英传旨：九洲清晏陈设的玻璃镜二座，其背后着贴画二张。钦此。于二十四日画得绢画一张，司库常保代匠人持进贴讫。

十六日据圆明园来帖内称，宫殿监副侍李英传旨：北苑山村陈设的玻璃镜四架，其背后俱着贴画。钦此。于二十八日画得绢画四张，司库常保带匠人持进贴讫。

十一月初八日监察御史沈嵛，员外郎满毗、三音保，司库常保同传：着唐岱、郎士宁、王幼学各画年节绢画一张。记此。于十二月二十八日郎世宁画得锦堂春色画一张、唐岱画得太平春色画一张、王幼学画得双喜呈瑞画一张。司库常保、首领太监萨木哈呈进讫。

十二月二十五日催总书保交来紫色透绣手巾四条，内大臣海望着烘染。记此。

舆图处

正月二十三日笔帖式亮玉持来枯崘额莫图一张，说内大臣海望着照此样放大些画一张，其原图样归入在本处，图上添画黑龙江，画一张。于二月二十二日画得枯崘额莫图一张，交讷和图收讫。

三月十九日据圆明园来帖内称，委署司库八十来说，内大臣海望八年奉旨着做地球，如若未做，可将现有地球照新改画之图样，改画见新，做成备用。记此。本日交二等侍卫讷和图改画，委署司库八十讫。

七月初四日据圆明园来帖内称，委署司库八十来说，内大臣海望着照将军穆克登改画衣里等处舆图画三张。记此。本日交二等侍卫讷和图画讫。

八月初一日据圆明园来帖内称，七月二十七日柏唐阿赫慎来说，内大臣海望交巴尔坤图尔番满汉字图一张，着照样画一张存稿。记此。本日交二等侍卫讷和图成办讫。

初四日据圆明园来帖内称，柏唐阿七十九来说，内大臣海望着画阿尔太分交界小图三张。记此。本日将阿尔太分交界小图一张，内大臣海望持去交内阁学士阿克墩讫。

九月二十三日据圆明园来帖内称，柏唐阿七十九来说，内大臣海望着画风水围墙图一张、宝城细稿样一张、底稿样一张。遵此。于十一月初三日画得万年吉地宝城图样一张，内大臣海望看过，着交库守穆克登。记此。本日柏唐阿七十九交库守穆克登持去讫。

木作

正月初七日司库常保传做：安宁居楠木闲余板一分、乐志山村楠木闲余板一份、西峰秀色楠木闲余板一分。记此。于五月二十四日做得楠木闲余板三份，司库常保持进安讫。

初七日首领太监李久明、萨木哈持来白玻璃海灯一件，说太监焦进朝传旨：着配紫檀木架座。钦此。于本月十二日将白玻璃海灯配得紫檀木架一件，首领太监李久明持去交太监焦进朝讫。

二十二日慈宁宫画画处郎中苏赫讷咨称，有告成圣祖皇帝御容二轴恭存本处供奉，所盛圣祖皇帝御容木匣二个，因八年八月内损裂，不便恭贮。相应贵处照尺寸成造二个，以便敬谨恭贮可也。等因前来。记此。于五月十六日做得木匣二个，交郎中苏和讷讫。

本年活计还有，大批赏赐西北两路领兵人员的器物配细木匣和杉木箱共二十起，其余多为收拾活计。

砚作　附牙作

正月初七日内务府总管年希尧家人郑天锡送来十年八月十五日内大臣海望奉上谕：尔传年希尧，将各色漆水好款式小砚盒做些来，其石砚不必令伊配做，俟送到时令造办处配绿端石砚。钦遵在案。今送到各式漆砚盒三十六件，呈内大臣海望，着配绿端石砚。记此。于五月初二日将黑洋漆盒十八方内配绿端砚十八方，司库常保、首领太监李久明、萨木哈呈进讫。于八月十四日将黑洋漆盒十八方内配绿端砚十八方，司库常保、首领太监李久明、萨木哈呈进讫。

初八日员外郎满毗、三音保，司库常保同传做，端阳节各色石盒砚十八方。记此。于五月初二日做得各色石盒砚九方，司库常保、首领太监萨木哈呈进讫。于八月十四日做得各色石盒砚九方，司库常保、首领太监萨木哈呈进讫。

二月三十日员外郎满毗、三音保同传做，端阳节象牙盒三对。记此。于五月初二日做得象牙菊瓣式盒三对，司库常保、首领太监李久明呈进讫。

十三日据圆明园来帖内称，司库常保来说，宫殿监副侍李英交紫檀木边架玻璃镜一件。传旨：着将此镜另摆锡，紫檀木边架俱不必动。钦此。于九月二十八日摆得紫檀木边玻璃镜一件，司库常保持进，仍交宫殿监副侍李英讫。

四月初一日据圆明园来帖内称，司库常保传做，端阳节江山锦秀象牙瓶花一对。记此。于五月初三日做得江山锦秀象牙瓶花二束，司库常保、首领太监萨木哈呈进讫。

十一日员外郎满毗、三音保同传做，端阳节各色玻璃鼻烟壶六十个，俱配铜镀金盖、象牙匙。记此。于五月初三日配做得鼻烟壶盖六十个，安象牙匙，司库常保、首领太监萨木哈呈进讫。

五月初四日据圆明园来帖内称，司库常保传做，备用各色石盒砚十八方。记此。于八月十四日做得各色石盒砚十八方，司库常保、首领太监萨木哈呈进讫。

十八日员外郎满毗、三音保同传做，中秋节象牙盒三对。于八月十四日做得象牙菊瓣盒二对，司库常保、首领太监萨木哈呈进讫。十月二十七日做得象牙菊花瓣蟠桃献寿盒一对，司库常保、首领太监萨木哈呈进讫。

八月十八日据圆明园来帖内称，司库常保传做，备用各色石盒砚十八方。记此。于十月二十七日做得各色石盒砚十八方，司库常保、首领太监萨木哈呈进讫。

九月二十七日监察御史沈崳，员外郎满毗、三音保，司库常保同传做，备用黄羊角解锥十件，随珊瑚盖珠。记此。

十月二十四日据圆明园来帖内称，内大臣海望持来描金漆匣端石砚一方。奉旨：此砚上眼好，做法平常，着好手匠役去窄些，酌量改做，另配匣。其原匣将平常石配做。钦此。于十三年三月初八日改做得二眼素端石砚，另添配画洋金花砚盒一件，并原交描金漆砚匣内添配端石砚一方，司库常保进讫。

二十五日宫殿监副侍李英交，阿哥里四十块、山檀木根一块、香根木二根、桦木乂刀靶四根、桦木乂刀鞘四根、香木刀靶二根。传旨：山檀木根交与海望，配做好端砚。钦此。于本日交司库佛保、库使石柱收库讫。

十一月初六日监察御史沈喻，员外郎满毗、三音保，司库常保同传做，年节各色石盒砚十八方。记此。于十一月二十八日做得各色石盒砚十八方，司库常保、首领太监萨木哈呈进讫。

十四日监察御史沈喻、员外郎满毗同传做，年节长春花象牙瓶花一对。记此。于十二月二十八日做得百福长春象牙瓶花一对，司库常保、首领太监萨木哈呈进讫。

花儿作

正月二十二日员外郎满毗、三音保，司库常保同传做，端阳节通草戴花六十匣、合锦戴花十匣、娃娃十匣、翠符十匣、绒符十匣。记此。于五月初二日做得通草戴花六十匣、合锦戴花十匣、翠符十匣、绒符十匣、娃娃十匣，司库常保、首领太监萨木哈呈进讫。

二月初六日太监赵朝凤持来定元紫青玻璃方花瓶一对，说宫殿监督领侍苏培盛传旨：着配做通草寿意瓶花二束。钦此。于本日配做得通草寿意花二束，司库常保交宫殿监督领侍苏培盛收讫。

七月初三日太监左玉来说，宫殿监督领侍苏培盛交白磁宝月瓶一件，传旨：着配寿意瓶花一束。钦此。于本月初四日做得寿意通草花一束并宝月瓶一件，司库常保着太监马进忠持去，交宫殿监督领侍苏培盛收讫。

八月二十四日据圆明园来帖内称，太监左玉来说宫殿监督领侍苏培盛交仿霁红磁瓶一件、绿磁观音瓶一件，传旨：着配做通草寿意瓶花二束、紫檀木座一件。钦此。于二十六日做得福寿三多、九九长春通草花二束并磁瓶二件，紫檀木座一件，交太监左玉持去讫。

十月初四日首领太监张文保持来玉棠富贵绫花一对、岁岁乐长春通草小瓶花一枝，说太监焦进朝传旨：着照样将玉棠富贵绫花做一对、岁岁乐长春通草小瓶花做八枝。钦此。于本月二十六日做得小瓶花八枝，交首领太监张文保持去讫。

本年库贮

四月二十五日据圆明园来帖内称，司库常保、首领太监萨木哈来说：太监王常贵、高玉交玻璃镜每块长五尺四寸五分、宽四尺三寸五分二块、每块长五尺六寸，宽三尺七寸二块系毛克明、郑关赛进。传旨：着交造办处。钦此。于本月二十六日司库常保来说，宫殿监副侍李英传旨：着将此玻璃俱做半出腿插屏。漆的二件、楠木的二件。钦此。于六月十四日将长五尺四寸五分、宽四尺三寸五分玻璃镜一件配得半出腿楠木架，司库常保、首领太监萨木哈带匠役等持至浩月清风安讫。

七月初五日据圆明园来帖内称，司库常保交苏州织造高斌家人送来菩提叶九十二张，内大臣海望着交库收贮，有用处用。记此。本日将菩提叶九十二张交司库关福盛收讫。

初九日据圆明园来帖内称，内务府总管年希尧家人郑天锡送来菩提叶五百张。内大臣海望着交库收贮，有用处用。记此。本日将菩提叶五百张交司库关福盛收讫。

十七日广东副都统毛克明家人姚弘送来槟榔木盘、碗、痰盆、香盒二十一件，粗坯七件。棕竹根盘、碗、香盒五件。内大臣海望着交库收贮，有用处用。记此。本日交司库关福盛、库使马清阿收库讫。

十月十八日据圆明园来帖内称，司库常保、首领太监萨木哈来说：太监高玉、王常贵交绿色云产石数珠十盘、红色云产石数珠十盘、白色云产石数珠十盘、淡红色云产石数珠十盘，碧牙西八块。传旨：交造办处。云产石数珠着配做朝装严，碧牙西有用处用。钦此。于三十日内大臣海望、司库常保为成造活计将碧牙西劄开欲用，看得内里颜色浅白，令人认看，并非真碧牙西，是假造的。具实奏闻。奉旨：着寄信该［巡］抚，问伊原买时或知是假做之物，或被人蒙哄，认是碧牙西所买？可将缘由问明白回奏。钦此。于十三年十一月二十一日装严得各色云产石数珠四十盘，随原来佛头，添配假松石、珊瑚纪念、玻璃坠角、镀金宝盖圈，司库常保交总管太监李英讫。

匣作

三月二十一日据圆明园来帖内称，内大臣海望交丹药四匣。传旨：着配匣发报，赏署理大将军查郎阿、副将张广泗、参赞穆克登、提督樊廷。钦此。于本月二十五日将丹药四匣配得杉木箱一件，黑毡包裹、棉花塞垫，领催赵牙图交柏唐阿巴蓝太持去讫。

四月二十一日据圆明园来帖内称，太监赵玉来说：太监高玉传旨：做盛孔雀翎合牌匣四个。钦此。于五月二十四日□□盛孔雀翎合牌匣四个，司库常保交太监赵玉讫。

二十八日据圆明园来帖内称，太监党进忠来说总管王太平交：金套铜盒表一件、花玛瑙镶铜口镀金盒表一件。传旨：着配做锦匣二件。记此。于二十九日做得盛装锦盒二件，太监孙祥交总管太监王太平讫。

十一月十四日八品官李毅持来糊黄杭细心经小匣一件随驼绒色锦万字套一件、黄杭细小套一件，说太监焦进朝传，照年例另糊面见新。再添补做黄杭细包单一副，见方二块，一尺八寸见方二块。记此。于十二月初十日糊得盛心经小匣一件，套二件，随黄杭细宫单四块，交焦进朝讫。

十二月三十日太监王常贵传旨：赏果亲王发报用合牌匣子一个。钦此。于本日做得合牌匣一件，太监王进孝交太监王常贵讫。

本年活计尚有，装珐琅器的黄绢匣六件、暖砚合牌锦托一件、杭细合牌匣二件、钟表锦匣二件、锭子药匣四十五个。

炉作

二月初二日太监焦进朝传旨：着做二号四足马蹄炉五件。钦此。于五月二十八日做得马蹄炉五件，司库常保交太监焦进朝讫。

十一月初九日监察御史沈嵛、员外郎满毗、三音保、司库常保同传做：备用一统尊式炉五件。记此。

炮枪作

二月初十日内大臣海望交阿哥们用的大交枪三杆、大绵枪三杆，着配氆氇套、油单套、三弯叉。记此。于二月二十五日配得枪套六分，交催总福陆持去交太监高名槁、任福、赵如祥讫。

四月初十日据圆明园来帖内称，广东总督鄂弥达解到铜炮八位。内大臣海望着交炮枪处。记此。于六月十二日将铜炮四位随炮子四百个，交郎中赵世勋、笔帖式书芳领去，解送北路军营讫。铜炮四位随炮子四百个，交员外郎五都里、笔帖式蒿陵领去解送西路军营讫。

五月初七日据圆明园来帖内称，广东总督鄂弥达解到铜炮十位。内大臣海望着交炮枪处。记此。于六月十八日将铜炮三位交厢黄旗托沙拉哈番唐光稷领去讫，铜炮三位交正白旗副佐领金炜领去讫，铜炮二位交厢白旗阿达哈哈番韩士美领去讫，铜炮二位交正蓝旗六品官佟岱领去讫。

六月初八日圆明园来帖内称，广东总督鄂弥达解到铜炮十位。内大臣海望着交炮枪处。记此。于六月十九日将铜炮三位随炮子一百六十五个交正黄旗佐领金无极领去讫，铜炮三位随炮子一百六十五个交正红旗佐领闵文辉领去讫，铜炮二位随炮子一百九个交厢红旗秦耀祖领去讫，铜炮二位随炮子一百十个交厢蓝旗阿达哈哈番窦继祖领去讫。

十一月十一日太监王常贵、高玉交花铁交枪一杆。传旨：着交与内大臣海望，认看式［试］放。钦此。本日将花铁交枪一件交催总福元试放讫。

铜作

三月二十九日据圆明园来帖内称，太监陈玉来说总管太监李英传旨：着将张家胡图克图供佛的铜海灯做四件。钦此。于四月初四日做得铜海灯四个、漂一分，司库常保交总管太监李英收讫。

四月十八日据圆明园来帖内称，太监陈玉来说宫殿监副侍李英传旨：着照张家胡图克图供佛的小铜海灯放大些，再做一件。钦此。于五月二十八日做得铜海灯一件，司库常保交太监陈玉讫。

十月初五日监察御史沈嵛、员外郎满毗、三音保同传，备用铜罩盖火炉暖砚再做几方。记此。于十二月二十八日做得铜烧古暖砚二方，司库常保交首领太监萨木哈呈进讫。

自鸣钟

□□十二日员外郎满毗、三音保、司库常保同传，圆明园西峰秀色高水瀑布处水法七分，着照年例添补收拾。记此。于本月十七日领催白老格将熏牛皮眼钱立青铜蒙铁销等件，带赴圆明园西峰秀色处添补收拾讫。

二十一日首领太监赵进忠来说，西洋人余如玉画得架子时钟样一份。内大臣海望着照样做二份。记此。于十二月二十九日做得插屏架子时钟一份，司库常保、首领太监李久明、萨木哈呈进讫。

四月二十五日据圆明园来帖内称，首领太监赵进忠来说，太监王常贵交紫檀木边座嵌玻璃门风琴时钟一架。传旨：着收拾，陈设在九洲清晏。钦此。于八月十二日收拾得西洋花喜风琴时钟一座，随黄布atif单三块、木箱一件，首领太监赵进忠持进安讫。

九月三十日领催白士秀来说，首领太监赵进忠将库贮紫檀木架钟二座欲改做插屏钟安设等语回明内大臣海望，着改做。记此。于十二月二十八日改做得插屏钟一件、小表一件，司库常保、首领太监萨木哈呈进讫。

锭子作

二月二十二日员外郎满毗、三音保同传做，年例紫金锭十二料、蟾酥锭八十料、离宫锭二百料、盐水锭十二料、避暑香十五料。记此。于四月三十日据圆明园来帖内称，宫殿监督领侍苏培盛传旨：将锭子药送进来。钦此。本日将做得离宫锭三百包、紫金锭三百二十包、蟾酥锭三百二十包、噙化锭一百三十包、盐水锭九百五十包、彩画紫金锭五百个、红牌子五百个、黑牌子五百个、天师五百个、蒜头五百个、黑红葫芦二百挂、太极图盐水锭五百个、避暑香器三百二十个、避暑香珠一百六十盘，司库常保持去交宫殿监督领侍苏培盛呈进讫。

四月三十日据圆明园来帖内称，内大臣海望传旨：着赏军营锭子药等件发报。钦此。赏两路军营及驻防兵之处，巴尔库尔、科卜多二处每处各色锭子药五大匣：平安丸五千丸、人马平安散五斤、紫金锭十斤、盐水锭十斤。乌里雅苏台各色锭子药二大匣：平安丸二千丸、人马平安散三斤、紫金锭四斤、盐水锭四斤。红郭尔鄂隆各色锭子药一大匣：平安丸五百丸、人马平安散二斤、紫金锭二斤、盐水锭二斤。扎克拜达里克、推河二处，每处各色锭子药一中匣：平安丸二百丸、人马平安散一斤、紫金锭一斤、盐水锭一斤。本日交配匣盛装发报用。记此。

于五月初三日将各色锭子药十三大匣、二中匣，平安丸一万二千九百丸、紫金锭二十八斤、盐水锭二十一斤、人马平安散十七斤，配做杉木匣十三个盛装，棉花塞垫，外包黑毡。催揔吴花子持去，交军机房发报讫。

撒花作

正月初一日司库常保来说，宫殿监副侍刘玉传旨：将中正殿供的高香几满达一分赏章嘉胡图克图，再照样补做一份。钦此。于本月初七日司库常保为补做中正殿供的高香几满达一份，认看得原系金的，今或作金的，或做铜镀金的。奏闻。奉旨：着做金的，上嵌珠宝。钦此。于十二年十二月二十六日做得金满达一件，随紫檀木高香几一件，司库常保、首领太监萨木哈呈进讫。

八月十一日据圆明园来帖内称，司库常保传做：银錾花长方入角盒一对、洋漆银口盒三对。记此。于十月二十七日做得银錾花长方入角盒一对，司库常保交首领太监萨木哈呈进讫。于十三年闰四月三十日做得洋漆银口盒二对，司库常保交首领太监萨木哈呈进讫。

本年活计尚有，做镶嵌洋漆片长方入角铜錾花盒一对。做赏喇嘛多尔即云布腾镀金满达一份。铜镀金满达三份。镶嵌珊瑚轮一件、镶嵌银母轮一件、铜镀金撒花轮一件。

累丝作

四月十七日据圆明园来帖内称，司库常保、首领太监萨木哈持来东珠十九粒，说总管太监王太平、首领太监谢成传旨：着交给常保、萨木哈，尔等将此东珠十九粒镶嵌金簪，随东珠。钦此。于二十四日做得福如东海金花一对，上嵌东珠二粒，红蓝宝石各四块，金重四钱八分，银挺重一钱四分。双寿鹤龄金花一对，金重五钱四分，银挺重一钱四分。榴开百子金花一对，嵌东珠四粒，小珠子四粒，金重五钱七分，银挺重一钱四分，蓝红宝石四块。燕报榴花金花一对，东珠四粒，银挺重一钱四分，小珠二十六粒，红蓝宝石四块，金重六钱七分。连翘呈瑞金花一对，东珠四粒，小珠二十六粒，红蓝宝石四块，金重五钱九分，银挺重一钱四分。大金火焰一支，嵌东珠一粒，金重二钱九分，银挺重一钱四分。小金火焰一支，金重一钱五分，银挺重一钱四分。下剩东珠四粒，司库常保交太监王福隆持去讫。

镟作

正月十七日首领太监萨木哈来说，宫殿监副侍李英、刘玉交来金漆大影木碗二件、扎布扎牙木碗一件，传：着收拾。记此。于三月初八收拾得木碗三件，首领太监萨木哈持去交总管太监李英讫。

绣作

正月二十八日中书赵惠来说，内大臣海望传，赏尚书查克丹、都统佛标每人斋戒牌一件。记此。本日将做得绣斋戒牌二件交中书赵惠持去讫。

二月二十二日员外郎满毗、三音保同传，端阳节小款式香袋再做四十个。记此。于五月初二日做得十锦绣缎小香袋四十个，司库常保、首领太监萨木哈、李久明呈进讫。

三月十八日据圆明园来帖内称，司库常保、首领太监萨木哈来说，宫殿监副侍李英传旨：造办处所做得闪缎矩、刋缎矩、锦缎矩，做的俱厚。可降旨与海望，向织造处将各色薄些矩织造些来。钦此。于四月初二日做得紫色绫矩一件，太监范国用持进交宫殿监副侍李英讫。于六月二十日织造海保家人六十五送来各色薄些锦矩十二件。于九月初十日织造海保家人六十五送来各色薄些绫矩十二个。于九月初十日据圆明园来帖内称，宫殿监副侍李英传：将各色锦矩送进六件，里边备用。记此。本日将各色薄些锦矩六件，首领太监萨木哈持去交宫殿监副侍李英收讫。于二十七日据圆明园来帖内称，宫殿监副侍李英传：将各色锦矩送进二三件来备用。记。本日将锦矩一件、妆缎矩一件，首领太监萨木哈持去交总管李英讫。于十三年正月二十九日将织造处送来各色锦矩六件交官殿监副侍李英讫。做得月白锦矩一件、紫色绫矩一件，交官殿监副侍李英讫。于二月初三日织造海保家人六十五送来各色锦矩十件。记此。于七月初二日首领太监萨木哈来说：官殿监副侍李英传锦矩二件。记此。本日将锦矩二件交官殿监副侍李英讫。

四月三十日据圆明园来帖内称，司库常保来说太监高玉传旨：着赏总督李卫御制香袋、绕绒符、避暑香珠、扇器等件。钦此。本日将御制香袋一匣、绕绒符一匣、小香袋一匣、避暑香器十个、数珠五盘，司库常保持进交太监高玉赏总督李卫讫。

八月初三日员外郎满毗、三音保同传做，备用绣满菊花扇套十个、绣菊花扇套十个、绣硬墙火镰包十个、绣圈子火镰包十个、盛鼻烟壶口袋十个、绣署文房十个。记此。于十三年闰四月三十日做得绣菊花扇套二十件、绣面火镰包十件，司库常保、首领太监萨木哈呈进讫。

雕銮作

五月初六日员外郎满毗、三音保同传做，香斗二十份。记此。于十五日做得香斗一份，随白檀、紫降香各八两，领催赵老格交首领太监李兴泰持去讫。于六月初一日做得香斗一份，随白檀、紫降香各八两，领催赵老格交首领太监李兴泰持去讫。于十五日做得香斗一份，随白檀、紫降香各八两，领催赵老格交首领太监李兴泰持去讫。于七月初一日做得香斗一份，随白檀、紫降香各八两，领催赵老格交首领太监李兴泰持去讫。于十五日做得香斗一份，随白檀、紫降香各八两，领催赵老格交首领太监李兴泰持去讫。于八月初一日做得香斗一份，随白檀、紫降香各八两，领催赵老格交首领太监李兴泰持去讫。于十五日做得香斗一份，随白檀、紫降香各八两，领催赵老格交首领太监李兴泰持去讫。于九月初一日做得香斗一份，随白檀、紫降香各八两，领催赵老格交首领太监李兴泰持去讫。于十五日做得香斗一份，随白檀、紫降香各八两，领催赵老格交首领太监李兴泰持去讫。于十月初一日做得香斗一份，随白檀、紫降香各八两，领催赵老格交首领太监李兴泰持去讫。于十五日做得香斗一份，随白檀、紫降香各八两，领催赵老格交首领太监李兴泰持去讫。于十一月初一日做得香斗一份，随白檀、紫降香各八两，领催赵老格交首领太监李兴泰持去讫。于十五日做得香斗一份，随白檀、紫降香各八两，领催赵老格交首领太监李兴泰持去讫。于十二月初一日做得香斗一份，随白檀、紫降香各八两，领催赵老格交首领太监李兴泰持去讫。于十五日做得香斗一份，随白檀、紫降香各八两，领催赵老格交首领太监李兴泰持去讫。于十三年正月初一日做得香斗一份，随白檀、紫降香各八两，领催赵老格交首领太监李兴泰持去讫。于十五日做得香斗一份，随白檀、紫降香各八两，领催赵老格交首领太监李兴泰持去讫。

镶嵌作

二月初九日员外郎满毗、三音保传做，五福寿先盆景一对，随紫檀木边玻璃罩、白端石盆。记此。于四月初六日做得玻璃罩白端石盆景一件，首领太监李久明持去交官殿监督领侍苏培盛讫。

五月十五日据圆明园来帖内称，司库常保传做，镶嵌轮三件、银母轮三件。记此。于十月二十七日做得镶嵌珊瑚轮三件、镶嵌银母轮三件，司库常保、首领太监萨木哈呈进讫。

六月二十六日司库常保传做，镶嵌荣贵长春瓶花一对。记此。于十月二十七日做得象牙镶嵌荣贵长春瓶花一对，司库常保、首领太监萨木哈呈进讫。

眼镜作

正月初八日员外郎满毗、三音保、司库常保同传做，备用上用水晶、茶晶眼镜各五副。记此。于本月二十一日做得水晶眼镜一付，随撒林皮拱花盒。太监马进忠持去交太监沧州讫。于十三年三月十八日官殿监督领侍苏培盛传上用水晶眼镜三付。记此。于十九日做得水晶眼镜三付，交太监王之信持去讫。八月初七日太监沧州传旨：勤政殿、四宜堂着安眼镜二付。钦此。本日将备用上用水晶、茶晶眼镜各一付交首领陆全义讫。

四月二十二日据圆明园来帖内称，司库常保来说，总管太监陈福、王太平，首领太监谢成传旨：着照六十岁、七十岁眼镜各做一副。俱照上用装严。钦此。于二十四日做得上用装严玳瑁圈铜簧银掐玻璃眼镜二副，司库常保交太监王福隆持去讫。

雍正十三年

记事录

正月二十二日都统莽古里、内大臣海望奉旨：着用白檀香照弘仁寺旃檀佛像法身一样成造一尊，阿难、迦叶亦各造一尊，即在弘仁寺殿内敬谨成造。其背光宝座及佛龛供器俱照旧样办造，俟得时即在贤良寺殿内供奉。钦此。于本日交员外郎三音保成造讫。

三月初一日据圆明园来帖内称，太监陈士英传旨：紫绉绸透绣手巾将绣成现有的用完时，嗣后用素的，不必再绣。钦此。本日交织染局员外郎湾他哈讫。

初七日据圆明园来帖内称，笔帖式达素来说，太监高玉、王常贵传旨：着照赏总兵例预备一份，赏总兵李如柏。钦此。于本日将备用黑子儿皮刚口雅其法都一件、红牛皮铜管硬胎大药葫芦一件、子儿皮鞘高丽木靶镀金饰件三件、小刀一把、子儿皮铜管硬胎烘药葫芦一件、红羊皮套象牙日晷一件、红羊皮套刮鳔一件、红羊皮套马尾眼罩一件、黑撒林皮盖火镰包一件、红羊皮口盖火镰包一件、玻璃烟壶二件、牛角解锥一件、黑红彩金皮蛤蟆二副，首领太监李久明持进交太监高玉讫。

二十三日司库常保来说，太监陈簧传透绣手巾二条。记此。于三月二十六日织染局催总书保送来透绣紫绉绸手巾二条，司库常保、首领太监萨木哈交太监陈簧讫。

闰四月初八日据圆明园来帖内称，本月初五日自内务府抄来内大臣海望交，为遵旨拟赏准葛尔来使衣物缎匹银两等项单一件。内开：赏垂那木喀佛一尊、火镰包一件、玻璃器皿四件、□灰呢火镰包一件，玻璃器皿二件。记此。

七月十九日郎中苏合讷、司库常保交霁红高足茶元木样一件。传旨：着交年希尧，照木样烧造一百三十件送来。钦此。本日将木样一件交年希尧家人郑天锡持去讫。

匣作

四月初一日太监宓兴国来说，太监高玉、王常贵传做：赏用安象牙别子糊黄纸翎匣十个。记此。于本日做得糊黄纸象牙别翎匣十个，交太监宓兴国持去讫。

闰四月初四日据圆明园来帖内称，宫殿监副侍李英交青花白地磁靶碗十五件。传旨：着每件配做合牌果托四层。钦此。于本月二十八日做得合牌果托十五件，交李英讫。

七月二十日司库常保、首领太监萨木哈来说，宫殿监副侍李英交百什件古玩一千二十三件。传旨：着认看、编等、收什。钦此。于二十二日认看得古董五十一件，司库常保、首领太监萨木哈持去交总管太监李英收讫。于八月初四日选得出等四十件、头等八十件、二等一百八十三件、三等二百二十八件、四等三百九十件，数目清册一本。司库常保、首领太监萨木哈持去交宫殿监副侍李英收讫。

锭子药作

三月二十三日员外郎满毗、三音保传做，端阳节各色锭子药一整份。记此。于四月二十八日太监莫自成来说，宫殿监督领侍苏培盛将备用端阳节锭子药送进来。记此。于四月二十九日将做得紫金锭六料，重三十四斤十一两。彩画紫金锭五百个。素紫金锭三百二十包。蟾酥锭三十料，重三十一斤十四两。天师五百个。牌子五百个。蒜头五百个。葫芦二百个。小锭子三百二十包。离宫锭一百料，重十三斤二两。牌子五百个。葫芦二百个。小锭子三百二十包。盐水锭六料，重七十五斤。太极图五百个。噙化锭一百三十包。盐水锭九百五十包。大黄牌子四百个。锭子一份。首领太监萨木哈、李久明交宫殿监督领侍苏培盛收讫。

四月二十二日太监胡全忠来说，太监高玉、王常贵传旨：着赏贵州提督哈元昇锭子药一中份。钦此。于本日将备用锭子药一中份交太监王五持去交太监王常贵讫。

五月初二日监察御史沈嵛、员外郎满毗、三音保传做，备用避暑香珠十料。记此。于四月三十日做得避暑香珠一百六十盘，内有药房八十四盘。避暑香扇器三百二十个，内有药房一百六十个。首领太监萨木哈交宫殿监督领侍苏培盛收讫。于初五日据圆明园来帖内称，太监莫自成来说，太监高玉、王常贵传旨：着将避暑香珠送进几盘来。钦此。于本日将避暑香珠八十盘，内有药房四十盘，交太监莫自成持去讫。

玉作

正月二十一日监察御史沈嵛、员外郎满毗、三音保、司库常保传做：端阳节玛瑙松寿同庚花插一件、玛瑙一把莲水盛一件、玛瑙福寿笔洗一件、玛瑙福圆水盛一件、玛瑙福如东海笔洗一件、玛瑙福寿水盛一件。记此。于四月三十日做得玛瑙福寿笔洗一件、玛瑙福圆水盛一件、玛瑙一把莲水盛一件、玛瑙福寿水盛一件。司库常保、首领太监萨木哈呈进讫。于八月十六日做得玛瑙松寿同庚花插一件、玛瑙福如东海笔洗一件。司库常保、首领太监萨木哈呈进讫。

二十四日内大臣海望奉旨：造办处所做的各色石砚太多，嗣后少做些。如有余暇，将库内收贮平常玉或牛油石做如意几件，不必过于精细。再年例做的八宝，其内白玉、碧玉，俱系甚好之玉，俟做时用平常玉做一二份。钦此。于四月三十日做得青玉如意四件、牛油石如意四件、月白色玻璃如意一件。司库常保、首领太监萨木哈呈进讫。

三月十二日据圆明园来帖内称，司库常保、首领太监萨木哈来说，太监憨格交念佛椰子数珠一盘装严全，传旨：着照此数珠大小尺寸做一盘，其装严配做上用，豆儿用珠子做。钦此。于本月二十六日做得上用装严椰子数珠一盘，随珠子豆二个，重二分四厘，珊瑚佛头、松石塔、珊瑚青金松石记念、珊瑚银锭松石钱鋄银钱铜镀金敖其里圈，并原样椰子数珠一盘。首领太监萨木哈交太监憨格呈进讫。

六月十一日据圆明园来帖内称，首领太监李久明、萨木哈传旨：着照现做成的双管玉瓶样收小些，用青玉做一件。再收小些，用青玉亦做四件，随盖。钦此。

皮作

正月二十四日内大臣海望持出如意四件有穗二件、无穗二件。奉旨：将此无穗如意配穗，俱赏悟修禅师明慧。钦此。于二月初五日配做得黄穗如意四件，交笔帖式厄尔登布持去讫。

二十五日宫殿监副侍李英传旨：着做黄纺丝面杭细里四面供桌帏一件、三面供桌帏二件。钦此。于正月二十八日做得供桌帏三件，首领太监李久明持进交总管太监李英讫。

二月初六日首领太监萨木哈来说，太监焦进朝传旨：着做黄氆氇拜垫一分。钦此。于本日首领太监李久明持来黄氆氇一块，宫殿监副侍陈福传：着将此氆氇添白毡做拜垫。记此。于二月初九日做得黄氆氇拜垫一份，首领太监萨木哈持去交宫殿监副侍陈福收讫。

二十七日圆明园来帖内称，司库常保来说，宫殿监副侍李英奉旨：着问常保，为何不做皮盆？随奏称：皮盆样子已经发在南边去做等语。奏闻。奉旨：造办处为何不做？随又奏称：原监造皮盆人催总杨天成已经病故等语。奏闻。奉旨：着造办处学着做。钦此。于本年九月初三日署将军准泰着胞弟平太送来头号漆盆十件、二号漆盆十件、三号漆盆十件，随合牌样三件。记此。

三月二十五日圆明园来帖内称，司库常保、首领太监萨木哈来说，宫殿监副侍李英传旨：着做弯式扶手，随软垫一份。钦此。于本月二十六日做得月白春绌面石青刷子扶手一件。首领太监萨木哈交李英讫。

四月二十八日据圆明园来帖内称，宫殿监副侍李英传旨：着做软绊小轿一乘。钦此。于五月初四日做得软绊小轿一乘，随绫花锦坐褥、葛布套纺丝宅单。司库常保交总管太监李英收讫。

五月十五日据圆明园来帖内称，太监赵玉持来报匣三分宅单垫子全分，说太监高玉、王常贵传，造办处有用处用。记此。

六月二十七日据圆明园来帖内称，太监赵玉来说，太监高玉、王常贵传：大十字钥匙报匣三个、小十字钥匙报匣三个、海棠式钥匙报匣三个、葫芦式钥匙报匣三个、番上字钥匙报匣三个、五楞钥匙报匣三个。记此。于本月二十七日将旧存小十字钥匙报匣三个随宅单垫子、海棠式钥匙报匣三个随宅单垫子，俱无钥匙交太监赵玉持去讫。于本月二十九日，大十字钥匙报匣三个、葫芦式钥匙报匣三个、番上字钥匙报匣三个、五楞钥匙报匣三个，俱随宅单垫子，无钥匙。交太监赵玉持去讫。

七月十九日据圆明园来帖内称，本日太监范国用来说，宫殿监副侍陈福传：着用全带一副。记此。于本日将备用玛瑙面铜镀金松石青鞓带一副，随绣珠荷包一对、红羊皮罩盖火镰包一件、红羊皮署文房一件、花羊角三件、小刀一把、春绸手巾、铜镀金束。交陈福讫。

撒花作

三月初六日据圆明园来帖内称，司库常保传做：铜錾花长方盒一对。记此。于五月初四日做得铜錾花长方盒一对，司库常保、首领太监萨木哈呈进讫。

四月二十七日太监柴玉来说，总管太监李德、王进玉传：乐志山村用银耳挖五枝。记此。于本日将做得备用银耳挖五枝，司库常保交太监柴玉持去讫。

六月二十八日据圆明园来帖内称，太监王三来说，宫殿监副侍李英传旨：着将铜镀金钩环送进三份来。钦此。于本日将做得备用铜镀金钩玻璃环三分，司库常保交太监王三持去讫。

二十九日监察御史沈嵛、员外郎满毗传做，铜镀金钩白玻璃环，每样六件。记此。于七月二十八日做得铜镀金钩玻璃环各六件，司库常保交太监王三持去讫。

自鸣钟

二月初一日首领太监赵进忠欲照西洋架钟做二份、小表做一分备用，回明内大臣海望，准做。记此。

闰四月十八日太监赵进忠持来紫檀木架时钟乐钟一座系毛克明进。说太监王常贵传旨：着交造办处收拾好，有应陈设处陈设。钦此。于本日将时钟乐钟交首领太监赵进忠持去收拾讫。

二十三日首领太监赵进忠来说，库内备用时钟一座，内大臣海望着将钟上铜饰件贴金收拾好，陈设在紫萱堂。记此。于五月二十日收拾得时钟一架，首领太监赵进忠持进陈设在紫萱堂讫。

累丝作

三月十四日据圆明园来帖内称，首领太监萨木哈来说，总管太监王太平、刘仓州传旨：着做赤金通气镯四副。钦此。于闰四月初二日做得赤金通气镯四副，每副重一两二钱。首领太监李久明持进交刘仓州讫。

闰四月二十日监察御史沈崳、员外郎三音保、司库常保传做：备用银累丝八供一份。记此。

炉作

三月十二日据圆明园来帖内称，宫殿监副侍李英传旨：着将一统尊炉送进一件来。钦此。于本日将备用一统尊铜炉一件，太监范国用持去交李英讫。

画作

三月初十日圆明园来帖内称，内大臣海望传旨：乐志山村正殿后游廊门一扇，二面着画假书格，安波浪玻璃窗户眼。钦此。于本月二十四日做得假书格合牌小门样一件，内大臣海望呈览。奉旨：照样准做。钦此。于四月初六日做得画假书格安波浪玻璃窗户眼门一件。司库常保持进讫。

四月十四日员外郎满毗、三音保传：唐岱、郎石宁画端阳节绢画各一张。记此。于四月三十日画得绢画二张，司库常保、首领太监萨木哈呈进讫。

镟作　附雕銮作

三月初三日据圆明园来帖内称，宫殿监副侍李英传旨：着照造过的永明寿禅师像，用白檀香造二十尊，随紫檀龛。钦此。于十一月二十四日将造成白檀香胎永明寿禅师像二十尊，随紫檀木龛。司库常保、首领太监萨木哈请进一尊，交宫殿监副侍李英呈览。奉旨：雍和宫供一尊，其余交太监焦进朝。钦此。于十一月二十四日柏唐阿六达子请去白檀香胎永明寿禅师一尊随紫檀木龛，供在雍和宫讫。于本月二十四日将白檀香胎永明寿禅师十九尊随紫檀木龛，司库常保交太监焦进朝讫。

三月初八日员外郎满毗、三音保传做备用香斗二十份。记此。

漆作

三月十八日据圆明园来帖内称，宫殿监副侍李英传旨：恩佑寺、寿皇殿二处着做黄填漆铜镀金包角图塞尔根桌一张。再佛城做红漆铜镀金包角图赛尔根桌一张。钦此。于八月十一日做得黄填漆铜镀金包角图塞尔根桌二张。柏唐阿六达子交首领太监李国太、李文讫。于本日做得红填漆铜镀金包角图塞尔根桌一张，催总吴花子交首领太监马进朝讫。

二十三日司库常保传做，端阳节洋漆各式帽架八件。记此。于四月三十日做得洋漆帽架八件，司库常保、首领太监萨木哈呈进讫。

闰四月初一日依尔希达孙三格来说，头等侍卫保德交仙香苑供的红皮蜡一对，着画金龙。记此。于十七日画得金龙红皮蜡一对，交依尔希达孙三格持去讫。

十四日内大臣海望交夔龙池端石砚一方、双鸠池端石砚一方，传：着配做楠木胎画洋金漆盒。记此。于四月三十日将端砚二方配得洋漆盒二件，司库常保、首领太监萨木哈呈进讫。

五月十八日据圆明园来帖内称，司库常保传做，黑洋漆银口长方圆角盒二对内安玻璃镜。黑洋漆银口包袱式盒二件。记此。于四月三十日做得黑洋漆画洋金山水内安玻璃镜盒一对、黑洋漆磨金画竹子内安玻璃镜入角盒一对，司库常保、首领太监萨木哈呈进讫。

七月二十五日司库常保、首领太监萨木哈来说，宫殿监副侍李英交温都里那石荷叶洗二件。传旨：着各配做漆座一件。荷叶上福不好，着收拾。钦此。

八月十六日据圆明园来帖内称，司库常保传做，备用洋漆盒砚四方。记此。

镶嵌作

五月初五日监察御史沈嵛、员外郎满毗、三音保同传做：备用铜錾花镀金轮二份、镶嵌珊瑚轮一份、镶嵌银母轮一份。记此。于八月十六日做得铜撒花镀金轮二份、镶嵌珊瑚轮一份、镶嵌银母轮一份。司库常保、首领太监萨木哈呈进讫。

木作

二月初一日首领太监马温良来说，宫殿监副侍李英传旨：着另作太阳壁子一件。钦此。于二月初一日做得太阳壁子一件，铺灯草。交首领太监马温良持去讫。

初三日首领太监马温良来说，宫殿监副侍刘玉交小黄铜蜡阡一对。传旨：着配做高一尺半圆铅托木遮灯一对。钦此。于二月初六日做得半圆铅托黄油□灯遮一对，并蜡阡一对，交首领太监马温良持去讫。

初四日监察御史员外郎满毗、三音保、司库常保传做，紫檀木三号佛龛四座。记此。于二月二十六日做得紫檀木佛龛二座，司库常保交太监阿墩讫。于四月十八日做得紫檀木佛龛二座，交太监周世辅讫。

二十五日据圆明园来帖内称，司库常保、首领太监萨木哈来说，太监马鉴交白玉竹节花插一件随紫檀木架。传旨：此架子不好，另配做一架，其花插做法亦不好，收拾。钦此。于三月初五日将白玉竹节花插配做得紫檀木架一件，交佛堂首领太监张保讫。

三月二十六日据圆明园来帖内称，司库常保传做，备用紫檀木佛龛二座。记此。于四月十八日做得紫檀木佛龛二座，交首领太监周世辅持去讫。

二十八日据圆明园来帖内称，司库常保传做：盛活计杉木盘五个。记此。于四月三十日盛装活计呈进讫。

四月十一月司库常保来说，宫殿监副侍李英传旨：仙香院供的彩漆寿字矮桌下配做楠木图塞尔根一张。钦此。于闰四月初二日做得楠木图塞尔根桌一张，司库常保持进安讫。

十九日首领太监庞贵来说，宫殿监副侍李英传旨：着乐志山村陈设洋漆架玻璃屏镜一架、紫檀木架玻璃插屏镜一架。钦此。于四月二十日将十二年十月二十四日传做洋漆架玻璃插屏镜一件、紫檀木架玻璃插屏镜一件，司库常保持进安讫。

闰四月初二日太监陈玉来说，宫殿监副侍李英交楠木边玻璃镜一件，传：着配做楠木半出腿玻璃插屏镜一件。记此。于本月初六日配做得楠木半出腿插屏镜一架，司库常保代匠役等持进乐志山村东暖阁安讫。

十四日司库常保传做，盛活计杉木盘子十二个。记此。于四月三十日做得杉木盘子十二个，盛活计呈进讫。

五月初一日据圆明园来帖内称，宫殿监副侍李英传旨：着做楠木图塞尔根桌一张。钦此。于初三日做得楠木图塞尔根桌一张，司库常保交宫殿监副侍李英讫。

六月初九日据圆明园来帖内称，司库常保、首领太监萨木哈持来鄂多其佛一尊、或母马波弟散图佛一尊，说太监王常贵、高玉传旨：着配龛二座。先前做过的佛龛俱高大，将此佛龛二座另改做秀气些。钦此。于八月十六日将佛二尊配得紫檀木佛龛二座，司库常保、首领太监萨木哈呈进讫。

七月二十五日司库常保、首领太监萨木哈来说，宫殿监副侍李英交磁瓶十件。传，着配做紫檀木座十件。记此。于本月二十九日将磁瓶十件配做得紫檀木座十件，交李英讫。

铜作

正月初四日宫殿监督领侍苏培盛传旨：着做吉祥砚一方，下安水屉。钦此。于二月十九日做得吉祥砚，下安水屉合牌样一件，司库常保持进，交宫殿监督领侍苏培盛看准，着照样做铜烧古暖砚。记此。于八月初七日司库常保传做洋漆盒暖砚二方。记此。于八月十六日做得洋漆盒暖砚二方，司库常保、首领太监萨木哈呈进讫。

三月初十日据圆明园来帖内称，二月二十四日笔帖式达素持来汉字帖，内开果毅公纳亲奉旨：大高殿所供佛像后面背光上的线络子伞甚旧，尔传与海望，着常保画样呈览，换做新伞。钦此。于三月初八日画得新伞样一张呈览，奉旨：挑牌穗子尔等酌量放大些。夔龙头做镀金的，其余珠石俱用假的。钦此。于十一月二十五日做得新伞一把，催总张四持至大高殿安讫。

花儿作

正月四日监察御史沈嵛、员外郎满毗、三音保、司库常保传：端阳节通草戴花六十匣、合锦花十匣、翠符十匣、娃娃十匣、绒符十匣。于四月十三日做得通草代花六十匣、合锦花十匣、翠符十匣、娃娃十匣、绒符十匣。司库常保、首领太监萨木哈呈进讫。

二月初四日太监左玉交来玉花插一件附紫檀木架，说宫殿监督领侍苏培盛传旨：着配瓶花一束，上安佛手。钦此。初五日做得通草佛手瓶花一束，并玉花插一件，交太监左玉持去讫。

初六日太监焦进朝传做：九洲清晏佛堂内供花一对。记此。于二十日做得通草供花一对，领催郭佛保交催总三友讫。

六月十六日监察御史沈嵛、员外郎满毗、三音保传做：中秋节通草戴花二十匣、合锦戴花十匣、娃娃十匣。记此。于八月十六日做得通草戴花二十匣、合锦戴花十匣、娃娃十匣。司库常保、首领太监萨木哈呈进讫。

舆图处

正月初六日内大臣海望着画云贵广西三省舆图一份备用。记此。本日交二等侍卫讷赫图、委署司库八十讫。

绣作

正月初七日宫殿监副侍李英传旨：安宁居东边佛堂内着做幡一对，或绣或穿珠。钦此。于九月二十日做得绣黄缎穿珠幡一对，上穿珠子九千二百三十二粒，重十八两七钱，铜烧古座，红漆挑杆。司库常保、首领太监萨木哈交首领太监张文保安供讫。

二月初二日监察御史沈嵛、员外郎满毗、三音保、司库常保传做：端阳节各式十锦香袋二百个。再照造办处新样香袋做二百个，俱用上用缎。记此。于闰四月十一日首领太监萨木哈来说，太监傻闷传旨：着将御制香袋送进些来。钦此。于四月十一日做得御制十锦香袋两匣，每匣十个，记开：甜瓜式香袋一个、佛手式香袋一个、五毒敕令香袋一个、五色缎心剁羊皮金敕令符香袋一个、绣莲花忠寿字香袋一个、长方入角寿字香袋一个、夔龙万字香袋一个、如意云寿字香袋一个、桃式寿字香袋一个、如意寿葫芦香袋一个、绣菊花葵花香袋一个、夔龙葵花太极图香袋一个、五福捧寿香袋一个、各色绒符三个、黄香元香袋二个、牡丹花香袋一个、葫芦香袋一个。造办处样式十锦香袋一匣十个，记开：菊花香袋一个、寿字梅花香袋一个、年年吉庆香袋一个、喜相逢香袋一个、福寿香袋一个、散丹花香袋一个、双香圆香袋一个、福禄寿香袋一个、庆式夔龙香袋一个、五福捧香袋一个。首领太监萨木哈交太监傻闷呈进讫。于四月三十日做得各色款式香袋三百七十个，司库常保、首领太监萨木哈呈进讫。于初二日监察御史沈喻、员外郎满毗、三音保、司库常保传做：端阳节小款式香袋四十个。记此。于四月三十日做得各色小香袋四十个，司库常保、首领太监萨木哈呈进讫。

三月三十日据圆明园来帖内称，司库常保来说，宫殿监副侍李英传旨：着将大绣矩做四件，勿用黄色，或重香色，或月白色，或鲜明颜色亦可，俱用妆缎边，水红纺丝里。钦此。于四月二十五日太监范国用来说，宫殿监副侍李英传绣矩二件。记此。于四月二十五日做得妆缎边月白绣矩一件、妆缎边香色绣矩一件。交总管太监李英收讫。

闰四月十三日监察御史沈喻、员外郎满毗、三音保传做，备用绣菊花鼻烟壶口袋十件。记此。于四月三十日做得绣鼻烟壶口袋四件，司库常保、首领太监萨木哈呈进讫。于八月十六日做得绣鼻烟壶口袋二件，司库常保呈进讫。

十七日据圆明园来帖内称，宫殿监副侍李英传做，大号绣矩石青色一件、玉色一件、苹果色一件。记此。于五月初九日做得大号矩一件，首领太监萨木哈交总管太监李英讫。于七月初二日做得大号矩二件，首领太监萨木哈交总管太监李英讫。

五月初一日据圆明园来帖内称，宫殿监副侍李英传旨：着照先赏过怡贤亲王的金黄缎绣迎手靠背坐褥再做一份，随宖单。钦此。于五月十三日做得金黄缎绣迎手靠背坐褥一分，司库常保持进安在仙香院讫。

砚牙作

正月初八日监察御史沈喻、员外郎满毗、三音保、司库常保传做，各色石盒砚十八方。记此。于四月三十日做得各色石盒砚十八方，司库常保、首领太监萨木哈呈进讫。

二十一日太监赵朝凤来说，宫殿监督领侍苏培盛传做，象牙起子十五根。记此。于三十日做得象牙起子十五根，交太监赵朝凤持去讫。

四月二十二日司库常保传做，端阳节象牙花二瓶。记此。于四月三十日做得象牙瓶花二瓶，司库常保、首领太监萨木哈呈进讫。

七月十七日首领太监陆全义交来牛油石盒端石砚一方。传旨：此砚盒底破坏，着配做。钦此。于八月十六日配做得牛油石盒一件并端石砚，交太监陆全义讫。

八月十二日据圆明园来帖内称，司库常保传做：备用各色石盒砚十八方。记此。

杂活作

二月二十日首领太监谢成传旨：赏人用独梃帽架一件。钦此。于本日将紫檀木象牙独挺帽架一件交首领太监谢成讫。

二十三日首领太监萨木哈来说，宫殿监副侍李英传旨：着照紫檀木葫芦龛内长寿佛尺寸造关夫子一份，下配流云座。先拨蜡样呈览，准时再造。钦此。于三月二十四日拨得蜡样流云骑马关夫子一尊，随从神六位小样一份。宫殿监副侍李英、首领太监萨木哈呈览。奉旨：照样准做，用汞金成造一份。钦此。于十一月二十四日将造成汞金骑马关夫子一份，随紫檀木座，宫殿监副侍李英呈览。奉旨：着供在雍和宫。钦此。于本日将骑马关夫子一份交柏唐阿六达子请去，供在雍和宫讫。

二十四日据圆明园来帖内称，司库常保、首领太监萨木哈来说，宫殿监副侍苏培盛传，着将垂恩香料盘香再补做二十盘。记此。于十月初五日做得垂恩香二十盘，柏唐阿春山交首领太监周世辅持去讫。

二十六日据圆明园来帖内称，司库常保传做，备用紫檀木独挺象牙帽架四份。记此。于闰四月三十日做得紫檀木独挺象牙帽架四份。司库常保、首领太监萨木哈呈进讫。

三月十八日据圆明园来帖内称，司库常保传做，备用洋漆小香几六件、紫檀木香几四件，随铜烧古小乳炉一件，铜丝炉罩、铜匙箸、象牙花盆景香盒各十件。记此。于四年三十日做得洋漆小香几二件、紫檀木香几二件随铜烧古小乳炉、铜丝炉罩、铜匙箸、象牙花盆景香盒三件。司库常保、首领太监萨木哈呈进讫。于十二月二十八日做得洋漆小香几四件、紫檀木小香几二件随铜丝炉罩、小乳炉、铜匙箸、象牙花盆景香盒六件。司库常保、首领太监萨木哈呈进讫。

四月二十六日据圆明园来帖内称，本月二十三日司库常保、首领太监萨木哈来说，宫殿监副侍李英传旨：着做拂尘几件。钦此。于闰四月十一日据圆明园来帖内称，首领太监萨木哈将备用香色马尾拂尘一把、蓝色一把、绿色一把、树棕一把，同宫殿监副侍李英呈览，奉旨：此四色拂尘嗣后俱不必做，将红色、白色马尾拂尘做些。钦此。于闰四月三十日，做得红马尾拂尘四把、白马尾拂尘四把、树棕二把。司库常保、首领太监萨木哈呈进讫。

闰四月十三日司库常保传做，玻璃面铜镀金带头二十件、玻璃圈铜錾花黑红皮蛤蟆十五副、玛瑙圈铜錾花黑红皮蛤蟆五副。记此。于又四月三十日做得嵌玻璃面铜镀金带头十件、玻璃圈铜錾花皮哈蟆十副。司库常保呈进讫。于五月初十日做得嵌玻璃面铜镀金带头十件随青马尾带十条、玻璃圈铜錾花皮哈蟆十副。司库常保呈进讫。

十四日据圆明园来帖内称，司库常保传做，备用活底束牛角靶小刀五把、桦木义靶小刀三把、高丽木靶小刀三把。记此。于二十三日太监李进义来说，太监傻闷传旨：着将小刀送进十把来。钦此。本日将做得活底束牛角靶小刀五把、桦木靶小刀三把、高丽木靶小刀两把，首领太监萨木哈持去交太监傻闷讫。

十五日太监陈忠来说，太监高玉、王常贵传旨：着将渗金无量寿佛送进三尊来。钦此。于本日将做得备用铜渗金无量寿佛三尊、紫檀木菊花龛三件交太监高玉讫。

十七日司库常保传做，银錾花长方入角盒一对。记此。于元年四月三十日做得银錾花长方入角盒一对。司库常保、首领太监□□□呈进讫。

五月初四日据圆明园来帖内称，宫殿监副侍李英传旨：仙香苑挂的帐幔，着改做走条帐幔，随鋄银椿二个、铜把圈十六个。钦此。于十六日做得帐幔铁走条一件、鋄银椿二个、铜把圈十六个。领催张三持进安讫。

十七日司库常保传做，备用蚕茧冠二顶、菩提叶冠二顶。记此。

二十日据圆明园来帖内称，首领太监萨木哈来说，太监刘仓州传：上用水晶眼镜二副。记此。于二十一日将做得备用上用水晶眼镜二副随黑撒林皮拱花盒二件，交太监刘仓州讫。

二十一日员外郎满毗、司库常保传做，备用绣缎面圈子火镰包十件，随珊瑚荷叶珠。记此。

六月初七日据圆明园来帖内称，太监赵玉来说，太监高玉、王常贵传：赏用单小刀一把。记此。本日将做得备用桦木义靶子儿皮鞘活底活束小刀一把，交太监高玉赏林祖成讫。

初九日据圆明园来帖内称，员外郎三音保、司库常保传做，备用红羊皮罩套火镰包十件，随珊瑚盖珠。记此。

八月初一日据圆明园来帖内称，司库常保传做，中秋节银錾花长方元盒一对、楠木胎银口安面叶长方元角盒一对。记此。于十二月二十八日做得银錾花长方盒二对，司库常保、首领太监萨木哈呈进讫。

初二日据圆明园来帖内称，司库常保传做，中秋节红铜镀金錾花长方盒一对。记此。于十二月二十八日做得铜錾花长方盒一对。司库常保、首领太监萨木哈呈进讫。

十二日据圆明园来帖内称，司库常保传做，备用洋漆小香几五件、紫檀木香几五件，随铜烧古小乳炉座子、铜丝炉罩、象牙花盆景、香盒、铜匙箸各十件。记此。

十三日据圆明园来帖内称，司库常保传做，备用银錾花长方盒四对、铜錾花长方盒二对。记此。于乾隆元年十二月二十八日做得银錾花盒一对，司库常保、首领太监萨木哈呈进讫。于乾隆元年五月初二日做得银錾花盒一对，交太监毛团呈进讫。于乾隆二年八月十二日做得银錾花盒一对，交太监毛团呈进讫。

十六日据圆明园来帖内称，司库常保传做，备用银錾花嵌洋漆片安玻璃镜入角盒一对。记此。

珐琅作

正月初十日司库常保、首领太监萨木哈持来画珐琅大玉壶春瓶一件，说宫殿监副侍李英传旨：此瓶上龙身画的罢了，但龙发甚短，足下花纹与蕉叶亦画的糊涂，嗣后再往清楚里画。钦此。于本月十一日将原红珐琅大玉壶春瓶一件，太监吕进朝持进交总管太监李英收讫。

二月十九日首领太监哈元臣传旨：着将铜胎黑地珐琅春盛烧造一件。钦此。于三月初七日做得珐琅春盛一件，随软套、硬套、合牌匣。首领太监李久明持去交宫殿监副侍李英讫。

三月二十四日据圆明园来帖内称，太监田德来说，太监郑进朝传旨：将珐琅钵送进一份来。钦此。于本日将做得备用铜胎黄地珐琅钵一件，随珐琅匙一件、象牙箸一双、棕刷一件、蓝布袱三件、锦套一件、蓝布套一件、蓝布垫一件，首领太监萨木哈持去交太监郑进朝讫。

二十八日据圆明园来帖内称，太监马进忠来说，太监憨格传旨：着将一眼孔雀翎、珐琅翎管各送进十件来。钦此。于本日将做得备用一眼孔雀翎十件、珐琅翎管十件，太监马进忠持去交太监憨格讫。

四月十九日据圆明园来帖内称，太监王之信持来汉字帖，内开宫殿监督领侍苏培盛传做，铜水匙十五个、五色玻璃水盛二十五个、五色玻璃笔架十个，内红色五个、黄色五个、淡绿色五个、天蓝色五个、天青色五个。其笔架照水盛颜色一样做。记此。于六月二十六日做得铜水匙十五件、五色玻璃水盛二十五件、玻璃笔架十件。交太监赵朝凤、王之信讫。

鋄作

正月十三日司库常保传做，圆明园安宁居挂灯铁圈四十个。记此。于十三日做得铁圈四十个，司库常保持进挂灯用讫。

二月二十五日据圆明园来帖内称，司库常保、首领太监萨木哈来说，小太监傻闷交紫檀木边玻璃挂镜二件，传旨：着配做锦帘、托钉、挂钉。钦此。于三月初一日做得锦帘二件，随托钉、挂钉。交太监傻闷讫。

裱作

正月十八日监察御史沈嵛、员外郎三音保、司库常保传做，太阳壁子一分。记此。于二十五日做得太阳壁子一分。交首领太监马温良讫。

二月初十日司库常保、首领太监萨木哈、李久明持来玉林禅师大画像一轴、小画像二轴，永明禅师大画像一轴、小画像二轴，笷溪禅师大画像一轴、小画像二轴。说宫殿监副侍李英传旨：着裱轴像。钦此。于二月二十五日做得轴像大小九轴，首领太监萨木哈持去交宫殿监副侍李英讫。

二十六日据圆明园来帖内称，太监赵朝凤持来汉字帖，内开首领太监郑爱贵交裱马祖语录横披一张。传旨：着托表。钦此。于二十八日托表得横披一张，交太监赵朝凤讫。

二十七日司库常保、首领太监萨木哈来说，宫殿监副侍李英传旨：着将赵州禅师等像先裱轴式小样呈览。钦此。于本月二十九日将赵州等禅师像裱成轴式小样一张，交宫殿监副侍李英呈览，奉旨：照样裱做。钦此。于三月初五日首领太监萨木哈持出赵州禅师、宝志公禅师、石头迁禅师、永嘉禅师，永明寿禅师、肇法禅师、雪窦显禅师、笷溪禅师、沩山祐禅师、玉林禅师、仰山寂禅师、忠国禅师、圆悟勤禅师、江西道一禅师、云门偃禅师、天台韶国禅师、药山俨禅师、元少备禅师等画像十八张。记此。于四月二十七日托裱得禅师等像十八轴，司库常保代领催赵雅图持至佛城悬挂讫。

四月初一日据圆明园来帖内称，太监赵朝凤持来汉字帖，内开太监胡应瑞交上谕曩昔黄梅告曹溪云折子一件。传旨：着励宗万、戴临每人写白绢手卷二十卷，托裱手卷呈览。钦此。于闰四月二十日做得手卷二十卷，交太监赵朝凤持去讫。

闰四月初八日首领太监潘凤来说，养心殿东暖阁穿堂后殿安纱屉窗二十二扇。记此。于十二日糊得纱屉窗二十二扇，领催马小二持进安讫。

十二日据圆明园来帖内称，内大臣海望着照赏给僧超善等手卷样再做三卷，以备赏给僧慧海等。记此。于十三日柏唐阿富拉他来说，内大臣海望着照赏给僧慧海等手卷样再做一卷，共四卷。记此。于十七日据圆明园来帖内称，柏唐阿苏保持来黄绢御笔：第口义印、实成宗风、真脉实源、心传蜜印、慧海拈花、正印明广，内大臣海望着托表，画泥金龙，做成手卷。记此。于闰四月二十日表得手卷四卷，交柏唐阿富拉他持去讫。

十六日据圆明园来帖内称，司库常保、首领太监萨木哈持来御笔喜音堂绢扁一张，说宫殿监督领侍苏培盛传旨：着做扁一面。钦此。于二十日做得喜音堂扁一面，员外郎满毗、司库常保持至景山内挂讫。

二十七日太监桂元来说，首领太监郑爱贵传折页五十页。记此。

于本日将做得折页五十页交太监桂元讫。

六月十五日据圆明园来帖内称，首领太监王明贵传做，年例太阳、太阴牌位各十份。记此。于本日将备用太阳、太阴牌位各十份，交太监李永讫。

七月十七日首领太监郑爱贵交御制诗跋白美图字画二十四张。传旨：着交给常保、李毅托表册页，表成时仍交给传旨人呈览。钦此。于六月初十日表得册页一册，八品官李毅持进交首领太监郑爱贵讫。

二十七日监察御史沈嵛、员外郎满毗、三音保传做，糊月光壁子一件。记此。于本日糊完月光壁子一件，交首领太监马温良持去讫。

八月初八日太监开其里交无量寿佛经一部，着托裱。记此。于本月二十五日太监刘万春传旨：问托裱无量寿佛经一部得了无有？托裱得时送进来。钦此。于本日二十七日托裱完黄片金套掩面无量寿佛经一部，交太监刘万春呈进讫。

玻璃厂

闰四月二十六日首领太监李久明来说，太监高玉、王常贵交白玉石子一块系海保进。传旨：交造办处。钦此。

眼镜作

三月十八日据圆明园来帖内称，太监赵朝凤持来汉字帖，内开宫殿监督领侍苏培盛传上用水晶眼镜三副。记此。于十九日将做得备用玳瑁圈上用水晶眼镜三副，交太监王志信持去讫。

二十一日据圆明园来帖内称，司库常保传做，备用赏用七十岁水晶眼镜二副、六十岁水晶眼镜二副、五十岁□□眼镜二副、六十岁玻璃眼镜二副。记此。于四月二十日做得七十岁水晶眼镜二付，首领太监萨木哈交太监瑞格讫。

四月十二日据圆明园来帖内称，首领太监萨木哈来说，太监苏格传旨：着照上用眼镜款式做七十岁茶晶眼镜二副。钦此。于本月十六日做得上用七十岁茶晶眼镜二副，随撒林皮拱花盒。首领太监萨木哈交太监苏格呈进。传旨：将此茶晶眼镜好生收贮。另做七十岁茶晶眼镜一副、水晶眼镜一副，配子儿皮盒、象牙签。签上刻：七十岁茶晶、七十岁水晶，上用二字不必刻上。钦此。于四月二十日做得茶晶眼镜一副、水晶眼镜一副。交首领太监萨木哈持去交太监瑞格讫。

八月初七日据圆明园来帖内称，司库常保来说太监刘仓州传旨：勤政殿、四宜堂着安眼镜二副。钦此。于本日将做得备用玳瑁圈刚簧黑撒林皮拱花盒上用水晶、茶晶眼镜各一副，交首领太监陆全义持去讫。

再版后记

本书所辑录的档案资料，全部由朱家溍先生于上世纪六十年代在中国历史档案馆手抄而成。本书第一版的出版时间在2003年，正值“非典”肆虐之时，档案馆闭门谢客，而此时朱老身体欠佳，档案史料未及核对，留有遗憾。但值得欣慰的是，朱老生前看到的最后一本书，就是这本《养心殿造办处史料辑览——雍正朝》。

时间一晃就是十年，此次再版，保留了朱老原有的辑录体例及具体材料，从中可以看出朱老的学术眼光。仅将史料进行了细致地核校，补充了原来省略的月日、传旨人及承办者，核校出了原来的疏漏，并恢复了档案记录中原有的书写格式。

参加核校的工作人员有：徐瑾（雍正元年、二年）、方妍（雍正三年、雍正四年）、张志辉（雍正五年、雍正六年）、林姝（雍正七年、雍正八年）、桑颖新（雍正九年）、刘岐荣（雍正十年）、景闻（雍正十一年）、马晟楠（雍正十二年、十三年）。最后，由朱传荣负责雍正元年至雍正六年的终审，林姝负责雍正七年至雍正十三年的终审。

编者

2013年2月

图书在版编目(CIP)数据

养心殿造办处史料辑览．第1辑，雍正朝／朱家溍选编．
北京:故宫出版社，2013.12
ISBN 978－7－5134－0503－4

Ⅰ．①养…　Ⅱ．①朱…　Ⅲ．①历史文物－史料－
中国－清代　Ⅳ．①K875

中国版本图书馆 CIP 数据核字(2013)第255197号

养心殿造办处史料辑览　第一辑　雍正朝
朱家溍　朱传荣　选编
责任编辑：朱传荣
装帧设计：王孔刚
责任印制：马静波

出版发行：故宫出版社
地址：北京市东城区景山前街4号　邮编：100009
电话：010－85007816（营销经营部）
传真：010－65129479
邮箱：ggcb@culturefc.cn
网址：www.culturefc.cn
印　刷：北京图文天地制版印刷有限公司
开　本：1/16　787×1092mm
印　张：30
字　数：325千字
图　版：60幅
版　次：2013年12月第1版
2013年12月第1次印刷
印　数：1－3000册
书　号：ISBN 978－7－5134－0503－4
定　价：76.00元